Baedeker

Allianz ⑪ Reiseführer

Bretagne

www.baedeker.com

Verlag Karl Baedeker

TOP-REISEZIELE ✶ ✶

Die Liste der Sehenswürdigkeiten ist lang, doch wo liegen die Highlights der Bretagne? Ob feinsandige Strände oder wilde Felsküsten, mittelalterliche Burgen oder bezaubernde Fachwerkstädte, rätselhafte Hinkelsteine oder die magischen Orte von König Artus und den Rittern der Tafelrunde – wir haben Ihnen zusammengestellt, was Sie auf keinen Fall versäumen dürfen.

1 Côte du Granit Rose

6 Côte d'Emeraude

3 Mont St-Michel

4 St-Malo

8 Rundfahrt zu den Pfarrbezirken

5 Dinan

2 Fougères

9 Presqu'île de Crozon

10 Cornouaille
11 Quimper

18 Josselin

19 Rennes

1 Vitré

12 Concarneau

©Baedeker

16 Vannes

13 Carnac

17 Golfe du Morbihan

14 Locmariaquer

15 Belle-Ile-en-Mer

20 Nantes

Probieren Sie Austern und Hummer!

Vitré ist zu Recht stolz auf seine mächtige Burg.

1 ✶✶ Vitré
Eine der besterhaltenen Festungsstädte an der Ostgrenze der Bretagne mit stimmungsvoller Altstadt. ▶ **Seite 379**

2 ✶✶ Fougères
Die gewaltige Burg des Ortes gilt als Paradebeispiel mittelalterlicher Militärarchitektur. ▶ **Seite 232**

3 ✶✶ Mont Saint-Michel
Seit mehr als 1000 Jahren strömen die Menschen zum Klosterberg im Wattenmeer, dem »Wunder des Abendlandes«. ▶ **Seite 280**

4 ✶✶ St-Malo
Die alte Korsarenstadt besitzt die schönste Ville Close, schicke Restaurants und witzige Boutiquen. ▶ **Seite 353**

5 ✶✶ Dinan
Ein Schmuckkästchen von Stadt mit liebevoll herausgeputztem Fachwerk. ▶ **Seite 209**

6 ★★ Côte d'Emeraude
Die herrliche Smaragdküste steht ebenso
für sturmumbrauste Sandsteinklippen wie
für goldgelbe Sandstrände.   ► Seite 192

7 ★★ Côte de Granit Rose
Bizarr geformte Felskolosse schützen die
Küstenorte vor der See – am besten zu
entdecken auf einem der ehemaligen
Zöllnerpfade.   ► Seite 197

**8 ★★ Rundfahrt zu
den Pfarrhöfen**
Eine 90 km lange Rundfahrt erschließt
die schönsten Enclos Paroissiaux mit
den berühmtesten Kalvarienbergen.
► Seite 367

9 ★★ Presqu'Ile de Crozon
Gewaltige Klippen, grandiose Fels-
landschaften und wildromantische
Badebuchten.   ► Seite 315

10 ★★ Cornouaille
Das ehemalige Herzogtum liebt Kontraste:
verträumte Städtchen wie Pont-l'Abbé und
stürmische Kaps wie die Pointe du Raz.
► Seite 174

11 ★★ Quimper
In der Hauptstadt des Finistère wartet eine
bezaubernde Altstadt.   ► Seite 327

12 ★★ Concarneau
Topattraktion des Hafenstädtchens ist
seine berühmte Ville Close.
► Seite 168

13 ★★ Carnac
Endlose Reihen aufrechter Steine,
Hügelgräber und Dolmen – dies ist die
»Hauptstadt der Vorgeschichte«.
► Seite 156

14 ★★ Locmariaquer
Hier liegen mächtige Dolmen, Tumuli und
der größte bekannte Menhir, der
»Feenstein«.   ► Seite 267

*Beim Fischerfest in Concarneau wird
das maritime Erbe lebendig.*

15 ★★ Belle-Ile-en-Mer
Bezaubernde Insel – schon die Griechen
nannten sie »die Schöne im Ozean«.
► Seite 137

16 ★★ Vannes
Die charmante Hauptstadt der Golfregion
versprüht historisches Flair in der bezaubernden Altstadt.   ► Seite 373

17 ★★ Golfe du Morbihan
Reizvolles Binnenmeer mit kleinen Inseln,
die sich durch den Wechsel der Gezeiten
ständig verändern.   ► Seite 241

18 ★★ Josselin
Eines der schönsten Schlösser der Bre-
tagne, in dem bis heute die mächtige
Familie der Rohans residiert.
► Seite 257

19 ★★ Rennes
Repräsentative Barockplätze und mittelalterliches Fachwerk, kleine Straßencafés
und witzige Kneipen – die bretonische
Hauptstadt bietet viel.   ► Seite 337

20 ★★ Nantes
Heute gehört die ehemalige Hauptstadt
der Bretagne zwar zum Département Loire-
Atlantique, aber einen Besuch ist sie
allemal wert.   ► Seite 293

DIE BESTEN BAEDEKER-TIPPS

Von allen Baedeker-Tipps in diesem Buch haben wir hier die interessantesten für Sie zusammengestellt! Erleben und genießen Sie die Bretagne von ihrer schönsten Seite.

❗ Aus aller Welt

Der Jardin des Explorateurs von Brest ist voller Pflanzen, die Seefahrer einst von ihren Reisen mitbrachten, darunter aus Japan auch die Hortensie, die Nationalblume der Bretagne. ► **Seite 145**

❗ Meisterkür

Alljährlich am ersten Septemberwochenende ist Schloss Tronjoly musikalischer Mittelpunkt der Bretagne, wenn Dudelsackpfeifer, Sänger und Tänzer in Trachten hier ihre Meister küren. ► **Seite 154**

❗ Mit Simon durch den Hafen

Seebär Simon Allain nimmt seine Gäste in Concarneau mit an Bord eines Hochseetrawlers und erlebt mit ihnen die Criée, bei der frühmorgens die Fische versteigert werden. ► **Seite 170**

❗ Die Straße der Maler

Wie Paul Gauguin, Paul Sérusier, Pierre de Belay und andere Maler zwischen 1850 und 1950 die Cornouaille erlebten, lässt sich auf der »Route des Peintres« entdecken. ► **Seite 175**

❗ Bretonische Tänze

Gavotte, Laridé, Anter dro, An dro – wer bei einer Fest-Noz mitmachen möchte, kann in St-Guénolé die Grundschritte erlernen. ► **Seite 184**

❗ Algenschnitter

Das Ecomusée in Plouguerneau erzählt die Geschichte der Tangsammler – und lädt ein, bei Kochkursen die kulinarische Seite des Seetangs zu entdecken.
► **Seite 190**

Die ganze Bretagne ist ein Schlemmerparadies für die Liebhaber von Meeresfrüchten.

❗ Abenteuer unter Wasser

In fantastischen Felsgrotten aus rosa Granit präsentiert das Aquarium Marin von Trégastel die bretonische Unterwasserwelt. ► **Seite 201**

❗ Au Loup Garou Gourmand

In dem schnuckeligen Laden des Bilderbuchdörfchens Locronan findet man alle bretonischen Spezialitäten: feine Karamells und knusprige Kekse, Cidre, Honig und Bier in zig Sorten. ► **Seite 229**

←Algenschnitter inspirierten Paul Gauguin 1889 zu seinem Bild »Die Tangsammler«.

🔋 Wandern im Wunderwald

Wer zu den Plätzen von König Artus und der Tafelrunde wandern möchte, folge der »Tour de Brocéliande«. ► **Seite 233**

Meersalz – das weiße Gold der Guérande

🔋 Terre de Sel

Welch harte Arbeit hinter dem bei Feinschmeckern hoch geschätzten Salz der Guérande steckt, zeigt das Museum in Pradel. ► **Seite 247**

🔋 Schönstes Dorf ...

der Brière ist Kerhinet. Unter seinen Apfelbäumen ruhen Gänse im Gras; in die alten Katen sind Kunsthandwerkstätten, kleine Läden und ein ausgezeichneter Gasthof eingezogen. ► **Seite 251**

🔋 Gigantisch

Die Werft von St-Nazaire ist Welt- marktführer für Kreuzfahrtschiffe – hier lief die »Queen Mary 2«, das größte Passa- gierschiff der Welt, vom Stapel. ► **Seite 253**

🔋 Austern und Menhire

Locmariaquer bietet geführte Wanderun- gen zu den berühmten Megalithdenk- mälern und Einführungen in die Austernzucht. ► **Seite 269**

🔋 Nachts im Kreuzgang

Unvergesslich: die »Promenades Noc- turnes« auf Mont-Saint-Michel, wenn man zu Sphärenklängen durch das erleuchtete Kloster wandelt. ► **Seite 286**

🔋 Die steife Brise ...

des Atlantiks nutzen Strandsegler gern für ihre Wettfahrten. Strandsegelkurse für alle Niveaus bietet die Ecole de Char à Voile in Penthièvre. ► **Seite 324**

🔋 Auf der Zunge zergehen ...

die Galettes, Tartes aux Pommes und Kouign Amann von Coupel – bekannt als beste Konditorei in Rennes. ► **Seite 343**

🔋 Ferrari, Williams oder McLaren?

Zwei Dutzend Rennwagen der Formel1, schnittige Jaguars und Maseratis – im Manoir de l'Automobile in Lohéac dreht sich alles um den fahrbaren Untersatz. ► **Seite 344**

🔋 Lippenrot aus grüner Alge

Welche Kosmetik aus Algen gefertigt wird, verrät eine Betriebsbesichtigung bei Algoplus am Quai Charles de Gaulle in Roscoff. ► **Seite 347**

Ein Riesenspaß: das Spiel mit dem Wind

🔋 Pitchen und Putten

Der Fluss Valière begleitet auf dem Golfplatz Rochers-Sévigné das Spiel, bis sich am 18. Loch ein herrlicher Ausblick auf das Schloss öffnet. ► **Seite 382**

Eine begehrte Spezialität: bretonischer Hummer

HINTERGRUND

12 Das Land am Meer
16 Fakten
17 Natur und Umwelt
20 Special: Meeresfrüchte
25 Bevölkerung · Politik · Wirtschaft
32 Geschichte
33 Die Anfänge Armorikas
34 Gallien, eine römische Provinz
35 Armorika wird zur Bretagne
36 Herzogtum Bretagne
36 Bretonischer Erbfolgekrieg
38 Frankreich – Bretagne,
   ein gespanntes Verhältnis
40 Das 19. Jahrhundert
41 Vom 20. ins 21. Jahrhundert

Preiskategorien

▸ **Hotels**
Übernachtung für 2 Personen
im Doppelzimmer mit Bad,
ohne Frühstück
Luxus   über 125 €
Komfortabel 80 – 125 €
Günstig   bis 80 €

▸ **Restaurants**
Für ein 3-Gänge-Menü,
ohne Getränke
Fein & teuer   über 45 €
Erschwinglich 25 – 45 €
Preiswert   bis 25 €

44 Berühmte
   Persönlichkeiten
52 Kunst und Kultur
53 Kunstgeschichte

PRAKTISCHE INFORMATIONEN VON A BIS Z

68 Anreise · Reiseplanung
70 Auskunft
72 Badeurlaub
73 Mit Behinderung unterwegs

*Auch die junge Generation trägt
an hohen Festtagen alte Trachten.*
▸ **Seite 15**

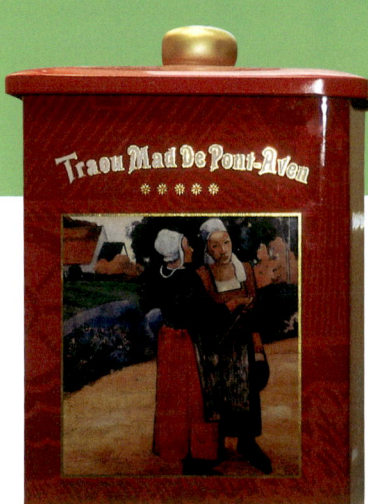

73 Elektrizität
73 Essen und Trinken
77 Feiertage, Feste und Events
78 Geld
78 Gesundheit
78 Mit Kindern unterwegs
80 Knigge
81 Literaturempfehlungen
82 Medien
83 Notrufe
83 Post und Telekommunikation
85 Preise und Vergünstigungen
86 Reisezeit
86 Shopping

*Hübsches Mitbringsel aus Gauguins
Wahlheimat Pont-Aven: die
knusprigen Galettes von Penven*
▶ Seite 307

*Armorika bietet gemütliche Quartiere
in familiärem Rahmen.*
▶ Seite 94

88 Sprache
94 Übernachten
98 Urlaub aktiv
107 Verkehr
111 Zeit

TOUREN

114 Überblick
116 Unterwegs in der Bretagne
118 Tourenvorschläge
118 Tour 1: Große
Bretagne-Rundfahrt
122 Tour 2: Wilde Felsküste
124 Tour 3: Kalvarienberge, Kaps
und Fayencen
127 Tour 4: Hinkelsteine
und Inselabenteuer

REISEZIELE VON A BIS Z

132 Auray
134 *Special: Der letzte Chouan*
137 Belle-Ile-en-Mer
141 Brest
148 *Special:*
    Kathedralen der Küste
152 Carhaix-Plouguer

156 Carnac
158 *Special:*
    Rätsel aus der Steinzeit
163 Châteaubriant
166 Châteaulin
168 Concarneau
174 Cornouaille
186 Côte des Abers
192 Côte d'Emeraude
197 Côte de Granit Rose
205 Côte du Goëlo
209 Dinan
214 Dinard
218 *3 D: Das Gezeitenkraftwerk*
    an der Rance
220 Dol-de-Bretagne

*Auf dem Kirchhof von Guimiliau erzählen
200 Granitfiguren die Passion Christi.*
▶ **Seite 366**

Erholung pur: Trégastel besitzt ein Dutzend Sandstrände.
▶ **Seite 200**

Mit über 3000 Menhiren ist Carnac das Mekka der Megalithkultur.
▶ **Seite 156**

225 Douarnenez
230 Le Faouët
232 Forêt de Paimpont
234 *Special:*
     Artus und die Tafelrunde
237 Fougères
241 Golfe du Morbihan
245 Guérande
254 Guingamp
257 Josselin
261 Lamballe
264 Lannion
267 Locmariaquer
270 Lorient
275 Monts d'Arrée
280 Mont Saint-Michel
282 *3 D: Das Kloster*
     Mont Saint-Michel
287 Morlaix
293 Nantes
303 Paimpol
307 Pont-Aven
308 *Special:*
     Aufbruch in die Moderne
312 Pontivy
315 Presqu'Ile de Crozon
321 Presqu'Ile de Quiberon
327 Quimper
330 *Special: Gebrannte Kunst*
333 Redon
337 Rennes
344 Roscoff
350 St-Brieuc
353 St-Malo

358 *Special: Freibeuter der Meere*
364 St-Thégonnec
370 Tréguier
373 Vannes
379 Vitré

384 Register
389 Verzeichnis der Karten
     und grafischen Darstellungen
390 Bildnachweis
391 Impressum
381 atmosfair

nachdenken • klimabewusst reisen
atmosfair

Berühmt und berüchtigt: der Korsar Robert Surcouf aus St-Malo
▶ **Seite 359**

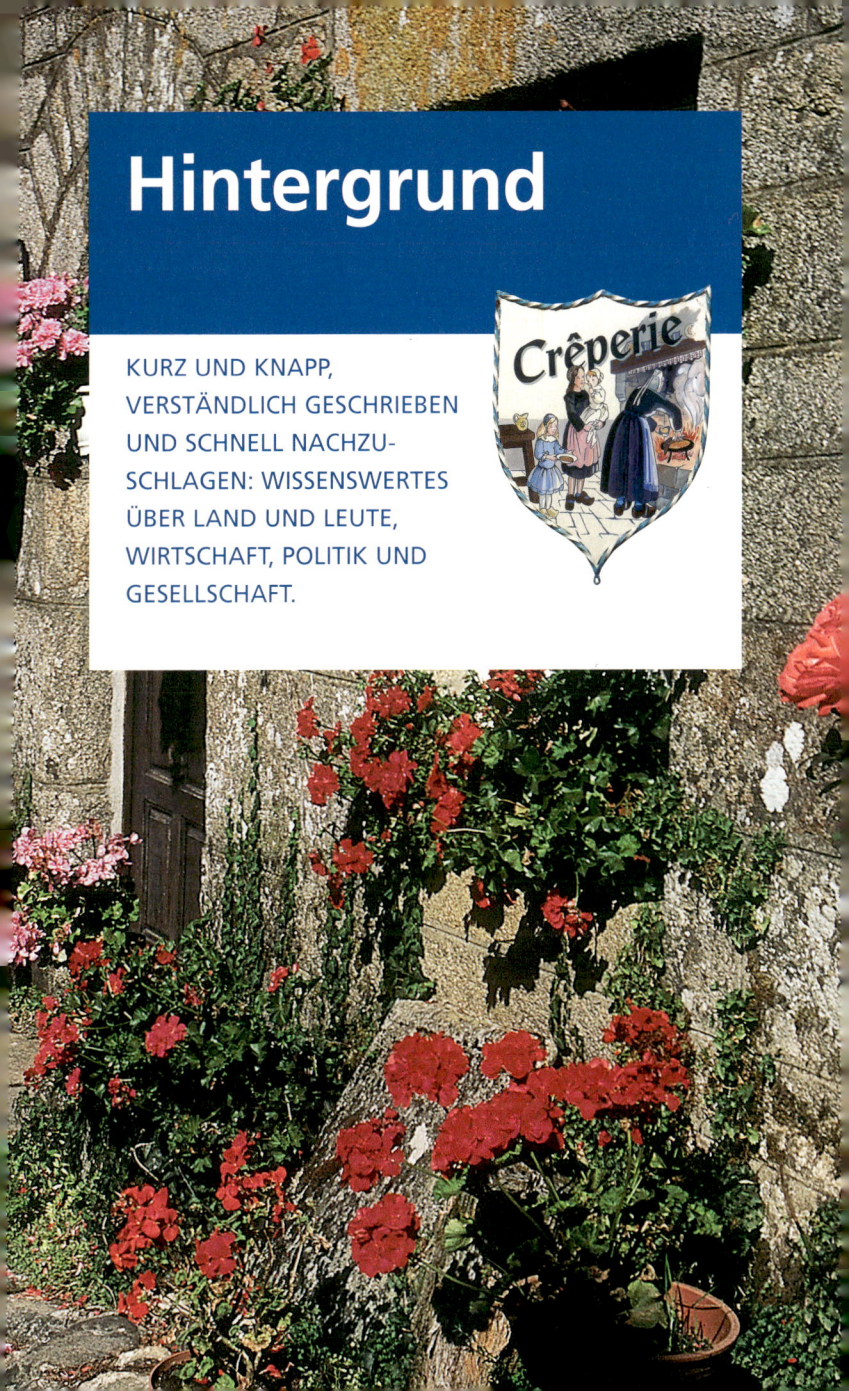

Hintergrund

KURZ UND KNAPP,
VERSTÄNDLICH GESCHRIEBEN
UND SCHNELL NACHZU-
SCHLAGEN: WISSENSWERTES
ÜBER LAND UND LEUTE,
WIRTSCHAFT, POLITIK UND
GESELLSCHAFT.

DAS LAND AM MEER

»Ich liebe die Bretagne« schrieb Paul Gauguin 1888 an seine Frau Mette. Die Wildheit und Ursprünglichkeit, das Licht und die Farben faszinierten den Maler, der in Pont-Aven Werke von Weltrang schuf und den Ruhm der Bretagne für alle Zeit festigte.

»Finis Terrae«, wie die Römer Frankreichs größte Halbinsel nannten, liegt im Nordwesten des Landes, umspült von Ärmelkanal und Atlantik. Vier Départements – Côtes d'Armor, Finistère, Ille-et-Vilaine und Morbihan – gehören zur Bretagne, die etwa so groß ist wie das Bundesland Brandenburg, mit dem es auch die Einwohnerzahl teilt: 3 Mio. Menschen, 5 Prozent der französischen Bevölkerung.

Traumhaftes Segelrevier
Die Côte de Granit Rose

Klippen, Zauberwald und Küstenpfade

Die Bretonen unterscheiden bis heute zwischen »Armor«, dem »Land am Meer«, und »Argoat«, dem »Land des Waldes«. Mit Armor sind die meerumtoste Felsküste mit alten Fischernestern und die Inselwelt gemeint. Mit ihren Kliffs und Grotten, Riffen und weit ins Meer ragenden Landzungen gehört die bretonische Küste zu den gefährlichsten Seefahrtsgebieten der Welt. Entlang der 2700 km langen Küste sichern 111 Leuchttürme die Schifffahrt; sie sollen verhindern, dass die Bretagne wieder von Katastrophen mit Supertankern wie »Amoco Cadiz« oder »Erica« getroffen wird. Die Reste des Schweröls sind noch immer an den Felsen zu sehen. Die Strände hingegen sind längst wieder fest in Urlauberhand: feinsandige, goldene Badeparadiese für Sonnenanbeter, Badenixen und Aktivurlauber. Die Schönheit der Küsten erschließen die einmaligen »Sentiers des Douaniers«, historische Küstenpfade, auf denen einst die Zöllner gegen Wrackplünderer und Schmuggler kämpften.

Argoat, das alte »Waldland«, wie es zur Zeit der Kelten noch existierte, ist heute von Grünland und Äckern geprägt. Einzig im Fôret de Paimpont kann man den Zauber des Märchenwaldes von Brocéliande noch erahnen, der Heimat von König Artus und seiner Tafelrunde, von Lancelot, Morgane und Merlin. Zwischen Geschichte und Legende bewegt sich König Gradlon, der um 600 in der Cornouaille

Apfelblüte
Das bretonische Nationalgetränk ist der Cidre, ein leichter, spritziger Apfelwein und idealer Begleiter zu Crêpes und Galettes.

Strandspaziergänge
Tief durchatmen, den Seewind schmecken, Inspiration sammeln.

Savoir vivre
Die meisten bretonischen Hotels sind Familienbetriebe mit sehr persönlich eingerichteten Zimmern.

Steinerne Bibeln
200 Granitfiguren erzählen am Kalvarienberg von Guimiliau die Passionsgeschichte.

Magische Landschaften
Vom Meer gezeichnet: die »wilde Küste« der Halbinsel Quiberon.

Schlendern und schauen
Eine Augenweide: liebevoll restauriertes Fachwerk und verwinkelte Gassen, hier im mittelalterlichen Vannes.

das erste bretonische Königreich gründete. Sein berühmte Hauptstadt Ys wurde von den Fluten des Meeres verschlungen – seine Tochter Dahut hatte sich mit dem Teufel eingelassen.

Zu Hinkelsteinen und Kalvarienbergen

Wie kein zweites Land liebt und lebt die Bretagne die Legenden, erfindet sie neu und passt sie den Umständen der Zeit an. Vom Leiden Christi erzählen die Kalvarienberge, steinerne Bibeln zur Belehrung des Volks. Im Nordwesten bilden sie den Höhepunkt der »Enclos Paroissiaux«, der umfriedeten Pfarrhöfe von Guimiliau, Landivisiau oder St-Thégonnec. Ein Erlebnis sind die festlichen Pardons, die großen Wallfahrten zu Ehren der 7777 bretonischen Heiligen. Bei dieser Gelegenheit werden auch die alten Trachten mit geklöppelten weißen Hauben getragen. Aus heidnischer Vorzeit hingegen stammen die tonnenschweren Heiligtümer des Morbihan: Menhire, Steinkreise und kilometerlange Steinalleen. Ob sie Altar, Opferstätte oder Observatorium waren? Die Megalithkultur bleibt ein Rätsel. Einzig Obelix, wie Asterix ein waschechter Bretone, wusste, wozu die Hinkelsteine gut waren: zum Wurf auf die Römer. 350 Jahre lang versuchten selbige vergeblich, das kleine Völkchen in Armorika vollständig zu unterwerfen. Auch die Zentralregierung in Paris hat es bis heute nicht immer leicht mit den Menschen im äußersten Nordwesten, die ihrer Eigenständigkeit gern Ausdruck verleihen und selbstbewusst ihr keltisches Erbe pflegen.

Pardons
Auch die junge Generation trägt zu hohen Festen alte Trachten.

Wind, Wellen und mehr

Zur selben Zeit, als Paul Gauguin die Bretagne für sich entdeckte, kamen auch die ersten Touristen. Adel und Großbourgeoisie flanierten Ende des 19. Jh.s auf der Uferpromenade von Dinard, ließen im Casino die Kugel rollen und stiegen von Badekarren in die kühlen Fluten. Wind und Wellen locken auch die heutigen Urlauber. Verzaubert vor der magischen Landschaft kommen viele von ihnen immer wieder. Sie bummeln durch die mittelalterlichen Fachwerkstädte, bestaunen stolze Burgen und prunkvolle Märchenschlösser, genießen Austern, Cidre, Crêpes, Galettes und fangfrischen Fisch. Das »Land am Meer« hat viele Gesichter – und mehr als eines, in das man sich verlieben kann.

Fakten

Was versteht man unter Springtiden, Rias oder Abers, wo gedeihen Palmen, Myrten und Mimosen? Wie klingt Bretonisch, was ist ein Triskell, und wohin führt die berühmte große Wallfahrt Tro Breizh?

Natur und Umwelt

Geologisch gehört die Halbinsel Bretagne als »Rumpfgebirge« zu den ältesten Teilen Europas. Ihr Untergrund aus Granit entstand bereits vor einer Milliarde Jahren im Präkambrium. Bei Überflutungen vor mehr als 400 Millionen Jahren lagerten sich bis zu 1000 m Sandstein darauf ab. Durch den großen Druck verwandelte sich der darunterliegende Schiefer zu Quarzit. Vor rund 350 Millionen Jahren wurden diese Schichten zu einem Faltengebirge aufgetürmt, dem **Armorikanischen Massiv**.

Ein Urgebirge aus Granit

Noch vor 60 Millionen Jahren war das Armorikanische Massiv 1200 m hoch. Heute präsentiert sich das Gebirge als durchschnittlich 300 m hohes, welliges Plateau, in das sich kurze Bäche und Flussläufe bis zu 80 m tief eingeschnitten haben. Trotz ihrer geringen Höhe bilden die zentralen Berg- und Hügelzüge der Bretagne deutlich ausgeprägte Wasserscheiden zwischen den kurzen, aber wasserreichen Flussläufen wie Rance und Trieux, die nach Norden zum Meer fließen. Die wenigen nach Süden strömenden Flüsse wie Vilaine, Blavet

Naturraum *Orientierung*

← *Côte du Granit Rose: Beim Leuchtturm von Ploumanac'h findet man die bizarrsten Steinkolosse aus Granit.*

Bretonische Spezialität:
Meeresgetier frisch vom Fang

und Odet sind deutlich länger. Längster Fluss der Bretagne ist die 225 km lange Vilaine, gefolgt von der 145 km langen Aulne. Zwei Höhenrücken trennen das spärlich besiedelte »Land der Wälder« vom schmalen Küstenstreifen »Armor« an Ärmelkanal und Atlantik. Der nördliche Höhenrücken **Montagne d'Arrée** erreicht im Signal de Toussaines und Roc Trévézel 384 m, die südlichen **Montagnes Noires** steigen im Roc de Toullaëron auf 326 m an. Die Ober-Bretagne im Osten ist der flachere, die Nieder-Bretagne im Westen der höhere Landesteil.

Kein Ort in der Bretagne ist weiter als 60 km von der Küste entfernt, die durch ihre unzähligen tiefen Buchten und zerfurchten Halbinseln eine Gesamtlänge von 2700 km erreicht. Fast überall dominieren **Steilküsten** mit hohen, oft senkrecht abstürzenden Klippen, spitzen Felsnadeln und massiven Felsblöcken. Donnernd branden die Brecher von **Atlantik und Ärmelkanal** gegen die häufig nur schwer zugänglichen Felsküsten. Die feuchte Luft riecht nach Salz und Tang. Während die nordbretonische Küste mehr geradlinige Abschnitte aufweist, die mit hohen Kliffs zum Meer abfallen, ist die Südküste insgesamt flacher und stärker durch große Buchten gegliedert. Vorgelagert sind Hunderte von Felsinseln, teils in Sichtweite, teils weit draußen im Meer. Die größeren sind bewohnt, viele kleinere tauchen oft nur bei Ebbe aus der rauen See auf. Die wohl bekannteste Insel, die allerdings heute schon zur Normandie gehört, ist der gewaltige Granitblock von Mont St-Michel. Die größte Insel der Bretagne ist die Belle-Ile vor der Südküste.

Rias und Abers Die Nordwestküste der Bretagne prägen **Abers**, trichterförmige, parallele Buchten, die den Gezeiten unterliegen. Geografen nennen sie **Rias** nach dem Vorbild der Buchten im nordwestspanischen Galizien. Ria-Küsten finden sich auch in Irland und Südwestengland. Sie ähneln den Fjordküsten Norwegens, haben aber eine andere Entstehungsgeschichte. Während Fjorde durch eiszeitliche Gletscher ausgehobelt wurden, sind Rias »ertrunkene« Flusstäler. Als der Meeresspiegel am Ende der Eiszeiten anstieg und das Land absenkte, verschob sich die Küstenlinie ins Landesinnere. Dadurch gerieten die Flusstäler im Unterlauf unter den Meeresspiegel und wurden zu Meeresbuchten. Anders als Fjorde sind sie daher in der Regel bei Ebbe ziemlich flach.

Das faszinierendste Naturschauspiel der Bretagne bieten **Ebbe und** **Im Wechsel**
Flut. Zwei Mal am Tag enthüllen die rhythmischen Schwankungen **der Gezeiten**
des Meeresspiegels die Schönheiten der Strände, um sie dann wieder
für einige Zeit dem Auge des Betrachters zu entziehen. Anders als bei
winderzeugten Wellen entstehen
die Gezeiten durch die Anziehungskraft des Mondes, die auf die
Wasserhülle der Erde wirkt. Ständig laufen daher zwei Flutberge um
die Erde, die jeweils 12 Stunden 25
Minuten dauern. Zwei Mal pro Tag
steigt und fällt das Meer, wobei
sich die Tiden täglich um 50 Minuten verschieben – ein Mondtag
dauert 24 Stunden und 50 Minuten. Bei Flut steigt der Wasserstand
an der Küste und in den Buchten
enorm an. Die Bretagne verzeichnet nach der Fundy Bay in Kanada

den zweithöchsten Tidenhub der Welt. Die Höhe des Wasserspiegels
schwankt hier zwischen Ebbe und Flut häufig um mehr als 10 m, in
der Bucht von St-Malo bis 13,5 m und beim Mont St-Michel sogar
bis 15 m. Bei Springtiden in Frühjahr und Herbst weicht das Meer
auf den flachen Sandbänken vor der Küste bis zu 15 km zurück.
Schon im Mittelalter wurden die durch die Gezeiten in die Buchten
und Abers ein- und ausströmenden Wassermassen mit Gezeitenmühlen zur Energiegewinnung genutzt. Seit 1966 steht an der Mündung der Rance das erste **Gezeitenkraftwerk** der Welt, das nach
demselben Prinzip sowohl das auflaufende als auch das ablaufende
Wasser mit 24 Turbinen in einer 750 m langen Staumauer zur Elektrizitätserzeugung nutzt (▶Baedeker 3 D-Darstellung, S. 218).
Bei Neu- und Vollmond, wenn Mond, Erde und Sonne in einer Linie
stehen, addieren sich die Anziehungskräfte und sorgen für **Springtiden.** Dann steigt das Meer besonders hoch an und zieht sich bei
Ebbe besonders weit zurück. Bei Halbmond hingegen, wenn Sonne,
Mond und Erde in einem rechten Winkel zueinander stehen, wirkt
die Sonne gegen den Mond und zieht einen Teil der Wassermassen
in einen anderen Teil der Erde. Bei diesen sogenannten **Nipptiden**
bleibt der Meeresspiegel meist etwas unter der mittleren Hochwassermarke.

Austern werden roh, gebraten, gedünstet oder gratiniert genossen, Meeresalgen finden in Lebensmitteln, Therapeutika und Kosmetik Verwendung.

MEERESFRÜCHTE

Seit Jahrhunderten versorgt das Meer die Bretonen mit zwei Produkten, die bis heute wichtige Standbeine der Wirtschaft sind: Algen und Austern.

Königin unter den Muscheln ...

ist zweifellos die **Auster**. Apropos König: Heinrich IV. (1553 – 1610) soll bis zu 20 Dutzend Cancalaises am Tag vertilgt haben. Im 18. Jh. war die Nachfrage so enorm, dass die Befürchtung aufkam, der Bedarf könne nicht mehr gedeckt werden. Ab 1759 verbot schließlich ein königlicher Erlass die Austernernte in den Monaten April bis Oktober. So entstand das Gerücht, in den Monaten ohne »r« seien Austern ungenießbar oder ungesund – bei den damaligen Transportwegen ergaben sich im Sommer allerdings Frischeprobleme. Dennoch waren Ende des 18. Jh.s die natürlichen Austernbänke entlang der bretonischen Küste erschöpft. Seit Mitte des 19. Jh.s wird daher die begehrteste

aller Speisemuscheln in Austernparks gezüchtet. Kurz vor der Laichablage werden gewölbte Tonziegel ausgelegt, auf denen sich die sandkorngroßen Larven niederlassen und in acht Monaten zu 3 cm großen Austern heranwachsen. In den folgenden drei bis vier Jahren werden die jungen Austern zwei bis drei Mal in neue Becken umgesetzt, bis sie ihre Mindestgröße erreicht haben und geerntet, sortiert und in Durchspülungsbecken gereinigt werden.

Die heute in der Bretagne am weitesten verbreitete Austernart ist die ab 1974 aus Kanada, dann aus Japan importierte **Huître creuse** (Crassostrea gigas) mit tiefem, bauchigem Gehäuse und großem Fleischanteil. Feiner im Geschmack sind die flachen Austern

Ostrea edulis bzw. **Huître plate**. Sehr schmackhaft, aber auch sehr rar sind die flachen **Belon-Austern** aus dem Süd-Finistère, die das Zwei- bis Dreifache kosten.

Algen im Joghurt

Während Austernschlürfen wohl eher ein seltenes Vergnügen ist, nehmen wir Meeralgen fast täglich zu uns: Im Pudding, in der Marmelade, im Streichkäse, in Suppen und in Milchprodukten, im Bierschaum, selbst im Wein begegnet man zunehmend Algen: als Gelier-, Binde-, Gleitmittel und Stabilisator ebenso wie als geschmacksneutrale Trägersubstanz. In der Vergangenheit nutzten die Bretonen, heute landesweit führend in der Herstellung dieser **Alginate**, die vom Meer angeschwemmten Algen zunächst als »goémon«, als Düngemittel für die Äcker. Im 18. Jh. spielte die bretonische Alge in der Seifen- und Glasindustrie eine große Rolle, da sich aus ihr Kaliumkarbonat (Pottasche) gewinnen ließ. 1811 wurde Jod in Braunalgen entdeckt; zeitgleich extrahierte der britische Chemiker Edwards zum ersten Mal Alginat aus Braunalgen. Die Anwendungsmöglichkeiten des Extrakts scheinen unbegrenzt, denn man kann es nicht nur wie den Rotalgenextrakt Carrageenan in Nahrungsmittel-, kosmetischer und pharmazeutischer Industrie einsetzen, sondern auch in der Papier- und Textilindustrie und anderen technischen Bereichen. Heute beträgt der Algenkonsum der Franzosen lediglich ein Tausendstel des Verzehrs der Japaner. Doch die Bandbreite der Anwendungen wächst: von der Thalassotherapie, wo Algen Entspannung und Linderung von Gelenkschmerzen bringen, bis zu raffinierten Kreationen in der Küche. Und noch eine Gemeinsamkeit: Lebende Austern bleiben zwischen Algen in Spankörben bis zu 14 Tage genießbar.

An der windgeschützten Südküste der Bretagne gedeihen sogar Mimosen.

Flora

Heide, Hecken und Wald

Noch in der Antike bedeckten ausgedehnte Eichen- und Buchenwälder das Landesinnere. Die römischen Besatzer und später die Mönche der Abteien holzten jedoch große Waldflächen für den landwirtschaftlichen Anbau ab. Darüber hinaus benötigte man Holz zum Schiffsbau und zur Herstellung von Holzkohle für die Schmieden in Paimpol, Quénécan und Châteaubriant. So blieben nur etwa zehn Prozent der Waldfläche erhalten, das Gros befindet sich heute in Privatbesitz. Öffentlich zugängliche Reste des ursprünglichen bretonischen Waldes mit großen Beständen an Rotbuchen, Ahorn, Kastanien und Eschen sind noch im **Parc Naturel Régional d'Armorique** erhalten. Ausgedehnte Strauch- und Heideflächen mit Erika, Besen- und Stechginster, Farnen, Wacholder und Brombeeren prägen Bergkämme und windzugewandte Küsten. Außergewöhnlich schöne, weit ausgedehnte Heideflächen sind auf der Halbinsel von Crozon oder der Hochebene von Lanvaux erhalten. An der windgeschützten Südküste hingegen gedeihen im milden Klima Palmen, Kamelien, Myrten, Mimosen, Agaven, Oleander, Zypressen, Feigen, örtlich auch Zitronen- und Orangenbäume. In feuchten, windabgewandten Senken haben sich vielfach Moore entwickelt. Typische Pflanzen sind hier Birken, Wollgras, Torfmoose, Binsen, Enzian, gelbe Schwertlilie und Sonnentau. Auf den Salzwiesen und vermoorten Verlandungsflächen wie im Regionalen Naturpark der Brière oder am Ostufer des Golf von Morbihan siedeln salzliebende Gräser und Stauden. Im

Landesinnern, besonders im Département Finistère, prägen **Bocages** das Landschaftsbild – Hecken oder Baumreihen, die wie die norddeutschen »Knicks« auf kleinen Steinwällen die Äcker und Weiden trennen und vor Wind schützen. Auch die Meeresalgen sind als wichtiger Bestandteil der Vegetation zu nennen, zumal sie wirtschaftlich immer mehr genutzt werden (▶Baedeker Special S. 20).

Fauna

In den Wäldern der Bretagne gibt es kaum noch Hochwild. Die Jagd beschränkt sich auf Schnepfen. Artenreich ist hingegen die Fischwelt: Barsch, Seeaal, Makrele, Rochen, Seebarbe, Steinbutt, Thunfisch, Sardine, Seezunge und Goldbrasse werden von den Küstenfischern, Krebse, Krabben, Hummer, Langusten von Schleppnetzfischern gefangen. Austern, Muscheln und Schnecken werden entlang der gesamten Küste in Aquakulturen gezüchtet. In den Flüssen und Seen kann man Forelle, Lachs, Aal, Hecht, Zander, Salm, Barbe, Brasse und Gründling angeln. **Artenreiche Fischwelt**

Weit verbreitet sind auch Kleinsäuger und Nagetiere. Kröten, Frösche und andere Amphibien finden sich vor allem in den Feuchtgebieten und Binnengewässern. Mauer- und Smaragdeidechsen bevölkern in großer Zahl sonnige Felshänge im wärmeren Süden der Bretagne. Am artenreichsten vertreten ist die Vogelwelt. Amseln, Finken, Kuckuck, Blau- und Sumpfmeisen, Bachstelzen, Eulen, Wanderfalken, Graureiher, Teich- und Blässhühner und Enten leben im Landesinneren. Noch vielfältiger ist das Spektrum an den Küsten, wo neben den ganzjährig anwesenden Vögeln im Herbst und Winter noch unzählige Zugvögel rasten. Neben Dreizehen-, Silber-, Lach- und Heringsmöwen bevölkern auch Tausende Basstölpel, Tordalke, Kormorane, Austernfischer, Papageientaucher, Trottellummen, Eissturmvögel, Seeschwalben und Brandgänse die Klippen und vorgelagerten Felseninseln. **Landfauna**

Im Landesinnern leben Enten, Teich- und Blässhühner, Graureiher, Bachstelzen und Wanderfalken.

Bevölkerung · Politik · Wirtschaft

Die historische, früher selbständige Bretagne wurde während der Französischen Revolution in künstlich geschaffene Départements aufgeteilt, die bewusst von den Grenzen der ehemaligen Herrschaften abwichen. Erst durch die Einführung der Regionen mit begrenzten eigenen Befugnissen unter Staatspräsident de Gaulle entstand die Bretagne wieder als Einheit aus vier Départements: **Côtes d'Armor, Finistère, Ille-et-Vilaine** und **Morbihan**. In der Gebietsreform 1981 wurde das überwiegend bretonische Département Loire-Atlantique mit Nantes, für Jahrhunderte Hauptstadt des Herzogtums Bretagne, der Région Pays de la Loire angegliedert. Mit 27 000 km² Fläche ist die Bretagne etwa so groß wie Belgien oder das Bundesland Brandenburg, mit dem es auch die **Einwohnerzahl** teilt: 3,1 Millionen Menschen, 5 Prozent der französischen Bevölkerung.

Vier Départements

Über die Urbevölkerung der Bretagne, von der die beeindruckenden Zeugnisse der Megalithkultur stammen, ist fast nichts bekannt. Dagegen sind wir recht genau über die keltischen **Gallier** informiert, die seit dem 6. Jh. v. Chr. die Halbinsel besiedelten und sie **Armor** bzw. **Armorika** nannten. Sie wurden 56 v. Chr. von Julius Caesar unterworfen, was zur Romanisierung des Gebiets führte. Ab 460 n. Chr. erlebte Armorika die Einwanderung **keltischer Britonen** (**Bretonen**), die von Angeln und Sachsen aus England vertrieben worden waren. Sie christianisierten die Region und gaben ihr den Namen **Bretagne**. Aus Einheimischen und Zugewanderten entstand eine neue keltischstämmige Volksgruppe – mit dem Bretonischen als eigener keltischer Sprache –, die bis 1532 auch ihre politische Selbständigkeit als Herzogtum erhalten konnte. Mit dem Anschluss an Frankreich wurde Französisch zur Staatssprache, **Bretonisch** zeitweise verboten und in ländliche Gebiete der Niederbretagne abgedrängt. Mitte des 19. Jh.s bis in die sechziger Jahre des 20. Jh.s stagnierte das Bevölkerungswachstum und erlebte zeitweise sogar einen Rückgang. Aufgrund der peripheren Lage begann die Industrialisierung erst wesentlich später als im übrigen Frankreich; die Folge waren Arbeitslosigkeit und Abwanderung in andere Landesteile bzw. Auswanderung nach Übersee. Wer im Lande blieb, zog aus dem rein agrarisch strukturierten Landesinneren in die wirtschaftlich bessergestellten Küstenstreifen, wo Fischerei, Handel und Gewerbe, Häfen, Militär und beginnender Tourismus für Arbeitsplätze sorgten.

Bevölkerungsgeschichte

Nach dem Zweiten Weltkrieg konnte durch gezielte Wirtschaftsförderung und industriellen Aufbau die Bevölkerungsabnahme aufgehalten werden. Das Bevölkerungswachstum der Gegenwart bezieht

Die heutige Bretagne

← *Zum Grand Pardon des St-Yves in Tréguier kommen Richter und Anwälte aus aller Welt (siehe S. 49).*

sich jedoch fast ausschließlich auf die heutige Hauptstadt Rennes, die Häfen und die Fremdenverkehrsorte an der Küste. In den meisten Teilen des Hinterlandes verzeichnet man weiterhin Abwanderung und eine Überalterung der Bevölkerung. Diese unterschiedliche Entwicklung von Küsten- und Binnenland wird vor allem bei einem Vergleich der **Bevölkerungsdichte** deutlich. Gegenüber einem Durchschnitt von 93 Einwohnern/km² für die gesamte Bretagne beträgt sie im Landesinnern weniger als 50, entlang der Küste hingegen zwischen 150 und 200. Nachdem von 1980 bis 2000 vor allem die Städte Rennes, Brest, Vannes und Quimper deutlich steigende Bevölkerungszahlen verzeichneten, haben in den letzten Jahren vor allem die kleinen Kommunen an Neubürgern gewonnen: Das Wachstum hat sich damit aus den eigentlichen Städten hinaus deutlich in die »Speckgürtel« verlagert.

Religion Die bretonische Bevölkerung ist fast ausschließlich römisch-katholisch. In Sitten und Gebräuchen, regionalen und lokalen Festen spielt die Kirche mit ihren Heiligen noch eine große Rolle. Viele Heiligenfeste mit Prozessionen, französisch **Pardons**, bei denen die alten Volkstrachten getragen werden, haben heute jedoch oft mehr folkloristischen als religiösen Charakter. Die Bindung an die Kirche ist in den letzten Jahrzehnten, vor allem bei der jüngeren Generation, stark zurückgegangen, wenn auch vielleicht nicht ganz so stark wie im übrigen Frankreich.

? WUSSTEN SIE SCHON ...?

■ Die berühmte traditionelle Wallfahrt Tro Breizh führt rund um die ganze Bretagne zu den Gräbern der sieben Gründungsheiligen. Jedem Pilger, der die ganze Reise auf sich nahm, war ein Platz im Paradies sicher. Wer sie zu Lebzeiten nicht durchführen konnte, musste sie nach seinem Hinscheiden nachholen – mit einer Geschwindigkeit von einer Sarglänge pro Jahr.

Bildung Im Bereich von Bildung, Wissenschaft und Forschung nahm die Bretagne, die auch hierin früher unterversorgt und benachteiligt war, nach dem Zweiten Weltkrieg durch den Ausbau des Schul- und Hochschulwesens und die Errichtung wissenschaftlicher Institute einen beachtlichen Aufschwung. Heute bestehen insgesamt vier **Universitäten**, davon zwei in der heutigen Regionshauptstadt Rennes und je eine in der alten Hauptstadt Nantes und in Brest, Letztere mit Instituten in Vannes, Lorient, Quimper und St-Brieuc.

Ausdruck der Eigenständigkeit: Bretonisch

Eine keltische Sprache Bretonisch ist kein französischer Dialekt, sondern eine keltische Sprache. Vor rund 2500 Jahren entwickelte sich **Keltisch**, wie Griechisch und Germanisch eine eigenständige indogermanische Sprache, in fast zwei Dritteln Europas gesprochen, bis es von lateinischen und germanischen Sprachen auf ein paar Regionen im westlichen Europa zurückgedrängt wurde.

Zahlen und Fakten *Bretagne · Breiz(h)*

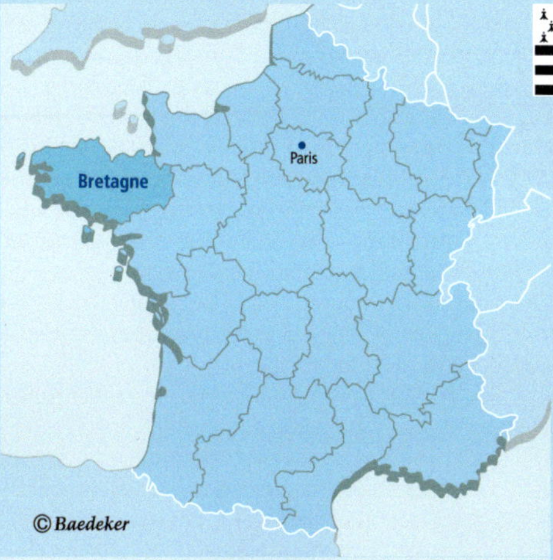

Bretonische Flagge und das Triskell

Hauptstadt
▶ Rennes

Sprachen
▶ Französisch, Bretonisch

Wirtschaft
▶ Bruttosozialprodukt:
  78,03 Mrd. Euro (2007)
▶ Pro-Kopf-Einkommen:
  25 249 Euro (2007)
▶ Wirtschaftswachstum:
  1,9 % (2007)
▶ Arbeitslosenquote:
  6,0 % (2008)
▶ Beschäftigungsstruktur:
  Dienstleistungen 67 %
  Industrie 25,3 %
  Landwirtschaft 7,7 %
▶ Hauptausfuhrprodukte:
  Nahrungsmittel und
  landwirtschaftliche
  Erzeugnisse 28,6 %,
  Elektroprodukte 20,1 %,
  Autos (Citroën/Rennes)
  20,2 %

© Baedeker

Bretagne
Paris

FINISTÈRE
29
Quimper
St-Brieuc
CÔTES D'ARMOR
22
MORBIHAN
56
Vannes
ILLE-
ET-VILAINE
35
Rennes
© Baedeker

Lage
▶ Nordwestfrankreich
  Auf 1° bis 4°44' westlicher Länge und
  48°53' bis 47°27' nördlicher Breite

Fläche
▶ 27 209 km²

Départements
▶ Côtes d'Armor, Finistère, Ille-et-Vilaine,
  Morbihan

Einwohnerzahl
▶ 3,1 Mio. (2007)

Landwirtschaft 7,7%

Industrie
25,3%

Dienstleistungen
67%

Geschichte des Bretonischen

Während der römischen Besatzung ersetzte **Latein** bzw. eine Form des Vulgärlateins mehr und mehr die keltische Sprache in der Bretagne. Im 5. und 6. Jh. kam das Keltische wieder auf die Halbinsel, als sich keltische Briten auf der Flucht vor Angeln und Sachsen in »Kleinbritannien« niederließen. Daraus entwickelte sich das eigenständige **Bretonisch**, in der Sprachwissenschaft heute als »Breton armoricain« und von den Bretonen selbst als **Brezoneg** bezeichnet. Bis zum 12. Jh. war Bretonisch in der Bretagne neben Latein Staats-, Rechts- und Literatursprache. Dann übernahmen die führenden Gesellschaftsschichten, vor allem Adel und Klerus, das sozial höher gewertete Französisch. Bretonisch verlor an Bedeutung und wurde nur noch vom einfachen Volk, von Fischern und Bauern, gesprochen. Selbst der gebürtige Bretone Pierre Abélard (▸Berühmte Persönlichkeiten) äußerste sich während seiner Amtszeit als Abt des Klosters von St-Gildas-de-Rhuys sehr verächtlich über diese »hässliche, mir unbekannte Sprache« seiner Mönche.

Die Schriftsprache entsteht ▸

In der Romantik setzte eine Rückbesinnung auf das mündlich überlieferte Bretonische ein. Es entstand die **bretonische Schriftsprache**. Eine Grammatik und ein Wörterbuch wurden herausgegeben, auch wurde immer mehr Literatur in bretonischer Sprache veröffentlicht. Doch dem Staat war das Bretonische ein Dorn im Auge. Schon die im Gefolge der Französischen Revolution regierenden Jakobiner erlaubten neben der Einheitssprache Französisch keine Regionalsprachen. Dieses Verbot bestand – mit Unterbrechungen im 19. Jh. – bis ins 20. Jahrhundert. Mit der Einführung der Schulpflicht gegen Ende des 19. Jh.s wurden alle Minderheitensprachen Frankreichs, darunter auch das Alemannische im Elsass, systematisch unterdrückt. An den Schulen war es streng verboten, Bretonisch zu sprechen. Schüler, die gegen diese Vorschrift verstießen, wurden streng bestraft: So mussten sie z. B. einen Holzschuh oder ein Hufeisen um den Hals tragen und durften dieses »Zeichen der Schande« erst wieder ablegen, wenn sie selbst einen Mitschüler verrieten, der das verbotene Bretonisch sprach. Erst 1951 hob der französische Staat das Verbot der regionalen Sprachen auf. Das Bretonische erhielt damit offiziell seine Existenzberechtigung zurück. Seit 1977 darf Bretonisch wieder unterrichtet werden.

Bretonisch heute

Mittlerweile gibt es bretonische Zeitungen, Radiostationen, Fernsehsendungen und Sprachkurse zum Auffrischen oder Erlernen der Regionalsprache. In den Schulen wird Bretonisch als Wahlfach angeboten, und an den Universitäten von Rennes und Brest wurden Lehrstühle für die bretonische und die keltischen Sprachen eingerichtet. Doch Bretonisch als Pflichtfach in den Grundschulen einzuführen, wie es bretonische Nationalisten fordern, fand bei der französischen Regierung bisher kein Gehör. Heute schätzt man, dass von den rund 2,9 Mio. Bretonen nur noch 500 000 Bretonisch zu Hause sprechen, und noch einmal so viele die Sprache zumindest verstehen – aber nur in der **Basse Bretagne** bzw. in der Bretagne bretonnante, d. h.

im Finistère mit Teilen von Côtes d'Armor und Morbihan. In der Haute Bretagne, dem Pays Gallo, wird kein Bretonisch gesprochen; die Sprachgrenze verläuft zwischen St-Brieuc und Vannes.

Das Keltische wird von der Sprachwissenschaft in zwei Gruppen eingeteilt: das Gälische (Irisch, Schottisch) einerseits und das Kymrische (Walisisch), Cornische und Bretonische andererseits. Damit ist Bretonisch, und zwar das Mittelbretonisch, das im 12. Jh. das Altbretonisch ersetzte, die einzige keltische Sprache, die – wenn auch mit Einschränkungen – noch auf dem europäischen Festland gesprochen wird. In der Bretagne unterscheidet man vier **Dialekte**: von Léon, von Cornouaille, von Trégor und von Vannes. Sie sind teilweise so verschieden, dass es zu Verständigungsschwierigkeiten kommt: Ein Bretone aus Quimper versteht nicht unbedingt einen Bretonen aus Vannes. Die Orthographie des Bretonischen ist sehr uneinheitlich und kompliziert. 95 Prozent der Bretonisch sprechenden Leute sollen ihre Sprache nicht korrekt schreiben können. Im Hinblick auf die Syntax gilt Bretonisch als geschmeidig; der Satz muss nicht von einem Subjekt eingeleitet werden. Es gibt eine relativ geringe Anzahl einsilbiger Wörter, die durch unendliche Kombinationsmöglichkeiten ein weites Bedeutungsfeld abdecken.

Charakteristik der keltischen Sprache

Den ganzen Sommer hindurch feiert die Bretagne ihr keltisches Erbe mit Volks- und Folklorefesten.

Aussprache und Wortschatz des Bretonischen

Anders als das Französische verfügt das Bretonische über keine Nasallaute, jedoch über kräftige **Kehllaute** wie das k (wie dt. Karneval), das r (wie dt. rot) und das c'h z. B. in Penmarc'h (wie ch in dt. lachen). Daher empfinden die Franzosen diese Sprache als sehr hart, dunkel, rau und kaum aussprechbar. Besucher aus Deutschland haben es einfacher: Man spricht es in etwa so aus, wie man es liest. Auch soll jedes auslautende n und z gesprochen werden. Die Betonung liegt in der Regel, abgesehen vom Dialekt des Gebiets um Vannes, auf der vorletzten Silbe. Akzente werden zwar gesetzt, sind aber nur ein Zugeständnis an das Französische. Immer wieder wird der bretonischen Sprache vorgehalten, sie verfüge für die moderne Kommunikation über einen zu kleinen **Wortschatz**. Daher arbeitet seit 1983 die »Kreizenn ar geriaouin«, die »Kommission für die Angelegenheit mit den Wörtern«, an neuen bretonischen Ausdrücken. Bislang liegen schon für folgende Disziplinen Lexika neuer Wörter vor, die aus anderen keltischen Sprachen entlehnt oder frei erfunden wurden: Literaturwissenschaft, Grammatik, Mathematik, Physik, Biologie, Sport, Geschichte, Geographie, Informatik und Kunst.

Politik und Wirtschaft

Symbole der heutigen Bretagne

Die bretonische **Flagge Gwan ha Du** (Weiß und Schwarz; Abb. S. 27) wurde 1925 von Morvan Marchal entworfen. Die neun horizontalen Streifen symbolisieren die neun Bistümer; die schwarzen Streifen stehen für die französischsprachigen Gebiete der Haute-Bretagne Nantes, Rennes, St-Malo, St-Brieuc und Dol, die weißen für die bretonischsprachigen Bistümer der Basse-Bretagne Tréguier, Léon, Vannes und Cornouaille. Das Feld mit stilisierten Hermelinen erinnert an das einstige Herzogtum Bretagne. Das häufig ausgestellte **Triskell**-Symbol (▶Abb. S. 27) geht vermutlich auf die Kelten zurück; die drei Kreuzarme in Wirbelform stehen für Erde, Feuer und Wasser.

Strukturschwacher Wirtschaftsraum

Wirtschaftlich gehört die Bretagne zu den strukturell schwächeren Regionen Frankreichs, erlebt aber dank umfangreicher Wirtschaftsförderung ein Wachstum über dem Landesdurchschnitt. Ende des 20. Jh.s unternahm die französische Regierung verstärkte Anstrengungen, Industrieunternehmen in der Bretagne anzusiedeln, was auch teilweise gelang. Dennoch ist die **Landwirtschaft** bis heute wichtigster Wirtschaftsfaktor. Besonders im Sommer profitiert die Halbinsel vom Tourismus, der sich an den Küsten konzentriert.

Frankreichs größtes Agrargebiet

Mit rund 57 000 Betrieben ist die Bretagne das größte Landwirtschaftsgebiet Frankreichs. Mehr als zwei Drittel der Bevölkerung sind in der Landwirtschaft tätig; 60 % der bretonischen Exporte sind Agrarerzeugnisse aus dem Hinterland: Gemüse (90 % der französischen Artischocken wachsen in der Bretagne), Erdbeeren und anderes Obst, aber auch Butter und Käse. 57 % der französischen Schweinefleischproduktion und 21 % aller französischen Milchprodukte stammen aus der Region. Intensiv betrieben wird auch die Geflügel- und die Schafhaltung (berühmt die Lämmer von den Salzweiden).

Die Bretagne ist mit mehr als 40 % aller Fischanlandungen bis heute das Zentrum der französischen Fischerei. Haupthäfen sind Le Guilvinec, Lorient und Concarneau. Während die Küstenfischer täglich ihre Krustentiere und Fische am Kai entladen, gehen die Hochseefischer zwischen Grönland und Westafrika bis zu zwei Wochen lang auf Thunfisch-, Kabeljau-, Dorsch- und Heringsfang, ehe sie zurückkehren. Einen Ausgleich für sinkende Fangquoten im offenen Meer und eine neue Erwerbsquelle bieten besonders entlang der Nordküste die Zucht von Austern, die **Ostréiculture**, und andere Aquakulturen, die zum gewinnbringenden Wirtschaftszweig geworden sind. **Zentrum der französischen Fischerei**

Im Land der Bauern und Fischer ist die **Nahrungsmittelindustrie**, die die Erzeugnisse der Landwirtschaft und der Fischerei zu Nahrungs-, Genuss- und Futtermitteln verarbeitet, bis heute der größte Arbeitgeber der Region. Zweitwichtigster Wirtschaftszweig ist die **Elektronikindustrie**, die rund um Lannnion, Brest und Rennes mehr als 25 000 Menschen beschäftigt. Zudem konzentrieren sich 40 % aller Forschungsaktivitäten auf diesen Sektor. Dritter Industriesektor ist die **Automobilindustrie** mit 10 000 Beschäftigten. Da sie zahlreiche Zulieferer in die Region holte, gehört heute auch die Kunststoff- und Gummiindustrie zu den wachsenden Industriezweigen. Der **Schiffsbau** konzentriert sich auf Brest und Lorient mit der Direction des Construction Navales (DCN). Im Département Morbihan werden Sport- und Freizeitschiffe, im südlichen Finistère Fischerboote gebaut. Mit stattlicher staatlicher Unterstützung wurden zudem zahlreiche Unternehmen angesiedelt, die bei Nantes/St-Nazaire und Rennes Anlagen oder Geräte für die **Luft- und Raumfahrtindustrie** fertigen. Ebenfalls staatlich gefördert wurde die Ansiedlung von Grundstoffchemie, Parachemie und Pharmaindustrie. **Industrie**

 Baedeker TIPP

Für Frühaufsteher

Morgens um sechs am Kai: Dicht an dicht drängeln sich die Einkäufer vor den Kisten, laut schreiend präsentiert der Aktionär die Ware: Der Besuch einer Criée, der Versteigerung des frisch angelandeten Fangs, in Corncarneau, Le Guilvinec oder Roscoff ist ein echtes Erlebnis.

12,9 Mio. Besucher im Jahr machen die Bretagne zur **zweitwichtigsten Tourismusregion** Frankreichs. Konzentrierte sich der Fremdenverkehr einst nur auf den Strand- und Sommerurlaub entlang der Küste, wird heute gezielt der Kur- und Kongresstourismus ausgebaut. Eine längere Vor- und Nachsaison wird weiterhin durch den wirtschaftlich sehr wichtigen Wassersporttourismus mit Segelbooten und Motorjachten und durch Bildungsreisen zu den historischen und prähistorischen Stätten erreicht. **Nummer zwei im Tourismus**

Geschichte

Rätselhafte Megalithkultur, das Vordringen der Kelten, die Eroberung Galliens durch römische Legionen, Gradlons Königreich Cornouaille, der Kampf um den Thron und die Vereinigung mit Frankreich – die Bretagne blickt auf eine bewegte Geschichte zurück.

REINE DE FRANCE ANNE DE FONDATRICE BRETAGNE DE L'EGLISE SAINT MALO

Die Anfänge Armorikas

200 000 v. Chr.	Erste Spuren menschlichen Lebens
5000 – 1500 v. Chr.	Jungsteinzeitliche Megalithkultur
6. Jh. v. Chr.	Kelten siedeln in der Armorika.

Schon aus der Altsteinzeit vor rund 200 000 Jahren sind erste Spuren menschlichen Lebens im Armorikanischen Massiv nachgewiesen. Gegen 4500 v. Chr. wurden die nomadisierenden Jägergemeinschaften in der Bretagne allmählich sesshafte Bauern und Hirten. Am Oust bei Redon entdeckten Archäologen Gebrauchsgegenstände, die der mesolithischen Kultur Campignien angehören, auf den Inseln Téviec und Hoëdic im Golf von Morbihan wurden Gräber mit Grabbeigaben wie Schmuck und Mikrolithen (Feuersteingeräte) gefunden, die sich dem Tardenoisien zuordnen lassen.

Erste Spuren menschlicher Besiedlung

Die meisten vorgeschichtlichen Kulturzeugnisse wurden in der Jungsteinzeit geschaffen. Riesige Steindenkmäler – **Menhire, Dolmen** und **Cairns** – gaben ihr den Namen (▶Baedeker Special S. 156). Welchen Zwecken sie dienten, ist, abgesehen von den Dolmen, in denen Grabkammern gesehen werden, jedoch noch ungelöst. Man weiß nicht einmal, wer die Erbauer waren, woher sie kamen, wohin sie verschwanden; denn auch über das Alltagsleben geben die Steine keine Auskunft. Zwei Invasionen beendeten die Megalithkultur. Um 1850 v. Chr. wanderten Stämme aus Griechenland und Irland ein und unterwarfen die Bevölkerung, was ihnen ohne Schwierigkeiten gelang; sie waren im Besitz metallener Waffen.

Rätselhafte Megalithkultur

Damit hielt die Bronzezeit Einzug in die Bretagne. **Camp du Lizo** im Département Morbihan, die bislang einzige nachweisbare Siedlung, stammt vom Ende der Bronzezeit und diente vermutlich als Verteidigungsanlage. Während der Bronzezeit blühte der Handel mit dem Umland. Bretonische Äxte wurden in ganz Europa Zahlungsmittel. Das typischste Kennzeichen für die Kupfer- bzw. Bronzezeit sind die Einzelgräber (Grabhügel), in denen Schwerter, Beile und Schmuck, zuerst aus Kupfer, später aus Bronze, gefunden wurden, von denen viele auf ein hochentwickeltes Metallhandwerk hinweisen.

Bronzezeit

Im 6. Jh. v. Chr. wanderten die ersten Kelten, mit Eisenwaffen ausgestattet, in die bretonische Halbinsel ein und nannten sie Ar Mor, das »Land am Meer«, Armorika. Wie Julius Cäsar im »Bellum Gallicum« festhielt, siedelten sich die Kelten zunächst in offenen Dörfern oder in Einzelgehöften an und machten das Land urbar. Ihre hoch-

Die Kelten kommen

← *Das Glasfenster der Kirche St-Malo in Dinan erzählt vom prachtvollen Einzug der Königin Anne de Bretagne im Jahr 1505.*

gelegenen, später befestigten Fluchtstätten entwickelten sich zu Zentren für Handel, Handwerk und Verwaltung. Die Kelten verfügten über eine relativ hohe Kultur. Ihre geistlichen Führer, die **Druiden**, genossen im Volk großes Ansehen. Die Druiden galten als gelehrte Männer und Frauen mit einem hervorragenden Gedächtnis, was in Ermangelung einer Schrift auch nötig war. Die Kultstätten dieser Priesterkaste lagen in Wäldern, an Quellen und Brunnen, denn in der keltischen Religion nahmen Naturverehrung und Fruchtbarkeitskult einen bedeutenden Platz ein. Relikte des keltischen Kults wurden auch nach der Christianisierung weiter gepflegt bzw. verschmolzen mit manchen christlichen Riten.

Keltische Stämme

Im 2. Jh. v. Chr. lebten auf der bretonischen Halbinsel fünf keltische Stämme: die **Veneter** bei Vannes im Süden, die **Osismier** im Nordwesten bei Carhaix, die **Redoner** rund um Rennes im Osten, die **Coriosoliter** im Norden und die **Namneter** bei Nantes. Sie bildeten keine Einheit, sondern waren untereinander zerstritten. Der mächtigste Stamm unter ihnen waren die Veneter: Als Caesar 58 v. Chr. die Unterwerfung Galliens einleitete, beherrschten sie alle anderen Volksstämme und kontrollierten die Zinnminen und den Verkehr auf dem Atlantik. Ein Jahr später standen sie an der Spitze eines Bundes aller keltisch-bretonischen Stämme, der die Armorika nicht kampflos den Römern überlassen wollte.

Gallien, eine römische Provinz

| 56. v. Chr. | Brutus schlägt bei Quiberon die Flotte der Veneter. |
| 56 v. Chr. – 300 n. Chr. | Gallo-römische Zeit |

Rom erobert Armorika

58 v. Chr. begann Rom mit der Eroberung Galliens. Ganz Galliens? Nein, ein Stamm leistete entschieden Widerstand: die **Veneter**. Erst 56 v. Chr. konnte Brutus sie im Golf von Morbihan besiegen. Ihre schweren Schiffe hatten gegen die wendigen, besser ausgerüsteten und zahlenmäßig weit überlegenen Schiffe der Römer keine Chance. Kurz nach der Schlacht von Quiberon war ganz Armorika erobert. Rund 350 recht friedliche Jahre lang gehörte es nun zur römischen Provinz **Lugdunensis**. Die Römer brachten Reichtum in die Region, sie förderten den Abbau von Eisenerzen, den Fischfang und die Gewinnung von Meersalz, darüber hinaus gründeten sie Städte und bauten ein Straßennetz. **Condevincum** (Nantes), als wichtige Kreuzung von Binnen- und Seeschifffahrt, sowie **Condate** (Rennes), als bedeutender inländischer Verkehrsknoten, entwickelten sich zu den führenden Städten der Halbinsel. Außerhalb der Städte und befestigten Siedlungen lebten die Menschen in einer »Villa« mitten auf ihren

Feldern. Im 3. Jh. n. Chr. begann
der Einfluss der Römer im Westen
der gallischen Provinz mehr und
mehr zu schwinden. Germanische
»Barbaren« aus Mitteleuropa fielen
auf die Halbinsel ein, mordeten,
plünderten und verwüsteten ganze
Landstriche. Auch von der Pira-
terie, die sich von der Nordsee bis

> **? WUSSTEN SIE SCHON …?**
>
> ■ Die Römer liebten Garum. Diese antike Uni-
> versalwürze wurde durch Fermentation von
> Sardinen-, Makrelen- oder Thunfisch-Stücken
> in einer Salzlake gewonnen. Zentrum der
> Fertigung waren Becken bei Douarnenez,
> die freigelegt werden konnten.

in den Ärmelkanal erstreckte, blieben die Küsten Armorikas nicht
verschont.

Armorika wird zur Bretagne

450 – 650	Einwanderung britischer Inselkelten
600 – 799	Königreich Cornouaille
799	Karl der Große erobert die Bretagne.

Der Zerfall des Römischen Imperiums bescherte die nächste Einwan-
derungswelle. Ab 450 n. Chr. flohen 200 Jahre lang christianisierte
Kelten aus Irland und dem Südwesten Britanniens vor heidnischen
Sachsen, Angeln und Jüten über den Ärmelkanal gen Süden. Den
Namen ihrer neuen Heimat prägte der fränkische Historiograph und
Bischof Gregor von Tours im 6. Jh.: **Klein-Britannien** – aus der Amo-
rika wurde die Bretagne.

Britische Einwanderung

Unter den Flüchtlingen waren zahlreiche Mönche, Priester, Bischöfe
und Eremiten. In ihren Händen lag nicht nur die Religionsausübung,
sondern auch die Rechtsprechung. Sie organisierten die Übersiedlung
von den britischen Inseln in die Bretagne, führten die Bekehrung der
bretonischen Bevölkerung durch und trieben die Besiedlung der
neuen Heimat voran. Das Siedlungsschema war fast immer das glei-
che: Ein Geistlicher landete allein oder mit einem Verband, dem
»Clan«, und schnell entwickelten sich um dessen Einsiedelei bzw.
Kloster oder Pfarrgemeinde neue Siedlungen. Aus dieser Zeit stammen auch die keltisch-religiösen Ortsnamen Plou = Pfarrgemeinde,
Tré = Pfarrei und Lan = Einsiedelei. Die Bevölkerung benannte Städte und Ortschaften nach den Missionaren und Gründungsvätern und
machte sie, wie die ersten Bischöfe der sieben bretonischen Bistümer,
zu Heiligen.

Unter **König Gradlon** wurde um 600 n. Chr. das erste bretonische
Königreich gegründet, die **Cornouaille**, die sich lediglich durch das
fehlende »s« am Wortende von Cornouailles unterscheidet, der französischen Bezeichnung für Cornwall. Erst 799 wurde es durch **Karl
den Großen** zerschlagen.

Herzogtum Bretagne

845	Herzog Nominoë beendet die Frankenherrschaft.
939	König Alain Barbe-Torte vertreibt die Normannen.
952	Tod von Alain Barbe-Torte, dem letzten bretonischen König

826 wird die Bretagne Herzogtum Doch schon 20 Jahre später herrschten die Bretonen wieder über ihr Gebiet und verleibten sich sogar Teile des Frankenreiches ein. In der Schlacht von Ballon 845 besiegte **Nominoë**, seit 826 Herzog der Bretagne, die Truppen des Frankenkönigs Karl der Kahle und etablierte die Ostgrenze der Bretagne, die bis zur Französischen Revolution erhalten blieb. Sein Sohn Erispoë begnügte sich nicht mit der Herzogswürde, sondern nannte sich König. Nach einer weiteren militärischen Niederlage bei Le Grand-Fougeray musste Karl der Kahle im Jahre 851 im Vertrag von Angers ein unabhängiges **bretonisches Königreich** anerkennen. 857 wurde Erispoë von seinem Vetter und Rivalen Salaün (Salomon) ermordet, unter dessen Herrschaft die Bretagne eine Blütezeit und – mit der Einnahme von Cotentin, Anjou und Avrachin – ihre größte Ausdehnung erlebte.

? WUSSTEN SIE SCHON …?

■ 7777 bretonische Heilige und Schutzpatrone helfen gegen alles, vom Schiffsunglück bis zum Zahnschmerz. Das Volk verehrt sie bis heute, doch nur wenige wurden vom Papst anerkannt.

Ab dem ausgehenden 9. Jh. aber wurde das insgesamt nur 100 Jahre während Königreich Bretagne immer wieder von einfallenden **Normannen** heimgesucht. Vor allem auf kirchliche Gebäude, insbesondere Klöster, hatten es die heidnischen Normannen abgesehen, denn hier war am meisten Beute zu machen. Aber auch Städte blieben nicht verschont. 939 gelang es **König Alain Barbe-Torte** (Zwirbelbart), die Eindringlinge aus dem Land zu jagen. Als er 952 starb, endete das bretonische Königtum. Das Land zersplitterte, und einzelne Grafen rangen um die Oberherrschaft. Bis Anfang des 13. Jh.s hatten verschiedene Adelsgeschlechter den Herzogtitel inne; Sitz des Herrschers waren abwechselnd Nantes und Rennes. Auch Frankreich und England, von manchen Herzögen zu Hilfe gerufen, beteiligten sich am innerbretonischen Kampf um die Herrschaft. Im 12. Jh. wurde sogar der englische König Heinrich II. Herzog der Bretagne.

Bretonischer Erbfolgekrieg

1364	Schlacht von Auray
1492	Anne de Bretagne besteigt den Thron.

Luigi XII sposa Anna di Brettagna
e riunisce così la Brettagna alla Francia.

Auch in ihrer zweiten Ehe – mit Ludwig XII. von Frankreich – machte Anne de Bretagne die Souveränität des bretonischen Herzogtums zur Bedingung.

Im Jahr 1341 starb Herzog Jean III, ohne legitime Kinder zu hinterlassen. Sofort setzte der Streit um seine Nachfolge ein. Anspruch auf den Thron erhoben **Jean de Montfort** und **Charles de Blois**, Gemahl einer Nichte des Herzogs. Auch jetzt mischten sich die benachbarten Großmächte wieder ein: England unterstützte Jean de Montfort, Frankreich Charles de Blois – die Bretagne wurde zum blutigen Schauplatz des Hundertjährigen Krieges (1339–1453). Über 20 Jahre dauerte der Bretonische Erbfolgekrieg, bis Jean de Montforts gleichnamiger Sohn am 29. September 1364 in der **Schlacht von Auray** über Charles de Blois siegte, der auf dem Schlachtfeld fiel. Im Vertrag von Guérande wurde Montfort von König Karl V. von Frankreich als neuer Herzog der Bretagne anerkannt. Während der Hundertjährige Krieg in Frankreich weiter wütete, sorgten die mächtigen, prunkliebenden Herzöge aus dem Hause Montfort für innenpolitische Ruhe, prosperierende Wirtschaft und Wohlstand.

Kampf um den Thron

Anne de Bretagne

Die Blütezeit endete mit Herzog Franz II., der der Bretagne die uneingeschränkte Unabhängigkeit zurückgeben wollte und sich gegen den französischen Thron erhob. 1488 wurde er in der **Schlacht von St-Aubin-du-Cormier** von den französischen Truppen vernichtend geschlagen. Im Vertrag von Verger musste er sich verpflichten, seine Tochter Anne als künftige Herrscherin nur mit Zustimmung Frankreichs zu verheiraten. Kurz darauf verstarb der Herzog. Als die zwölfjährige Anne Kaiser Maximilian von Österreich versprochen wurde, marschierte Karl in die Bretagne ein und zwang Anne, ihn zu ehelichen. Doch schon 1498 starb Karl auf tragische Weise. Um den Ehevertrag zu erfüllen, musste Anne seinen Nachfolger Ludwig XII. heiraten. Auch in dieser Ehe konnte sie ein **souveränes bretonisches Herzogtum** zur Bedingung machen. Vereinbart wurde ferner, dass das Herzogtum auf den jüngsten Sohn der Königin oder deren Erbfolger übergehen sollte. Als Anne starb, erbte ihre Tochter das Herzogtum. Sie heiratete den späteren französischen König Franz I., wogegen sich Anne immer gewehrt hatte.

Frankreich – Bretagne, ein gespanntes Verhältnis

1532	Vereinigung mit Frankreich
1675	Stempelpapier-Revolte
1793 – 1804	Aufstand der Chouans

Autonome französische Provinz

Auf Druck Franz' I. stimmten die bretonischen Landstände 1532 der **Vereinigung des Herzogtums Bretagne mit Frankreich** als französische Provinz mit autonomem Status zu. Zwar war die Region einem von Paris entsandten Gouverneur unterstellt, doch die oberste Rechtsprechung und die Festlegung der Steuern lag in den Händen der bretonischen Ständeversammlung, die ab 1554 in einem **Parlament in Rennes** zusammentrat.

Im 16. und 17. Jh. erlebte die Bretagne ihren größten Wohlstand. Handelsschifffahrt, Tuchhandel und Landwirtschaft profitierten von der Vereinigung mit Frankreich. Ab 1514 segelten bretonische Fischer auf der Suche nach Kabeljau vor die Küsten Kanadas, das der Bretone Jacques Cartier 1534 mit der Mündung des St. Lorenz-Stromes entdeckte; er glaubte, in Asien zu sein. Mit dem Amtsantritt König Ludwigs XIII. im Jahre 1610 nahmen die Spannungen zwischen Paris und der bretonischen Provinz zu, die in der **Stempelpapier-Revolte** von 1675 gipfelten. Bis zu diesem Jahr konnte die Bretagne dank ihrer Sonderstellung den von Jean-Baptiste Colbert, dem Finanzminister Ludwigs XIV., angehobenen Steuern auf Zinn, Tabak, Zoll, Mühlen und Schifffahrt sowie einer neuen Steuer auf jede amtliche Beglaubigung (Stempelpapier) und öffentliche Handlung (Hochzeit, Taufe, Beerdigungen) entgehen. Doch dann bat der Sonnenkönig auch die Bretonen zur Kasse, womit er die Steuerautonomie des bretonischen Ständeparlaments in Rennes außer Kraft setzte. Die Revolte in Rennes griff bald auf die ganze Bretagne über. Was anfänglich nur ein Aufstand gegen die königliche Ausbeutung war, entwickelte sich schnell zu einer Erhebung der Ärmsten gegen die Ständegesellschaft. 14 Gemeinden zwischen Douarnenez und Concarneau entwarfen das Bauerngesetzbuch **Code Paysan**, in dem sie neben der Rücknahme der Steuern auch die Abschaffung des Frondienstes und die Aufteilung adliger Besitztümer forderten. Um die Träume in die Tat umzusetzen, formierten sich unter Führung von Rechtsanwalt **Sébastien Ar Balp** 20 000 Bauern zur **Armée der Bonnets Rouges**, der »Rotmützen«, und plünderten adlige Schlösser, Kirchen und Klöster. Daraufhin verbündeten sich Adel, Klerus und Bürgertum mit den königlichen Truppen, die den Aufstand mit äußerster Brutalität niederschlugen. Die Bauern wurden gehängt, gerädert oder auf die Galeere verbannt. Um »den Stolz der Bretonen zu verletzen«, ließ Paris zahlreiche bretonische Kirchtürme schleifen, schränkte die Befugnisse des Parlaments ein und installierte 1688 das Amt des königlichen Statthalters, das bis 1789 bestehen blieb.

In den Jahren bis zur Französischen Revolution wurde die Bretagne durch Fischfang, Handelsschifffahrt, Schmuggel und Freibeuterei zur **wichtigsten Seeprovinz Frankreichs**. Bedeutendster Militärhafen des Königreichs war Brest, größter Handelshafen und Zentrum der Sklavenwirtschaft Nantes. In Lorient hatte die französische Ostindische Handelsgesellschaft ihren Sitz; Roscoff wurde durch den Schmuggel mit England und Irland reich. Von St-Malo aus kaperten französische Freibeuter im königlichen Auftrag feindliche Schiffe (▶Baedeker Special S. 348). Doch während die Küste einen wirtschaftlichen Aufschwung erlebte, blieb das rückständige bretonische Hinterland vom Wohlstand ausgeklammert. Während der Französischen Revolution wurde die Bretagne von den republikanischen Machthabern in **fünf** Paris direkt unterstellte **Départements** eingeteilt; die Bezeichnung Bretagne verschwand von der Landkarte. Die bretonische Sprache wurde verboten, jakobinische Bilderstürmer »säuberten« selbst die entlegenste Dorfkirche. 1793 formierte sich bewaffneter Widerstand: Die **Chouans**, royalistische Rebellen, kämpften gegen die Zentralregierung in Paris und für die Wiedereinführung der Monarchie. Als der letzte Chouan, **Georges Cadoudal** (▶ Baedeker Special S. 134) 1804 unter der Guillotine starb, krönte sich **Napoléon Bonaparte** selbst zum Kaiser von Frankreich. Zwar ermöglichte der Korse wieder die freie Glaubensausübung, doch die Opfer, die die Bretagne für seine Feldzüge bringen musste – Zwangsrekrutierung, vor der sich viele junge Bretonen auf dem Land versteckten, erhöhte Steuern und die 1806 verhängte Kontinentalsperre, die der Wirtschaft Englands schaden sollte – machten ihn zur verhassten Figur.

Französische Revolution

Collection Germain - T. Guérin, succ.

Dinard gegen Ende des 19. Jh.s: Betuchte Gäste aus Adel und Großbourgeoisie werden mit Kutschen vom Schiff abgeholt.

19. Jahrhundert

1832	Letzter Aufstand der Royalisten
Ab Mitte des 19. Jh.s	Massenhafte Abwanderung in die französischen Industriezentren. Schriftsteller, Künstler und die ersten Touristen entdecken die Bretagne.

Ein **letzter Aufstand der Royalisten**, 1832 angezettelt von der Herzogin von Berry, scheiterte. Die industrielle Revolution erreichte die Bretagne nicht, der Seehandel geriet durch die Konkurrenz der neu entstandene Eisenbahn ins Hintertreffen. Die Anbindung der Hafenstadt Le Havre an Paris durch eine 1847 eröffnete Eisenbahnlinie verlagerte die große französische Handelsachse von der Bretagne zur Städteachse Le Havre – Paris – Lyon.

Mit der Eisenbahn kamen auch **Schriftsteller und Künstler**, um sich von der wilden Schönheit des Landes inspirieren zu lassen. Zur gleichen Zeit setzte der **Badetourismus** an der bretonischen Küste ein, wurde das Fischerdorf Dinard durch Adel und Großbourgoisie zum mondänen Seebad. An die Stelle der Hochseefischerei trat Mitte des 19. Jh.s die Küstenfischerei. Zwischen Douarnenez und Le Croisic an der bretonischen Südküste, wo Sardinen gefangen wurden, entstand eine florierende Konservenindustrie.

Dank der Erneuerung der Kriegsmarine überstanden die beiden Militärhäfen Brest und Lorient die Wirtschaftskrise ebenfalls relativ gut. Neue Arbeitsmaschinen und Dünger ließen die Landwirtschaft florieren. Mit Einführung der Kartoffel im Jahr 1840 entstand sogar eine wohlhabende Bauernschicht. Dennoch: Die Bretagne blieb ein übervölkertes Agrarland, geplagt von Seuchen und Hungersnöten. Eine Folge war die **massenhafte Abwanderung** von Bretonen in die Industriezentren im Norden, in die Schifffahrtszentren von Le Havre, die Schieferminen von Anjou und die Metropole Paris – erst in den 1950er Jahren sollte eine Wende einsetzen.

Vom 20. ins 21. Jahrhundert

1940–1944	Deutsche Besatzung
1964	Gebietsreform, Einrichtung von vier Départements
2000	Katastrophale Verschmutzung der Küste durch die Havarie des Tankers »Erica«
2003	Im Dezember läuft in St-Nazaire die »Queen Mary 2«, das größte Kreuzfahrtschiff der Welt, vom Stapel.
2008	Joël Cornette erhält für »L'Histoire de la Bretagne et des Bretons« den Grand Prix d'Histoire der Académie Française.

Im **Ersten Weltkrieg** zahlte die Bretagne einen enorm hohen Blutzoll: Rund 300 000 Bretonen ließen zwischen 1914 und 1918 an der Front ihr Leben, ein Zehntel der damaligen Bevölkerung. Die 1930er Jahre brachten einen kurzen wirtschaftlichen Aufschwung: Die bretonischen Werften erhielte staatliche Aufträge zum Bau von Schiffen, der Fischfang wurde modernisiert, der Badetourismus entwickelte sich. Im **Zweiten Weltkrieg** marschierten 1940 die Deutschen ein und besetzten das Land ihrer »keltischen Brüder« fast kampflos. Die Häfen St-Nazaire, St-Malo, Lorient und Brest ließ die deutsche Kriegsmarine zu Festungen ausbauen. Vor allem diese vier Hafenstädte hatten einen sehr hohen Tribut zu zahlen. In den vier Besatzungsjah-

Entwicklung der Bretagne bis 1945

? WUSSTEN SIE SCHON …?

■ Am 14./15. Oktober 1927 gelang den Bretonen Joseph le Brix und Dieudonné Costes mit einer »Breguet 19« der erste Nonstop-Flug über den Südatlantik.

ren wurden sie von den Alliierten fast unablässig aus der Luft angegriffen und bombardiert. Ihre Stadtzentren fielen in Schutt und Asche, Abertausende Bewohner fanden den Tod.

Die Bretagne heute In der Nachkriegszeit unternahm Paris verstärkte Anstrengungen, um die Bretagne aus ihrer Isolation zu lösen, die Abwanderung zu mindern, die Schifffahrt zu stärken und die Industrialisierung voranzutreiben. 1951 wurde dazu das Komitee zur Förderung der Interessen der Bretagne (CELIB) gegründet. Bei der **Gebietsreform 1964** schied das Département Loire-Atlantique aus dem Verbund aus. Die verbliebenen vier bretonischen **Départements Finistère, Morbihan,** Côtes-du-Nord – 1988 umbenannt in **Côtes d'Armor** – und **Ille-et-Vilaine** wurden als Wirtschaftsregion mit der **Hauptstadt Rennes** zusammengefasst. Die Infrastruktur wurde maßgeblich ausgebaut. Ab 1968 entstanden ausgedehnte Straßennetze; Fährverbindungen nach England folgten. Mehrere bretonische Städte sind an den 1989 eingerichteten Schnellzug TGV-Atlantique angeschlossen. Nantes und Rennes wurden zu Drehkreuzen im Flugverkehr ausgebaut. Zu den großen Gewinnern des Aufschwungs zählt auch die Baubranche: An der Küste schießen Freizeithäfen aus dem Boden, immer mehr Fe-

Im März 2003 lief in St-Nazaire die »Queen Mary 2« vom Stapel,
damals das größte Passagierschiff der Welt.

rienhäuser werden gebaut, um den wachsenden Strom der Touristen bewältigen zu können. Natürlich hat die Bretagne mittlerweile auch mit Problemen zu kämpfen – staatliche Subventionen werden abgebaut, die Fischerei geht ihrem Ende entgegen, traditionelle landwirtschaftliche Kleinbetriebe verschwinden nach und nach, die Umweltverschmutzung nimmt zu –, doch ist es ihr gelungen, zwei Spitzenpositionen in Frankreich zu erreichen: Die Halbinsel ist die bedeutendste Agrarregion und, hinter Provence-Côte d'Azur, die **zweitwichtigste Fremdenverkehrsregion Frankreichs.**

Auch wenn manche Regionalisten gern auf die alte Tradition des bretonischen Widerstands hinweisen, so entstand die bretonische Regionalbewegung doch erst im 19. Jahrhundert. Konservative und reaktionäre Kreise, allen voran Großgrundbesitzer, Royalisten und Geistliche, entdeckten den Regionalismus als Vehikel für ihre eigenen Interessen. 1898 wurde die rechte **Union Régionaliste Bretonne** gegründet, ein Sammelbecken von Nationalisten, Royalisten und Keltomanen. In der ersten Hälfte des 20. Jh.s bildeten sich weitere, meist rechte Gruppierungen, die sich ebenfalls das Ziel setzten, die Unabhängigkeit der Halbinsel zu verwirklichen. »Breiz Atao« (Bretagne für immer) rekrutierte sich aus rechten Intellektuellen; die linksliberale PAB (Parti Autonomiste Breton) kämpfte für eine freie Bretagne in einem Europa ohne Grenzen. Die 1911 ins Leben gerufene rechte PNB (Parti Nationaliste Breton) trat politisch, ihre Untergrundarmee »Gwenn ha du«, benannt nach der bretonischen Fahne, mit Waffengewalt für einen autonomen bretonischen Staat ein.

Nach dem Zweiten Weltkrieg tauchten die als Kollaborateure verhassten rechten Regionalisten unter. Erst in den 1960er Jahren meldete sich die **Autonomie-Bewegung** wieder zu Wort. Doch diesmal formierte sie sich nicht von rechts, sondern von links. Nun standen weniger keltische Traditionen im Vordergrund als konkrete politische Belange. 1964 wurde die UDB (Union Démocratique Bretonne) gegründet; 1966 bildeten sich militante nationalistische Gruppierungen: der FLB (Front de Libération de la Bretagne) und die ARB (Armée Révolutionnaire Bretonne), die mit Blockaden und Bombenanschlägen von sich reden machte. Zur Zeit vertritt neben der UDB nur noch die PSU (Parti Socialiste Unifié) die regionalpolitischen Interessen der Bretagne. Politische Erfolge konnten beide Parteien bei Parlamentswahlen bisher nicht verbuchen. Belebt wurde hingegen die **bretonische Kultur.** Keltische Zirkel und traditionelle Theater- und Folkloregruppen, unter ihnen der berühmte Barde **Alan Stivell** (►Berühmte Persönlichkeiten), sorgen dafür, dass das kulturelle Erbe weiterlebt. Doch die feuchtfröhlichen Tanznächte, die **Fest Noz,** stoßen bei den meisten Bretonen auf mehr Interesse als politische Unabhängigkeit.

Breiz libre – der bretonische Regionalismus

Berühmte Persönlichkeiten

Wer sind die »Väter« von Asterix und Obelix, welche Rolle spielte Anne de Bretagne für die Souveränität des Landes, und wie heißt der Megastar des Celtic Rock? Kleine Denkmäler für die, die dem »Land am Meer« ihren Stempel aufgedrückt haben.

Pierre Abélard (1079 – 1142)

Einen Namen machte sich Pierre Abélard nicht nur mit seinen theologischen und philosophischen Schriften, mit denen er die Entwicklung der Scholastik maßgeblich beeinflusste, sondern auch mit seinen »Liebesbriefen« an Héloïse. Abélard und Héloïse, das ist eines der klassischen Liebespaare wie Tristan und Isolde, Romeo und Julia, sie stehen für eine romantische Liebesbeziehung mit tragischem Ende. Während seiner Tätigkeit als Hauslehrer bei Héloïse, einer Nichte des Kanonikers Fulbert, verliebte sich Abélard in seine Schülerin und brannte mit ihr durch. Nach der Geburt ihres Sohnes heirateten sie. Doch ihr Glück währte nur kurz: Fulbert ließ Abélard nachts überfallen und entmannen. Héloïse wurde in ein Kloster gesteckt, und Abélard zog sich jahrelang in verschiedene Klöster zurück. Seine unglückliche Liebesbeziehung beschrieb er in einem aufsehenerregenden fiktiven Briefwechsel, der bis heute Autoren inspiriert, z. B. Luise Rinser zu ihrem Roman »Abaelards Liebe« von 1991.

Glückloser Autor berühmter Liebesbriefe

Anne de Bretagne (1477 – 1514)

Bis heute ist Anne, Herzogin der Bretagne , die beliebteste historische Figur der Bretonen – obwohl sie, wenn auch unter Zwang, das Herzogtum Bretagne an Frankreich auslieferte und es damit seiner einstigen Souveränität beraubte. Fast wäre die 1477 in Nantes geborene Herzogin Anne deutsche Kaiserin geworden, denn mit 13 Jahren wurde sie per Fernehe mit Erzherzog Maximilian von Österreich verheiratet, dem späteren Kaiser des Heiligen Römischen Reichs. Kurze Zeit später belagerte der französische König Karl VIII. mit einem Heer die Stadt Rennes, wo die Herzogin Zuflucht gesucht hatte. Auf Drängen der hungerleidenden Bevölkerung willigte Anne in Karls Begehren ein: Nachdem der Papst die erste Ehe der Herzogin annulliert hatte, gaben sich am 6. Dezember 1491 Anne (»klein, mager, ein wenig hinkend, jedoch sehr lebhaft«) und Karl (»kurz, hässlich und mit so disproportionierten Gliedmaßen, dass er mehr einem Monster als einem Menschen glich«) im Schloss Langeais an der Loire das Ja-Wort. Mittels Schenkungsurkunden gelang es Anne, die Souveränität der Bretagne zu erhalten.

Herzogin der Bretagne

1498 kam Karl VIII. bei einem Unfall ums Leben. Anne kehrte in die Bretagne zurück. Da sie laut Ehevertrag verpflichtet war, den Nachfolger auf dem französischen Thron zu ehelichen, heiratete sie 1499 Karls Bruder Ludwig XII. (1462 – 1515; Abb. S. 37). Erneut ließ sich Anne im Heiratsvertrag eine relative Unabhängigkeit der Bretagne zusichern. Als Anne 1514 mit 37 Jahren starb, erbte ihre Tochter Claude das Herzogtum. Bei der Heirat mit Franz von Angoulême trat sie jedoch das Herzogtum an ihren Gemahl ab. Als er 1532 König

← *Politiker, Diplomat, Schriftsteller, Gourmet und «Vater der französischen Romantik»: François René de Chateaubriand*

von Frankreich wurde, hörte das unabhängige Herzogtum Bretagne auf zu existieren und erhielt den Status einer autonomen Provinz.

Asterix und Obelix (um 50 v. Chr.)

Zwei der witzigsten Bretonen

»Wir befinden uns im Jahre 50 v. Chr. Ganz Gallien ist von den Römern besetzt … Ganz Gallien? Nein! Ein von unbeugsamen Galliern bevölkertes Dorf hört nicht auf, dem Eindringling Widerstand zu leisten.« Es liegt im Schutz des armorikanischen Waldes an der Nordküste der Bretagne. Hier leben die allerbekanntesten Bretonen: Asterix, der blonde, gewitzte Knirps, und Obelix, sein großer, dicker Freund mit den roten Zöpfen. Beide setzen sich – nach dem Motto: »Die spinnen, die Römer!« – gemeinsam mit den anderen Dorfbewohnern auf listige und schlagkräftige Art gegen die römische Besatzung zur Wehr. Ermöglicht werden ihre Kraft und ihr Heldenmut durch einen Zaubertrank, der ihnen übermenschliche Kräfte verleiht und gegen den Caesars Legionen nichts ausrichten können. Geboren wurden Asterix und Obelix im Jahre 1959. »Väter« der beiden Helden sind René Goscinny und der Zeichner Albert Uderzo, der seit Goscinnys Tod die Serie allein weiterführt. Seit 1961 werden die Geschichten auch als Alben vertrieben. Bis heute wurden über 30 Abenteuerbände in 60 Sprachen und Dialekte übersetzt und mehrfach erfolgreich verfilmt. Im Stolz auf diese Comicreihe nannten die Franzosen denn auch den ersten Satelliten, den sie 1965 ins All schickten, »Asterix«.

> ! **Baedeker** TIPP
>
> **www.comedix.de**
>
> Hier findet man alles über die 120 Asterix-Figuren von Troubadix und Nullnullsix bis Obelix und Idefix. Man erfährt Wissenswertes über Uderzo und Goscinny, die Römerlager und Hinkelsteine, und es wird erklärt, wie ein Comic entsteht.

François René de Chateaubriand (1768 – 1848)

Diplomat, Schriftsteller und »Vater der französischen Romantik«

Den meisten ist sein Nachname eher als Bezeichnung für ein Filetsteak geläufig: François René de Chateaubriand, Politiker und Diplomat, Schriftsteller und »Vater der französischen Romantik« (Abb. S. 44). Die ersten Jahre seiner Kindheit verbrachte Chateaubriand in St-Malo. Es waren glückliche Jahre, in denen er sich mit Spielkameraden am Strand »als Gefährte der Wellen und des Windes« austoben konnte. 1777 zog seine Familie ins Schloss Combourg, wo er auf Wunsch des Vaters im kargen Kinderzimmer des Katzenturms allein schlafen musste. »Die Wälder von Combourg haben mich zu dem gemacht, was ich bin«, äußerte er sich in seinen 1848 erschienenen »Erinnerungen von Jenseits des Grabes«. Die Revolution von 1789 machte ihn zum Emigranten. Seine Reiseimpressionen aus Nordamerika, wo er ein Jahr bei Indianern lebte, erschienen 1828 als

»Reise nach Amerika«. 1792 kehrte Chateaubriand nach Gefangennahme des französischen Königs nach Frankreich zurück und schloss sich dem royalistischen Emigrantenheer an. Anfang 1793 gelang ihm trotz Verwundung und Krankheit die Flucht ins englische Exil. 1800 begann er, zurück in Frankreich, unter Napoleon eine politische Laufbahn. In seiner philosophischen Abhandlung »Der Geist des Christentums« attestierte er 1802 dem Christentum die moralische und ästhetische Überlegenheit gegenüber anderen Religionen. 1804 brach er mit dem Kaiser und nahm erst später wieder politische Ämter auf. 1821 war er Botschafter in Berlin, 1822 in London, 1822 bis 1824 französischer Außenminister. Ab 1829 zog er sich zunehmend aus dem politischen Leben zurück und widmete sich der Niederschrift seines autobiografisch geprägten, oft auch Person und Epoche mythisierenden Werks »Von Jenseits des Grabes, Denkwürdigkeiten«. Am 4. Juli 1848 verstarb er in Paris. Bestattet wurde er auf eigenen Wunsch auf der St-Malo vorgelagerten Insel Grand-Bé. Warum das mit Gemüse umlegte Doppelsteak den Namen des Dichters trägt, ist leicht erklärt: Küchenchef Montmireil, der die Leibspeise des Dichters erfunden hatte, benannte sie nach seinem Herren.

Bertrand du Guesclin (um 1320 – 1381)

Schön war er nicht, sondern klein und hässlich. Er war rücksichtslos und berechnend, jedoch unerschrocken, tapfer und sehr intelligent: Bertrand du Guesclin, Connétable de France und einer der berühmtesten und erfolgreichsten Heerführer Frankreichs. Bei seiner Geburt

Einer der erfolgreichsten Heerführer Frankreichs

Seine ersten Lorbeeren verdiente sich Bertrand du Guesclin als 17-Jähriger, als er bei einem Ritterturnier in Rennes alle gestandenen Gegner besiegte.

um 1320 im heute verschwundenen Schloss Motte-Broons bei Dinan konnte man seine spätere Karriere keineswegs erahnen: Er gehörte nur dem niederen bretonischen Adel an und hatte keine Aussicht, Reichtümer zu erben. Seinen ersten Ruhm erwarb er sich 1337 als 17-Jähriger anonym: Hinter einer Rittermaske und in geborgter Rüstung siegte er bei dem traditionellen Turnier auf dem Marktplatz in Rennes mit seinem lahmen Gaul über alle gestandenen Gegner. Während des Hundertjährigen Kriegs von 1339 bis 1453 zeichnete er sich als Söldnerführer des franzöischen Königshauses Valois im Kampf gegen den von England unterstützten Jean de Montfort aus.

Berühmt wurde der Bretone durch die Befreiung von Dinan. In einem Zweikampf besiegte er 1359 den englischen Ritter Thomas of Canterbury – und die englischen Belagerer zogen ihre Söldnertruppen ab. Der Zweikampf auf dem Place du Champ bedeutete auch privates Glück: Die schöne und gebildete Tiphaine Raguenel verliebte sich als Zuschauerin in den Sieger, und dieser erwiderte ihre Zuneigung. Ihre Ehe soll glücklich gewesen sein.

Seine Feldzüge für das französische Königshaus und gegen England und dessen Verbündete führten du Guesclin in die Normandie, nach Aquitanien und bis nach Spanien. 1370 wurde er in den Rang eines Connétable, eines Kronfeldherrn, erhoben. Er starb 1380 bei der Belagerung von Châteauneuf-de-Randon in der Auvergne. Von hier aus ging sein Leichnam, auf den sowohl die Franzosen als auch die Bretonen Anspruch erhoben, auf eine makabre Reise. Die Eingeweide wurden in Le Puy-en-Velay bestattet, der übrige Körper jedoch einbalsamiert nach Paris geschickt. Da die Einbalsamierung nicht erfolgreich war, wurde das Fleisch vom Skelett gelöst und bei Montferrand beigesetzt; das Skelett fand seinen letzten Ruheplatz im Königsdom von St-Denis in Paris. Nur das Herz kehrte zurück in die Bretagne: Es ruht in der Kirche St-Sauveur von Dinan.

Gilles de Rais (1404 – 1440)

Grausamer Kindermörder

Gilles de Laval, Marschall de Rais (Retz) im Südosten der Bretagne, war möglicherweise der berüchtigtste Kindermörder aller Zeiten. Dabei galt er zu seinen Lebzeiten als das Symbol eines tapferen, reichen und eleganten Ritters. Bereits als 26-Jähriger wurde Gilles von König Karl VII. wegen seiner Verdienste bei der Eroberung von Orléans als Kampfgefährte der hl. Jeanne d'Arc zum Marschall von Frankreich befördert – und ist bis heute jüngster Träger dieses ehrenvollen Titels.

1440 wurde er wegen einer »Bagatelle« vor Gericht gestellt: Mit Waffengewalt hatte er einen ihm verhassten Geistlichen aus einer Kirche gezerrt und gefangengesetzt. Im Lauf des Prozesses kamen seine schauderhaften Verbrechen ans Tageslicht: Er gestand, auf seinen bretonischen Schlössern mehr als hundert Kinder beiderlei Geschlechts auf perverse Art umgebracht zu haben. Die heute noch erhaltenen Gerichtsakten berichten von 140 ermordeten Kindern. Bei seiner Hinrichtung inszenierte sich Gilles noch einmal selbst: Er zeigte Reue und wollte als bußfertiger Christ sterben, wofür er von den Zuschauern emphatisch gefeiert wurde. Nach seinem Tod inspirierte sein Leben die Künstler, darunter George Bernard Shaw zu seinem Schauspiel »Die heilige Johanna« oder Opernkomponisten wie Jacques Offenbach, Bartók und Reznicek.

Saint-Yves
(1253 – 1303)

Die Bretonen verehren 7777 Heilige und Schutzpatrone – die meisten sind nur dem Volk, aber nicht Rom bekannt. Einmal im Jahr werden sie in großen Wallfahrten, den Pardons, gefeiert. Historisch belegt und vom Papst kanonisiert ist indes der Schutzpatron der Bretagne und der Juristen: St-Yves, der heilige Ivo.

Yves Hélory wurde am 17. Oktober 1253 auf dem Landsitz Kermartin in Minihy bei Tréguier geboren. Als er noch klein war, hatte seine Mutter eine Vision: Engel prophezeiten ihr, dass ihr Sohn der größte bretonische Heilige werden würde. So schickten ihn seine Eltern nach Paris und Orléans zum Studium von Theologie, Kirchen- und Zivilrecht. Nach seiner Rückkehr in die Bretagne arbeitete er mit 27 Jahren zunächst in Rennes als kanonischer Richter, später an zwei Orten bei Tréguier als Pfarrer und Kirchenrichter. 1298 zog er sich auf seinen Familiensitz zurück, wo er in größter Armut am 19. Mai 1303 starb. 1347 wurde er postum von Papst Clemens VI. heiliggesprochen.

Die große Verehrung gilt nicht dem Pfarrer, sondern dem »Richter der Armen«, der »nur um Gotteslohn« Witwen, Waisen und Mittellose selbst in den schwierigsten und hoffnungslosesten Prozessen vertrat, wenn er von ihrem Recht überzeugt war.

> **!** *Baedeker* TIPP
>
> **Anwalt der Armen**
> Alljährlich am dritten Sonntag im Mai wallfahrten Juristen aus aller Welt in das Städtchen Tréguier und begehen feierlich mit einem großen Pardon den Todestag von St-Yves.

Marie de Sévigné (1626 – 1696)

Sowohl Paris als auch die Bretagne erheben Anspruch auf die Marquise de Sévigné, die Verfasserin von mehr als 1500 geistreichen Briefen. Sie selber aber bekannte sich immer zu ihrer eigentlichen Heimat, dem Burgund. Dennoch macht die Bretagne ihre Anrechte auf die wortgewandte Literatin nicht ganz grundlos geltend, denn 1675 schrieb sie an ihre in der Provence lebende Tochter: »Sie sehen, ich bin eine richtige Bretonin geworden.«

Als Marie de Rabutin-Chantal wurde die spätere Marquise in Paris geboren und wuchs in Burgund auf. 1644 heiratete sie den Marquis Henri de Sévigné aus Vitré, der nach acht Jahren Ehe im Alter von 25 Jahren im Duell starb. 1677 bezog Marie de Sévigné das Hôtel Carnavalet in Paris und genoss zunächst die Pariser Salonkultur, suchte dann aber immer häufiger ihren Landsitz Les Rocher bei Vitré auf: zum einen aus Geldnot, zum anderen aus neu entdeckter Liebe zur »wilden« Heimat ihres Mannes. Madame de Sévigné hatte zwei Kinder. Mit dem Sohn, über den nicht viel bekannt ist, erlosch der älteste Zweig des Geschlechts. Ihre Tochter Françoise Marguerite (1646 – 1705) wurde als Hauptempfängerin der 1671 – 1694 so zahlreich verfassten Briefe berühmt. Im lockerem Plauderton porträtiert darin Marie de Sevigné die französische Adelskultur wie auch das Alltagsleben jener Zeit. Mal zeigte sich die Schreiberin gegenüber der Bevölkerung mitfühlend, mal verständnislos. Sie erließ oft Schuldnern die Rückzahlung, weil »die kaum Brot haben, auf Stroh schlafen und weinen.« Beim Adel, mit dem sie am meisten verkehrte, schreckte sie vor scharfer Kritik und bösem Spott nicht zurück. So ließ sie sich über ein Festmahl nach einer Versammlung der Landstände mit den Worten aus, dass an diesem Tag die ganze Bretagne »besoffen« gewesen sei. 1695 zog Madame de Sévigné zu ihrer Tochter in die Provence, wo sie am 17. April 1696 auf Schloss Grignan starb. Zu den größten Bewunderern des »impressionistischen« Stils der Briefe gehörte Marcel Proust.

Alan Stivell (geboren 1944)

Im Wiedererwachen der bretonischen Eigenkultur spielt die Musik die wohl größte Rolle. Alan Stivell, der Superstar unter den Sängern alter keltischer Melodien und Balladentexte, hat maßgeblich dazu beigetragen. Stivell, was »Quelle« bedeutet, heißt eigentlich Cochevelou und stammt aus Langonnet (Morbihan). Sein Vater, ein Musiklehrer, brachte ihm auf einer selbstgebastelten keltischen Harfe das Spielen bei. Zunächst übte er auf der Harfe nur klassische Stücke, aber nach einiger Zeit erwachte das Interesse an der keltischen Musik, an Liedern aus der Bretagne, aus Irland, Schottland und Wales. Nun erlernte Stivell auch noch das Dudelsackspiel. Seine Kindheit verbrachte er in der Bretagne, ging dann aber nach Paris und spielte in kleinen Clubs, meist als Har-

Megastar des Celtic Rock

fensolist. Anfang der 1970er Jahre produzierte er mit »Renaissance de la harpe celtique« seine erste Solo-Schallplatte und begann eine Begleitband mit elektronischen Rockinstrumenten aufzubauen. 1973 trat er mit seiner Band in der berühmten Pariser Konzerthalle »Olympia« vor ausverkauftem Haus auf. Schon bald war er nicht nur in Frankreich, sondern nach Auslandstourneen auch in Großbritannien und den USA ein gefeierter Star. Seine urkeltischen Melodien, von ihm selbst ausschließlich auf Harfe und Dudelsack vorgetragen und von seiner Band geschickt mit Pop-Klängen unterlegt, verhalfen nicht nur der traditionsreichen keltischen Folklore zu erneutem Ansehen, sondern schufen auch eine neue Richtung des Folk Rock, den Celtic Rock.

Kunst und Kultur

Worin unterscheiden sich Menhire, Dolmen und Cairns, was erzählen die Granitfiguren der Kalvarienberge, wann entstanden die wehrhaften Villes Closes, wo malte Paul Gauguin seine bretonischen Landschaften?

Kunstgeschichte

Rätselhafte Riesensteine und Spuren aus der Römerzeit

Die ersten Spuren einer Hochkultur in der Bretagne stammen aus der Jungsteinzeit, dem Neolithikum. Große, von Menschenhand errichtete Steindenkmäler gaben dieser Epoche zwischen 5000 und 1500 v. Chr. ihren griechischen Namen Megalithzeit, von Megas lithos = großer Stein. Man unterscheidet zwischen dem einzeln aufgerichteten Stein, dem **Menhir** – bret. Men hir = langer Stein – und **Dolmen**, Steintisch – bret. Taol = Tisch, Men = Stein. Sind Menhire kreisförmig oder halbkreisförmig angeordnet, entsteht ein **Cromlech**. Zu Linien aufgereiht bilden die Menhire **Alignements**. Eindrucksvolle Anordnungen finden sich in Le Ménec bei **Carnac**, wo 1170 Steine in elf Reihen aufgestellt sind, in **Monteneuf** mit über 420 Monolithen und in Erdeven, wo die Steinallee über 2 km lang ist.

Ein Dolmen-Grab besteht aus senkrecht stehenden Tragsteinen, die einen Deckstein stützen. Vermutlich wurden die meisten Gräber mit einem künstlichen Hügel zugedeckt – entweder aus Erde und Sand, dann nennt man sie **Tumulus**, oder aus Bruchsteinen, dann spricht man von einem **Cairn**. Vom einfachen Dolmen unterscheidet man

Magische Megalithkultur

Megalithdenkmäler und Pfarrbezirke Orientierung

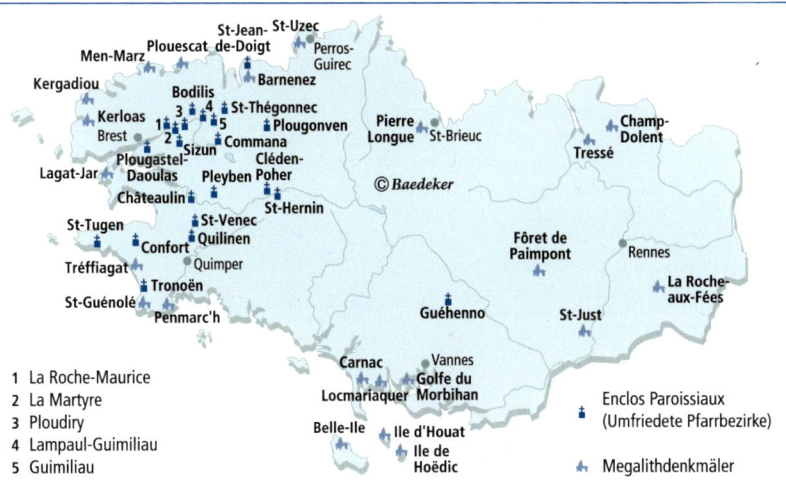

1 La Roche-Maurice
2 La Martyre
3 Ploudiry
4 Lampaul-Guimiliau
5 Guimiliau

Enclos Paroissiaux (Umfriedete Pfarrbezirke)

Megalithdenkmäler

← *Meisterwerk des Barock: der Altar des hl. Miliau in Guimiliau*

das Ganggrab, Dolmen à couloir, durch seine größere Anlage. Außerdem gibt es das Langgrab oder Steinkistengrab, die Allée couverte, die nur aus einem lang gestreckten Raum besteht.

! *Baedeker* TIPP

Steinzeitquiz

Zu den eindrucksvollsten Zeugnissen der Megalithkultur gehören die Steinreihen von Carnac, der Cairn von Barnenez, die Dolmen und Menhire von Locmariaquer sowie das Fürstengrab der Insel Gavrinis. Die beste Einführung in die rätselhafte Architektur der Vorzeit gibt das prähistorische Museum von Carnac.

Zu den schönsten Tumuli gehört **St-Michel** in Carnac. Im Innern der Grabkammer, die eine Granitplatte stützt, wurden Äxte, Perlen und Ohrschmuck als Grabbeigaben gefunden. Gelegentlich zierten Gravuren die großen Steine: Schilder, Beile, Kämme, Krummstäbe, Strahlensonnen, Augenzeichen und Schlangen.

Ungelöst ist bis heute die Bedeutung der **Menhire**. Da sie häufig im Zusammenhang mit Gräbern zu finden sind, können sie ausgedehnte Kultstätten gewesen sein; auch werden sie als Seelenthron der Verstorbenen gedeutet. Andere sehen in ihnen wichtige Observatorien für die Berechnung von Mondphasen oder hilfreiche Orientierung für Seefahrer. Heilwirkung und Fruchtbarkeitszauber werden ihnen ebenfalls zugeschrieben (▶ Baedeker Special S. 156). Da sich noch lange nach der Einführung des Christentums abergläubische Praktiken und Vorstellungen mit diesen Steinmalen verbanden, wurden Steinmetze beauftragt, die Hinkelsteine mit Kreuzen oder anderen Symbolen zu »christianisieren«, um ihren Zauber zu brechen. Zu den schönsten Beispielen gehört der Menhir von **St-Uzec** an der Rosa Granitküste.

Schmückende Bronze
Aus der **Bronzezeit** 2000 – 800 v. Chr. sind Funde aus Gold, Silber oder Bronze bekannt: Nadeln, Halsbänder, Becher, Ringe, Vasen, außerdem Waffen und Äxte. Viele Äxte sind zusammen mit einer Tülle gefunden worden und waren unbrauchbar – sie waren als Wertgegenstände bei Tauschgeschäften eingesetzt worden. Vor allem die Schmuckgegenstände waren mit geometrischen Mustern verziert.

Die Stelen der Eisenzeit
Erst in der Mitte des 1. Jt.s setzte sich das Eisen als vorherrschendes Material durch. Aus dieser Zeit sind Stelen bekannt, die nur zum Teil zu einer Nekropole gehörten. Die Urnen – in der Eisenzeit war die Feuerbestattung üblich – wurden dabei um die behauene Granitsäule gruppiert. Andere Stelen stehen isoliert. Sie sind zum Teil prächtig

verziert – mit gemalten oder eingravierten geometrischen Mustern, Friesen, Mäandern, Halbkreisen, Fruchtbechern oder Spiralen. Münzen wurden zunächst aus Zentralgallien eingeführt, dann auch vor Ort mit stilisierten Köpfen, Tieren, Perlschnüren und anderen Motiven geprägt. Die Bevölkerung lebte in einfachen Häusern aus Holzpfählen und Flechtwerk. Für Riten und Bestattungen wurden Bezirke teilweise mit mehreren Schutzwällen eingefriedet.

Während der römischen Herrschaft seit 56 v. Chr. wurden in der Bretagne erstmalig Städte – Nantes, Rennes, Corseul, Vannes, Carhaix – angelegt, für den Hausbau Steine dem Holz vorgezogen, und Tempel in den Städten und auf dem Land errichtet. Ein ausgedehntes Straßennetz mit den für die Römer typischen Meilensteinen verband die wichtigen Zentren. Dennoch gibt es nur wenige Relikte aus dieser Epoche – die rätselhafte **Venus von Quinipily** bei Baud, Amphoren, Töpferarbeiten und Münzfunde von Landebaeron und Rennes zeugen von der Zeit der Römer.

Die Relikte der Römer

Nüchterne Romanik und flammende Gotik

Im 5. Jh. landeten irische Mönche im Küstengebiet der Bretagne und gründeten Einsiedeleien wie in Lanrivoaré oder Landévennec. Ein weiteres Zeugnis des frühen Christentums ist die im Sand versunkene, im 19. Jh. wiederentdeckte und freigelegte Kirche auf der **Insel Batz** vor Roscoff, die vermutlich schon 952 gegründet worden war. Da Werkzeug für die Bearbeitung des harten Granits fehlte – Sandstein gab es vor Ort nicht – setzte sich der Steinbau bei den Kirchen erst im 10. Jh. durch. Das 11. und 12. Jh. war eine Blütezeit für den Kirchen- und Klosterbau der Zisterzienser-, Benediktiner- und Augustinerchorherren, häufig gefördert durch Stiftungen und Schenkungen von Herzögen, Grafen und Grundherren. Die frühen Kirchen entstanden über einfachem basilikalem Grundriss, die beiden einzigen bretonischen **Rundkirchen** Ste-Marie in Lanleff und Ste-Croix in Quimperlé nach dem Vorbild des Heiligen Grabes in Jerusalem. Wegekreuze und Kruzifixe sollten dem Reisenden Schutz bieten an Kreuzungen, Brücken, Flussfurten. Die Zeichen der Volksfrömmigkeit dienten als Wegzeiger, markierten Grenzen oder waren innerhalb von Prozessionen wichtige Stationen.

Romanische Sakralbauten

> **? WUSSTEN SIE SCHON …?**
>
> ■ Der einzige romanische Kreuzgang Westfrankreichs ist in der Ruine der auf 1167 datierten Abtei von Daoulas erhalten. Zum Gebäudekomplex, heute ein Kulturzentrum, gehören auch ein Oratorium und ein mittelalterlicher Klostergarten mit Arzneipflanzen aus aller Welt.

Die gotische Architektur war im 13. Jh. noch stark von Bauten an der Loire, mehr noch von normannischen und englischen Vorbildern beeinflusst. Die Verarbeitung unterschiedlicher Stile und künstleri-

Gotische Gotteshäuser

scher Formen ist deutlich an den **Kathedralen** von St-Malo oder Dol-de-Bretagne, der Abteikirche von Redon oder St-Pol-de-Léon abzulesen: französisch sind die Fenstergaden, normannisch der flache Chorabschluss, Arkadenprofile und Maßwerkformen, Emporen und breiten Spitzbogenfenster, in denen eine Rosette Platz findet, englisch die polygonalen Pfeiler und die Kapitellformen. Im Laufe des 14. Jh.s wurden die vorherrschenden anglo-normannischen Vorbilder immer freier verarbeitet und gewannen an Eigenständigkeit. Ab 1400 begannen sich bretonische Bauformen durchzusetzen. Vorbild für viele Kirchentürme wurde der Turm der **Chapelle du Kreisker** in St-Pol-de-Léon. Er erhebt sich 77 m hoch über der Vierung des Transeptes und übertraf alle Türme durch die üppige Dekoration von Maßwerk und Balustrade. Kleinere Kirchen und Kapellen trugen einfache, oft von Seitentürmchen begleitete Giebelglockentürme. Als weitere Besonderheit wurden die südlichen Gewändeportale entwickelt, die im Verbund mit einem umfriedeten Pfarrbezirk als Versammlungsorte für die angesehenen Bürger des Ortes dienten.

Flammende Spätgotik

Neue Impulse erhielt die Kunst in der **Spätgotik**. Die architektonische Gestaltung wurde schlichter, die runden oder vieleckigen Säulen gingen jetzt ohne Kapitelle direkt in den Bogenlauf über. Große Maßwerkfenster mit Fischblasen oder Blättern wurden in St-Pol-de-Léon oder in Folgoët eingesetzt, wodurch die Mauer an Massivität verlor. Weitere spätgotische Charakteristika wie stark hervortretende Archivolten, prismatische Zierleisten und Schmuckornamente aus schematisch gezacktem Blattwerk und die in die Länge gezogenen Bogenspitzen der Fenster und Portale, die als Flamme gedeutet werden, gaben dem **Flamboyant-Stil** (flamboyant = flammend) seinen Namen. 1430 begann der Bau der drei Kathedralen von Quimper, Nantes und Vannes. Vor allem die **Kathedrale von Quimper** mit der neuen Konzeption der Doppelturmfassade, den großen Fenstern, dem Skulpturenschmuck, den Engeln als Gewändefiguren, dem Einzelportal mit Wimperg hatte bedeutende Vorbildfunktion für viele Bauten der Umgebung. Während die Kathedralen ein Rippengewölbe erhielten, entstanden die meisten Pfarrkirchen und Kapellen mit einem weit gespannten hölzernen Tonnengewölbe.

Die Pracht gotischer Fresken

Die Innenausstattung der gotischen Kirchen – Holzvertäfelung, Wandmalerei, Plastik, Glasmalerei – ist meist sehr üppig und reich. Die Fresken von Notre-Dame in **Kernascléden** oder die von St-Gonéry in **Plougrescent** verdeutlichen mit ihrer Themenwahl die Präsenz und Bedeutung des Todes in der Bretagne: Fantasiereich sind die Qualen der Höllenstrafen vorgeführt. Der Totentanz mit seinen bewegten Figuren ruft in Erinnerung, dass jeden, gleich welchen Standes, dasselbe Ende ereilt. Das Chorgewölbe ist mit Szenen aus dem Leben Jesu und Marias in graziösem Stil ausgemalt. In **St-Fiacre** bei Le Faouët ist die bemalte Holzschnitzerei des Lettners zu bewundern: Das Kreuz Christi und die beiden Schächer mit den trauernden

Frauen sind zentrales Thema, umgeben von kleinteiligen allegorischen Szenen, Engel, Adam und Eva, die Verkündigung, Tierdarstellungen und Groteskenköpfe. Dazwischen finden sich bizarre, feine, im Flamboyant-Stil ausgeführte Maßwerkfüllungen.

Spätgotische Glasmalerei in der Kapelle Notre-Dame du Crann in **Spézet** führt Szenen der Leidensgeschichte in den Chorfenstern vor, die Fenster der Seiten- bzw. Querschiffe behandeln Themen der Kindheit Jesu, die Mariengeschichte und Heiligenlegenden. In kraftvoll leuchtenden Farben sind die einzelnen Kompositionen ausgeführt, deren Stil – die kompakten, agierenden Figuren, die Raumauffassung und die Verzierung der architektonischen Versatzstücke – von Deutschland und Italien beeinflusst ist. Um den Übergang zwischen der Steinmauer und dem Holzgewölbe zu kaschieren, sind an vielen Kirchen bunte Balken mit Schnitzwerk – Groteskenköpfe, Ornamentmuster, szenische Darstellungen – angebracht.

Massive Stadtbefestigungen und eine Kette von Burgen und Festungen des Spätmittelalters hatten die östliche Grenze der Bretagne und die Küste zu schützen, waren aber auch im Landesinnern verbreitet. Die eindrucksvollsten Beispiele der Wehrarchitektur sind in **Vitré** und **Fougères** erhalten. Die der internationalen Gotik entstammenden Zeugnisse der adligen Prachtentfaltung sind reich. Höfisches Mäzenatentum machte sich in religiösen Stiftungen bemerkbar, Goldschmiedearbeiten und aufwendig bebilderte Handschriften wurden in Auftrag gegeben, in Kirchen wurden Herzogstatuen und herrschaftliche Gräber aufgestellt.

Wehrhaft nach außen

Von der wirtschaftlichen Blüte profitierten Bürger und Kaufleute, was sich im städtischen Hausbau niederschlug. Bestimmend bis ins 16. Jahrhundert war der **Fachwerkbau** aus Pfosten und überkreuzten Latten mit den in jedem Stockwerk weiter vorkragenden Etagen. Reizvolle Holzschnitzereien sind an vielen Fassaden zu finden. Die Häuser erhielten häufig auch einen Vorbau in der ersten Etage zur Straße hin, der im Erdgeschoss mit den stützenden Pfosten einen Laubengang bildet.

Schmuckes Fachwerk in Vannes

Enclos Paroissiaux

Umfriedete Pfarrbezirke

Die Enclos paroissiaux, die umfriedeten Pfarrbezirke, sind ein kulturhistorisches Kleinod der Bretagne, die nirgends sonst auf der Welt zu finden sind. Sie entstanden zwischen 1450 und 1650, als Handel, Schifffahrt und Textilgewerbe für Wohlstand sorgten, und sind besonders zahlreich im Nordwesten der Region zwischen Morlaix und Landerneau zu finden (► Karte S. 53). Der »perfekte« Pfarrbezirk besteht aus Kirche oder Kapelle, Beinhaus, Friedhof, Triumphtor und Kalvarienberg sowie einer Mauer, die den Pfarrhof nach außen abschließt.

Porte Triomphale

Zugang zum Pfarrhof gewährt das meist sehr aufwendig gestaltete und prunkvoll geschmückte **Triumphtor**. In einigen Pfarrbezirken folgt anschließend noch eine hohe Steinplatte als Schwelle – bretonisch **Pazenn** –, die nur mit einem großen Schritt überwunden werden konnte – und Tieren oder Dämonen den Zutritt zum heiligen Bezirk verwehrte.

Ossuaire

Wenn die Friedhöfe zu klein wurden, wurden die Gebeine schon länger Verstorbener wieder ausgegraben und im **Beinhaus** aufgeschichtet. Zunächst handelte es sich um schlichte Häuser mit einem steilen Dach und lanzettförmigen Fensterschlitzen. Während der Renaissance gerieten sie zu kleinen Palästen mit Schaufassaden, Figurennischen und Türmchen und dienten auch als Totenkapelle mit einfachem Altar und Heiligendarstellungen. **Ankou** der Tod, personifiziert als Sensenmann, erinnerte den Besucher an seine Endlichkeit.

Calvaire

Den Mittelpunkt des Pfarrhofs bildet der **Kalvarienberg**. Bereits um 1450 entstand der älteste Kalvarienberg der Bretagne in Tronoën. Die Blütezeit dieser Volkskunst lag jedoch in der Mitte des 16. Jh.s, als die Kalvarienberge von Plougonven, Pleyben und Quilinen entstanden. Gegen Ende des 16. Jh.s folgten 1575 Léden-Poher, 1581 – 1588 Guimiliau und 1610 St-Thégonnec. Zentrales Thema ist das **Leben und die Passion Christi**. Sein Kreuz, oft als Lebensbaum mit Astansätzen gestaltet, wird von den Kreuzen der Schächer eingerahmt: der reuige Sünder mit einem Christus zugewandten, der lästernde mit abgewandtem Gesicht. Am Mittelkreuz sind unten weitere Querbalken angebracht, auf denen die Trauernden stehen, meist handelt es sich um Maria, die Mutter Christi, und Johannes, den Lieblingsjünger. Später bevölkert sich die Szene immer mehr durch trauernde heilige Frauen, Reiter, römische Wachsoldaten, unter ihnen auch der Hauptmann Longinus, und Szenen von Golgatha mit Kreuzabnah-

Kulturhistorisches Kleinod: der Kalvarienberg im Pfarrhof von Guimiliau erzählt vom Leben und der Passion Christi.

me, Grablegung und Auferstehung. Bei einigen Kalvarienbergen findet sich zudem der Eingang in die Hölle als letzte Szene. Die Bühne wurde durch einen rechteckigen Sockel vergrößert und fantasievoll ausgedehnt bis zur Anbringung von Reliefplatten an der Sockelzone. Die größten Kalvarienberge machen darüber hinaus mit bis zu 25 Szenen und nahezu 200 Einzelpersonen weitere Geschehnisse deutlich. Die Szenen und Figuren wurden von einheimischen Steinmetzen aus hartem Granit gearbeitet – ein Material, dass keine Feinheiten der Darstellung erlaubt. Daher wurde Details anschließend beim Bemalen der Figuren dargestellt – heute sind die Farben längst verwittert.

Die Pfarrkirche oder eine Kapelle im Norden des Pfarrhofs wurde durch ein reich mit Skulpturen geschmücktes Südportal mit kleiner Vorhalle betreten. Für die noblen Bürger der Gemeinde wurden Bänke in der Vorhalle aufgestellt. Darüber standen in Nischen Statuen der **zwölf Apostel**, leicht an ihren Requisiten zu erkennen: Petrus besitzt den Himmelsschlüssel, Paulus hält ein Buch oder ein Schwert, Johannes den Kelch, Thomas ein Winkelmaß und Jakobus den Pilgerstab. Andere tragen die Instrumente ihres Martyriums, Matthäus ein Beil, Simon eine Säge, Andreas ein Kreuz und Bartholomäus ein Messer. Über dem Eingang ist Maria mit dem Jesusknaben dargestellt.

Pfarrkirche

Renaissance und Barock

Farbenpracht der Renaissance

In der Bretagne hatten im Kirchenbau lange die gotischen Stil- und Bauformen Gültigkeit. Erste Renaissanceformen sind an der Sakramentskapelle der Kathedrale St-Pierre von **Vannes**, einem schlicht geschmückten turmartigen Rundbau, zu finden. Eine klare Gliederung zeichnet den zweigeschossigen Anbau aus, im Untergeschoss durch Säulenvorlagen mit gerahmten Nischen, die abwechselnd durch einen Segment- oder Dreiecksgiebel bekrönt sind, das Obergeschoss mit Pilastern und rundbogigen Fensteröffnungen. Ein breites Gesims schließt den Bau ab. Das aufwendige Portal der Kirche von **Commana** deutet schon die Überleitung zum Barock an: Die kannelierten Säulen, die prägnante Konsole am Eingangsbogen, der abschließende Fries und die flankierenden Türmchen mit den Dreiecksgiebeln über den Nischen gehören zum klassischen Formenrepertoire der Renaissance, während der zweite breite Fries und der darüber geschwungene Giebel bereits auf das Barock hinweisen. Zu den vorrangigen Bauaufgaben der Sakralarchitektur jener Zeit gehören südliche Kirchen-Vorhallen, Türme und Sakristeien.

Elegante Herrensitze und Schlösser

Der schwungvolle Außenhandel machte Teile der Bevölkerung wohlhabend. Die Landbewohner errichteten große Bauernhäuser, die Adligen ließen sich Herrensitze, die Manoirs, bauen, der Hochadel Schlösser. Vorbild für viele Profanbauten der bretonischen Renaissance wurde **Schloss Kerjean** bei Plouescat: Hohe rechteckige Fenster mit schlichten Umrahmungen, durch Gesimse getrennte Stockwerke, betonte Eingangsbereiche, unterschiedliche Zwerggiebel, durch Bogengänge gegliederte Innenhöfe, ein Brunnen mit Baldachin und der erkerartige Turm der Kapelle charakterisieren die Anlage. Die Herrensitze hatten häufig wehrhafte Einrichtungen, waren aber in erster Linie Wohnbauten. Auch ihre Fassaden, Türen und Fenster waren mit Zierelementen geschmückt. Einen markanten Blickfang stellen die Treppentürme dar.

Die städtische Architektur löste sich im 17. Jh. vom Fachwerkbau, stattliche Fassaden aus Stein entstanden. Die Ausstattung der Kirchen war äußerst dekorativ und bunt, fast theatralisch; Andachtsfiguren von edler Hochkunst bis derber Einfachheit gaben Zeugnis von der Volksfrömmigkeit. Lettner und Chorgestühle wurden mit sorgfältigen, häufig kolorierten Schnitzarbeiten aus Holz versehen; Kanzeln und Taufbecken erhielten ebenfalls reichlich Dekor. Die italienischen Vorbilder der Renaissance gelangten auf dem Wasserweg durch die Rheinlande und Antwerpen in die Bretagne. Auch der Einfluss der Loire-Schlösser, der sich von Nantes aus ins Landesinnere ausbreitete, ist bemerkbar. Holzschnitte, die hohe Druckauflagen hatten und bekannt waren, spielten für die Ausbreitung des neuen Formenrepertoires eine bedeutende Rolle, außerdem gedruckte und illustrierte Abhandlungen über Architektur. Die regionalen Werkstätten nahmen von überall her Anregungen auf und verarbeiteten sie eigenständig.

Wegen der ausgedehnten Handelsbeziehungen war der Ankauf von Kunstgegenständen aus anderen Regionen problemlos: Skulpturen, Glasfenster, Altäre kamen auf dem Seeweg in die Bretagne, so der Passionsaltar von **Lampaul**, der aus Antwerpen stammt.

Die Altarretabel gehören zu den eigentümlichsten Ausprägungen des Barock in der Bretagne. Bis ins späte 18. Jh. sind knapp 1400 heute noch zu besichtigende **Altaraufsätze** entstanden, davon über die Hälfte zwischen 1660 und 1720. Da die Nachfrage so groß war und von den ortsansässigen Werkstätten nicht bewältigt werden konnte, **Dekorative Barockretabel** wurden viele Exemplare im Ausland in Auftrag gegeben. Vom Aufbau war das Retabel mittelalterlichen Tryptichen ähnlich. Der Rahmen zitierte Formelemente der Kirchenfassaden oder Fenster: Postament, Architrav, gesprengte Giebel und Säulen – glatte in den Bistümern Rennes, Vannes und St-Malo, geschwungene in der Cornouaille und Léon. Die in den Nischen und Feldern abgebildeten Skulpturen und Gemälde illustrieren zentrale christliche Figuren: Trinität – Gottvater schwebt über der Taube des Heiligen Geistes und Jesus – Maria als Mittlerin zwischen Mensch und Jenseits sowie Heilige. Christus ist häufig als siegreicher Erlöser, erkennbar an Engeln mit Marterwerkzeug, sowie als Schmerzensmann voller Wundmale dargestellt. Unter den Heiligen ist der **hl. Sebastian** am häufigsten zu sehen – er sollte vor der bedrohlichen Pest schützen, die in Europa wütete. Anregungen für die figürliche Ausgestaltung der Retabel erhielten die beteiligten Architekten,

Verspielter Barock: die geschnitzte Kanzel von Notre-Dame in St-Thégonnec.

Bildhauer und Schreiner von Modellen, die sie aus den Werkstätten des Louvre zugeschickt bekamen, sowie auswärtigen Schnitzern, die die Dekoration der repräsentativ ausgestatteten Schiffe der königlichen Marine fertigten.

Die neue Stadt des Klassizismus

Im 18. Jh. stand die Neugestaltung der Städte im Vordergrund, deren Konzeption von Ingenieuren und Architekten übernommen wurde. **Strenge Ordnung**

Betuchte Reeder und Kaufleute errichteten die Ville Close von St-Malo.

In der Ville Close von **St-Malo** errichteten wohlhabende Reeder und Kaufleute ihre Häuser nach dem Vorbild der Militärarchitektur mit strengen Fassaden ohne Dekor und regelmäßigen wiederkehrenden Formen. Enge Straßenschluchten und rationale Ordnung prägen seitdem die massive Festung, die zum Schutz gegen die britischen Eroberer zwischen dem 17. und 19. Jh. ausgebaut wurde. Den Wiederaufbau des durch einen Brand zerstörten Stadtzentrums von **Rennes** leitete Jacques Gabriel seit 1724. Der Grundriss folgt dem geraden Schachbrettmuster, auch hier ist die Fassadengestaltung nüchtern und streng. Der Schlossplatz wurde im klassischen Stil angelegt, den Rathausplatz konzipierte er in Formen des französischen Rokoko.

Zwischen Nostalgie und Fortschritt

19. Jahrhundert In der zweiten Hälfte des 19. Jh.s erfasste eine große Retrowelle die Bretagne: Die Landsitze erhielten mittelalterliche Türme und eine Parkanlage im englischen Stil, die Kirchen Umbauten oder Vergrößerungen im Stil der Neogotik, der Neoromanik oder der Neobyzantinik. Die kulturellen Unterschiede zum restlichen Frankreich verstärkten sich – was an der ausgeprägten Trachtentradition oder den vielfältig verzierten Möbeln abzulesen ist. Die **Industrialisierung** setzte sich nur sehr zögerlich durch. Viele veraltete Manufakturen mussten schließen; nur wenige traditionelle Industriezweige wie die Tabakmanufakturen in Morlaix oder die Porzellanmanufaktur in Quimper überlebten. Industrielles Zentrum wurde Nantes – der vorgelagerte Hafen von St-Nazaire wurde ausgebaut, an der Loire wurden Industrieanlagen, Werften, Zuckerraffinerien und Metallindustrie angesiedelt. Nantes selbst wurde zum Zentrum für Dampfkraftwagen. Der Bau der beiden Eisenbahnlinien 1851 zwischen Rennes und Brest und zwischen Nantes und Quimper garantierte den schnellen Transport von Fischen und Agrarprodukten. Große Talbrücken wie das 1861 eröffnete Eisenbahnviadukt in Morlaix vereinfachten die Verbindungen und zeugen von den neuen statischen und technischen Möglichkeiten der Industriearchitektur.

Die unverbaute Landschaft, fehlende Industrie und mystische Vergangenheit der Bretagne übten auf auswärtige Maler des 19. Jh.s eine große Anziehungskraft aus. Die Romantiker liebten besonders die Landschaft mit dem ausdrucksstarken Himmel, die raschen Wetterwechsel, das außergewöhnliche Licht. Die realistischen Maler beschäftigten sich ab Ende der 1830er-Jahre mit bäuerlichen Themen. Bauern und Fischer sind die agierenden Personen von Tragödien oder Anekdoten. Den formgetreuen Realismus vertraten Camille Corot und Francis Blin. Charles Leroux bemühte sich um realistische, objektive Darstellung; zu lichtbestimmten Lösungen fand Paul Huet. Impressionistische Bilder malte Claude Monet 1886 während seines Aufenthaltes auf der Belle-Ile, neoimpressionistische Gemälde schuf Paul Signac 1890 in St-Briac. Kupferstichwerke bretonischer Denkmäler und Trachten, in den 1830er-Jahren in Nantes veröffentlicht, sollten dem Bedürfnis nachkommen, die Bretagne mit ihren Eigenheiten besser kennenlernen zu können.

Die Bretagne der Maler

Einige Orte der Bretagne wurden zu ständigen Künstlertreffpunkten, wo regelmäßiger und intensiver Austausch stattfand: Camaret, Cancale, St-Briac, Douarnenez und Pont-Aven (► Baedeker Special S. 306) zählen dazu. »Ich liebe die Bretagne, ich finde hier Wildheit und Primitivität. Wenn meine Holzschuhe auf dem Granit klappern, höre ich den dumpfen, dunklen und starken Ton, den ich in meinen Bildern zu erreichen suche«, schrieb **Paul Gauguin** 1888 aus der Kleinstadt am Aven-Fluss. Im Austausch mit den Kollegen Emile Bernard, Paul Sérusier, Charles Filiger, Ernest Ponthier de Chamaillard und Henry Moret suchte er nach neuen Ausdrucksmitteln, um die bloße Nachahmung der Wirklichkeit auf der Leinwand zu überwinden, und begründete den **Synthetismus**. Die kühne Malerei hatte starken Einfluss auf die Entwicklung der Malerei des 20. Jh.s.

Künstlerkolonien

Aufbruch in die Moderne

20. Jahrhundert Auch im 20. Jh. blieb die Bretagne begehrter Aufenthaltsort und Inspirationsquelle für Künstler: Pablo Picasso, Max Ernst, Marc Chagall, Yves Tanguy fühlten sich von dieser Landschaft angezogen, Maurice Denis ließ sich in Châteauneuf-du-Faou sogar dauerhaft

Paul Gauguin suchte in Form und Farbe nach neuen Ausdrucksmitteln, 1894 malte er die »Bretonischen Bäuerinnen«.

nieder. Der zuerst in Rennes, dann in Paris ausgebildete **Mathurin Méheut** suchte die Eigenart der Bretagne in zeitgemäße malerische Bildsprache umzusetzen. In seinen Gemälden verband er temperamentvoll Genauigkeit und Wirklichkeitsnähe seiner Beobachtung mit dekorativen Elementen. Symbolträchtige Alltagsszenen platzierte er auf einer belebten, weiten Landschaftsbühne und hatte damit in der Bretagne, aber auch in Paris Erfolg. Die Gruppe, die sich seit 1937 um **Charles Estienne** scharte, entwickelte eine eigene Form der abstrakten Landschaftsmalerei, in der Felsen, Meer und Wind in Zeichen umgesetzt wurden. Die Gegenwart beherrschen Tal Coat, Martin Barré, James Guitet, Geneviève Asse, die durch ihre Werke Weltoffenheit zeigen und das künstlerische Schaffen ohne regionale oder nationale Beschränkungen bereichern. Wie intensiv sich bretonische Kunst mit internationalen Bewegungen auseinander setzt, zeigen die Exponate im Centre d'Art Contemporain im Schlosspark von **Kerguéhennec** (Morbihan) und die Sammlung des Regionalen Fonds zeitgenössischer Kunst in **Châteaugiron** (Ille-et-Vilaine).

Das Spannungsverhältnis zwischen internationaler Moderne und Tradition der Bretagne wurde vehement in der von Joseph Boreau de Roincé gegründeten Groupe Régionaliste seit dem Ende des Ersten Weltkrieges diskutiert. Olivier Mordrelle baute in Quimper, Mervan Marchal lehrte als Professor an der Ecole Régionale d`Architecture in Rennes. Die Bandbreite der Architektur illustrieren das im Zweiten Weltkrieg zerstörte Magasin Decré von Henri Sauvage in Nantes, die nüchterne Architektur des Krankenhauses Augustin Morvan in Brest von Raymond Gravereaux und Raymond Lopez sowie die Brester Marineschule von André Maurice.

Tradition und Moderne

Der Wiederaufbau nach dem Zweiten Weltkrieg erfolgte ohne Debatten über Stil und stellte kein architektonisches Wagnis dar. Ohne über spezifische Eigenheiten der Gegend nachzudenken, wurden nach funktionellen Gesichtspunkten Großbauten errichtet und städtebauliche Projekte realisiert. In Brest leitete Jean-Baptiste Mathon den Wiederaufbau in strenger Schachbrettstruktur. In St-Malo hingegen entschloss man sich für die originalgetreue Rekonstruktion der zerstörten Viertel. In den letzten Jahrzehnten sind drei Entwicklungen zu beobachten: eine Rückbesinnung auf lokale Tradition und starke Berücksichtigung der Wünsche der Bevölkerung, ein moderner Naturalismus, der sich durch den Einsatz neuer Techniken und Sparsamkeit der Mittel auszeichnet und zuletzt die Anknüpfung an historische Formen des 19. Jh.s und ihre postmoderne Umformulierung.

Praktische Informationen

WANN REIST MAN AM BESTEN IN DIE BRETAGNE? WIE SCHNELL DARF MAN AUF FRANKREICHS AUTOBAHNEN FAHREN? WAS DARF MAN NICHT ZU HAUSE VERGESSEN? WICHTIGES UND WISSENWERTES FÜR EINEN GELUNGENEN URLAUB

Anreise · Reiseplanung

Anreise

Mit dem Auto Die Bretagne liegt ca. 3 Autostunden westlich von Paris. Auf dem Pariser Umgehungsring, der »Périphérique«, ist die Fahrtrichtung Bretagne mit Wegweisern zur A 10 Richtung Le Mans sowie zur grün markierten Hauptreiseroute Richtung Nantes ausgeschildert. Rund 30 km hinter Paris teilt sich dann die Autobahn. Bretagne-Reisende wechseln auf die A 11, die sich auf der Höhe von Le Mans abermals teilt; die A 11 führt weiter nach Nantes und die A 81 bis nach Vitré.

---

i Entfernungen

München – Rennes:	1190 km
Frankfurt – Rennes:	920 km
Wien – Rennes:	1580 km
Zürich – Rennes:	970 km

Ab Rennes bzw Nantes ist die Benutzung der Schnellstraßen gebührenfrei (in der Bretagne sind die Autobahnen aus historischen Gründen als mautfreie Schnellstraßen eingestuft). Die Südbretagne ist am schnellsten von Rennes über die N 24 nach Lorient bzw. N 24 / 166 nach Vannes zu erreichen; die Schnellstraße N 165 führt an der Küste entlang nach Quimper und Brest.

Mit der Bahn Bahnreisen in die Bretagne führen über Paris. Reisende aus Norddeutschland kommen an der Gare du Nord, Reisende aus Süddeutschland, Österreich und der Schweiz an der Gare de l'Est an. Die Anschlusszüge in die Bretagne fahren von der Gare de Montparnasse ab, die am schnellsten mit der Métro zu erreichen ist. Der Hochgeschwindigkeitszug **TGV Atlantique** verbindet Paris in 2 Stunden mit Rennes, von ca. 7 bis 22 Uhr mit halb- bis anderthalbstündiger Frequenz. Der TGV Atlantique hält ferner in Vitré, Lamballe, St-Brieuc, Morlaix und Brest, Nebenzweige führen nach Le Croisic sowie nach Vannes, Lorient und Quimper. Die Fahrt nach Brest oder Quimper dauert von Paris ca. 4 Stunden. Normale Schnellzüge brauchen doppelt so lange. Von Österreich und der Schweiz ist die Bretagne mit dem TGV via Paris bzw. Dijon oder Lyon zu erreichen. Für den TGV ist eine Reservierung erforderlich. Fahrkarten erhält man u. a. an den orangefarbenen Automaten am Anfang der Bahnsteige.

Mit dem Flugzeug Drehkreuz für Flüge in die Bretagne ist der Pariser Flughafen Charles de Gaulle (CDG); von hier bestehen Verbindungen mit **Air France** und ihrer Tochtergesellschaft **Brit Air** nach Brest, Quimper, Lorient, Rennes und Nantes. Die Flugzeit von Paris beträgt zwischen 60 und 80 Minuten. Fliegt man mit Air France nach Paris, braucht man für den Weiterflug nicht aus- und neu einzuchecken. Die **Lufthansa** fliegt von Berlin, Hamburg, Düsseldorf, Frankfurt a. M., München, Wien und Zürich nach Paris. Billigflüge direkt in die Bretagne werden aus dem deutschsprachigen Raum nicht angeboten.

INFORMATIONEN ANREISE

BAHN

▶ **SNCF in Frankreich**
Tel. 08 92 35 35 35
www.sncf.fr (auch dt.)
www.voyages-sncf.com (auch dt.)

▶ **SNCF Callcenter Straßburg**
Tel. 0033 892 35 35 36
(tägl. außer feiertags
7.00 – 22.00 Uhr, auch in dt.)

▶ **SNCF in Deutschland**
SNCF Rail Europe Deutschland
Bahnhofsvorplatz 1, 50667 Köln
Tel. 01805 00 90 73 (0,12 €/Min.)
www.raileurope.de
www.tgv-europe.de

▶ **SNCF in der Schweiz**
Rail Europe Suisse
Rue de Lausanne 11 – 15
1211 Genève 1
Tel. 08 40 844 842
Fax 022 741 23 61
www.raileurope.eu

FLUGLINIEN

▶ **Air France / Brit Air**
Tel. 08 02 80 28 02
www.britair.com

Flüge von Paris nach Brest, Quimper, Lorient, Nantes und Rennes, von Lyon nach Rennes.

▶ **Airlinair**
Tel. 02 31 71 26 27
www.airlinair.com
Flüge von Paris-Orly Sud nach Lannion.

▶ **Finist'Air**
Tel. 02 98 84 64 87
www.finistair.fr
Finist'Air fliegt ganzjährig von Brest zur Ile d'Ouessant.

Auch eine Möglichkeit anzureisen

Ein- und Ausreisebestimmungen

Zur Einreise nach Frankreich benötigen Bürger der EU und der Schweiz einen gültigen Personalausweis oder Reisepass. Für Kinder unter 16 Jahren ist ein Kinderausweis oder ein Eintrag im Elternpass erforderlich. Mitzuführen sind der Führerschein, ggf. der Kraftfahrzeugschein und die grüne Internationale Versicherungskarte. Kraftfahrzeuge, die kein Euro-Kennzeichen haben, müssen das ovale Nationalitätskennzeichen tragen.   **Reisedokumente**

Wer Haustiere mitnehmen möchte, benötigt für sie den **Heimtierpass** der EU. Er enthält u. a. ein amtstierärztliches Gesundheitszeugnis   **Haustiere** (höchstens 30 Tage alt), ein mindestens 20 Tage und höchstens elf Monate vor der Einreise ausgestelltes Tollwut-Impfzeugnis sowie ein Passbild. Außerdem muss das Tier einen Mikrochip oder eine Tätowierung tragen. Maulkorb und Leine sind mitzuführen.

Zollbestimmungen Für den steuerfreien privaten Gebrauch gelten folgende Höchstmengen: 800 Zigaretten, 400 Zigarillos, 200 Zigarren oder 1 kg Tabak, 10 l Spirituosen, 20 l Zwischenerzeugnisse, 90 l Wein (davon max. 60 l Schaumwein) sowie 110 l Bier. Für Reisende aus Nicht-EU-Ländern, so auch Schweizer Staatsbürger, liegen die Freigrenzen für Personen über 17 Jahre bei 200 Zigaretten, 100 Zigarillos, 50 Zigarren oder 250 g Rauchtabak; ferner 2 l Wein und 2 l Schaumwein oder 1 l Spirituosen mit mehr als 22 Vol.% Alkoholgehalt oder 2 l Spirituosen mit weniger als 22 Vol.% Alkoholgehalt, 500 g Kaffee oder 200 g Kaffeeauszüge, 100 g Tee oder 40 g Teeextrakt, 50 g Parfüm oder 0,25 l Eau de Toilette sowie andere Artikel im Wert von 300 €. Bei der Wiedereinreise in die Schweiz liegt die Freigrenze für Alkohol bei 1 l Spirituosen mit mehr als 15 Vol.% Alkoholgehalt und 2 l Getränke mit weniger als 15 Vol.%.

Reiseversicherungen

Krankenversicherung Versicherte deutscher Krankenkassen haben im Notfall Anspruch auf ärztliche Behandlung nach den in Frankreich gültigen Vorschriften. Die Europäische Krankenversichertenkarte (EHIC) ist beim Arzt oder Krankenhaus vorzulegen. In den meisten Fällen sind Zuzahlungen zu leisten. Wird die EHIC nicht akzeptiert, sind die Rechnungen zu bezahlen und zur Erstattung der Krankenkasse vorzulegen. Privat Versicherte reichen zur Kostenerstattung die französischen Unterlagen ein. Der Abschluss einer privaten Reisekrankenversicherung ist unbedingt zu empfehlen, auch für eine eventuelle Rückholung.

Auskunft

▶ WICHTIGE ADRESSEN

AUSKUNFT ZU HAUSE

▶ **Atout France**
Franz. Zentrale für Tourismus
Postfach 10 01 28
60001 Frankfurt/M.
http://de.franceguide.com
info.de@franceguide.com

▶ **Atout France**
Franz. Zentrale für Tourismus
Lugeck 1 – 2, Stiege 1, Top 7
1010 Wien
Tel. (01) 503 28 92 (Ortstarif)
Fax (01) 503 28 72
http://at.franceguide.com

Atout France
Franz. Zentrale für Tourismus
Rennweg 42, Postfach 3376
7226 Zürich
Tel. (044) 217 46 00
Fax (044) 217 46 17
http://ch-de.franceguide.com

AUSKUNFT IN DER RÉGION BRETAGNE

► **Comité Régional du Tourisme de Bretagne**
1 Rue Raoul Ponchon
35069 Rennes Cedex
Tel. 02 99 36 15 15
Fax 02 99 28 44 40
www.tourismebretagne.com
www.bretagne-reisen.de

Die Adressen der örtlichen Tourismusbüros in der Bretagne, entweder staatlich (Office de Tourisme) oder als Einrichtung der Gemeinde (Syndicat d'Initiative), findet man im Kapitel »Reiseziele von A bis Z«.

AUSKUNFT IN DEN DÉPARTEMENTS

► **Comité Départemental du Tourisme Côtes d'Armor**
7 Rue St-Benoît, 22046 St-Brieuc
Tel. 02 96 62 72 01
Fax 02 96 33 59 10
www.cotesdarmor.com

► **Comité Départemental du Tourisme Finistère**
4 Rue du 19 Mars 1962
29108 Quimper Cedex
Tel. 02 98 76 24 77
Fax 02 98 52 19 19
www.finisteretourisme.com

► **Comité Départemental du Tourisme Haute Bretagne / Ille-et-Vilaine**
5 Rue du Pré Botté

35101 Rennes Cedex
Tel. 02 99 78 47 40
Fax 02 99 78 33 24
www.bretagne35.com

► **Comité Départemental du Tourisme Morbihan**
PIBS-Kerino
Allée Nicolas-le-Blanc
B.P. 408, 56010 Vannes Cedex
Tel. 08 25 13 56 56
Fax 02 97 42 71 02
www.morbihan.com

► **Comité Départemental du Tourisme Loire Atlantique**
11 Rue du Château de l'Eraudière
44306 Nantes Cedex
Tel. 02 51 72 95 40
Fax 02 40 20 44 54
www.cdt44.com

BOTSCHAFTEN UND KONSULATE

► **Deutsche Botschaft**
13/15 Av. F. D. Roosevelt
75008 Paris
Tel. 01 53 83 45 00
Fax 01 43 59 74 18
www.paris-diplo.de

► **Deutsches Honorarkonsulat**
c/o Maison de l'Allemagne
105 Rue de Siam
29200 Brest
Tel. 02 98 43 32 53
Fax 02 98 44 64 07
brest@hk-diplo.de

► **Österreichische Botschaft**
6 Rue Fabert
75007 Paris
Tel. 01 40 63 30 63
Fax 01 45 55 63 65
www.amb-autriche.fr

► **Schweizer Botschaft**
142 Rue de Grenelle, 75007 Paris

Tel. 01 49 55 67 00
Fax 01 49 55 67 67
www.eda.admin.ch/paris

INTERNET
▶ **Info zu Frankreich**
www.franceguide.com
www.frankreich-info.de
www.culture.gouv.fr

www.monum.fr
www.linternaute.com
www.concertandco.com

▶ **Info und Tipps zur Bretagne**
www.tourismebretagne.com
www.bretagne-reisen.de
www.region-bretagne.fr
www.bretagne.com

Badeurlaub

Badestrände 2700 km Klippen und Steilküste, Buchten und Sandstrände bietet die zerklüftete Küstenlinie der Bretagne, da findet jeder seinen Traumplatz. Die Strände der Nord- und Westküste unterliegen am stärksten den **Gezeiten**. Bei Hochwasser sind die Badebuchten oft gänzlich überspült. An den breiten, langen Sandstränden der Südküste kann es im Sommer sehr voll werden. Im Hochsommer beträgt die **Wassertemperatur** max. 22 °C, meist ist das Wasser aber nur um die 17 °C kühl. Strömungen, Klippen, oft knapp unter der Wasseroberfläche versteckt, und die heranbrausende Flut können auch den geübtesten Schwimmer in Bedrängnis bringen.

FKK An allen Stränden ist »oben ohne« üblich, FKK nur an Strandabschnitten und in Buchten abseits des Touristenrummels. Führer mit Infos über die **Domaines Naturistes** sind im Buchhandel erhältlich, darunter der FKK-Reiseführer Europa von Emmerich Müller aus dem Drei-Brunnen-Verlag.

i Strandperlen

- Dinard, Plage de l'Ecluse: Sonnenstrand mit Nostalgiekulisse
- Perros-Guirec, Plage de Trestraou: Treffpunkt für Sportliche
- Carnac, Carnac Plage: Ein Familienklassiker seit über 100 Jahren
- Bénodet, Plage du Trez: Eine wunderbare Badebucht reiht sich an die andere
- La Baule, Grand Plage: Der längste Sandstrand der Bretagne, allerdings durch eine Schnellstraße vom Ort getrennt
- Port Louis, Grand Plage: Feinster Sand

Mit Behinderung unterwegs

Das Reisen ist für Behinderte in der Bretagne relativ unproblematisch. In vielen Orten sind die Gehwege an Übergängen abgesenkt, nahezu alle Geschäfte sind ebenerdig erreichbar. In den Syndicats d'Initiative oder Offices de Tourisme sind kostenlose Broschüren über Transportmöglichkeiten und Unterkunft erhältlich. Auch etliche Campingplätze sind behindertengerecht eingerichtet. Weitere Informationen, wie Adressenverzeichnisse von behindertengerechen Hotels und Behindertenorganisationen, halten die französischen Tourismusorganisationen bereit. Besonders behindertengerechte Urlaubsangebote werden mit dem Qualitätslabel Tourisme – Handicap (www.tourisme-handicaps.org) ausgezeichnet.

 BEHINDERTENREISEN

► **Association des Paralysés de France**
17 Boulevard Blanqui, 75013 Paris
www.apf.asso.fr

► **BSK Reiseservice**
Altkrautheimer Straße 20
74238 Krautheim
Tel. (0 62 94) 42 81-50
www.bsk-ev.de

► **Mobility International Schweiz**
Froburgstrasse 4, 4600 Olten
Tel. (0 62) 206 88 35
www.mis-ch.ch

► **Verband aller Körperbehinderten Österreichs**
Schottenfeldgasse 29, 1070 Wien
Tel. (01) 9 14 55 62

Elektrizität

Die Netzspannung ist 220 Volt. Flachstecker (Eurostecker) passen in die französischen Steckdosen, für Schukostecker braucht man einen Adapter *(adaptateur)*.

Essen und Trinken

In der Bretagne haben die Restaurants mittags zwischen 12.00 und 14.00 Uhr geöffnet; am Abend wird das Dîner von 19.00 bis 22.30 Uhr serviert. Nach 21.00 Uhr gibt es meist keine warmen Gerichte mehr. In den Cafés hingegen werden kleine Gerichte wie warme gefüllte Baguettes, Omelettes, Salate oder Toasts bis nach Mitternacht

Restaurants, Cafés

serviert. Zahlreiche Crêperien haben nur mittags oder am frühen Abend geöffnet. Die Relais Routiers sind einfache Lokale, die vor allem Arbeiter und Fernfahrer mit einem preiswerten »plat du jour« verköstigen. Zu diesem Mittagstisch mit solider Hausmannskost gehören Suppe, Salat, Hauptgang, Dessert und Café.

Spezialitäten der Bretagne

Fisch und Meeresfrüchte
Hier sind die Bretonen echte Franzosen: Sie lieben es, ausgiebig und gut zu speisen. Eine Platte mit Meeresfrüchten steht ganz oben auf der bretonischen Speisekarte. Bei der **Plat de Fruits de Mer** handelt es sich um sorgfältig zusammengestellte Meeresfrüchte (Schalen- und Krustentiere, Meeresschnecken, Mollusken, Seeigel), angerichtet auf Eis und Algen. Je nach Region, Restaurant und Jahreszeit wechselt die Kombination. Als Garantie für Frische und Vielfalt der Meeres-

▶ **PREISKATEGORIEN**
Die im Teil »Reiseziele von A bis Z« verwendeten Kategorien gelten für ein 3-Gänge-Menü ohne Getränke.

Fein & teuer:	über 45 €
Erschwinglich:	25 – 45 €
Preiswert:	bis 25 €

früchte haben bretonische Gastronomen eine Charta für eine echte Platte mit Meeresfrüchten aufgestellt; sie verbietet, tiefgefrorene statt frischer Meeresfrüchte zu servieren, und bestimmt, dass mindestens sechs Sorten Krusten- und Schalentiere enthalten sein müssen. Die besten **Austern** gibt es in Cancale, in Riec-sur-Belon und in der Bucht von Quiberon. Haupthafen für die **Coquilles St-Jacques**, die Jakobsmuscheln, ist Erquy. **Moules** (Miesmuscheln) und Venusmuscheln (palourdes, praires) werden an allen Küsten geerntet und gerne in Weißwein gedünstet. Roggenbrot oder Baguette, gesalzene Butter, hausgemachte Mayonnaise und ein kühler Weißwein machen die Meeresfrüchteplatte zu einem unvergesslichen Genuss. Herzhafter ist der bretonische Fischeintopf **Cotriade**, der mit Atlantikfischen der Saison, Kartoffeln und Zwiebeln zubereitet wird. Beliebte Speisefische sind **Merlu** (Seehecht) mit feinem Fleisch und der Wolfsbarsch, der als **Barlu** gebraten, gegrillt oder pochiert auf der Karte steht.

Fleischgerichte
Lamm und Schwein dominieren die Fleischgerichte. Die berühmteste Fleischdelikatesse ist das **Agneau pré-salé**, Fleisch von den Lämmern, die am Mont St-Michel und auf der Insel Ouessant im salzigen Wind

auf Wiesen grasen, die täglich vom Meer überspült werden. Zu ihrem natürlich gewürzten, zarten Fleisch – meist werden Schulter oder Filets angeboten – passen kleine weiße Bohnen (flageolets) vorzüglich. Weitere bretonische Fleischspezialitäten sind **Kig ha fars**, ein kräftiger Eintopf aus Gemüse, Rindfleisch und Schweinshaxe, **Andouille**, eine Kaldaunenwurst, **Saucisse aux choux**, Brühwurst aus feinem Schweinefleisch mit Kohlstreifen, und **Rillettes**, Schmalzfleisch von Schwein, Ente oder Gans. Hervorragend schmeckt auch eine geschmorte junge **Canard Nantais** (Nantaiser Ente), eine Rasse, die v. a. im Marais Breton südwestlich von Nantes gezogen wird.

Der Großteil des bretonischen Gemüses stammt aus der »Ceinture dorée«, dem »Goldenen Gürtel« zwischen Roscoff und Morlaix. Von dem reichhaltigen Angebot verdienen die **Artischocken** besondere Erwähnung, in der Bretagne werden 90 % der französischen Artischocken angebaut. Über die Grenzen hinaus bekannt sind **Erdbeeren** aus Plougastel sowie **Kirschen** und **Äpfel** aus Fouesnant. **Gemüse und Obst**

Als ureigenstes bretonisches Nationalgericht gelten Crêpes und Galettes, wurden hier doch schon im Neolithikum Vorläufer der hauchdünnen Pfannkuchen gebacken. Während die **Galettes** ihren Ursprung im Arme-Leute-Essen früherer Jahrhunderte haben – die Reste einer Buchweizensuppe wurden zu Pfannkuchen verarbeitet –, gibt es die aus Weizenmehl hergestellten **Crêpes** noch keine 100 Jahre, da früher das weiße Weizenmehl äußerst kostspielig war. Besonders zur Mittagszeit sind die zahlreichen Crêperies und Galettières gut besucht. Die herzhaft-dunklen Galettes werden immer pikant gefüllt, von Schinken und Käse bis hin zu Muscheln und Krabben. Die hellen Crêpes dagegen enthalten »Süßes« (Marmelade, Obst oder Eis), werden mit Likör beträufelt oder schlicht mit gesalzener Butter und Puderzucker serviert. Dazu ein Pichet Cidre – voilà: das Mittagsmenü à la bréton. Hinter den Namen Crêpes und Galettes verbirgt sich aber auch feines Gebäck: Crêpes dentelles sind dünne, knusprige Keksröllchen, Galettes runde dickere Butterkekse. **Crêpes und Galettes**

Die typischste bretonische Süßspeise nach einem traditionellen Menü ist der **Far Breton**. Grundlagen des »Far«, der als Vorläufer des englischen Puddings gilt, sind

Unbedingt probieren: Crêpes à la breton

Eier, Zucker und Butter. Je nach Region und Familie kommen überlieferte Zubereitungsarten und persönliche Noten hinzu. Manche vervollständigen den Teig mit Rosinen oder Äpfeln, andere mit Backpflaumen, deren leichte Säure hervorragend zum cremigen Eierkuchen passt. Zimt, Vanille oder gar ein Schuss Pfeffer bringen exotische Aromen in das gutbürgerliche Gericht. Der **Kouign amann** aus Hefeteig wird mit Unmengen frischer Butter wie Blätterteig verarbeitet. Das Originalrezept kommt aus Douarnenez.

Käse Aus der Bretagne, Hauptproduzent von französischem Emmentaler, kommen mehrere regionale Käsespezialitäten. Auf die Zisterziensermönche von Timadeuc geht der Käse **La Trappe** zurück. Weitere Sorten sind der kleine, milde Weichkäse **Curé Nantais**, der **Boule d'Or de Bouvran** und der **Ziegenkäse** aus dem Morbihan.

Was trinkt man?

Bier Seit dem 17. Jh. ist das Bierbrauen in der Bretagne Tradition. Junge Brauer haben sie wieder aufgegriffen, mit großem Erfolg. Am bekanntesten sind »Coreff« aus Morlaix, das Buchweizenbier »Telenn Du« sowie das starke dunkle »Cervoise« und das leichte Weizenbier »Blanche Hermine« von Lancelot. Um ein Bier zu bestellen, genügt »Un demi, s'il vous plaît!«. Die »Halbe« enthält jedoch nicht 0,5 l, sondern nur 0,3 l; frisch vom Fass heißt »à la pression«.

Cidre Der bretonische Cidre, ein leichter Wein aus vergorenen Äpfeln, eignet sich zu fast allen Gerichten. Die besten Sorten stammen aus der Gegend um Fouesnant, aus Clohars-Carnoët und dem Bigoudenland um Pont-l'Abbé. Es gibt mehrere Sorten: Der Cidre doux, ein süßer Apfelwein mit 3 % Alkohol, wird gern zum Dessert getrunken. Zu deftigen Gerichten passt der herbe Cidre brut mit 4,5 % Alkohol. Der fast ungezuckerte Cidre demi-sec und der Cidre sec eignen sich hervorragend zu Fisch und Geflügel. Als Champagner unter den Apfelweinen gilt der süffige Cidre bouché. Der Cidre fermier, auch als Cidre artisanal bezeichnet, wird von den Bauern selbst hergestellt und auch selbst auf Märkten oder auf dem Bauernhof verkauft. Sein Alkoholgehalt liegt bei 6 bis 7 %.

Cidre gehört auf jeden bretonischen Tisch.

In der Bretagne wird kein Wein angebaut. Aus der Region rund um Nantes stammen trockene, frische Weine wie der **Muscadet de Sèvre**. Auch der dort angebaute trockene Weißwein **Gros Plant du Pays Nantais** passt gut zu Fischgerichten.

Wein

Feiertage · Feste · Events

1. Januar: Neujahrstag (Jour de l'An)
März / April: Ostermontag (Lundi de Pâques)
1. Mai: Tag der Arbeit (Fête du Travail)
8. Mai: Tag des Waffenstillstands 1945 (Armistice)
Mai / Juni: Christi Himmelfahrt (Ascension)
Mai / Juni: Pfingstmontag (Lundi de Pentecôte)
14. Juli: Nationalfeiertag (Fête Nationale)
15. August: Mariä Himmelfahrt (Assomption)
1. November: Allerheiligen (Toussaint)
11. November: Tag des Waffenstillstands 1918 (Armistice)
25. Dezember: Weihnachtsfeiertag (Noël)

Gesetzliche Feiertage (Jours feriès)

Pardons, Wallfahrten zu Ehren eines der zahlreichen Heiligen, und keltisch-bretonische Volksfeste sind die Säulen des Veranstaltungskalenders. Manchmal verbindet man beides: Dann schließt sich an einen Pardon ein Volksfest mit einer ausgiebigen **Fest Noz** an. Darüber hinaus hat fast jede Stadt ihr eigenes Festival. Die meisten Pardons, Fêtes und Festivals finden von Mai bis September statt.

Pardons, Fêtes und Festivals

i Die schönsten Feste

- Tréguier, 3. Mai-Sonntag: Pardon des St-Yves
- St-Brieuc, letzter Mai-Sonntag: Pardon Notre-Dame d'Espérance mit nächtlichem Fackelzug
- Pont-l'Abbé, 2. Juli-Wochenende: Fête des Brodeuses (Fest der Stickerinnen)
- Locronan, 2. Juli-Sonntag: Kleine Troménie (Umzug durch die Felder); alle 6 Jahre (wieder 2013) Große Troménie
- Quimper, 3. Juli-Woche: Folklorefest Festival de Cornouaille mit Kelten aus ganz Europa
- Ste-Anne-d'Auray, 26. Juli: größter Pardon der Bretagne
- Lorient, erste August-Hälfte: Festival Interceltique (keltisches Musikfest)
- Douarnenez, Ende Juli, ungerade Jahre: Festival de la Marine à Voiles (Segelschiffe)
- Concarneau, vorletzter August-Sonntag: Fête des Filets Bleus (Fischerfest)

Geld

Der Euro (€) ist in Frankreich ebenso wie in Deutschland und Österreich das Zahlungsmittel. Für die Schweiz, die nicht der EU-Währungsunion angeschlossen ist, gilt annähernd: 1 € = 1,25 CHF, 1 CHF = 0,80 €. An den französischen Geldautomaten (Bancomat) lässt sich mit **Kredit- und Bankkarten** – in Kombination mit der Geheimnummer – problemlos rund um die Uhr Geld abheben.

Die meisten internationalen Kreditkarten werden von Banken, Hotels, Restaurants, Autovermietern und vielen Einzelhandelsgeschäften akzeptiert. Bei Verlust einer Kredit-/Bankkarte die Karte sofort sperren lassen, dazu vor der Reise Kartennummer bzw. Kontonummer und Bankleitzahl notieren.

i **Karte verloren?**

- Sperr-Notruf Tel. 00 49 / 116 116 (aus Frankreich) für Bank- und Kreditkarten, Handys und Krankenkassenkarten.
- Visa: Frankreich Tel. 0800 90 1179
  Internationale Zentrale 001 410 581 9994
- Mastercard: Frankreich Tel. 0800 90 1387
  Internationale Zentrale 001 636 722 7111

Gesundheit

Ärzte In den Branchenbüchern Pages Jaunes findet man Ärzte unter **Médecins**, Zahnärzte unter **Dentistes**. Ärzte mit Englisch- oder Deutschkenntnissen sind meist den Tourismusbüros bekannt. Der Bereitschaftsdienste der Ärzte und Apotheken wird in der Lokalpresse veröffentlicht.

Apotheken Ein grünes Kreuz am Geschäft kennzeichnet die **Pharmacie**. Welche Apotheke nachts und am Wochenende Bereitschaftsdienst hat, wird an den Türen der Apotheken und in der Lokalpresse angezeigt. Öffnungszeiten: 9.00 – 12.00, 14.00 – 18.30 Uhr.

Mit Kindern unterwegs

Strand, Sand und Meer In der Bretagne gibt es am Strand viel zu entdecken: Krabbeltiere zwischen hohen Steinen, die sich vorzüglich zum Klettern eignen, Höhlen und Grotten, endloser feiner Sand zum Burgenbauen und viele neue Spielkameraden. In großen Badeorten liegen Spielplätze direkt am Strand oder an der Promenade. Doch ein Ausflug ins Hinterland bietet so manche Überraschung.

Parc de Préhistoire In **Malensac** lebt die Urwelt: Gepanzerter Tyrannosaurus Rex, Archeopteryx und Brachiosaurier – die gesamte Vielfalt der Vorzeit bis vor 4000 Jahren wird in 30 Szenen wieder lebendig (▶Reiseziele von A bis Z, Redon, Umgebung).

In Ploërdut wird ein großes Mittelalterfest abgehalten mit der Vorführung alter Handwerkstechniken wie Spinnen, Drechseln und Weben (▶Reiseziele von A bis Z, Le Faouët, Umgebung). **Fête Médieval**

Eine interaktive Zeitreise durch die Kommunikation bietet die **Cité des Télécoms** in **Pleumeur-Bodou** mit Satelliten aller Art, einer Ariadne-Rakete, uralten Fernsprechern und modernstem Kommunikations-Hightech. Unter der riesigen Radarkuppel locken »Das große Radom-Abenteuer« und »Eine Reise ins Innere des Radoms«. Nur wenige Schritte entfernt präsentiert das modernste **Planetarium** Frankreichs den Sternenhimmel der Bretagne (▶ Reiseziele von A bis Z, Côte de Granit Rose).

Fête Médiévale in Ploërdut: mittelalterliches Handwerk

Nebenan im »Gallischen Dorf« kommt keine Langeweile auf: Lehmhäuser werden gebaut, Hinkelsteine aufgestellt, der Zaubertrank angerührt, die Steinschleuder bedient oder Salz gekocht (▶ Reiseziele von A bis Z, Côte de Granit Rose). **Village Gaulois**

Eine interaktive Erlebnisreise in die Welt der Hochseefischerei bietet **Guilvinec**: Auf dem Steuersitz eines Kutters nehmen die Besucher virtuell Kurs auf die Fanggründe, holen die Netze an Bord und begutachten im Fischbecken eine typische Ausbeute: Seeteufel, Krabbe, Seehecht und Rochen. Vor dem Museum liegt die größte Fischfangflotte der Bretagne am Kai; wenige Schritte weiter lässt sich die Versteigerung des Fangs (Criée) erleben (▶Reiseziele von A bis Z, Cornouaille, Guilvinec). **Haliotika**

Falkner zeigen, wie Raubvögel für den Menschen jagen, ein Piqueur stellt eine **Hundemeute** vor – der Tierpark hinter dem herrschaftlichen Schloss Bourbansais aus dem 16. Jh. begeistert mit frankreichweit einzigartigen Vorführungen. Wer die Tiere aus fünf Kontinenten gesehen hat, kann im Maislabyrinth den richtigen Weg suchen, sich auf der riesigen Hüpfburg austoben oder im Minizug durch den Park fahren (▶Reiseziele von A bis Z, Dol-de-Bretagne, Umgebung). **Parc Zoologique de la Bourbansais**

Der **Vergnügungspark** in **Milizac** sorgt mit Wasserrutsche, Minizug, Karting, Drachenschlitten, Hüpfburg und Streichelzoo für Fun und Action (▶Reiseziele von A bis Z, Brest, Umgebung). **La Récré**

Museumsdörfer

Zu einer Zeitreise in die Vergangenheit laden Museumsdörfer ein wie das **Village de l'An Mil** bei Pontivy, ein Bauerndorf des Mittelalters im Jahr 1000: Haustierrassen, die fast verschwunden oder vom Aussterben bedroht sind, weiden hinter Zäunen aus Ästen. In den reetgedeckten Häusern prasselt das Feuer im Kamin; wenige Schritte weiter rekonstruieren Studenten die Fundamente einstiger Häuser. Im kleinen Bauerndorf **Poul-Fetan** 20 km südlich von Pontivy ist die Zeit in der Mitte des 19. Jh.s stehengeblieben. Frauen mit weißen Häubchen rühren unter freiem Himmel Teig in Tonschüsseln an, waschen Leintücher am Bach, melken die Kühe und holen Heu (▶Reiseziele von A bis Z, Pontivy, Umgebung).

Knigge

Zurückhaltung, Höflichkeit und gute Umgangsformen

In Frankreich legt man Wert auf gute Umgangsformen. Höflichkeit, stilgerechtes Auftreten und rhetorische Feinheiten sind alltägliche Verhaltensstandards. Man hält die Tür auf für die Person hinter sich und entschuldigt sich mit einem »Pardon!« oder »Excusez-moi!«, wenn man an jemandem vorbeigehen will. Eine Anrede sollte man auch nicht bei Bitte oder Dank vergessen: »S'il vous plaît / Merci, Madame / Monsieur«. An **religiösen Orten** ist Zurückhaltung geboten: Ärmellose T-Shirts, Shorts oder Miniröcke sind ebenso unerwünscht wie lautes Auftreten.

Bei der **Begrüßung** unter Freunden schütteln Männer sich die Hände, für Frauen gibt es angedeutete Küsschen rechts und links, je nach Region zwei, drei oder vier – lassen Sie sich überraschen!

Während mittags im **Restaurant** legere Freizeitkleidung üblich ist, ist solche abends nicht angesagt. Zu einem stilvollen Abendessen, das aus mehreren Gängen besteht und Stunden dauern kann, gehört auch, dass die Tische reserviert werden und niemand den Essensgenuss durch die Suche nach einem freien Sitzplatz stört. Eine freie Platzwahl ist nur in einfachsten Lokalen üblich; sonst wartet man am Eingang, bis die Bedienung einen Platz zuweist. Die Speisekarte wird gebracht und beim Apéritif die Bestellung aufgenommen. Brot und Wasser (Leitungswasser im Krug) werden kostenlos serviert. »Eau minérale« ist stilles Wasser; wer Mineralwasser mit Kohlensäure trinken möchte, bestellt »eau gazeuse«. Ein absoluter Fauxpas wäre der Ruf nach dem »garçon«, der Kellner stellt seine Ohren auf Durchzug. Die höfliche Anrede lautet »Monsieur« oder »Madame«, und wer bezahlen möchte, verlangt »l'addition, s'il vous plaît«. Nicht nur nach einem ausgiebigen Essen in einem Restaurant, bereits nach einer Tasse Café ist **Trinkgeld** (pourboire) üblich, das man auf das leere Tellerchen oder in die Rechnungsmappe legt.

Ein **absolutes Rauchverbot** gilt nicht nur in allen Staatsunternehmen, öffentlichen Gebäuden, Museen und Schulen, sondern auch in Hotels, Bars, Restaurants, Clubs und Bars.

Die »Grande Nation« ist stolz auf ihr Land, ihre Kultur und Geschichte, der Schlüssel zum Verständnis vieler Eigenarten. So sind sich die Franzosen auch der Schönheit, Präzision und Klarheit ihrer eigenen **Sprache** sehr bewusst, tun sich aber im Allgemeinen schwer mit Fremdsprachen. Am besten eignen Sie sich vor der Reise die wichtigsten Wörter für Begrüßung, Zimmerreservierung und Bestellung im Restaurant an – man wird es zu schätzen wissen.

Literaturempfehlungen

Balzac, Honoré de: Die Chouans oder Die Königstreuen. Paris 1829, *Belletristik* Lübbe 2001. Roman über den Aufstand in der Bretagne, vor allem in Fougères. Ders.: Die Chouans oder Die Bretagne im Jahr 1799. Aufbauverlag 1986. Geschichte über die Liebe zwischen einer Republikanerin und einem Aristokraten während der Widerstandskämpfe.

Chateaubriand, Francois-René de: Erinnerungen von jenseits des Grabes. Paris 1848, Ars Una 2004. Die Lebenserinnerungen des großen Literaten und Politikers verbinden Authentisches und Fiktive.

Crompton, Anne Eliot: Merlins Tochter. Beltz 2002. Eintauchen in die fantastische Welt von König Artus – Merlin war sein Zauberer.

Genet, Jean: Querelle. Rowohlt 2003. Bericht in Romanform über das Leben der Unterwelt im Hafen von Brest.

Guillo, Gisèle: Die Schöne von Carnac. Bookspot 2007. Kindesentführung, Kunstschmuggel und unterdrückte Leidenschaften verwebt die bretonische Autorin zu einem Krimi mit viel Lokalkolorit.

Harig, Ludwig: Gauguins Bretagne. Ein Tagebuch. Ellert & Richter 1988.

Hélias, Pierre-Jakez: Le Cheval d'Orgueil. Plon 2001. Geschichten aus dem Alltag im Bigoudenland. Nur auf Französisch.

Hugo, Victor: Dreiundneunzig. Paris 1793, Rowohlt 1995. Roman über den letzten Aufstand der Königstreuen in der Bretagne.

i Schmöker fürs Hotelbett

Groult, Benoîte: Salz auf unserer Haut. Droemer Knaur 2004. Das Buch zum Film: eine Jahrzehnte dauernde Erotikgeschichte zwischen der Pariser Intellektuellen George und dem bretonischen Fischer Gauvin.

Harris, Joanne: Die blaue Muschel. Ullstein 2005. Die Autorin des Bestsellers »Chocolat« schrieb dieses bretonische Inseldrama.

Loti, Pierre: Die Islandfischer. Paris 1886, dtv 2008. Ein Roman über das harte Leben der Islandfischer von Paimpol, über die Liebe und das Meer.

Zimmer Bradley, Marion: Die Nebel von Avalon. Fischer 2000. Fantasyroman über König Artus und seine Halbschwester Morgaine, die Hohepriesterin des sagenumwobenen Nebelreichs Avalon.

J. R. King: Lancelots Rache. Heyne 2004. Wie in »Merlins Fluch« werden hier Mythen und Magie zu einem monumentalen Artus-Epos verwoben.

Mischke, Susanne: Das dunkle Haus am Meer. Piper 2006. Das abgelegene Steinhaus an der bretonischen Küste birgt ein düsteres Geheimnis – ein schaurig-schöner Thriller.

Rouaud, Jean: Die Felder der Ehre. Piper 2004. Die südliche Bretagne ist Heimat des Goncourt-Preisträgers Rouaud und Kulisse für seine große Familiensaga.

Rückert, Robert F. Jean: Finistère am Ende der Welt. Norderstedt 2004. Spannendes für Krimifans.

Terhart, Franjo: Die Löwin der Bretagne. Lübbe 1999. Historischer Roman über die Bretagne und Frankreich im Mittelalter.

Sachliteratur **Perpère, Jean Claude**: Redende Steine. Heyne 1983. Die geheimnisvollen Monumente der Megalithkultur.

Teichmann, Frank: Der Mensch und sein Tempel, Megalithkultur in Irland, England und der Bretagne. Urachhaus 1999.

Goodrich, Norma Lorre: Die Ritter von Camelot. Beck 1994. König Artus, der Gral und die Entschlüsselung einer Legende.

Medien

Radio Es gibt unzählige lokale Radiosender, die auf **UKW** ununterbrochen internationale Hits senden. Freunde der klassischen Musik können wählen zwischen **France Musique** und **France Culture**. Der französische Staatssender **Radio France** bringt im Programm von France Inter Nachrichten aus aller Welt rund um die Uhr. Nachrichten in deutscher Sprache sendet im Sommer **Radio France Armorique**, das bretonische Programm von Radio France.

Fernsehen Empfangen kann man Programme des staatlichen Fernsehsenders **Antenne 2** sowie die Sender **TF 1** und **FR 3**. Regionale Fernsehanstalten wie in Deutschland gibt es in Frankreich nicht. Lediglich FR 3 sendet von Rennes aus zwischendurch ein regionales Programm auf Bretonisch mit französischen Untertiteln. Daneben existiert eine große Zahl von Privatsendern.

Zeitungen Zeitungen und Zeitschriften sind in der Maison de la Presse, die es in jeder größeren Stadt gibt, in Papierwarengeschäften, Buchhandlungen, Tabakläden, Kiosken und Bahnhöfen erhältlich. In größeren Ferienorten und in Städten findet man auch deutschsprachige Zeitungen und Zeitschriften. Die auflagenstärkste Zeitung in der Bretagne ist die politisch neutrale **Ouest-France**, die überall mit der Lokalausgabe der jeweiligen Stadt oder Gemeinde erhältlich ist. Daneben gibt es noch das Regionalblatt **Télégramme**. Beide Zeitungen enthalten einen übersichtlichen Veranstaltungskalender und sind so auch für Touristen eine gute Informationsquelle.

Notrufe

▶ WICHTIGE RUFNUMMERN

▶ **Allgemeiner Notruf**
Tel. 112

▶ **Polizei**
Tel. 17

▶ **Notarzt, Krankenwagen**
Tel. 15

▶ **Feuerwehr**
Tel. 18

▶ **Pannenhilfe**
AIT Assistance
Tel. 0800 08 92 22 (0 – 24 Uhr)
Deutschsprachig, zuständig für alle Straßen außer Autobahnen.

▶ **ADAC-Notrufzentrale Lyon**
Tel. 08 25 80 08 22

(auch aus Mobilfunknetzen, dann mit eigener Ländervorwahl)

▶ **ADAC-Notrufzentrale München**
Tel. 0049 / 89 / 22 22 22

▶ **ACE-Notrufzentrale Stuttgart**
Tel. 00 49 / 18 02 / 34 35 36

▶ **DRK-Flugdienst Bonn**
Tel. 00 49 / 228 / 23 00 23

▶ **ÖAMTC Wien**
Tel. 00 43 / 1 / 251 20 00

▶ **Schweizerische Rettungsflugwacht Zürich**
Tel. 00 41 / 333 333 333

Post · Telekommunikation

Die Postämter erkennt man am gelben Schild »La Poste«, manchmal weisen noch alte PTT-Schilder (»Postes, Télégraphes, Téléphones«) den Weg. Außer Briefe und Pakete aufgeben kann man dort telefonieren, häufig auch faxen und ins Internet gehen. In größeren Städ-   **Postämter**

VORWAHLEN

▶ **von Frankreich**

nach Deutschland 00 49
in die Schweiz 00 41
nach Österreich 00 43
Für Deutschland und Österreich
die Ortsvorwahl ohne, für die
Schweiz mit der führenden Null.

▶ **Nach Frankreich**

00 33
Die führende Null der 10-stelligen
Teilnehmernummer entfällt.

TELEFONAUSKUNFT

Tel. 12
(Renseignements
téléphoniques)

BILLIGTARIFE

Täglich von 22.30 bis 8.00 Uhr,
Sa. ab 14.00 bis Mo. 8.00 Uhr
sowie an Feiertagen kann man
günstiger telefonieren. Fern-
gespräche innerhalb Frankreichs
sind unter der Woche schon ab
18.00 Uhr billiger.

ten haben die Postämter Mo. – Fr. durchgehend von 8.30 bis 18.00/
19.00 geöffnet, in kleineren Orten von 9.00 bis 12.00 und von 14.00
bis 17.00/18.00, am Samstag bis 12.00 Uhr. An alle Postämter lassen
sich postlagernde Briefe und Päckchen schicken. Neben dem Postamt
muss der Vermerk »Poste Restante« auf der Adresse stehen.

Porto Briefmarken (timbres) erhält man einzeln oder in Heftchen (carnet)
in Postämtern, Tabakläden (tabac), manchen Bars und überall, wo
Ansichtskarten verkauft werden. Postkarten und Briefe bis 20 g nach
Deutschland, Österreich und in die Schweiz sind mit 0,75 € (priori-
taire) zu frankieren.

Briefkästen Die Briefkästen in Frankreich sind gelb und haben in der Regel zwei
Einwurfschlitze: einen für das Département, in dem man sich befindet, den anderen für den Rest der Welt (Autres destinations).

Telefonzellen Telefonzellen sind nur mit Telefonkarten (Télécartes) zu benützen,
die bei der Post, bei Orange, in Tabakläden und Bahnhöfen erhältlich
sind. In Cafés, Bistros und Postämtern kann man auch mit Münzen
telefonieren. In vielen Telefonzellen kann man sich auch anrufen lassen, ihre Nummer ist nicht zu übersehen.

Mobiltelefon Die französischen Mobilfunkanbieter Orange, SFR und Bouygues arbeiten mit dem GSM-Standard. Allerdings ist das Netz in ländlichen
Regionen noch nicht ganz flächendeckend. Bei Gesprächen von und
nach Deutschland, Österreich oder Schweiz fallen hohe Roaming-
Kosten an. Abhilfe schaffen französische SIM-Karten auf Prepaid-Ba-
sis (in den Filialen der Betreiber, Supermärkten, Tabakläden, FNAC-
Filialen und bei der Post); allerdings hat man dann eine neue Ruf-
nummer. Vorsicht bei **mobiler Internetnutzung**, unbedingt vor der
Reise die Tarife prüfen!

Internetcafés finden sich in jeder bretonischen Stadt. Weniger komfortabel, aber preiswerter nützt man die **Cyberposte**: In jedem größeren Postamt steht ein Internet-Terminal. Man kauft dafür am Schalter eine Chipkarte mit unterschiedlichem Guthaben. Viele Hotels, Tourismusbüros und öffentliche Bibliotheken bieten einen kostenlosen oder sehr preisgünstigen WLAN-Zugang (»WiFi«).

Internet

Preise und Vergünstigungen

Das **Preisniveau** entspricht im Allgemeinen demjenigen in Deutschland. Es ist von Vorteil, wenn man die Reise in die Nebensaison legen kann; in den frequentierten Feriengebieten sind die Preise in der Hochsaison spürbar höher. In **Bistros und Cafés** sind Getränke am Tresen günstiger als am Tisch oder auf der Terrasse, und nachts kosten Getränke mehr als tagsüber. Die günstigsten **Tankstellen** findet man bei den großen Supermärkten (Hypermarchés). Viele Orte bieten preisgünstige Arrangements an, die Hotel, Benutzung des ÖPNV, Eintritt in Museen, Rundfahrten etc. umfassen. Regionale und lokale Gästekarten für öffentliche Verkehrsmittel und Museen sind gang und gäbe. Viele **Museen** verlangen am ersten Sonntag des Monats keine oder nur eine ermäßigte Eintrittsgebühr; für junge Leute bis 25 Jahre aus den EU-Staaten sind sie meist gratis. Will man »richtig **essen gehen**«, ohne seinen Geldbeutel allzu sehr zu belasten, tut man das am besten mittags unter der Woche. In den bestens sortierten Supermärkten oder bei einem *traiteur* (Feinkostgeschäft) kann man sich sehr gut für ein Picknick versorgen.

 WAS KOSTET WIEVIEL?

3-Gang-Menü
ab 20 €

Benzin (1 l Super)
ab 1,55 €

Flasche Wein im Restaurant
ab 15 €

Espresso (»petit noir«)
ab 2 €

Reisezeit

Mit über 2020 Sonnenstunden im Jahr kann die Südküste der Bretagne werben. Das Klima zeigt sich ausgesprochen mild. Schnee im Winter ist eine Seltenheit, ebenso Hitzeperioden im Sommer. Die vorherrschenden Westwinde bringen oft sehr rasch einen Wetterwechsel. Die **Jahresdurchschnittstemperaturen** liegen bei 11–12 °C an der Küste, im Landesinneren bei 9–11 °C. Die **Niederschlagsmenge** hält sich an der Küste in bescheidenen Grenzen; so fallen beispielsweise in Brest nur 803 mm, in Vannes 750 mm Niederschläge im Jahr. In der Hauptreisezeit von Juni bis September ist die **Wassertemperatur** in den Buchten recht angenehm und erreicht oft 22 °C, außerhalb dieser Monate sinkt die Wassertemperatur unter 15 °C.

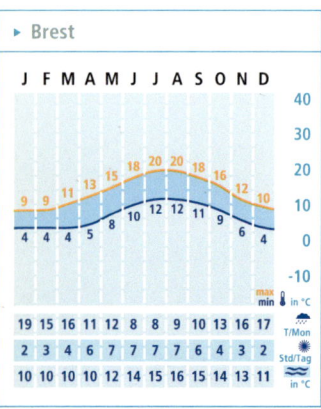

Die **Hauptsaison** im Juli und August fällt in die Zeit der großen Ferien in Frankreich. An der Küste und auf den Inseln ist alles ausgebucht, Unterkunft ist ohne Reservierung kaum zu finden. Im Binnenland der Halbinsel hingegen ist kein größeres Gedränge zu befürchten. Die meisten kulturellen und sportlichen Veranstaltungen konzentrieren sich auf den Sommer.

Naturliebhaber und Kulturtouristen ohne große Badeambitionen kommen im **Frühjahr**, um die Natur in ihrer schönsten Entfaltung und die Kulturstätten ohne Gedränge zu genießen.

Im **Herbst** locken die warmen Farben der Bäume und Sträucher, die Stürme und der sich ständig verändernde Himmel. Aber auch der milde bretonische **Winter** mit steifer Brise und tosendem Meer hat seine Reize.

▶ **Reisewetter**
www.wetter.de

▶ **Französischer Wetterdienst**
www.meteofrance.com

Shopping

Wo geht man einkaufen? Eine **Boulangerie**, in der frische Croissants und Baguettes verkauft werden, eine **Boucherie** mit Fleisch und Wurst und eine kleine Epicerie oder **Alimentation** für sonstige Waren des täglichen Bedarfs fehlen

Bretonische Spezialitäten, frisches Obst und Gemüse gibt's in den Halles St-François in Quimper.

in keinem bretonischen Ort. **Supermärkte** (Hypermarchés) sind entlang der Ausfallstraßen am Rand größerer Orte zu finden. In den Stadtzentren laden **Zones pietonnes** (Fußgängerzonen) zum Bummeln und Shoppen ein. Einen Besuch wert sind auch die großen **Wochenmärkte**, die an bestimmten Wochentagen stattfinden. An vielen Ständen kann man probieren: bretonischen Käse, Wurst, Butterplätzchen, Dips. Für Liebhaber bretonischer Musik gibt es eine große Auswahl an CDs. In den **Läden für Schiffszubehör** und marine Bekleidung in den Hafenorten finden nicht nur Segler hübsche Dinge: wetterfeste Freizeitkleidung für den Urlaub an der Küste sowie bretonische Seemannspullover, gestreifte Matrosenhemden und Fischermützen als nettes und praktisches Andenken.

Leckere Mitbringsel von süß bis herzhaft gibt es in der Bretagne zuhauf: Honig, **Foie Gras** (Stopfleber) und Schoko-Galets, Makronen aus St-Brieuc, Pralinen aus Rennes, **Buttergebäck** aus dem Bigoudenland, aus Pont-Aven und Quimper, **Schinken** aus Morlaix, Sardinen aus Douarnenez oder geräucherte **Andouille** (Kaldaunenwurst) aus Guéméné-sur-Scorff. Auch Fischsuppe in Dose oder Glas lässt sich gut nach Hause mitnehmen. In Supermärkten finden sich fertige Backmischungen für Crêpes und Galettes. In der Bretagne dominiert der Apfel die alkoholischen Spezialitäten: **Cidre und Calvados** gibt es in großer Auswahl, ebenso der **Pommeau**, ein Apéritif aus Apfelsaft und Apfelschnaps. Eine Besonderheit ist – neben dem Honigmet

Mitbringsel zum Genießen

Chouchen – der Whisky Armorik, der seit über 100 Jahren bei Lannion von der Distillerie Warenghem gebrannt wird.

Souvenirs Die traditionell blau-weißen **Seemannspullover** der Bretonen werden allerorten als Souvenir angeboten – getragen werden sie meist von Urlaubern. Authentisches **Kunsthandwerk** von hoher Qualität ist in zahlreichen Galerien und Fachgeschäften sowie bei den Herstellern erhältlich. Zu den Klassikern gehören **Fayencen** aus Quimper, mundgeblasenes Glas und Töpferwaren aus Locronan, Keramik aus Dinan, gehäkelte **Spitzen** aus dem Finistère, Coiffes, die bretonischen Spitzenhäubchen aus der Cornouaille, Gold- und Silberschmuck in bretonischem Design sowie bäuerliche Antiquitäten. Wer die berühmten hauchdünnen Crêpes auch zu Hause zubereiten möchte, braucht eine **Crêpière**, eine flache Pfanne mit einem »râteau« (Teigverteiler) und einem Spatel, die es für Gas- und Elektroherde gibt.

? WUSSTEN SIE SCHON …?

Chouchen, ein gegorener Nektar der Götter aus Wasser und Honig, war das Lieblingsgetränk der Kelten – sie sprachen ihm Zauberkräfte zu: Der Likör sollte die Götter trunken und die Menschen unsterblich machen. Heute wird der Honigmet gerne als Aperitif oder Digestif genossen.

Sprache

SPRACHFÜHRER FRANZÖSISCH

Auf einen Blick

Ja / Nein	Oui / Non
Vielleicht	Peut-être
Bitte	S'il vous plaît
Danke	Merci
Gern geschehen.	De rien.
Entschuldigen Sie!	Excusez-moi!
Wie bitte?	Comment?
Ich verstehe Sie/dich nicht.	Je ne comprends pas.
Ich spreche nur wenig Französisch.	Je parle un tout petit peu français
Können Sie mir bitte helfen?	Vous pouvez m'aider, s. v. p.?
Sprechen Sie Deutsch?	Vous parlez allemand?
Sprechen Sie Englisch?	Vous parlez anglais?
Ich möchte …	J'aimerais …
Das gefällt mir nicht.	Ça ne me plaît pas.
Haben Sie …?	Vous avez …?
Wieviel kostet es?	Ça coûte combien?
Wieviel Uhr ist es?	Quelle heure est-il?

Die berühmtesten Austern kommen aus Cancale.

Kennenlernen

Guten Morgen / Tag!	Bonjour!
Guten Abend!	Bonsoir!
Hallo / Grüß dich!	Salut!
Wie heißen Sie?	Comment appellez-vous?
Wie geht es Ihnen / dir?	Comment allez-vous / vas-tu?
Auf Wiedersehen!	Au revoir!

Unterwegs / Auskunft

links / rechts	à gauche / à droite
geradeaus	tout droit
nah / weit	près / loin
Wo ist …, bitte?	Où se trouve …, s. v. p.?
Wie weit ist das?	C'est à combien de kilomètres d'ici?

Tankstelle

Wo ist die nächste Tankstelle?	Pardon Mme / Mlle / M, où est la station-service la plus proche?

Ich möchte … Liter …	Je voudrais … litres, s'il vous plaît …
… Super	… du super
… Diesel	… du diesel
… bleifrei / mit … Oktan	… du sans-plomb / … octanes.
Volltanken, bitte	(Faites) Le plein, s. v. p.

Unfall

Hilfe!	Au secours!
Achtung!	Attention!
Rufen Sie bitte schnell …	Appelez vite …
… einen Krankenwagen.	… une ambulance.
… die Polizei.	… la police.
… die Feuerwehr.	… les pompiers.

Essen / Unterhaltung

Wo gibt es hier …	Pourriez-vous m'indiquer …
… ein gutes Restaurant?	… un bon restaurant?
Reservieren Sie uns bitte einen Tisch …	Je voudrais réserver une table …
… für heute Abend für vier Personen.	… pour ce soir pour quatre personnes.
Wo sind bitte die Toiletten?	Où sont les toilettes, s. v. p.?
Auf ihr Wohl!	A votre santé! A la vôtre!
Bezahlen (Die Rechnung), bitte.	L'addition, s. v. p.

Übernachtung

Können Sie mir bitte … empfehlen?	Pardon, Mme / Mlle / M, pourriez vous … recommander …
… ein gutes Hotel	… un bon hotel?
Haben Sie noch …?	Est-ce que vous avez encore …?
… ein Einzelzimmer	… une chambre pour une personne
… ein Zweibettzimmer	… une chambre pour deux personnes
… mit Dusche / Bad	… avec douche / salle de bains
… für eine Nacht	… pour une nuit
… für eine Woche	… pour une semaine
Was kostet ein Zimmer …	Quel est le prix de la chambre …
… mit Frühstück?	… petit déjeuner compris?
… mit Halbpension?	… en demi-pension?

Arzt

Können Sie mir einen guten Arzt empfehlen?	Pourriez-vous me recommander un bon médecin?
Ich habe hier Schmerzen.	J'ai mal ici.

Auch entlang der Côte Sauvage, der «Wilden Küste», findet man immer wieder Badebuchten.

Post

Was kostet … . . . . Quel est le tarif pour …
… ein Brief? . . . . … une lettre?
… eine Postkarte? . . . . … une carte postale?
… nach Deutschland? . . . . … pour l'Allemagne?

Zahlen

0	zéro	19	dix-neuf
1	un	20	vingt
2	deux	21	vingt et un
3	trois	22	vingt-deux
4	quatre	23	vingt-trois
5	cinq	30	trente
6	six	40	quarante
7	sept	50	cinquante
8	huit	60	soixante
9	neuf	70	soixante-dix
10	dix	80	quatre-vingt
11	onze	90	quatre-vingt-dix
12	douze	100	cent
13	treize	200	deux cents
14	quatorze	1000	mille

15	quinze	2000	deux mille
16	seize	10 000	dix mille
17	dix-sept	1/2	un demi
18	dix-huit	1/4	un quart

Carte / Speisekarte

café noir	schwarzer Kaffee
café au lait	Kaffee mit Milch
décaféiné	koffeinfreier Kaffee

Petit déjeuner / Frühstück

thé au lait / au citron	Tee mit Milch / Zitrone
chocolat	Schokolade
jus de fruit	Fruchtsaft
œuf à la coque	weiches Ei
œufs brouillés	Rühreier
pain / petit pain / toasts	Brot / Brötchen / Toast
croissant	Hörnchen
beurre	Butter
fromage	Käse
charcuterie	Wurst, Aufschnitt
jambon	Schinken
miel	Honig
confiture	Marmelade
yaourt	Joghurt

Soupes et Hors-d'œuvres / Suppen und Vorspeisen

pâté de foie	Leberpastete
saumon fumé	Räucherlachs
soupe de poisson	Fischsuppe

Viande / Fleisch

agneau	Lammfleisch
bifteck	Steak
bœuf	Rindfleisch
escalope de veau	Kalbsschnitzel
foie (gras)	Leber (Stopfleber)
porc	Schweinefleisch
rôti	Braten

Volailles et gibier / Geflügel und Wild

| canard à l'orange | Ente mit Orange |
| coq au vin | Hahn mit Rotwein |

lapin chasseur .... Kaninchen nach Jägerart
poulet rôti .... Brathähnchen

Poisson, crustacés et coquillages
Fisch, Krusten- und Schalentiere

cabillaud .... Kabeljau
calmar frit .... gebratener Tintenfisch
coquilles Saint-Jacques .... Jakobsmuscheln
crevettes/crabe .... Garnelen/Krebs
homard .... Hummer
huîtres .... Austern
moules .... Miesmuscheln
plateau de fruits de mer .... verschiedene Meeresfrüchte
sole au gratin .... überbackene Seezunge

Légumes, pâtes et riz / Gemüse, Teigwaren und Reis

artichauts .... Artischocken
haricots (verts) .... (grüne) Bohnen
pâtes .... Nudeln
poivrons .... Paprikaschoten
pommes de terre .... Kartoffeln

Desserts et fromages / Nachspeisen und Käse

crème brûlée .... Karamellisierter Sahnepudding
gâteau .... Kuchen
tarte aux pommes .... Apfelkuchen

Fruits / Obst

cerises .... Kirschen
fraises .... Erdbeeren
framboises .... Himbeeren
pêches .... Pfirsiche
poires .... Birnen
pommes .... Äpfel
raisins .... Trauben

Liste de Consommations / Getränkekarte

vin .... Wein
un (verre de vin) rouge .... ein Glas Rotwein
un quart de vin blanc .... ein Viertel Weißwein
bière .... Bier
eau minerale / plat .... Mineralwasser (stilles)
eau gazeuse .... Mineralwasser mit Kohlensäure

Übernachten

Camping

Mit rund 850 Plätzen ist die Bretagne die französische Region mit den meisten **Campingplätzen**. Wie die Hotels sind sie nach einem Sternesystem kategorisiert: Ein Stern für einfachen Standard mit Kaltwasserduschen, vier Sterne weisen auf eine luxuriöse Ausstattung hin. Auch die **Hôtels de plein air** (Freilufthotels) werden nach Sternen eingeteilt. Die meisten und besser eingerichteten Plätze befinden sich an der Küste; im Hochsommer sind sie in der Regel hoffnungslos ausgebucht. Im Binnenland dagegen findet man auch im Juli und August auf einfacheren und durchwegs sauberen Anlagen immer ein Plätzchen. Daneben gibt es das beliebte **Camping à la Ferme**, Camping auf dem Bauernhof. Nur auf den billigen, höchstens 400 m² großen **Aires naturelles de Camping**, naturbelassenen Plätzen meist ohne warmes Wasser und Stromanschluss, ist »wildes Zelten« erlaubt. Sehr einfach und preiswert sind die **Campings Municipaux**, die Campingplätze der Städten und Gemeinden. Von Oktober bis Mai sind fast alle Campingplätze geschlossen. Auf vielen größeren Zeltplätzen werden auch Bungalows, Wohnmobile und Holzchalets für 4 bis 8 Personen vermietet.

Die Drei- und Viersterne-Campingplätze des Zusammenschlusses **Camping Plus** haben ihre Standards in einer Charta festgelegt. Zur Ausstattung gehören neben Restaurants und Geschäften auch Sportangebote wie Tennis, Schwimmen oder Golf.

Ferien auf dem Bauernhof

Fermes-auberges   »Willkommen auf dem Bauernhof« heißt der Slogan der Fermesauberges, die vorwiegend im Binnenland der Bretagne Unterkunft gewähren. Erkennbar sind diese Höfe an einem Schild, das die Silhouette eines Schmetterlings mit einem Bett und einem gedeckten Tisch zeigt. Meist handelt es sich dabei um schöne alte, liebevoll restaurierte Gebäude, die bis zu sechs meist rustikal eingerichtete Zimmer für eine Nacht, eine Woche oder länger vermieten. Die Zimmer, ausgestattet mit Bad oder Dusche und eigener Toilette, sind von den **Gîtes de France** zugelassen. Wer mag, kann den Gastgebern bei der Landarbeit helfen. Die Mahlzeiten werden in der Regel mit den Erzeugnissen des Hofes zubereitet; Kinder können Umgang mit allerlei Tieren haben – und zur Küste ist es höchstens eine Stunde Autofahrt. Auf manchen Gehöften ist Camping möglich. Einige Bauernfamilien vermieten Stellplätze auf dem eigenen Grund und Boden und bewirten die Gäste im Haus. Bauernhäuser, die in Ferienhäuser umgewandelt wurden, werden vom Verband der Gîtes de France als »Gîtes ruraux« vermietet.

Bed & Breakfast

Immer beliebter werden Privatzimmer, in ganz Frankreich als **Gîtes d'etape** und **Chambres d'hôtes** zu finden. Gelegentlich wird außer dem Bett samt Frühstück auch ein Table d'hôtes, das Abendessen mit Familienanschluss, angeboten. Die Palette der Unterkünfte reicht von einem schlichten Bett auf dem Bauernhof bis zum Schloss, Landsitz oder der trendigen Designervilla; einzig die Zahl der Betten ist auf maximal sechs begrenzt. Für einheitliche Qualität sorgt das Label **Gîtes de France**, das die Unterkünfte nach Ausstattung und Komfort klassifiziert. Auskünfte erteilen die lokalen Tourismusbüros, Gîtes de France und Rando Accueil, eine Vereinigung von Herbergen an Wanderwegen (▶Urlaub aktiv).

Ferienhäuser und -wohnungen

Beliebteste Unterkunft in der Bretagne ist das Ferienhaus oder die Ferienwohnung. Die Mindestmietdauer für diese Studios meublés, Appartements oder Résidences für zwei bis neun Selbstversorger ist eine Woche; bei einigen Veranstaltern kann der Mietbeginn frei gewählt werden, meist jedoch ist der Samstag dafür vorgesehen. Wohn- und Schlafräume, Küche oder Kochnische gehören zur Ausstattung; Kamin, Terrasse, Swimmingpool, Grill, Garten, Fahrräder und andere Sportgeräte sind in den gehobenen Kategorien Standard. Je nach Lage, Komfort, Anbieter und Saison variieren die Preise sehr stark. In der Hauptreisezeit muss mitunter das Doppelte gezahlt und mehrere Monate vorher reserviert werden. Im Binnenland der Bretagne und im Westen sind die Häuser oder Wohnungen am billigsten. Nicht im Mietpreis enthalten sind die Kosten für Wasser, Gas und Strom, die Endreinigung und die Leihgebühren für Handtücher oder Bettwäsche.

Ein Verzeichnis von Ferienhäusern erhält man von den bretonischen Tourismusbüros (▶Auskunft). **Novasol** und **Interchalet** gehören zu den größten der deutsch-französischen Ferienhausanbieter. **Pierre et Vacances** ist an diversen Badeorten mit Ferienwohnungen vertreten. Auf der Website von **Clévacances**, dem größten französischen Anbieter, kann man bequem auf der Landkarte etwas Passendes suchen.

Studios meublés, Appartements, Résidences

◀ Reservierung

Hotels

Die meisten Hotels sind vom **Comité Régional du Tourisme** (▶Auskunft) klassifiziert, je nach Komfort und Service mit 1 bis 4 Sternen, der Zusatz »L« steht für Luxushotel. Hotelriesen sind mit Ausnahme der Bettenburgen von La Baule in der Bretagne unbekannt. Die Hotellerie konzentriert sich auf kleinere, familiengeführte Häuser mit wenigen Zimmern und zwei bis drei Sternen. Ein jährlich aktualisiertes Hotelverzeichnis ist bei Atout France sowie den regionalen und den örtlichen Touristenbüros erhältlich. **Logis de France** ist eine Ver-

■ Die im Teil »Reiseziele von A bis Z« verwendeten Kategorien gelten für ein Doppelzimmer pro Nacht ohne Frühstück.

Luxus: über 125 €
Komfortabel: 80 – 125 €
Günstig: bis 80 €

einigung von traditionellen Hotels in familiärem Stil, ggf. mit regionaler Küche, erkennbar am grünen Schild mit gelbem Kamin (bzw. am braunen für ein »Logis d'exception«). **Destination Bretagne** steht für eine Gruppe von Zwei- und Drei-Sterne-Hotels mit Restaurant, **Les Pieds dans l'Eau** sind eher familiäre Hotels direkt am Meer. Für Juli und August sollte man auf alle Fälle mehrere Monate vorher buchen; vor allem an der Küste dürfte man es sehr schwer haben, in dieser Zeit ein freies Zimmer zu ergattern, zumal viele Hotels in der Hochsaison nur wochenweise Aufenthalt bieten. Im Landesinneren hingegen lässt sich eigentlich immer spontan ein Quartier finden.

Schlösser und Herrenhäuser Besonders reizvoll ist eine Übernachtung in ehemaligen Schlössern und Herrenhäusern (Châteaux, Manoirs), alten Mühlen oder Abteien, die liebevoll restauriert und zu stilvollen Unterkünften – ob als B & B oder Hotels, teilweise mit erlesenen Restaurants – umgestaltet wurden.

Jugendherbergen

Der internationale Jugendherbergsausweis, der in jeder Jugendherberge ausgestellt werden kann, gewährt Zutritt zu den **Auberges de Jeunesse**. In der Bretagne gibt es 16 Herbergen, vor allem in den größeren Orten, wenige auf dem Land. Alle verfügen über einfache Schlafräume, Kochgelegenheiten, Aufenthaltsräume und die Möglichkeit, Bettwäsche oder Schlafsäcke gegen Gebühr auszuleihen; manchmal gehört ein Zeltplatz dazu. Im Jugendherbergsverzeichnis ist zu erfahren, ob auch Sportmöglichkeiten wie Fahrradverleih, Tennisplätze, Segel- und Surfkurse zum Angebot gehören.

▶ **WICHTIGE ADRESSEN**

CAMPING

▶ **Fédération Française de Camping et de Caravaning**
78 Rue de Rivoli, 75004 Paris
Fax 01 42 72 70 21
www.ffcc.fr

▶ **Camping Plus Bretagne**
Manoir de Kerlut
29740 Plobannalec

Tel. 02 98 87 87 86
Fax 02 98 82 26 49
www.campingplus.com

▶ **Les Castels**
Manoir de Terre-Rouge
35270 Bonnemain
Tel. 02 23 16 03 20
Fax 02 23 16 03 23
www.les-castels.com

PRIVATZIMMER

▶ **Gîtes de France**
▶unten

▶ **Bienvenue au Château**
Les Alizés, La Rigourdière
35510 Cesson-Sévigné
www.bienvenueauchateau.com

▶ **Weitere Webportale**
www.bedbreak.com
www.bbfrance.com

FERIENHÄUSER

▶ **Gîtes de France**
59 Rue St-Lazare, 75439 Paris
Fax 01 49 81 28 53
www.gites-de-france.fr

▶ **Interhome**
Hoeschplatz 5, 52349 Düren
Tel. (0 24 21) 12 2-0
www.interhome.de

▶ **Novasol**
Gotenstr. 11, 20097 Hamburg
Tel. (0 40) 23 88 59-82
www.novasol.de

▶ **Pierre & Vacances**
Tel. in Deutschland:
01805 34 44 44 (0,14 €/Min.)
aus A/CH: 0049 221 97 30 30 91
www.pv-holidays.de

▶ **Interchalet**
Heinrich-von-Stephan-Str. 25
79100 Freiburg
Tel. (07 61) 21 00 77
www.interchalet.com

▶ **Clévacances**
BP 52166, 31022 Toulouse Cedex
www.clevacances.com

HOTELS

▶ **Comités Régionaux
du Tourisme**
▶Auskunft

▶ **Logis de France**
83 Avenue d'Italie, 75013 Paris
Buchungszentrale:
Tel. 01 45 84 83 84
www.logishotels.com/de

▶ **Les Hôtels de France**
www.hotel-france.com
Verzeichnis aller klassifizierten
Hotels, mit komfortabler Suche.

▶ **Les Pieds dans l'Eau**
9 Rue des Cornillères
35410 Châteaugiron
Fax 02 99 37 22 53
www.lespiedsdansleau.com

Baedeker-Empfehlung

▶ **Hôtels de Charme et
de Caractère de Bretagne**
Les Alizés, La Rigourdière
35510 Cesson-Sévigné, www.hotels-
de-charme-en-bretagne.com
Echte Kleinode, familiär geführt,
nostalgisch oder modern, erstklassige
Häuser mit Herz und Historie.

Im Hotel Le d'Avaugour in Dinan wird der Gast rundum verwöhnt.

IM SCHLOSS LOGIEREN

▶ **Relais & Châteaux**
in Deutschland / Österreich /
Schweiz Tel. 00800 2000 0002
in Frankreich Tel. 08 25 82 51 80
www.relaischateaux.com

▶ **Châteaux & Hôtels de France**
84 Avenue Victor Cresson
92441 Issy-les-Moulineaux
Tel. 01 72 72 92 02
www.chateauxhotels.com

JUGENDHERBERGEN

▶ **Fédération Unie
des Auberges de Jeunesse**
27 Rue Pajol, 75018 Paris
Tel. 01 44 89 87 27
Fax 01 44 89 87 49
www.fuaj.org

▶ **Ligue Française pour les
Auberges de la Jeunesse**
67 Rue Vergniaud, 75013 Paris
Tel. 01 44 16 78 78
Fax 01 44 16 78 80
www.auberges-de-jeunesse.com

Urlaub aktiv

Mit dem Boot losschippern
Ob kleine Rundfahrt oder Kreuzfahrt: Das ausgedehnte Wasserstraßennetz der inneren Bretagne lädt ein, den sanften Zauber des Landesinnern vom Wasser aus zu genießen. Verleihstationen für Kajak, Kanu, Ruderboot, Motorboot oder Segelboot sind an allen befahrbaren Flüssen und Seen zu finden. Ein besonderes Erlebnis sind Ferien auf einem **Hausboot**. Ob traditionelle Pénichette oder moderner Kabinenkreuzer, die Wohnboote, die mit 6 – 10 Kilometern pro Stunde durch die Fluten gleiten, kinderleicht zu steuern. Selbst wer noch nie ein Schiff gelenkt hat, kann nach einer kurzen Einweisung ablegen. Ein Sportbootführerschein ist nicht erforderlich. 660 km der 10 000 km Wasserläufe sind problemlos befahrbar; Rance, Odet, Aulne, Oust, Blavet und Vilaine gehören zu den Revieren der Freizeitskipper. Der Kanal von Nantes nach Brest, im 19. Jh. als Verbindung zwischen den Flüssen angelegt, ist nur auf 20 % seines 360 km langen

Laufs begradigt. So schlängelt sich das blaue Band in der inneren Bretagne bis heute durch Felder, Moore und Schluchten, passiert Mühlen, Dörfer, Städte, mittelalterliche Burgen und barocke Schlösser und überwindet zahlreiche Schleusen. Allein zwischen Redon und Lorient müssen auf 170 km 118 Schleusen bewältigt werden. Vorsicht ist nur in Küstennähe geboten, wo die Gezeiten des Atlantiks den Pegel der Binnengewässer bestimmen. Kreuzungspunkt der Binnenschifffahrtswege ist Redon. Am **Kanal Nantes – Brest** bieten fünf Stützpunkte, in der gesamten Bretagne neun Standorte von Frühjahr bis Herbst komfortable Hausboote für 2 – 12 Personen an. Darüber hinaus lassen sich Hausboote in der Bretagne bei mehreren deutschen Veranstaltern buchen.

Mit dem Pferdewagen unterwegs

Eine besondere Art, die Bretagne kennen zu lernen, ist die Fahrt in einer **Roulotte**. Diese Pferdewagen sind komfortabel eingerichtet: vier Schlafplätze, Gasherd, Kühlschrank und Kücheneinrichtung. Wie das Zugtier zu versorgen ist, wird von den in der Bretagne zahlreichen Veranstaltern vor Fahrtantritt vermittelt. Pro Tag werden auf der festgelegten Rundstrecke mindestens 8 km zurückgelegt. Vermietet werden die Roulottes zwischen Juni und September.

Naturparks

Die Bretagne besitzt zwei Naturparks, Schutzzonen für Menschen, Tiere und Pflanzen: den **Parc Naturel Régional d'Armorique** im Département Finistère sowie den **Parc Naturel Régional de Brière** im Département Loire-Atlantique bei Guérande (▶ Reiseziele von A bis Z). Hinzu kommen rund 300 Naturschutzgebiete und ein Dutzend Vogelschutzgebiete an der Küste und auf Inseln.

In fast allen Schutzgebieten bieten Tourismusbüros oder Naturschutzorganisationen Führungen durch das Tier- und Pflanzenreich an. Auskünfte erteilen die lokalen Fremdenverkehrsämter und das Comité Régional du Tourisme (▶ Auskunft).

Erlebnisparks

▶ Mit Kindern unterwegs

Sport und Spaß

Sportparadies

Die Bretagne hat sich in den letzten Jahren zu einem Sportparadies entwickelt, kaum eine andere Region Frankreichs bietet mehr Möglichkeiten zu sportlicher Aktivität. Vor allem Wassersport wie Segeln, Surfen, Tauchen wird hier großgeschrieben, kein Wunder bei den 2700 km Küste, den zahllosen Kanälen, Flüssen und Seen. Aber auch an Land lockt Abwechslung: Reiten, Wandern, Golf oder Trendsport wie Paragliding. Die Ausrüstung gibt's vor Ort ebenso wie Kurse. Häufig lassen sich die Lehrgänge inklusive Unterkunft und Verpflegung buchen. Meisterschaften, Regatten und Grand-Prix-Rennen sind feste Bestandteile des sommerlichen Veranstaltungskalenders. Informationen erteilen die regionalen und die örtlichen Tourismusorganisationen (▶ Auskunft).

Bretonische Sportarten

Wie überall in Frankreich, wird auch in der Bretagne **Boule** gespielt. Doch unter typisch bretonischem Sport sind Kraftsportarten zu verstehen, die man auf vielen keltischen Festen erleben kann: der populäre bretonische Ringkampf **Gouren** (Lutte bretonne), das Baumstamm- und Diskuswerfen, das Tauziehen und das Tire-bâton, bei dem die Wettkämpfer sich gegenseitig mit einem Pfahl hochheben.

Angeln

Angeln ist in Frankreich ein Nationalsport. Für das **Angeln am Meer** ist keine Erlaubnis nötig. In den Sommermonaten fahren in 13 Fischerhäfen – Arzon, Belle-Ile, Cancale, Concarneau, Douarnenez, Ile de Groix, Le Guilvinec, Lorient, Quiberon, Roscoff, St-Brieuc, St-Malo, St-Philibert – traditionelle Fischerboote und moderne Jachten zum Angeln auf hoher See. Einfacher ist es, sich auf eine Kaimauer zu setzen oder ans Meer zu stellen und eine Angelrute ins Wasser zu halten. Oder man begibt sich, wie viele Bretonen, mit Eimer und Harke zur »Pêche à pied« und sammelt im Watt die Meerestiere ein, die in Sand und Schlick leben.

Das **Angeln in den Flüssen** ist streng reglementiert und nur zu bestimmten Zeiten mit einer **Carte de Pêche** gestattet. Die Flüsse Alaune, Aulne, Aven, Ellé, Elorn, Léguer, Scorff und Trieux haben den größten Bestand an Lachs und Forellen; Barsch, Hecht, Karpfen und Zander finden sich vor allem im Département Ille-et-Vilaine.

Auch in der Bretagne liebt man Boule, das französische Nationalspiel.

Golf

In der Bretagne gibt es 39 Golfplätze. Die meisten Plätze – überwiegend mit 18 Löchern, einige ältere mit 9 Löchern – liegen an oder nahe der Küste und können das ganze Jahr über bespielt werden. Auch Nicht-Mitglieder dürfen den Schläger in die Hand nehmen. Viele bretonische Golfplätze, die über eigene Hotels verfügen, bieten Golfferien an. Eine Broschüre »Golf en Bretagne/Golf in Brittany«, die alle Plätze vorstellt, ist erhältlich beim Comité Régional du Tourisme (▶ Auskunft), weitere Information bei der Ligue de Bretagne de Golf.

Kajak und Kanu

Wer Flüsse, Kanäle und Meersküste nicht auf eigene Faust erpaddeln mag, kann an geführten Touren der örtlichen Kanu- und Kajakclubs teilnehmen. In Perros-Guirec beginnen mehrtägige Touren entlang der herrlichen Rosa-Granit-Küste (www.perros-guirec.com).

Paragliding

Am 330 m hohen Menez Hom hinter der Halbinsel von Crozon (▶ S. 319) treffen sich die Paraglider. Einführungskurse in die »Parapente« gibt die Ecole de Parapente et de Deltaplane du Ménez-Hom.

Radfahren

Ein wenig Kondition sollte man fürs Radeln in der Bretagne schon mitbringen. Zwar ist der höchste Berg nur 384 m hoch, doch geht es ständig bergauf und bergab, und der Westwind bläst kräftig (die Zeitung Ouest-France bringt genaue Angaben zu Richtung und Stärke). Achtung: Außerhalb geschlossener Ortschaften müssen Radfahrer tagsüber bei schlechter Sicht sowie nachts eine reflektierende **Warnweste** tragen.
Über 2000 km markierte **Radwege** durchziehen die ganze Bretagne. Allein über 1000 km lang sind die **Voies Vertes**, die Grünen Routen, die auf stillgelegten Bahngleisen, Treidelpfaden und Waldwegen angelegt wurden (Karte gratis beim CRT Bretagne). An sieben **Sites VTT/FFC** beginnen bzw. enden Touren mit 100 bis 400 km Länge. Leihräder vom Mountainbike bis zum Kinderrad gibt es tage- und wochenweise an Bahnhöfen der SNCF und den vielen örtlichen »locations des vélos«. Zahlreiche Gîtes d'étape bieten Radlern eine preiswerte Unterkunft (▶Übernachten). Im TGV und anderen Schnell-

Helm auf, und los geht's!

zügen werden Räder, zusammengelegt und verpackt, kostenlos transportiert(120 × 90 cm, muss unter oder über dem Sitz verstaut werden; www.velo.sncf.com). In der Bretagne ist die Mitnahme in den meisten Lokal- und Schnellzügen in besonderen Fahrradabteilen möglich (Gebühr 10 €)), im Fahrplan sind diese Züge mit einem Radsymbol gekennzeichnet. Eine große Auswahl an begleiteten Radtouren durch die Bretagne bieten u. a. France Randonnée und Open Eyes; viele wichtige Informationen bietet der ADFC.

Reiten

Mit dem Pferd lässt sich die Bretagne wunderbar erkunden. Überall wird Reitsport für Anfänger wie Fortgeschrittene angeboten: Reitstunden, organisierte Ausritte und Reiterferien oder »Reiten auf dem Bauernhof«. Die 2600 km markierten Reitwege werden vom **Comité Régional du Tourisme Equestre en Bretagne** betreut. Die Routenplanung erleichtern Topoguides im Maßstab 1 : 50 000, die neben Kartenmaterial Adressen von Unterkünften, Hufschmieden und Pferdetransporten enthalten.

Segeln

Die Bretagne ist die Heimat des französischen Segelsports, das zeigt sich auch an den rund 52 000 Ankerplätzen, davon 34 000 an Stegen und 18 000 an Bojen. 120 **Ecoles de voile** und 230 **Centres nautiques** bieten in der Saison Charterboote und Segelkurse an. Die bekannteste und größte Segelschule ist auf den Glénan-Inseln beheimatet (www.glenans.asso.fr). Auf das offene Meer vor der Nordküste sollte man sich nur als erfahrener Segler wagen; in der Reede von Brest, der Bucht von Douarnenez, im Golf von Morbihan und rund um die Inseln von Glénan hingegen können auch Anfänger gefahrlos segeln. Einen »Guide Nautisme en Bretagne« sowie Infos zu allen Arten von Wassersport, mit Links zu Häfen, Segelrevieren und Segelschulen, gibt es unter www.nautismebretagne.fr.

Surfen und windsurfen

Wellensurfen (*surf*) und Windsurfen (*planche à voile*) werden fast überall betrieben, die Küsten der Bretagne bieten alle Schwierigkeitsgraden. Die besten Windverhältnisse herrschen im Frühjahr und ab September. Wegen der starken Strömungen ist große Vorsicht geboten. Kostenlose **Gezeitentabellen** gibt es in den lokalen Tourismusbüros. An der Nordküste ist mit starker Brandung und großen Gezeitenunterschieden zu rechnen, im Westen mit starkem Wind, Brandung und Strömungen. Ideale Bedingungen mit teilweise flachem Wasser finden sich an der Südküste in der Bucht von Quiberon, bei La Baule und an der Pointe de la Torche, wo Weltcuprennen abgehalten werden. Auch die Reede von Brest, wo Mitte Mai die internationalen Windsurfmeisterschaften stattfinden, und die Bucht von Douarnenez gelten mit ihrem kräftigen Wind als **Windsurferparadies**. Überall gibt es Schulen und Verleihe. Voll im Trend ist das Kitesurfen, bei dem man sich von einem Drachen übers Meer ziehen lässt; spektakuläre Jumps und kurze Flüge sorgen für Adrenalinkicks. Mehrere Clubs in der Bretagne unterrichten diesen Extremsport.

Bei Ebbe rasen die Strandsegler bis zu 100 km/h schnell über die breiten Sandstrände. Trend sind der Char à cerf volant, bei dem ein Drachen den Wagen zieht, und das das Speed-Sailing mit einem Windsurf-Rigg auf einer Art überdimensionalem Skateboard.

Strandsegeln

Sporttaucher begeistert die Bretagne mit einer höchst abwechslungsreichen Meeresflora- und fauna. Besonders attraktiv sind die Küsten des Finistère und der Côtes d'Armor. Schiffwracks (épaves) finden sich u. a. bei St-Malo und Lorient, im Golf von Morbihan haben Taucher so manche archäologische Sehenswürdigkeit entdeckt. Wer den Rausch der Tiefe auf eigene Faust erleben will, muss seinen Tauchgang bei der Hafenbehörde anmelden. Wegen der Gezeiten und Strömungen sollte man aber auf kundige Führung nicht verzichten. In manchen Regionen der Bretagne ist das Tauchen generell nicht gestattet. Info und Links zu den Tauchzentren unter www.bretagne-plongee.com.

Tauchen

Tennisplätze und Squashanlagen gibt es in der ganzen Bretagne. In örtlichen Clubs ist es sehr schwierig, als Nichtmitglied einen Platz zu mieten. Auf den Hotel- und Campingplatzanlagen hingegen gibt in der Hauptsaison häufig Engpässe.

Tennis, Squash

Wandern

Auf den 4500 km langen markierten Wanderwegen der Bretagne können durchtrainierte Wanderer ebenso wie Spaziergänger mit dem Land auf Tuchfühlung gehen. Leichte Wanderstiefel sind völlig ausreichend. Man kann die Bretagne individuell erkunden oder auf organisierten Touren mit festgelegter Strecke und reservierten Hotels, bei denen das Reisegepäck von den Veranstaltern oder Hoteliers zur nächsten Unterkunft befördert wird. Touren und Herbergen vermittelt u. a. die Vereinigung Rando Accueil.

Die Bretagne ist, wie ganz Frankreich, von Fernwanderwegen durchzogen, den **Grandes Randonnées (GR)**, mit den Nummern 34 und 37 bis 39 (mit Varianten). Diese Wege sind rot-weiß markiert. Darüber hinaus gibt es viele **Petites Randonnées** vom kurzen Gang bis zur langen Tageswanderung. Wanderhochburgen sind Paimpont und Huelgoat. Die Fédération Française de la Randonnée Pédestre gibt ausgezeichnete Wanderführer heraus (Topo-guides, auf Frz.) Als **Sentiers de Pays** werden Spazierwege auf dem Land bezeichnet. Die schönsten Wanderwege sind jedoch die **Zöllnerpfade** (Sentiers des Douaniers), auf denen die Vertreter der Staatsmacht patrouillierten, um den

Wanderwege

ℹ️ **Die schönsten Zöllnerpfade**

- Fort La Latte – Cap Fréhel: 2 Stunden
- Perros-Guirec – Ploumanac'h: 1.30 Stunden
- Cap de la Chèvre – Morgat: 2 Stunden
- Beg-Meil – Cap Coz: 30 Minuten
- Le Pouldu – Abbaye de St-Maurice: 1.30 Std.
- Rund um die Belle-Ile-en-Mer: 80 km

lebhaften Schmuggel an der Küste einzudämmen. Auf 1300 km folgen sie der bretonischen Küste, heute als Fernwanderweg GR 34 von der Bucht des Mont St-Michel bis Le Tour-du-Parc. Varianten erlauben Abstecher ins Hinterland.

Chemins de Halage

Absolut flach verlaufende Spaziergänge und Wander- oder Radtouren erlauben die rund 1500 km langen **Treidelpfade** an den Flüssen und Kanälen der Bretagne, z. B. am Canal de Nantes à Brest (360 km). Auf diesen Wegen zogen Pferde- und Ochsengespanne die Kähne.

Tro Breiz(h)

Die traditionelle **Pilgerfahrt zu den sieben heiligen Gründervätern der Bretagne** hat eine Renaissance erlebt. Die Wallfahrt, die den Legenden zufolge dem ausdauernden Pilger einen Platz im Paradies sichert, ist genauso populär wie die Pardons.

Weitere Wandergebiete

Schöne Wanderziele sind auch die Ile de Groix, La-Trinité-sur-Mer, Guidel, Quiberon, Carnac und Arzon. Im Landesinnern locken die Monts d'Arrée, die Montagnes Noires und der Forêt de Paimpont.

Wellness

Urelement Salzwasser

Thalassa nannten die antiken Griechen das Meer, und sie wussten, wie heilsam das Urelement Salzwasser für den menschlichen Körper ist. Doch ihre Meerwassertherapie geriet in Vergessenheit. Im 19. Jh., zweieinhalbtausend Jahre später, entdeckte ein gewisser Quinton die Heilwirkung des Salzwassers für den Menschen wieder neu. Roscoff wurde zur Wiege der französischen **Thalassotherapie**. 1964 errichtete Frankreichs Rennrad-Idol Louison Bobet, nachdem er nach einem Autounfall in Roscoff gekurt hatte, auf der Halbinsel (in Quiberon) das erste bretonische Thermalbad, seitdem hat sich die Bretagne zu einem der größten Zentren für **Meerwasserkuren** entwickelt.

Mit unterschiedlich temperierten Bädern, Hydromassagen, Algen- und Schlammpackungen, Starkstrahlduschen, Sprudelbädern, Gymnastik im Meerwasserpool, Spaziergängen in der Atlantikluft sowie speziellen Diäten, Entspannungs- und Fitnessprogrammen werden Rheuma, Arthrosen, Kreislaufstörungen, Störungen des Stoffwechsels und des vegetativen Nervensystems, Folgeerscheinungen von Verletzungen, aber auch Stress und dessen Folgen bekämpft.

Längst erfolgt die Behandlung nicht mehr in einem nüchtern-klinischen Rahmen; immer mehr entwickeln sich die Institute zu **exklusiven Kurhotels**, die nicht nur von Personen mit Gebrechen, sondern auch von einer betuchten Klientel ohne akute Beschwerden gern besucht werden.

Thalasso- therapiezentren

Institute für Thalassotherapie gibt es auf der Insel Belle Ile, in Bénodet, Carnac, Dinard, La Baule, Port Crouesty, Perros-Guirec, Pornic, Pornichet, Quiberon, Roscoff, St-Malo/Paramé und Douarnenez-Tréboul. Informationen auf Deusch unter www.france-thalasso.com.

▶ WICHTIGE ADRESSEN

HAUSBOOTFERIEN

▶ **Canaux de Bretagne**
1 Rue Raoul Ponchon CS 46938
35069 Rennes Cedex
Tel. 02 23 47 02 09
www.canaux-bretons.net

▶ **Le Boat / Crown Blue Line**
Theodor-Heuss-Str. 53–63
61118 Bad Vilbel
Tel. (0 61 01) 5 57 91 75
www.leboat.de

▶ **Locaboat Holidays**
Ludwigstr. 1, 79104 Freiburg
Tel. (07 61) 2 07 37-0
www.locaboat.com

▶ **France Passion Plaisance**
71602 Paray-le-Monial Cedex
Tel. 03 85 53 76 70
www.france-passion-plaisance.fr

▶ **Der Freizeit-Kapitän**
Postfach 10 05 32, 47705 Krefeld
Tel. (0 21 51) 60 88 97
www.hausboot.de

PFERDEWAGEN

▶ **Comité Régional du Tourisme Equestre en Bretagne**
5 bis Rue Waldeck Rousseau
56103 Lorient Cedex
Fax 02 97 84 89 33
http://crte-bretagne.ffe.com

▶ **A l'Ouest**
Locmaria-Berrien, 29218 Huel-goat, Tel. 02 98 99 73 28
http://konkouest.free.fr

Das Hausboot: eine gemächliche und genussvolle Art des Reisens

ANGELN

▶ **Union Régionale des Fédérations Départementales pour la Pêche**
9 Rue Kérautret Botmet, 35200 Rennes, Tel. 02 99 22 81 80
www.federationpeche.fr

GOLF

▶ **Ligue de Bretagne de Golf**
130, Rue Eugène Pottier
35000 Rennes
Tel. 02 99 31 68 80
Fax 02 99 31 68 83
www.liguebretagnegolf.org

PARAGLIDING

▶ **Ecole de Parapente et de Deltaplane du Ménez-Hom**
c/o Loïc Ollivier, Breugnou
29550 Plomodiern
Tel. 02 98 81 50 27
http://celtic-vol-libre.fr

▶ **Fédération Française de Vol Libre**
4 Rue de Suisse, 06000 Nice
Tel. 04 97 03 82 82
Fax 04 97 03 82 83
www.ffvl.org

RADFAHREN

▶ **Allgemeiner Deutscher Fahrradclub (ADFC)**
Postfach 10 77 47, 28077 Bremen
Tel. (04 21) 34 62 90
www.adfc.de
www.radreisen-online.de

▶ **France Randonnée**
9 Rue Portes Mordelaises
35000 Rennes, Tel. 02 99 67 42 21
www.france-randonnee.fr

▶ **Open Eyes**
11 Rue Pondic, 56330 Pluvigner
Tel. 02 97 59 83 07
www.openeyes-travel.com

REITEN

▶ **Comité Régional de Tourisme Equestre de Bretagne**
▶ S. 105

▶ **Fédération Française d'Equitation – Tourisme**
Parc Equestre, 41600 Lamotte
Fax 02 54 94 46 81
www.ffe.com/tourisme

WASSERSPORT

▶ **Fédération Française de Voile**
17 Rue H. Bocquillon
75015 Paris, Fax 01 40 60 37 37
www.ffvoile.org
www.nautismebretagne.fr
http://osez.tourismebretagne.com

▶ **Fédération Française de Surf**
BP 28, 40150 Hossegor
Fax 05 58 43 60 57
www.surfingfrance.com

WANDERN

▶ **Fédération Française de la Randonnée Pédestre**
Fax 01 40 35 85 67
http://bretagne.ffrandonnee.fr
www.gr-infos.com

▶ **Les Chemins du Tro Breiz**
B.P. 118, 29250 St-Pol-de-Léon
Fax 02 98 19 13 52
www.trobreiz.com

▶ **Rando Acceuil**
7 C Rue Pierre Texier
35760 Montgermont
Tel. 02 99 26 13 50
http://rando.abri.free.fr

WELLNESS

▶ **Grand Hotel des Thermes St-Malo**
Tel. 02 99 40 75 75
Fax 02 99 40 76 00
http://legranddesthermes.
warwickhotels.com/

(Wind)Surfer finden an den bretonischen Küsten ideale Bedingungen.

▶ **Thalasso Douarnenez**
Rue des Professeurs Curie
Tréboul CS 30004
29177 Douarnenez Cedex
Tel. 02 98 75 55 55
www.thalasso.com

▶ **Thalasso Roscoff**
Rue Victor Hugo, BP 28
29681 Roscoff Cedex
Tel. 02 98 75 55 55
www.thalasso.com

Verkehr

Straßenverkehr

Die Autobahnen gelten in der Bretagne als (mautfreie) Schnellstraßen: die N 12 von Rennes über St-Brieuc nach Brest, die N 24 von Rennes nach Lorient, die N 166 von Ploërmel nach Vannes sowie die N 165 von Nantes via Lorient und Quimper nach Brest. Auf diesen »Voies Express« sowie auf den normalen Routes Nationales (N) und den kleineren Départementstraßen (D) herrscht mitunter starker Verkehr, doch kommt man zügig voran. Zur Zeit werden viele Ab- **Straßen** schnitte der Routes Nationales den Départements unterstellt, sodass sie von Routes Nationales zu Routes Départementales werden und eine D-Nummer erhalten. Häufig bleibt ihre Nummer in den letzten beiden Stellen der D-Nummer erhalten. Wenig befahren ist das sehr dichte Netz der Landstraßen. Staus gibt es gelegentlich in den Ballungsgebieten Rennes und Brest sowie in den Innenstädten großer Orte in Küstennähe wie Quimper, Vannes und St-Malo.

Fahrzeugpapiere ▶Anreise

Verkehrsregeln Die französischen Verkehrsregeln entsprechen denen im deutschsprachigen Raum. Vorfahrtsstraßen sind durch das Schild »Passage protégé« vor Kreuzungen gekennzeichnet. Im Kreisverkehr müssen in den Kreis Einfahrende warten. Das Anlegen der Sicherheitsgurte ist obligatorisch, auch für Beifahrer; Kinder unter 10 Jahren müssen hinten sitzen und gesichert sein. Motorradfahrer müssen einen Sturzhelm tragen und tagsüber mit Abblendlicht fahren. Telefonieren ist nur mit Freisprecheinrichtung erlaubt. Nachts dürfen Warnsignale nur mit der Lichthupe gegeben werden. Eine Warnweste und ein Warndreieck müssen mitgeführt werden. Bei Unfällen muss ein Personenschaden vorliegen, damit die Polizei tätig wird. Vorsicht: Damit sich die Autofahrer an das Tempolimit in Ortschaften halten, sind an Ortseinfahrten häufig Bodenschwellen in die Straße eingelassen. Und wer eine rote Ampel missachtet, wird nicht nur zur Kasse gebeten, er erhält auch Punkte in Flensburg.

Höchstgeschwin-digkeiten Für Kfz innerorts 50 km/h, National- und Landstraßen 90 km/h (bei Nässe oder Schnee 80 km/h), Autobahnen 130 km/h (bei Nässe 110 km/h), Voies Express 110 km/h (bei Nässe 100 km/h). Viele Franzosen fahren zügig, man kann auch sagen halsbrecherisch. Tempoüberschreitungen sind teuer – zwischen 90 und 1500 € –, und sofort zu bezahlen, sonst kann das Fahrzeug beschlagnahmt werden.

Alkohol am Steuer Das Fahren nach dem Genuss von Alkohol (Grenze 0,5 Promille) ist ein Vergehen, noch größerer Alkoholkonsum auch ohne Verletzung der Straßenverkehrsordnung ein strafbares Delikt.

Panne – was tun? Immer Warnblinker einschalten, Warnweste anlegen. Auf Autobahnen und Schnellstraßen ist der Abschleppdienst (Dépanneurs-remorqueurs) über die Notrufsäulen anzufordern, auf Landstraßen, in Orten und Städten über die Polizei (▶Notrufe). Rund um die Uhr erreichbar ist der deutschsprachige Pannendienst der AIT Assistance.

Parken Die Großparkplätze in den Städten sind gut ausgeschildert. In der »Zone bleue« darf mit einer Parkscheibe 60 Minuten geparkt werden. Gelbe Linien am Randstein bedeuten Parkverbot. Viele Parkplätze, besonders in Stadtzentren und an Küstenstraßen, sind für Wohnmobile gesperrt (Abschrankung an der Einfahrt in 1,90 – 2 m Höhe).

Tankstellen

Die Preise für bleifreies Benzin »sans plomb«, Diesel und Super bleifrei mit 95 bzw. 98 Oktan sowie Super E 10 sind in Frankreich etwas niedriger als in Deutschland. Auf dem Land sind die meisten Tankstellen nach 20.00 Uhr, am Wochenende und an Feiertagen geschlossen. Mit Kreditkarten kann man an automatischen Zapfsäulen tanken. Beachten: Die Tankautomaten akzeptieren häufig nur Kreditkarten mit Mikrochip.

Mietwagen

In allen größeren Städten findet man internationale Vermieter wie Avis, Hertz, Europcar und Sixt sowie regionale Anbieter. Um ein Auto mieten zu können, sind ein Personalausweis, ein mindestens ein Jahr alter Führerschein und eine der internationalen Kreditkarten nötig. Mindestalter ist meist 21 Jahre; bei Fahrern unter 25 Jahren wird manchmal ein Zuschlag verlangt. Haftpflichtversicherung ist inklusive, gegen eine Gebühr sind Insassenunfall-, Vollkasko- und andere Versicherungen möglich (Höhe des Selbstbehalts beachten). Die Mietpreise sind in Frankreich höher als in Deutschland; es empfiehlt sich daher, schon zu Hause zu buchen. Empfehlenswert ist die Buchung im Paket mit Flug (Fly & Drive) oder Bahnfahrt. An vielen Bahnhöfen der SNCF ist Avis vertreten, die den Bahnkunden Sonderkonditionen gewährt.

Busverkehr

Meist liegt bei Bahnhöfen und Flughäfen gleich der Busbahnhof (Gare routière), von dem die Busse der TER-SNCF (www.ter-sncf.com) und privater Unternehmen in die Umgebung fahren. Da hauptsächlich Schulkinder und Berufspendler befördert werden, sind die Fahrpläne eher deren Bedürfnissen als denen des Reisenden angepasst (meist ein Kurs morgens, mittags und abends). Darüber hinaus werden viele Ausflugsfahrten zu Touristenattraktionen angeboten.

▶ MIETWAGEN

▶ **Avis**
www.avis.de, www.avis.fr
Tel. 01805 21 77 02 (Deutschland)
Tel. 08 21 23 07 60 (Frankreich)

▶ **Europcar**
www.europcar.de, www.europcar.fr
Tel. 01805 80 00 (D)
Tel. 08 25 35 83 58 (F)

▶ **Hertz**
www.hertz.com, www.hertz.fr

Tel. 01805 33 35 35 (D)
Tel. 01 39 38 38 38 (F)

▶ **Sixt**
www.sixt.de, www.e-sixt.com
Tel. 01805 23 22 22 (D)
Tel. 08 20 00 74 98 (F)

▶ **National / Citer**
Tel. 01 44 38 60 45 (F)
www.nationalcar.fr
(Mietbedingungen beachten!)

Bahnverkehr

Das Schienennetz in der Bretagne umfasst zwei Hauptstrecken, eine Nord- und eine Südroute von Rennes nach Brest. Die Nordroute verläuft über St-Brieuc und Morlaix, die Südroute über Vannes und Quimper. Darüber hinaus gibt es im Norden Stichbahnen nach St-Malo, Paimpol, Lannion und Roscoff, im Süden fährt die Bahn auf die Halbinsel Quiberon. Im Binnenland ersetzen Busse ein Schienennetz. Die Fahrt mit dem TGV ist reservierungspflichtig. Der **TGV Atlantique** hält in Vitré, Rennes, Dol-de-Bretagne, St-Malo, Lamballe, St-Brieuc, Guingamp, Plouaret-Trégor, Morlaix, Landernau und Brest; in Nantes, Redon, Vannes, Auray, Lorient, Quimperlé, Rosporden und Quimper, in La Baule und in Le Croisic (▸Anreise).

Flugverkehr

Für die Verbindungen mit Paris und Lyon ▸Anreise. Finist'Air fliegt ganzjährig von Brest zur Insel Ouessant.

Schiffsverkehr

Das Schiff ist in der Bretagne das beliebteste touristische Verkehrsmittel. Mit dem Schiff kann man auf die Inseln übersetzen oder entlang der Küste von Hafen zu Hafen schippern.

England, Irland, Kanalinseln Fähren verbinden St-Malo mit Portsmouth, Weymouth und Poole sowie Roscoff mit Plymouth und Cork (Brittany Ferries, www.brittanyferries.com; Condor Ferries, www.condorferries.co.uk). Zu den Kanalinseln Jersey und Guernsey setzen von St-Malo mehrmals täglich Fähren über (Kfz: Condor Ferries, Hdferries/www.hdferries.com; nur Passagiere: Compagnie Corsaire, www.compagniecorsaire.com).

Schöne Bootsausflüge Zu Recht sehr beliebt sind **Schiffsausflüge** – in der Saison unbedingt Plätze reservieren! Vor der Küste liegen mehr als 800 Inseln, immerhin sind 13 von ihnen bewohnt. Vor allem im Sommer gibt es mehrere Verbindungen am Tag. Ganz oben auf der Hitliste stehen Ausflüge zu den Inseln im Golf von Morbihan. Von St-Malo schippern Boote nach Dinard und zu den Iles Chausey in der Bucht des Mont St-Michel. Die Reede von Brest ist bei einer 90-minütigen Rundfahrt kennenzulernen. In Morgat auf der Halbinsel Crozon beginnen Fahrten zu schönen Buchten und Höhlen der nahen Felsküste, außerdem zum Cap de la Chèvre; in Douarnenez werden diverse Törns durch die große Bucht angeboten.

! *Baedeker* TIPP

Flüsse und Schluchten

Zu den schönsten Revieren im Binnenland der Bretagne gehören die Flüsse Blavet und Odet. Ein Highlight ist auch eine Ausflugsfahrt auf der Rance vom mondänen Seebad Dinard zur mittelalterlichen Festungsstadt Dinan.

SCHIFFSVERBINDUNGEN ZU DEN INSELN

▶ Ile d'Arz (Morbihan)
Von Vannes und Sené (10 bzw. 20 Min.), Tel. 02 53 46 56 56

▶ Ile de Batz
Von Roscoff (15 Min.)
Tel. 02 98 61 79 66

▶ Belle Ile
Von Quiberon (30 – 45 Min., Tel. 0820 056 156, 02 90 92 05 22), Vannes (2.15 Std., Tel. 0820 132 100) und La Turballe (1.45 Std., Tel. 0820 134 100)

▶ Ile de Bréhat
Von der Pointe de l'Arcouest (10 Min.), Tel. 02 96 55 79 50

▶ Ile Gavrinis (Morbihan)
Von Larmor-Baden (Cale de Pen Lannic), Tel. 02 97 57 19 38

▶ Iles de Glénan
Von Concarneau (1.15 Std.), Bénodet (1.10 Std.), Loctudy (1 Std.) Tel. 02 98 57 00 58

▶ Ile de Groix
Von Lorient (45 Min.), Tel. 0820 056 156 bzw. 02 97 65 52 52

▶ Ile d'Houat / Ile d'Hoëdic
Von Quiberon (45 / 70 Min.)
Tel. 0820 056 156

▶ Ile-aux-Moines (Morbihan)
Von Port Blanc (5 Min.)
Tel. 02 97 26 31 45

▶ Ile de Molène
Von Brest und Le Conquet (90 bzw. 30 Min.)
Tel. 02 98 80 80 80

▶ Ile d'Ouessant
Von Brest (2 Std.), Camaret und Le Conquet (1 Std.)
Tel. 02 98 80 24 68

▶ Ile de Sein
Von Audierne (1 Std.)
im Sommer sonntags auch von Brest und Camaret
Tel. 02 98 70 70 70

Zeit

In Frankreich gilt wie in Deutschland, Österreich und der Schweiz die Mitteleuropäische Zeit (MEZ) bzw. mit denselben Anfangs- und Endterminen die Sommerzeit (MEZ + 1 Std.). Am westlichsten Punkt des Bretagne-Festlands, der ca. 1000 km von Köln entfernt ist, geht die Sonne im Durchschnitt 90 Minuten später auf und unter als dort. Auf der westlich vorgelagerten Insel Ouessant ist es Ende Juni sogar bis kurz vor 24 Uhr hell – die Zugehörigkeit zur selben Zeitzone hat ihre kuriosen Begleiterscheinungen.

Touren

AN DER KÜSTE ENTLANG
ODER LIEBER DURCHS HINTER-
LAND? IN ALTE KORSAREN-
STÄDTE, VERWINKELTE FACHWERKDÖRFER
ODER ZU EINSAMEN KAPS WIE DER POINTE
DU CHATEAU? WIR VERRATEN IHNEN, WO
DIE BRETAGNE AM SCHÖNSTEN IST.

TOUREN DURCH DIE BRETAGNE

Die Bretagne ist ein Land der Kontraste: schroffe Felsküsten mit tosender Brandung im Norden und Westen, schier endlose Strände mit feinem Sand im Süden, sturmgepeitschte Klippen und Kaps des Küstenlands »Armor« und kleine Weiler, Wiesen und Wälder im Binnenland, dem »Argoat«, dazu heidnische Mythen, keltische Vergangenheit und christliches Erbe. Eine Region Frankreichs und doch in vielem dem englischen Nachbarn Cornwall ähnlich. Willkommen in Breizh!

Guimiliau
200 Figuren am Kalvarienberg illustrieren das Leben Jesu.

Menhir de Saint-Uzec
Trégastel
Côte du Granit Rose
Réserve Naturelles des Sept Iles
Ile de Bréha
Pleumeur-Bodou
Perros-Guirec
Tréguier
Paimpol
Beaupo
Lannion
Roche-Jagu

TOUR 1
Morlaix
Lampaul-Guimiliau
St-Thégonnec
TOUR 2
Plougastel-Daoulas
Guimiliau
Sizun
Brest
St-Brieuc
Pointe de Ste-Mathieu
Pointe de Espagnols
Camaret
TOUR 3
Pointe de Pen-Hir
Menez Hom
Pointe du Van
Presqu'île de Crozon
Douarnenez
Locronan

Pont-Aven
Das Licht und die Farben der Bretagne faszinierten Paul Gauguin.

Audierne
Pointe du Raz
Quimper
Concarneau
Pont-Aven

Lorient
Ste-Anne-d'Auray
TOUR 4
Auray
Vanne
Carnac
Golfe du Morbiha
Presqu'île de Quiberon
Locmaria-quer
Quiberon
Château d Suscinio
Belle-Ile
St-Gildas-de-Rhys

Concarneau
Die Ville Close wurde nach Plänen von Vauban ausgebaut.

▬▬ TOUR 1 **Bretagne-Rundreise**
Kämpferische Korsaren und umfriedete Kirchhöfe, umtoste Kaps und köstliche Crêpes: Die Grande Tour de Bretagne verspricht unvergessliche Eindrücke. ► **Seite 118**

▬▬ TOUR 2 **Wildromantische Felsküsten**
Die Tour entlang der Nordküste reicht von den Steinkolossen der Rosa-Granit-Küste und dem stürmischen Felskap von Fréhel über die Festungsstadt St-Malo bis zum Klosterberg Mont St-Michel. ► **Seite 122**

▬▬ TOUR 3 **Kalavarienberge, Kaps, Fayencen**
Von den umfriedeten Pfarrhöfen der Nordwestküste zu den sturmerprobten Kaps der Cornouaille: Die Route durch das Finistère berührt die ursprünglichsten Winkel des westlichsten Départements und verbindet die Höhepunkte bretonischer Kultur und Natur. ► **Seite 124**

▬▬ TOUR 4 **Hinkelsteine und Inselabenteuer**
Nirgendwo sonst auf der Welt finden sich so viele Zeugnisse aus der Vorzeit wie im Hinterland des Golfs von Morbihan. Die Küste lädt mit Sandstränden und Felsbuchten zum Baden ein, hübsche Dörfer und Hafenstädte zum Schlendern, Schlemmen und Schauen. ► **Seite 127**

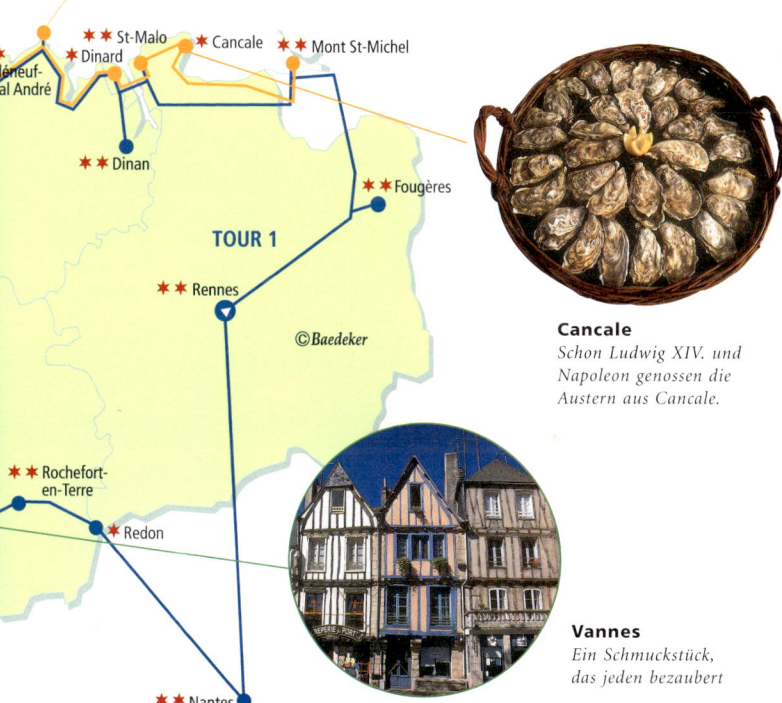

✱✱ Cap Fréhel

✱✱ St-Malo   ✱ Cancale   ✱✱ Mont St-Michel

✱ Dinard

léneuf-
al André

✱✱ Dinan

✱✱ Fougères

TOUR 1

✱✱ Rennes

©Baedeker

✱✱ Rochefort-
en-Terre

✱ Redon

✱✱ Nantes

Cancale
Schon Ludwig XIV. und Napoleon genossen die Austern aus Cancale.

Vannes
Ein Schmuckstück, das jeden bezaubert

Unterwegs in der Bretagne

Zauberhaft zu jeder Jahreszeit

Sturmgepeitschte Steilküsten, blinkende Leuchttürme, volkstümliche Sakralkunst und rätselhafte Riesensteine, quirlige Hafenstädte und malerische Dörfer, trendige Boutiquen und traditionelles Handwerk: Frankreichs schönste Halbinsel liebt die Kontraste. Im steten Rhythmus von Ebbe und Flut verzaubert sie die Besucher: im Abendlicht, wenn im Hafen von Sauzon die letzten Boote am Kai festmachen, oder am frühen Morgen, wenn die aufgehende Sonne die Granitblöcke der Côte du Granit Rose in rötlich leuchtende Skulpturen verwandelt. Im Herbst duckt sich das Land unter den stürmischen Westwinden, im Sommer sonnen sich Zigtausende auf goldenen Sandstränden und in stillen Buchten. Jede Jahreszeit, jede Region der Bretagne bietet unvergessliche Eindrücke.

Mit dem Auto, dem Rad, per Schiff oder im Pferdewagen

Wer seinen Urlaub nicht ganz am Strand verbringen, sondern auch das Land entdecken möchte, ist auf das eigene oder ein Leihfahrzeug angewiesen. Das Busnetz ist auf die Bedürfnisse der örtlichen Bevölkerung ausgerichtet und berührt kaum die touristisch interessanten Städte. Besonders am Wochenende ist der Busfahrplan sehr dünn. Auch mit der Bahn lässt sich die Bretagne nur schwer entdecken. Die beiden einzigen Schienenstränge führen von Rennes nach Brest, der eine entlang der Nordküste, der andere im Süden. Anders hingegen der **Schiffsverkehr**: Eine Fahrt mit der Fähre gehört zum bretonischen Alltag. Die beliebtesten Überfahrten führen zu den Inseln Bréhat, Belle-Ile, Batz, Ouessant, Groix, Glénan und Sein. Äußerst gefragt sind auch die Ausflugsfahrten im Golfe du Morbihan und zum Vogelschutzgebiet Sept-Iles vor Perros-Guirec. Das Binnenland lässt sich im **Hausboot** erleben: 600 km Wasserstraßen warten auf Freizeitskipper, die für die langsamen Wohnboote keinen Bootsführerschein brauchen. Kaum schneller voran geht es mit den **Roulottes**, den überraschend komfortabel eingerichteten Pferdewagen.

Steifer Gegenwind und stetes Auf und Ab machen eine **Radtour** durch die Bretagne zum schweißtreibenden Vergnügen – auch wenn der höchste Gipfel nur 384 m hoch ist. Dennoch: Die Bretagne ist ein Radel-Land. Auf den Nebenstraßen gibt es kaum Verkehr, aber umso mehr hilfsbereite Menschen, die den Weg weisen, bei Pannen helfen und sich über ein Gespräch freuen. Radtouristen sind in Frankreich, wo Radfahren Volkssport ist, immer willkommen. Die örtlichen Touristikanbieter haben sich auf die wachsende Zahl der Radurlauber eingestellt. Fahrräder vom Mountainbike bis zum Kin-

> ! *Baedeker* TIPP
>
> **Nostalgisch**
> Mehrere Highlights der Bretagne lassen sich mit kleinen Elektrozügen erkunden, den Petits Trains, darunter die Altstadt von Dinan, das Kathedralviertel von Quimper und die prähistorischen Steinsetzungen in und um Carnac.

Überall gibt es fangfrische Köstlichkeiten aus dem Meer.

derrad werden verliehen und können ohne Probleme im Zug transportiert werden. Preiswerte Unterkünfte entlang der Radrouten bieten u. a. die Gîtes d'Etapes. Wer die Bretagne »kompakt« kennenlernen möchte, dem sei die große Bretagne-Rundfahrt empfohlen: 14 Tage voller Höhepunkte aus Natur und Kultur. Wer Badeurlaub und Sightseeing verbinden möchte, kann an der Südküste das Strandleben in Carnac mit der Tour »Hinkelsteine und Inselabenteuer« kombinieren oder eine Fahrt entlang der wildromantischen Felsküste des Nordens mit Badetagen in Trébeurden abrunden. Eigenwillige Kunst in den Kirchen und wilde Kaps verbindet die Rundfahrt durch das Finistère.

Bon Appétit!

Was wäre eine Rundreise durch Armor, das Land am Meer, ohne ausgiebige Streifzüge durch die Küche? Die Fischgründe rund um die bretonische Halbinsel zählen zu den reichsten Europas. 100 Städte der Bretagne wurden vom Conseil National des Arts Culinaires als »Sites Remarquables du Goût« ausgezeichnet. Zu den Orten und Gegenden, deren gastronomische Produkte einmalig sind, gehören die Austernzucht von Cancale und Riec-sur-Belon, die Fischversteigerungshallen von Concarneau, Kaisergranat von Le Guilvinec, Langusten von Camaret und Buttergebäck aus Pont-Aven. Eine landesweite Institution sind Crêpes und Galettes, hauchdünne Pfannkuchen aus Weizen- bzw. Buchweizenmehl mit süßer oder salziger Füllung. Dazu passt ein zweiter Klassiker: bretonischer Cidre, serviert in dünnen Trinkschalen aus Ton.

Traumhaft schlafen

Eine Reihe der rund 4000 Herrenhäuser und Schlösser der Bretagne haben ihre Tore für Gäste geöffnet, die in aristokratischem Ambiente stilvoll nächtigen möchten. Das Château de Locguénolé am Unterlauf des Blavet hat wunderschöne Gästezimmer und ein ausgezeichnetes Restaurant. Vom 400 Jahre alten Manoir Saint-Michel in Fréhel ist es nur ein Katzensprung zum gleichnamigen Kap. Preiswerter ist die beliebteste Unterkunft in der Bretagne: die »Hôtellerie de Plein Air«, sprich Camping. Die ganze Küste säumen Campingplätze von einem bis vier Sternen. Günstiges Nachtlager bieten auch Privatzimmer, die sich meist in kleineren Orten oder auf dem Land finden, und die Ferme-Auberge, die französische Variante von »Urlaub auf dem Bauernhof«. Bei allen Unterkunftsarten an der Küste gilt jedoch: Rechtzeitige Reservierung ist unerlässlich, schon im Frühjahr sind viele Unterkünfte ausgebucht. Im Inneren der Halbinsel ist jedoch immer ein Plätzchen frei.

Tour 1 Bretagne-Rundreise

Start F21

Länge der Tour: 1300 km   **Dauer:** 14 Tage

Umtoste Kaps und verschlafene Dörfer, kämpferische Korsaren und umfriedete Pfarrhöfe, fangfrischer Fisch und leckere Crêpes: Die Grand Tour de Bretagne verspricht unvergessliche Eindrücke.

Von Rennes zur Rosa-Granit-Küste

❶ ✶ ✶ **Rennes**, die Hauptstadt der Bretagne, ist Ausgangs- und Endpunkt der Rundreise. Erste Station ist die 50 km entfernte alte Grenzstadt ❷ ✶ ✶ **Fougères**. Mit elf Türmen, bis zu 5 m dicken und 30 m hohen Mauern ist die Burg, die einst das Herzogtum Bretagne nach Osten sicherte, eine der größten Wehranlagen Europas. Der berühmte Klosterberg ❸ ✶ ✶ **Mont St-Michel**, im Mittelalter in der Bretagne erbaut, gehört heute zwar zur Normandie, für die Bretonen ist er aber immer noch eine ihrer wichtigsten religiösen Stätten. Entlang der weiten Baie de Mont St-Michel ist Cancale, die Hochburg der Austernzucht, schnell erreicht. Am Kai brechen Händler die erntefrischen Huîtres zum sofortigen Genuss auf.

St-Thégonnec
*Steinerne Bibel
am Kalvarienberg*

✶ ✶ Côte des Abers

✶ ✶ Côte du Granit Rose ⑩   25 km   ✶ Paimpol
                                    ⑨   ⑧
⑬   60 km   46 km   ✶ Tréguier   15 km
50 km   10 km   ⑪
✶ ✶ Pointe de Ste-Mathieu   ⑫   ✶ Morlaix
⑭   26 km   ⑮ ✶ Brest   ✶ ✶ ummauerte
      15 km   20 km   ⑰ ✶ ✶ Menez Hom   Pfarrhöfe
          ⑯   14 km
✶ ✶ Presqu'île   ⑱ ✶ ✶ Locronan
de Crozon   15 km ⑲ ✶ Quimper
      50 km   22 km   15 km ✶ Pont-Aven
⑳   ㉑   ㉒   35 km ✶ Lorient
✶ ✶ Pointe du Raz   ✶ ✶ Concarneau   ㉓   30 km ✶ Carnac ✶ ✶ Vannes
                                    58 km   ㉖ 11 km   ㉘
Presqu'île   ✶ Presqu'île de ㉔   ㉗ 34 km
de Crozon   Quiberon   13 km   ✶ ✶ Locmariaquer
Baden mit Blick   ✶ ✶ Belle-Ile ㉕
auf die grandiose
Pointe de Pen-Hir

Pont-Aven
Gauguin malte 1894 die «Bretonische Bäuerinnen».

Die alte Korsaren- und Festungsstadt ④ ★ ★ **St-Malo** wurde nach den Zerstörungen im Zweiten Weltkrieg originalgetreu wieder aufgebaut. Beim Rundgang auf der Umfassungsmauer reicht der Blick über die schmucklosen Granithäuser und engen Gassen der Altstadt und über die weite Mündung der Rance nach ⑤ ★ **Dinard**, das englische Aristokraten zu einem mondänen Seebad der Belle Époque machten. Nicht nur etwas für Technik-Fans ist das erste Gezeitenkraftwerk der Welt, die 1966 errichtete Usine Marémotrice de la Rance. Im Sommer schippern Ausflugsschiffe die Rance hinauf zur

✔ **NICHT VERSÄUMEN**

- Château de Fougères
- Klosterberg Mont St-Michel
- Korsarenstadt St-Malo
- Fachwerkhäuser in Dinan
- Steinkolosse der Rosa-Granit-Küste

idyllischen Festungsstadt ⑥ ★ ★ **Dinan**. Die Sandstrände der Côte d'Emeraude begleiten die Fahrt zum ⑦ ★ ★ **Cap Fréhel**, das 70 m hoch aus der tosenden Brandung aufragt. Für Pferdefreunde lohnt ein Abstecher südwestlich zum Staatsgestüt in Lamballe. Über ⑧ ★ **Paimpol**, Ausgangspunkt für Fahrten zur »Blumeninsel« Ile de Bréhat, geht es weiter zur Bischofsstadt ⑨ ★ **Tréguier** mit dem Grab des hl. Yves.

Fougères
*Festungsstadt mit
mittelalterlicher Atmosphäre*

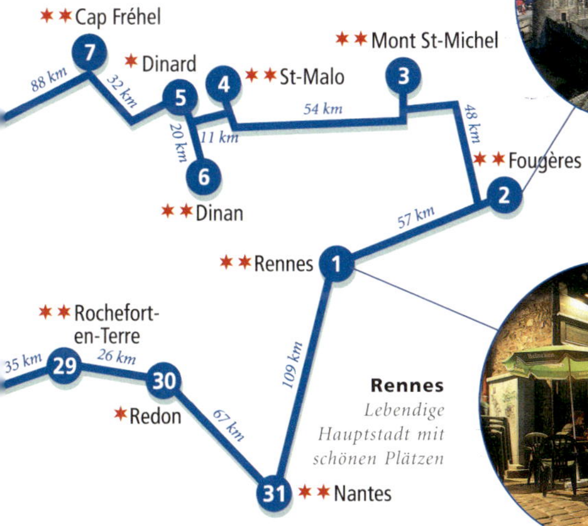

★ ★ Cap Fréhel
⑦
88 km   ★ Dinard
⑤   ④ ★ ★ St-Malo   ★ ★ Mont St-Michel ③
32 km
20 km   *11 km*   *54 km*
⑥   *48 km*
★ ★ Dinan   ★ ★ Fougères ②
                           57 km
★ ★ Rennes ①

★ ★ Rochefort-
en-Terre
35 km   *26 km*
㉙   ㉚
★ Redon   *67 km*
                109 km
Rennes
*Lebendige
Hauptstadt mit
schönen Plätzen*

㉛ ★ ★ Nantes

✔ NICHT VERSÄUMEN

- Ummauerte Pfarrhöfe mit Kalvarien-bergen und Triumphphorten
- Sturmumtoste Kaps der Halbinsel Crozon und der Cornouaille
- Fayencenstadt Quimper
- Ville Close von Concarneau

Zwischen Perros-Guirec und Tré-beurden säumen auf 20 km die meterhohen Granitkolosse, von Wind und Wellen zu wundersamen Figuren geformt, die einzigartige ❿ ✶ ✶ **Côte du Granit Rose**. Im Licht der untergehenden Sonne leuchten die Steinkolosse in war-mem Rosa und Rot.

Umfriedete Pfarrbezirke und die Westküste

Eine bretonische Besonderheit sind westlich von ⓫ ✶ **Morlaix** die ⓬ ✶ ✶ **ummauerten Pfarrhöfe**. Als Höhepunkte dieser »Enclos Pa-roissiaux« gelten die Kalvarienberge von St-Thégonnec, Guimiliau und Lampaul-Guimiliau. Berühmt ist auch das Beinhaus von La Ro-che-Maurice. Fjordartige Flussmündungen wie Aber Wrac'h, Aber Benoît und Aber Ildut prägen die »Legendenküste« ⓭ ✶ **Côte des**

Paimpol: Wo heute die Schiffe der Freizeitkapitäne vor Anker liegen, starteten einst die Islandfischer zur »Grande Pêche« nach Dorsch.

Abers im äußersten Nordwesten des Finistère. Auf den Dünen der Presqu'Ile de Marguerite liegen Algen zum Trocknen; die Abers-Küste gilt als algenreichster Küstenabschnitt Europas. Über Lannilis, Ploudalmézeau und Plouarzel geht es weiter nach Le Conquet, einem kleinen Fischer- und Badeort. Südlich ragt die Landspitze **⑭ ✱ ✱ Pointe de Ste-Mathieu** ins Meer. Bevor der Leuchtturm erbaut wurde, sicherten Mönche mit einem Feuer auf dem Klostergelände die Einfahrt zur Reede von **⑮ ✱ Brest**. Die zweitgrößte Stadt der Bretagne, nach den Zerstörungen des Zweiten Weltkrieges nüchtern im Schachbrettmuster wieder aufgebaut, besitzt mit dem Meeresmuseum Océanopolis eine Topattraktion. Sechs von der steten Brandung geformte Felsnasen geben der **⑯ ✱ ✱ Presqu'Ile de Crozon** die Form eines Kreuzes, das in den Atlantik ragt. Schönste Felsspitze der Halbinsel ist die Pointe de Pen-Hir nahe dem malerischen Fischerstädtchen Camaret. Auf dem Weg nach Quimper lohnen zwei Zwischenstopps: Der Rundblick vom 330 m hohen **⑰ ✱ ✱ Menez Hom** ist fantastisch und eine bezaubernde dörfliche Idylle verspricht der Besuch in **⑱ ✱ ✱ Locronan**. Für **⑲ ✱ ✱ Quimper**, die alte Hauptstadt der Cornouaille mit ihrer sturmumtosten **⑳ ✱ ✱ Pointe du Raz**, sollte man mindestens einen ganzen Tag einplanen; ebenso für die Strecke von Pont l'Abbé via Bénodet nach **㉑ ✱ ✱ Concarneau**. Besonders am frühen Abend, wenn die Besucher die befestigte Altstadt verlassen haben, ist es in der Ville Close richtig romantisch.

Künstler wie Paul Gauguin zog es in die Kleinstadt **㉒ ✱ Pont-Aven** und nach Le Pouldu südlich von Quimperlé. Die moderne Hafenstadt **㉓ ✱ Lorient** ist ein guter Ausgangspunkt für Fahrten im Umland und nach Port-Louis, dessen mächtige Zitadelle zwei interessante Museen beherbergt. Vorbei an Etel führt die Fahrt zur **㉔ ✱ Presqu'Ile de Quiberon** mit wilder Westküste und kinderfreundlichen Badestränden im Osten. Vom Hafen Port-Maria legen die Ausflugsschiffe zur **㉕ ✱ ✱ Belle-Ile** ab.

Von Pont-Aven über den Golf du Morbihan nach Nantes und zurück nach Rennes

Rund um den Golfe du Morbihan sind beeindruckende Zeugnisse der Megalithkultur erhalten – die Steinfelder von **㉖ ✱ ✱ Carnac**, die Menhire von **㉗ ✱ ✱ Locmariaquer** und das mit Gravuren verzierte Megalithgrab auf der Ile de Gavrinis.

Von der lebendigen Département-hauptstadt **㉘ ✱ ✱ Vannes** geht es über das Bilderbuchstädtchen **㉙ ✱ ✱ Rochefort-en-Terre** und **㉚ ✱ Redon** mit blumengeschmückter Altstadt nach **㉛ ✱ ✱ Nantes**. Zwar gehört die Stadt heute zur Region Pays de la Loire, als Residenzstadt der bretonischen Herzöge ist sie jedoch unbedingt einen Besuch wert. Von hier geht es schließlich zurück nach **✱ ✱ Rennes**, dem Ausgangspunkt der Rundreise.

✓ NICHT VERSÄUMEN

- Inselwelt des Golfe du Morbihan
- Megalithdenkmäler von Carnac und Locmariaquer
- Bilderbuchstädtchen Rochefort-en-Terre
- Nantes, die alte Hauptstadt der Bretagne

Tour 2 Wildromantische Felsküsten

B 11

Länge der Tour: 420 km   **Dauer:** 8 Tage

Die Tour entlang der Nordküste reicht von den Steinkolossen der Rosa-Granit-Küste und dem Felsenkap von Fréhel über die Festungsstadt St-Malo zum Klosterberg Mont St-Michel.

Ausgangspunkt ist ❶**Lannion** am breiten Unterlauf des Léguer. Im Gefolge des Nationalen Forschungszentrums für Fernmeldetechnik haben sich hier zahlreiche IT- und Telekommunikationsunternehmen angesiedelt. Im 8 km entfernten ❷ ✳ **Pleumeur-Bodou** präsentiert die Cité des Télécoms 200 Jahre Fernmeldegeschichte von Graham Bell bis zum Internet. Die Landstraße nach Trébeurden führt vorbei am ❸ ✳ **Menhir de Saint-Uzec**. Mit Gravuren und aufgesetztem Kreuz wurde der 8 m hohe Hinkelstein im 17. Jh. »christianisiert«. In Trébeurden beginnt die ❹ ✳✳ **Côte du Granit Rose**. Auf 20 km säumen bis Perros-Guirec riesige Granitfelsen das Ufer, die je nach Tageszeit und Sonnenstand mal grau, grün, blau oder rosa leuchten. Mit etwas Fantasie lassen sich in den Felsbrocken Figuren erkennen: eine Hexe, ein Totenkopf, ein Stapel Galettes oder eine Malerpalette. Zwischen den zackigen Felsen schimmern goldene Badebuchten. Allein zwölf Strände säumen das Seebad ❺ ✳ **Trégastel**. Den Hausstrand Grève Blance mit feinem weißem Sand begrenzt die felsige Krone von König Gradlon. Das vorgelagerte ❼ ✳ **Réserve Naturelle des Sept Iles** ist ein Vogelparadies. Ploumanac'h geht nahezu nahtlos in ❻ ✳ **Perros-Guirec** über. Im einstigen Fischerstädtchen tummeln sich im Sommer Tausende Touristen, Perros-Guirec ist nach Dinard das bedeutendste Seebad der Nordküste.

Vorbei an Port Blanc, das Literaten wie Anatol de Braz und Alexis Carrel um 1900 für sich entdeckten, ist ❽ ✳ **Tréguier** schnell er-

Côte de Granit Rose
Die Granitfelsen leuchten in warmem Rot.

✳✳ **Côte du Granit Rose** — ❹ — 9 km — ❺ — 3 km — ✳ **Trégastel** — ❻ — 6 km — ❼ — ✳ **Réserve Naturelles des Sept Iles** — 7 km — ⓫ — ✳ **Ile de Bréhat** — 7 km — ❽ — 15 km — ❿ — ⓬ ✳ **Beauport** — 2 km — ❻ — ✳ **Perros-Guirec** — ✳ **Tréguier** — ❾ ✳ **Paimpol** — 42 km — ✳ **Roche-Jagu** — ❸ ✳ **Menhir de St-Uzec** — ❷ ✳ **Pleumeur-Bodou** — 5 km — ❶ **Lannion** — ✳ **St-Brieuc** — ⓭

Vorbei an Port Blanc, das Literaten wie Anatol de Braz und Alexis Carrel um 1900 für sich entdeckten, ist **8** ✳ **Tréguier** schnell erreicht. Alljährlich im Mai ist die alte Bischofsstadt Ziel einer Wallfahrt: Rechtsanwälte und Richter aus aller Welt pilgern zum Grab ihres Schutzpatrons St-Yves, dessen Gebeine in der Kathedrale Saint-Tugdual ruhen. Ihr Kreuzgang im Flamboyant-Stil gehört zu den schönsten der Bretagne. In Lézardrieux legen im Sommer Ausflugsschiffe ab und schippern in drei Stunden den Trieux flussaufwärts zum **9** ✳ **Schloss von Roche-Jagu.** Mit seinem Roman »Die Islandfischer« machte Pierre Loti die Hochseefischer von **10** ✳ **Paimpol** berühmt. In den Gassen des Fischerstädtchens ist noch die Atmosphäre von einst zu spüren. Von der Landspitze Pointe de l'Arcouest 6 km nördlich legen die Fähren zur **11** ✳ **Ile de Bréhat** ab, an deren Südküste sich Oleander, Mimosen und Palmen im Wind wiegen. Nur 2 km trennen die Blumeninsel vom Festland, dennoch ist sie ein ruhiges Plätzchen geblieben; nur die Bauern dürfen mit ihren Traktoren über die autofreie Insel rumpeln. Bedeutendstes Bauwerk der Region um Paimpol ist die **12** ✳ **Abtei von Beauport,** deren Ruine den jahrhundertelangen »Kampf« zwischen romanischer und gotischer Baukunst widerspiegelt.

Über die Badeorte Saint-Quay-Portrieux, Étables-sur-Mer und Binic geht es weiter nach **13** ✳ **St-Brieuc,** der Hauptstadt des Départements Côtes d'Armor. Rund um die Kathedrale St-Etienne ist der Altstadtkern gut erhalten. Zu den schönsten Stränden der Côtes d'Armor gehört der 2 km lange **14** ✳ **Sandstrand von Pléneuf – Val André**. Spektakulärste Felsspitze der Bretagne ist das **15** ✳✳ **Cap Fréhel,** das 60 m hoch über die Brandung ragt. Seine malerische Lage machte das Fort la Latte zur beliebten Kino-Kulisse. Ein Hauch von Belle Epoque hat sich **16** ✳ **Dinard** bewahrt, das englische Aristokraten zu Anfang des 20. Jh.s als schönstes Seebad der Smaragdküste gründeten. Am andern Ufer der Rance hat sich die **17** ✳✳ **St-Malo** hinter wuchtigen Festungsmauern verschanzt. Die leckersten Austern gibt es in **18** ✳ **Cancale** gleich am Kai frisch vom Boot. Die weite Baie du Mont St-Michel ist mit Austernbänken übersät. Weithin sichtbar erhebt sich der **19** ✳✳ **Mont St-Michel** aus den Fluten. Der berühmte Klosterberg gehört heute nicht mehr zur Bretagne. Schuld ist ein geänderter Flusslauf: »Le Couesnant dans sa folie / a mis le mont en Normandie«, erklärt der Volksmund.

Mont St-Michel

Das »Wunder des Abendlandes«

✳✳ Cap Fréhel

✳ Pléneuf-Val André

14

15

25 km

20 km

✳✳ St-Malo

✳ Dinard

35 km

16

17

8 km

12 km

18 ✳ Cancale

✳✳ Mont St-Michel

49 km

19

Tour 3 Kalvarienberge, Kaps, Fayencen

Länge der Tour: 330 km   **Dauer:** 6 – 8 Tage

**Von den umfriedeten Pfarrhöfen der Nordwestküste zu den wind-
gepeitschten Kaps der Cornouaille: Die Route berührt die ursprünglichsten Winkel des westlichsten Départements und verbindet Höhepunkte der bretonischen Kultur und Natur.**

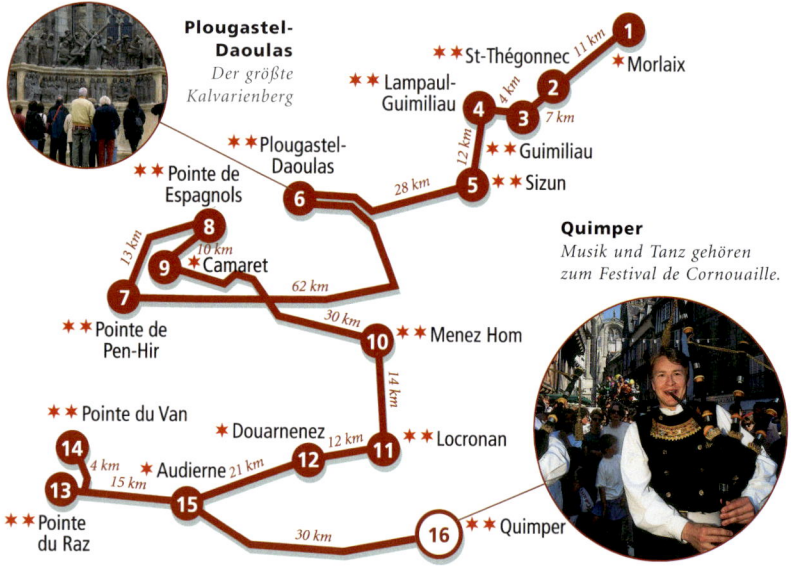

**Plougastel-
Daoulas**
*Der größte
Kalvarienberg*

★ ★ St-Thégonnec 11 km ★ Morlaix
★ ★ Lampaul-
Guimiliau
★ ★ Guimiliau
★ ★ Plougastel-
Daoulas
★ ★ Pointe de
Espagnols
★ ★ Sizun

Quimper
*Musik und Tanz gehören
zum Festival de Cornouaille.*

1
2
3
4
5
6
7
8
9

Camaret

★ ★ Pointe de
Pen-Hir

★ ★ Menez Hom

10

★ ★ Pointe du Van

★ Douarnenez 12 km ★ ★ Locronan

14
13
15
16

★ Audierne 21 km
★ ★ Pointe
du Raz

★ ★ Quimper

11 km · 4 km · 7 km · 12 km · 28 km · 13 km · 10 km · 62 km · 30 km · 14 km · 4 km · 15 km · 21 km · 30 km

**Kalvarienberge,
Barockaltäre und
Triumphpforten**

Ausgangspunkt der Fahrt durch das Finistère ist ❶ ★ **Morlaix**, dessen imposanter Eisenbahnviadukt die Altstadt mit ihren »Laternenhäuschen« überspannt. Nur wenige Kilometer westlich liegen die
umfriedeten Pfarrhöfe der Bretagne, die im ausgehenden Mittelalter
von den reichen Tuchmacherstädten zu wahren Kunstwerken ausgeschmückt wurden. Erste Station ist der Enclos Paroissial von
❷ ★ ★ **St-Thégonnec** 20 km westlich. Besonders ausdrucksstark und
realistisch ist sein Calvaire: Die Schächer hängen in Pluderhosen, einer typischen Kleidung des 17. Jh., am Kreuz; zwei Soldaten sind im
Begriff, Jesus zu schlagen; Pontius Pilatus wäscht sichdie Hände in
einer schiefen Schüssel. Noch imposanter ist der Calvaire von
❸ ★ ★ **Guimiliau**: 200 Figuren erzählen in lebendigen Szenen die
Leidensgeschichte Christi von der Geburt bis zur Auferstehung. Ein

weiteres Standardthema der großen bretonischen Kalvarienberge ist Katel Gollet. Die sündige junge Frau, die noch im Beichtstuhl log, wird in Guimiliau vom Teufel und seinen Helfern dramatisch in den Schlund der Hölle gezogen: ein Dämonenmaul voller Granitzähne. Der Pfarrbezirk von ❹ ✳ ✳ **Lampaul-Guimiliau** zeichnet sich durch seine prachtvolle, sehr farbenfrohe Kirche aus. Das Tonnengewölbe aus Holz leuchtet lichtblau, auf dem Triumphbalken trauern Maria und Johannes unter einem überlebensgroßen gekreuzigten Jesus. Farbig gefasste Schnitzszenen erzählen die Passionsgeschichte, die auch der Passionsalter links vom Chor mit üppigen Bildern in Goldschmuck darstellt. Über das hübsche Dorf Locmélar und die landschaftlich reizvolle D 30 geht es weiter nach ❺ ✳ ✳ **Sizun**, dessen Pfarrbezirk die größte und wohl schönste Triumphpforte besitzt – im Centre Pompidou von Paris steht ein Nachbau. Der Kalvarienberg von ❻ ✳ ✳ **Plougastel-Daoulas** 28 km weiter westlich gehört zu den größten der Bretagne. 180 Figuren stellen 20 Szenen aus der Passionsgeschichte dar.

Vorbei an Erdbeerfeldern – die Halbinsel ist berühmt für die süßen roten Früchte – führt die Fahrt weiter zur südlich gelegenen Presqu'Île de Crozon, die zu einem längeren Aufenthalt einlädt. Schönstes der sechs stürmischen Kaps ist die ❼ ✳ ✳ **Pointe de Pen-Hir**. Von der ❽ ✳ ✳ **Pointe des Espagnols** eröffnen sich großartige Ausblicke auf die Reede von Brest. Im malerischen Fischerstädtchen ❾ ✳ **Camaret**, einst ein bedeutender Langustenhafen, laden an der Hafenzeile zahlreiche Restaurants ein, mit Blick auf die Kutter am Kai zu schlemmen.

Die Kaps der Crozon-Halbinsel und der Cornouaille

Auf dem Weg nach Süden erhebt sich einsam und kahl der 330 m hohe ❿ ✳ ✳ **Menez Hom** aus der Ebene. Der Weg hinauf lohnt sich: Der Rundblick vom zweithöchsten Berg der Bretagne ist fantastisch. ⓫ ✳ ✳ **Locronan** kennen viele bereits von der Leinwand: Roman Polanski drehte vor den malerischen Granithäusern des Bilderbuchdörfchens am Forêt du Duc den Kinofilm »Tess«, Philippe de Broca das Historiendrama »Les Chouans«. Alle sechs Jahre vereinen sich hier Tausende von Pilgern zur Grande Troménie, der größten Wallfahrt der Bretagne. Liebhaber alter Schiffe und Boote sollten in ⓬ ✳ **Douarnenez** unbedingt den Besuch des Port-Musée einplanen, einer Sammlung historischer Schiffe im Port-Rhu. Jenseits der Brücke über das Hafenbecken lockt der Stadtteil Tréboul mit Jachthafen, Badestrand und Thalassotherapie. Die ⓭ ✳ ✳ **Pointe du Raz** auf dem Cap Sizun zählt zu den berühmtesten Wahrzeichen des Finistère. Für viele schöner – und deutlich

> **!** *Baedeker* **TIPP**
>
> **Naturschauspiel**
> Bei Morgat hat das Meer zahlreiche tiefe Höhlen und Grotten in den Fels gewaschen, die sich per Boot – und nur wenige zu Fuß bei Ebbe – besichtigen lassen. Am eindrucksvollsten ist die 90 m tiefe Grotte de l'Autel, in der sich ein Stein wie ein Altar erhebt.

Die Sicht von der Pointe du Van ist atemberaubend: rechts das Cap de la Chèvre, links die Pointe du Raz.

weniger rummelig – ist die benachbarte ⑭ ✴ ✴ **Pointe du Van**. Hauptort des Cap Sizun ist die Hafenstadt ⑮ ✴ **Audierne** an der Südküste, die Besuchern allerlei Abwechslung bietet: quirliges Hafenleben am Ufer des Goyen, ein Aquarium mit diversen Shows und Ausflüge zur Ile de Sein, der winzigen Toteninsel der Kelten. Die Route endet in ⑯ ✴ ✴ **Quimper**, der alten Hauptstadt der Cornouaille. Hoch ragen die spitzen Türme der Kathedrale St-Corentin über die Fachwerkhäuser der Altstadt. Das Fayencen-Museum zeigt die kunstvollsten Teller, Krüge, Platten und Figuren aus den Werkstätten von HB-Henriot und Keraluc. Idyllisch: eine Bootsfahrt auf dem Odet, dem »schönsten Fluss Frankreichs«.

Tour 4 Hinkelsteine und Inselabenteuer

Länge der Tour: 150 km   **Dauer:** 4 – 7 Tage

Morbihan ist das Mekka der Vorzeit. Nirgendwo sonst auf der Welt finden sich so viele prähistorische Zeugnisse wie im Bereich des Golfs von Morbihan. Die Küste lädt mit langen Sandstränden zum Baden ein, malerische Städte zum Schlendern und Schauen.

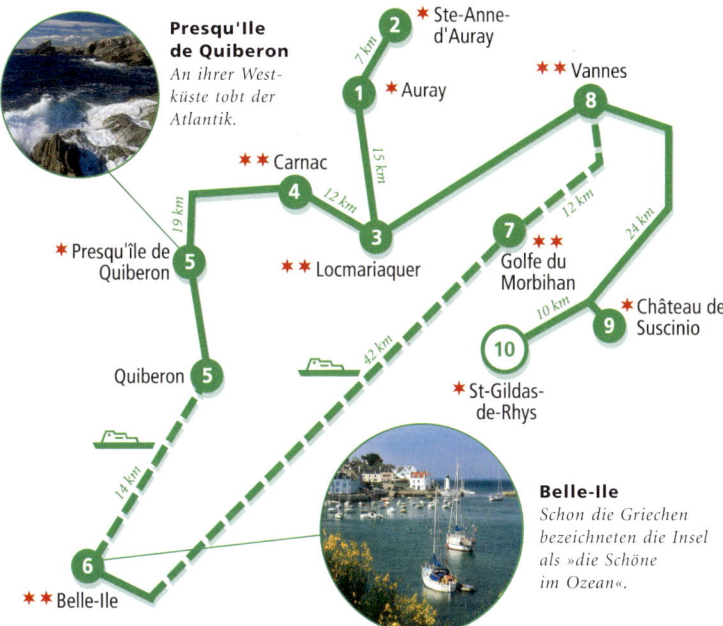

Presqu'Ile de Quiberon
An ihrer West-küste tobt der Atlantik.

2 ✴ Ste-Anne-d'Auray

7 km

1 ✴ Auray

✴✴ Vannes

8

15 km

✴✴ Carnac

4

12 km

19 km

✴ Presqu'île de Quiberon   **5**

3

✴✴ Locmariaquer

7 ✴✴
Golfe du Morbihan

12 km

24 km

10 km

✴ Château de Suscinio

9

Quiberon   **5**

42 km

10

✴ St-Gildas-de-Rhys

14 km

6

✴✴ Belle-Ile

Belle-Ile
Schon die Griechen bezeichneten die Insel als »die Schöne im Ozean«.

Beiderseits einer Flussschleife des Loc'h liegt die Handelsstadt ❶ ✴ **Auray**. An lauen Sommerabenden sind die Bars und Bistros im malerischen Hafenviertel St-Goustan bis auf den letzten Platz besetzt. Einen Abstecher lohnt die Basilika in ❷ ✴✴ **Ste-Anne-d'Auray**, einer der wichtigsten Wallfahrtsstätten der Bretagne. Zehntausende Gläubige pilgern alljährlich im Juli zu diesem Heiligtum. Am Westufer des schmalen Goulet, das den Atlantik mit dem Golfe du Morbihan verbindet, liegt ❸ ✴✴ **Locmariaquer**. Mit dem zerbrochenen Feenstein, dem größten Menhir der Welt, und dem gewaltigen Table des

Hinkelsteine, Badespaß und Butterkuchen

Marchands, einem 2,5 m hohen und 36 m langen Dolmen, besitzt das alte Hafenstädtchen einige der wichtigsten Zeugnisse der Megalithkultur aus der Zeit um 5000 bis 2000 v. Chr. »Hauptstadt der Vorzeit« ist jedoch ❹ ✶ ✶ **Carnac**. So viele Steinalleen, Dolmen und Menhire wie hier gibt es sonst nirgendwo, über 4000 steinerne Zeugnisse der Vorzeit sind in nächster Umgebung erhalten. Das größte Megalithfeld der Welt ist heute als UNESCO-Welterbe geschützt. Erholung pur bieten die feinsandigen Strände von Carnac-Plage, die sanft in die Fluten abfallen. Einen Besuch lohnt auch der große Wochenmarkt von Carnac-Bourg, auf dem die Händler Spezialitäten wie Kaldaunenwurst und den leckeren Blätterteigkuchen Kouign Amann zum Probieren anbieten. Eine

> ## ! *Baedeker* TIPP
>
> ### Zwischen Himmel und Meer
>
> Statt schnurgerade zum Hauptort Quiberon zu fahren, lohnt sich ein Abstecher zur Westküste. Bucht für Bucht folgt die kurvenreiche Küstenstraße den wilden Klippen der Côte Sauvage. Die Badestrände liegen allesamt an der sanften Ostküste.

Landenge führt auf die ❺ ✶ **Presqu'île de Quiberon**. 1795 wurde hier Geschichte geschrieben, 5000 königstreue Chouans wurden vom französischen Revolutionsheer niedergemetzelt, gefangengenommen und später hingerichtet.

Belle-Ile und die Inseln des Golfe du Morbihan

❺ **Quiberons** Hafen Port-Maria ist das Sprungbrett zur »schönen Insel im Meer«, der ❻ ✶ ✶ **Belle-Ile-en-Mer**. Wundertätige Feen, so die Legende, schenkten den Bretonen einst ihre größte Insel. Ende des 19. Jahrhunderts wurde die Belle-Ile zum Künstleridyll. Claude Monet malte hier, Marcel Proust und André Gide kamen zur Stippvisite, die Schauspielerin Sarah Bernhardt blieb 40 Sommer lang. Ihr Domizil in einem umgebauten Fort an der Nordwestspitze der Insel wurde im Zweiten Weltkrieg von deutschen Truppen gesprengt.

Wer nicht wieder nach Quiberon zurückkehren möchte, kann im Sommer die Reise per Schiff fortsetzen: Einmal täglich legt eine Autofähre nach Vannes ab, passiert den nur einen Kilometer breiten Goulet des ❼ ✶ ✶ **Golfe du Morbihan** zwischen der Pointe de Kerpentir und Port Navalo und schippert dann gemütlich durch die Inselwelt des »mor bihan«, des »kleinen Meeres« zur Hauptstadt des gleichnamigen Départements. Unzählige Inseln, Eilande und Felsen ragen aus dem flachen Wasser, das bei Flut rund 130 km², bei Ebbe hingegen nur knapp 50 km² bedeckt.

Größte Insel im Golf ist die 6 km lange Ile aux Moines. Der einstige Klosterbesitz ist heute ein idyllischer Ferienort, der sich am besten mit Leihrädern erkunden lässt. Zu den schönsten steinzeitlichen Denkmälern gehört der rund 5000 Jahre alte Tumulus auf der unbewohnten Ile de Gavrinis, dessen Tragsteine mit eingeritzten Gravuren übersät sind: Schlangen, Kreise, Pfeile und Bogen. Das Gesamtkunstwerk der Vorzeit lässt sich jedoch nur im Rahmen von Führungen besichtigen.

Die Steinreihen, die nördlich von Carnac im Gelände stehen, gehören zu den Mysterien der Menschheitsgeschichte.

Mindestens einen halben Tag sollte man für ❽ ✳ **Vannes** einplanen. Hinter seinen hohen Festungsmauern, die für Besucher teilweise geöffnet sind, pulsiert das Leben in den mittelalterlichen Gassen. Auf der quirligen Place Gambetta laden Cafés ein, das Treiben im Jachthafen bei Fruits de mer und einer Flasche Weißwein zu genießen. Besonders bunt geht es im Sommer zu: Auf das Festival International de la Photo de Mer April/Mai mit Open-Air-Ausstellungen in der Altstadt folgen die Fête Historique Mitte Juli und das Festival du Jazz Anfang August. Wer noch Zeit hat, sollte die Rundfahrt mit einem Abstecher zur Halbinsel Rhuys abschließen, die den Golf im Osten begrenzt. Hauptattraktionen sind hier das wehrhafte ❾ ✳ **Schloss Suscinio** mit einer einmaligen Sammlung mittelalterlicher Fliesen, die Jachthäfen Port-Navalo und Port de Crouesty und die mächtige Kirche von ❿ ✳ **St-Gildas-de-Rhys**, die auf einem Plateau über dem Atlantik und dem 1000-Seelen-Ort thront.

Reiseziele von A bis Z

DAS STOLZE ROHAN-SCHLOSS JOSSELIN UND DIE FANTASTISCHEN FIGUREN DES GROSSEN KALVARIENBERGS IN ST-THEGONNEC – NUR ZWEI DER VIELEN HIGHLIGHTS, DIE DIE BRETAGNE ZU BIETEN HAT.

✳ Auray

H / 13 / 14

Département: Morbihan   **Einwohnerzahl:** 10 200

Auray gehört zu den beliebtesten Zielen der südlichen Bretagne. Am Westufer des Loc'h erhebt sich die mittelalterliche Oberstadt, am Ostufer verbindet das malerische Hafenviertel St-Goustan maritime Vergangenheit mit moderner Kunst und guter Küche.

Zweimal war Auray Schauplatz der Geschichte: 1364 beendete Jean de Montfort mit seinem Sieg über Charles de Blois den bretonischen Erbfolgekrieg, 1795 wurden hier die letzten Chouans hingerichtet. Am Montagvormittag bietet der Wochenmarkt zwischen Rathaus und St-Gildas alle Gaben der Region: Artischocken, Cidre, Käse, Austern und geräucherte Würste. Immer ein Erlebnis: die Schiffsausflüge von Auray zum ▶Golfe du Morbihan.

Sehenswertes in Auray

✳
Place de la République
Der dreieckige Platz der Republik ist das Herz der Oberstadt. Mit hohem Uhrturm samt Glockenspiel erhebt sich das 1882 vollendete Rathaus aus hellem Stein über restaurierten Fachwerkhäusern; dahinter laden die Markthallen zum Schauen und Probieren ein.

✳
St-Gildas ▶
Die 1641 von Bischof Rosmadec aus ▶Vannes geweihte Kirche St-Gildas zeigt einen charmanten Stilmix. Das Portal an der Südseite

▶ AURAY ERLEBEN

AUSKUNFT

Office de Tourisme
20 Rue du Lait, 56400 Auray
Tel. 02 97 24 09 75, Fax 02 97 50 80 75
www.auray-tourisme.com

ESSEN / ÜBERNACHTEN
▶ Günstig / Komfortabel
Hôtel du Loc'h
2 Rue Guhur, La Forêt
Tel. 02 97 56 48 33, Fax 02 97 56 63 55
www.hotel-du-loch.com, 30 Z.
Ruhig am Waldesrand gelegen,
mit gutem Restaurant.

La Diligence
170 Avenue du Général de Gaulle
Tel. 08 99 69 05 41 02 97 24 00 18

Fax 02 97 56 67 93
www.restaurant-la-diligence.com
Charmantes Haus mit 19 Z. im Stil
der 1930er; ausgezeichnete Küche.

Baedeker-Empfehlung

▶ Komfortabel
Hostellerie Abbatiale
Manoir de Kerdréan, 56400 Le Bono
Tel. 02 97 57 84 00, Fax 02 97 57 83 00
www.abbatiales.com; 69 Z.
Herrenhaus 5 km südöstlich von Auray, mit
modernem Anbau. Alle Zimmer blicken auf
den Park und zum Pool. Im gemütlichen
Restaurant werden regionale Gerichte
serviert.

stammt aus der Renaissance; die Kassettendecke im Innenraum wird von gotischen Arkaden auf dorischen Säulen getragen. Barock präsentiert sich das Marmorretabel, das Olivier Martinet 1657 schuf. Die Chapelle St-Esprit aus dem 12. Jh. wird seit 1982 für Ausstellungen genutzt.

Fischer und Seeleute waren die ersten Bewohner von **St-Goustan** am linken Ufer des Loc'h. Später kamen bretonische Fürsten und errichteten eine hölzerne Burg am Flussübergang. Die Steinbrücke erhielt im 17. Jh. ihre heutige Form. Damals war St-Goustan ein wichtiger Hafen am Weg von ▶ Nantes nach Spanien. Getreide, Fische, Wein und das Salz der Guérande wurden hier verschifft. Größtes Schiff im Hafen ist der (rekonstruierte) **Segler St-Sauveur**. In dem Zweimaster erhält man Einblick in den Seehandel um 1900 (Öffnungszeiten: April – Okt. tägl. 10.00 bis 19.00 Uhr). Um die kleine **Place St-Sauveur** drängen sich Cafés und Restaurants. Kutter, Kabinenkreuzer und alte Kähne sind am Kai vertäut; am anderen Ufer grüßt die Oberstadt mit Festungsmauer und Bürgerhäusern. Treppen führen hinauf zur Kirche St-Sauveur. Vom

★
◀ Museumsschiff

◀ weiter auf S. 136

> **!** *Baedeker* TIPP
>
> ### Panoramablick
>
> Ein Wehrturm aus dem Jahr 1721 lockt am Ende des Impasse du Belvédère mit der schönsten Aussicht auf Auray: Aus 24 m Höhe erfasst der Blick den Loc'h und das Hafenviertel St-Goustan mit seinen schmucken mittelalterlichen Fachwerkhäusern am Kai. Aussichtsreich sind auch die Rampes du Loc'h hinunter zum Quai Martin und die Promenade am Flussufer.

Der kleine Hafen von Auray in der Abendstimmung

Georges Cadoudal wurde in Kerléano bei Auray geboren.

DER LETZTE CHOUAN

Paris, 24. Dezember 1800, Rue Ste-Niçaise. Die Wucht der explodierenden Bombe war gewaltig. 40 Menschen fanden bei dem Attentat den Tod, doch der, dem der Anschlag gegolten hatte, kam unversehrt davon: der »Erste Konsul der Republik«, der sich vier Jahre später zum Kaiser von Frankreich krönen sollte – Napoléon Bonaparte. Drahtzieher des Anschlags war Georges Cadoudal, der letzte Chouan.

Widerstand im Zeichen des Waldkäuzchens

Cadoudal, 1771 in Kerléano bei Auray geboren, hatte wie viele in der Bretagne den Ausbruch der Französischen Revolution begrüßt. Doch bald schon schlug die Euphorie in Enttäuschung um. Statt mehr politische Selbstbestimmung zu erlangen, geriet die Bretagne durch einschneidende Gebietsreformen in immer größere Abhängigkeit von Paris. Als die bretonische Sprache verboten, 300 000 einheimische Söhne für die Kriege zwangsrekrutiert, Häftlinge der überfüllten Gefängnisse auf Schiffen in der Loire versenkt wurden und revolutionäre Bilderstürmer die Dorfkirchen »säuberten«, brach 1793 der bewaffnete Aufstand los. Erkennungszeichen der Kämpfer gegen die regierenden Republikaner wurde der Schrei des Waldkäuzchens, **chat-huant**, was den »Chouans« den Namen gab. Guerillakriegern gleich, lebten sie in Banden versteckt in den Wäldern und bewegten sich, um schneller fliehen zu können, mit 15 Fuß langen Springstöcken vorwärts. Ihr Kampf für die Rückkehr von Thron und Altar überzog vor allem die östliche Bretagne. Er richtete sich nicht nur gegen die nach ihrer Uniform genannten »Blauen« der Revolutionsarmee, sondern auch gegen die eigene städtisch-republikanische Bevölkerung.

Georges Cadoudal

Berühmtester Chouan war der Bauernsohn Georges Cadoudal, der 1793 den Aufständischen beitrat. Zwei Jahre später wagte er mit 10 000 Mann und Unterstützung der britischen Marine eine Invasion an der Küste der Halbinsel Quiberon. Die Landung endete in einem Blutbad. Als 4500 Mann vor Carnac an Land gingen, wurden sie bereits von der Revolutionsarmee des 27-jährigen Generals Hoche erwartet. Erbarmungslos ließ er das Feuer auf die Invasoren er-

über Bonaparte ließ ihn zur Bombe greifen. Nach dem gescheiterten Anschlag gelang Cadoudal die Flucht nach England. Als er drei Jahre später einen weiteren Anschlag plante, fiel er den Häschern des Polizeiministers Fouché in die Hände. Nach kurzem Prozess endete er am 12. Juni 1804 unter der Guillotine – und blieb doch

Die Rebellen verständigten sich mit dem Ruf des Käuzchens, der »chouette«, und nannten sich daher Chouans.

öffnen. 1400 Männer wurden beim Zurückschwimmen zu den englischen Schiffen getötet, über 1000 Mann gerieten in Gefangenschaft, 952 von ihnen wurden auf dem **Champ des Martyrs** (Märtyrerfeld) bei Auray hingerichtet. Cadoudal indes gelang die Flucht. 1799 stand er wieder an der Spitze der aufständischen Chouans. Während die reguläre Armee ganze Heckenlandschaften freischlug, um seiner habhaft zu werden, versteckte er sich auf einer Insel in der Rivière d'Etel.

Als Napoleon an die Macht kam, legte der Rebellenchef voller Hoffnung die Waffen nieder. Seine Enttäuschung

noch lange der Nachwelt erhalten: Sein Skelett diente an der Pariser Universität jahrelang als praktisches Anschauungsobjekt für den Knochenbau des Menschen.

Stoff für Legenden

Die Chouannerie inspirierte immer wieder Literatur und Leinwand. Victor Hugo heroisierte das Geschehen in seinem Roman »1793«, Honoré de Balzac band die Darstellung des Aufstands in »Die Chouans oder Die Bretagne im Jahre 1799« in eine Liebesgeschichte ein. Philippe de Broca erinnerte 1990 mit seinem Kinofilm an »Die letzten Chouans«.

Ursprungsbau von 1469 sind nur das Portal und der Kalvarienberg erhalten. Am 4. Dezember 1776 legte das Schiff des US-Präsidenten Benjamin Franklin im **Hafen** von Auray an. Sein Quartier lag im Haus Nr. 8. Heute verbindet das Quai Franklin das historische Hafenbecken an der Place Sauveur mit dem Flusshafen, den v. a. Freizeitkapitäne nutzen.

Mausolée de Cadoudal

Der »letzte Chouan« **Georges Cadoudal** kam am 1. Januar 1771 im südlichen Vorort Kerléano zur Welt. Ab 1799 leitete der Sekretär eines Anwalts die Armee der Royalisten des Comte d'Artois, wofür er am 25. Juni 1804 in Paris enthauptet wurde. Seine sterblichen Reste bewahrt ein Mausoleum gegenüber dem Elternhaus in einem Park, errichtet 1852 im neoklassizistischen Stil.

Umgebung von Auray

Ste-Anne-d'Auray

Das 6 km nordöstlich gelegene Ste-Anne-d'Auray gilt als der bedeutendste bretonische Wallfahrtsort. Höhepunkt ist alljährlich der **Pardon am 26. Juli**, den am Vorabend eine Lichterprozession eröffnet.

Verehrt wird die hl. Anna, Mutter der Jungfrau Maria – der Legende zufolge eine Bretonin. Während ihrer Schwangerschaft wurde sie von ihrem Ehemann verstoßen und von Engeln nach Nazareth getragen, wo sie Maria gebar. 1623 erschien die hl. Anna dem frommen Bauern **Yves Nicolazic** und führte ihn zu jener Stelle, an der 1625 eine erste Kirche entstand. Die heutige Basilika aus Granit mit 75 m hohem Turm wurde von 1867 bis 1872 erbaut. Die Fenster des Hauptschiffs schildern das Leben der hl. Anna. Nicolazics Gebeine ruhen in einer Kapelle im rechten Seitenschiff. Die Kirche ist mit einem Karmeliterkloster verbunden, dessen Kreuzgang aus dem 17. Jh. stammt. Zum Wallfahrtsbezirk gehören auch eine wundertätige Quelle, die heilige Treppe (Scala Sancta), die Schatzkammer mit Gaben der Gläubigen sowie die Espace Jean Paul, die an den Papstbesuch am 20. September 1996 erinnert.

Wallfahrtskirche Ste-Anne-d'Auray

Typische bretonische Trachten zeigt das **Musée du Costume Breton** auf dem Kirchengelände. Öffnungszeiten: März – Okt. 10.00 bis 12.00, 14.30 – 18.00 Uhr (So.vormittag geschl.).

Von der Erscheinung der hl. Anna bis zum Papstbesuch erzählen die Wachsfiguren im **Musée de Cire**, die das Pariser Musée Grevin gestaltete. Öffnungszeiten: März – Mitte Okt. tägl. 8.00 – 19.00 Uhr.

Chartreuse d'Auray

Zur Erinnerung an die Gefallenen des Erbfolgekriegs ließ Jean de Montford 1382 rund 3 km nördlich von Auray in der Nähe des Schlachtfelds eine Kapelle und ein Kollegium errichten, das 1480 in ein Kloster umgewandelt wurde. Zu besichtigen sind die 1720 geweihte Kirche, die Grabkapelle aus dem 19. Jh., der Kreuzgang und das Mausoleum für die hierher überführten Chouans. Sie waren 1795 auf dem nahen Champs des Martyrs von Toulbahadeu erschossen worden, wo seit 1829 eine Kapelle ihr Andenken wachhält.

Ecomusée St-Dégan

Wie die Landbevölkerung im 19. Jh. lebte, zeigt das Freilichtmuseum St-Dégan 4 km nördlich. Öffnungszeiten: Juli/Aug. tägl. 10.00 bis 19.00, April – Juni, Sept. – Nov. So. – Fr. 14.00 – 17.30 Uhr.

✶ ✶ Belle-Ile-en-Mer

K / L 12 / 13

Département: Morbihan   **Einwohnerzahl:** 4500

Für Sarah Bernhardt war die größte bretonische Insel auch die schönste: 40 Sommer verbrachte die Schauspielerin auf Belle-Ile-en-Mer, die schon die Griechen als »Kalonesos«, als »Schöne Insel«, bezeichneten. Heute genießen jährlich eine halbe Million Besucher den Urlaub auf dem Eiland 15 km südwestlich von Quiberon.

Der Kranz der Feenkönigin

Der Legende nach ist das 20 km lange, 9 km breite und ca. 40 m hohe Schieferplateau ein Geschenk von Feen. Ihre Tränen, die sie über die Vertreibung aus dem Wald von Paimpont vergossen, füllten den ►Golfe du Morbihan; ihre Blumenkränze, die sie zum Abschied ins Wasser warfen, verwandelten sich in Inseln. Der schönste Kranz der Feenkönigin wurde vom Wind auf die offene See getrieben und bildet seitdem die Belle-Ile. Rund 100 km Küste säumen das Eiland: hier tief eingeschnittene Täler, die in Naturhäfen oder Stränden mit goldenem Sand enden, dort wilde Küste, wo sich Wellen an hohen Felsen brechen. Nur im Osten findet man sanft geneigte, malerische Badestrände wie die Plage de Port oder die eher sportlichen Grands Sables. Weizen- und Roggenfelder bedecken das hügelige Inselinnere, sonst wachsen vielfach Heidekraut und Kiefern. Weiß gekalkte Häuser prägen die kleinen Ortschaften. Junge Leute kommen in hellen Scharen auf die Insel, den Sommer über ist an den Stränden und in den Kneipen viel los, die Atmosphäre fröhlich und sehr relaxed.

▶ BELLE-ILE-EN-MER ERLEBEN

AUSKUNFT

Office de Tourisme
Quai Bonnelle, BP 30
56360 Le Palais
Tel. 02 97 31 81 93
Fax 02 97 31 56 17
www.belle-ile.com

VERKEHR

Vom Port-Maria in ▶Quiberon fahren ganzjährig Fährschiffe zum Haupthafen Le Palais, im Sommer auch von ▶Vannes, Port Navalo (▶S. 244) und La Turballe (▶S. 249), ebenso zum Hafen von Sauzon. Der kleine Flugplatz liegt im Inselinneren bei Bangor. Rund 35 km Radwege und über 100 km Wanderwege laden ein, die Insel in aller Ruhe zu erkunden.

ESSEN UND ÜBERNACHTEN

▶ Luxus

Castel Clara
Port Goulphar, 56360 Bangor
Tel. 02 97 31 84 21
Fax 02 97 31 51 69
www.castel-clara.com; 40 Z.
Über der Südwestküste nahe Bangor thront die Nobelherberge mit ausgezeichnetem Restaurant, beheiztem Meerwasserschwimmbad, Thalassotherapie und Wellnessbereich.

La Désirade
Le Petit Cosquet
Tel. 02 97 31 70 70
Fax 02 97 31 89 63
www.hotel-la-desirade.com
Als Dorf angelegtes Hotel mit 32 Z. knapp 2 km westlich von Bangor. Zartrosa getünchte, charmante Häuschen gruppieren sich um einen Pool. Ländlich-elegant gestaltete, großzügige Zimmer, entspannte Atmosphäre. Restaurant mit hochklassiger Küche.

▶ Günstig / Komfortabel

Atlantique
Quai de l'Acadie, 56360 Le Palais
Tel. 02 97 31 80 11
Fax 02 97 31 81 46
www.hotel-atlantique.com; 29 Z.
Unmittelbar am Hafen von Le Palais logiert man in einem außen wie innen hübschen Haus aus dem 18. Jahrhundert. Die Spezialität von Inhaber Christophe Noël ist die wunderbare Meeresfrüchteplatte für zwei.

▶ Günstig

Aux Tamaris
11 Allée des Peupliers, 56360 Sauzon
Tel. 02 97 31 65 09, Fax 02 97 31 69 39
www.hotel-auxtamaris.com; 15 Z.
Gemütliches Haus westlich des Orts, mit Garten, tolles Frühstück. Es gibt ein behindertengerechtes Zimmer.

Baedeker-Empfehlung

Schlemmen in Sauzon
Im Winter treffen sich in dem kleinen Hafenort an der Nordostküste die Genießer: Nur im Dezember und Januar werden hier die delikaten »Pousse-pieds« serviert. Das restliche Jahr über ist die Meeresschnecke, deren Form einer menschlichen Zehe gleicht, geschützt. Vorzüglich sind auch Lammbraten oder Far, ein bretonischer Kuchen als Tarte salée von drei verschiedenen Fischen, im Restaurant Le Roz-Avel in der Rue de Lieutenent-Riou (Tel. 02 97 31 61 48, Mittwoch Ruhetag). Das In-Lokal zum Sehen und Gesehenwerden in Sauzon ist das Café de la Cale am Quai Guerveur (Tel. 02 97 31 65 74, Dienstag Ruhetag, außer im Juli und August). Ausgezeichnet isst man auch im benachbarten Hotel de la Phare mit seiner Terrasse.

Geschichte

Die Belle-Ile war wegen ihrer Lage immer heftig umkämpft und wechselte häufig den Besitzer. Im Jahr 1658 baute Nicolas Fouquet, Finanzminister Ludwigs XIV., die Insel zur Privatfestung aus und sicherte sie mit einer eigenen Flotte. Nach seiner Verhaftung 1661 wurde die Insel mehrfach geplündert, bis 1683 Ludwig XIV. seinen Festungsbaumeister Vauban beauftragte, die Insel ausreichend zu sichern. Knapp 100 Jahre blieb die Belle-Ile uneinnehmbar. 1761 eroberten die Engländer die Insel, gaben sie jedoch 1763 bereits wieder im Tausch gegen Menorca an Frankreich zurück. Mit dem Aufkommen des Badetourismus wandelte sich die Belle-Ile zum »Sylt« Frankreichs. Gustave Flaubert verfasste hier seine Reisetagebücher »Über Feld und Strand«. Marcel Proust, Alexandre Dumas, Colette, Sarah Bernhardt, Claude Monet und Henri Matisse verbrachten hier so manchen Sommer. Heute lebt die Insel nahezu ausschließlich vom Fremdenverkehr.

Sehenswertes auf der Belle-Ile

✳
Le Palais

Weithin sichtbar dominiert Zitadelle Vaubans den Hauptort Le Palais. Die Fährschiffe legen im großen Vorhafen an, die Fischerboote und Jachten hinter dem Schleusentor im Innenhafen. Bereits 1549 entstand unter König Heinrich II. an der Stelle von Kirchenbauten ein einfaches Fort, das 1683 und 1689 von Vauban durch Bastionen verstärkt wurde. Sein heutiges Aussehen erhielt die **Citadelle Vauban** im 19. Jahrhundert. Heute gibt es hier ein Hotel und in den Wohnräumen das **Musée Historique**, das Stiche, Schiffsmodelle und Memorabilien berühmter Inselbesucher wie Sarah Bernhardt zeigt. Öffnungszeiten: Juli, Aug. 9.00 – 19.00, April – Juni, Sept., Okt. 9.30 bis 18.00, Nov. – März 9.30 – 17.00 Uhr.

Pointe des Poulains

1883 erwarb die französische Schauspielerin **Sarah Bernhardt** (1844 bis 1923) die kleine Festung auf der Nordspitze der Insel (Pointe des Poulains) und verbrachte dort bis 1922 jeden Sommer. Ihre Villa und ihr Gästehaus stehen als **Villa des Cinq Parties du Monde** von April bis September täglich 10.30 – 17.30, Okt. – Anf. Nov. Do. und Sa. 13.00 – 17.00 Uhr den Besuchern offen. Der Leuchtturm auf der Ile des Poulains ist bei Ebbe zu Fuß erreichbar.

Côte Sauvage

An der »Wilden Küste« im Südwesten haben Brandung und Wetter eine bizarre Felslandschaft geschaffen. Auf die fjordartige Bucht Ster

Aiguilles de Port-Coton – romantische Abendstimmung an der Côte Sauvage

Vras folgt die Pointe du Vieux Château mit einem **Vogelschutz-gebiet**. Kormoranen, deren Nester in den Felsspalten an aufgereihte Gefäße einer Apotheke erinnern, verdankt die **Grotte de l'Apothicairerie** in der 50 m hohen Steilküste ihren Namen. Aus Sicherheitsgründen ist der Zugang gesperrt. – An der D 25 südlich von Sauzon erzählen die beiden Menhire **Jean und Jeanne** die Legende von zwei Liebenden, die sich in Vollmondnächten vereinen.

Kervilahouen

Die älteste Gemeinde der Insel südwestlich von Bangor wurde bereits im 6. Jh. von Mönchen aus Irland gegründet. 1886 wählte Claude Monet (1840 – 1926) das Dorf, um die bis zu 43 m hohen Felsnadeln bei **Port-Coton** auf 39 Gemälden festzuhalten. Der 47 m hohe, 1835 eingeweihte Grand Phare ist mit seiner Reichweite von 32 Seemeilen einer der lichtstärksten Leuchttürme Frankreichs. Wer die 256 Stufen zur Brücke erklimmt, wird mit einem großartigen Blick über die Belle-Ile belohnt. Mit seinen spektakulären Wellen ist das weiter nördlich gelegene Port Donnant das »Hawaii« der Insel, ein Mekka für Wellenreiter.

◄ Grand Phare

◄ Port Donnant

Schroffe Klippen prägen den höchstgelegenen Ort der Insel (71 m) ganz im Osten. Seine 700 Einwohner leben in 33 »Dörfern«. Die Kirche Notre-Dame-de-l'Assomption von 1714 ist das älteste Gotteshaus der Insel. Ihr Kirchturm erinnert an 78 frankokanadische Familien, die 1765 von Ludwig XV. hier angesiedelt wurden. Vom Leuchtturm an der Ostspitze der Insel bietet sich ein schöner Blick auf die Inseln Houat und Hoëdic (►S. 325). Befestigungen aus dem 17. und 18. Jh. säumen den feinsandigen, fast 2 km langen Strand **Grands Sables** an der Nordostküste östlich von Le Palais.

Locmaria

◄ Pointe de Kerdonis

★ Brest

D 4/5

Département: Finistère   **Einwohnerzahl:** 156 000

Frankreichs westlichste Stadt, Flottenstützpunkt seit dem 14. Jh., lag nach dem Zweiten Weltkrieg in Schutt und Asche. Vom Zentrum der alten Hafenstadt hatte einzig das Schloss den Bombenhagel von 1944 überstanden. Schnell wurde die Stadt schachbrettartig in Beton hochgezogen. Grau, schlicht, schmucklos – nicht gerade ein heimeliges Ambiente. Doch in den letzten Jahren begann ein Umdenken. Brest baute Promenaden, Parks und ein Museum, das Besucher begeistert: Océanopolis.

Brest liegt an der ca. 40 km tief ins Land vordringenden Rade de Brest nördlich der Halbinsel Crozon. Eine 1,8 km breite, von Felsen gesäumte Durchfahrt, der Goulet de Brest, trennt die Bucht vom Atlantik. Gespeist von Penfeld, Aulne und Elorn, ist das 12 – 30 m tiefe

Brest Orientierung

Essen
1. Océania
2. La Pensée Sauvage
3. La Chaumière
4. La Chaumine

Übernachten
1. De la Paix
2. La Corniche
3. Bellevue
4. Kastel Roc'h

Binnenmeer ein beliebtes Segelrevier. Alle vier Jahre drängen sich im Juli Tausende am Ufer, um Windjammer und andere alte Segler zu bestaunen – dann feiert Brest sein großes Festival der alten Boote.

Geschichte Die geschützte Lage des 150 km² großen Naturhafens erklärt die strategische Bedeutung von Brest und seine bewegte Vergangenheit. Bereits die Römer nutzten im 3. Jh. »Beg Rest«, das »Ende des Waldes«, als Stützpunkt. 1631 begann der Ausbau zum Kriegshafen. Unter Colbert entstand der berüchtigte Bagno, ein Gefängnis, dessen 3000 Häftlinge in Ketten u. a. die Festung errichteten. Ab 1683 prägte der königliche Festungsbaumeister Vauban das Stadtbild. Im Zweiten Weltkrieg deutsche U-Boot-Basis, wurde Brest kurz vor Kriegsende 43 Tage lang von den Alliierten bombardiert, wobei Innenstadt und Militärhafen völlig zerstört wurden. Der Wiederaufbau dauerte bis 1961. Heute ist die Stadt ältestes Marinearsenal, zweitgrößter französischer Kriegshafen nach Toulon, Handelshafen und Werftstandort. Nach ▶ Rennes ist Brest zweitwichtigste Universitätsstadt der Bretagne sowie Sitz des Ozeanographischen Forschungszentrums-s.Alain Robbe-Grillet, der bedeutendste Vertreter des Nouveau Roman, kam 1922 hier zur Welt († 2008).

▶ BREST ERLEBEN

AUSKUNFT

Office de Tourisme
Place de la Liberté, 29200 Brest
Tel. 02 98 44 24 96
www.brest.fr
www.brest-metropole-tourisme.fr

VERKEHR

Flughafen Brest Bretagne 9 km nordöstlich, Busse zum Bahnhof und Place
de la Liberté (www.brest.aeroport.fr).
Bibus und Tram erschließen die Innenstadt. Ausflugsboote und Fähren
nach Molène und Ouessant sowie zur
Crozon-Halbinsel (Le Fret, Camaret)
legen am Port de Commerce ab
(Compagnie Maritime Penn ar Bed,
Tel. 02 98 80 80 80).

FESTE & EVENTS

21. Juni: Fête de la Musique. Mitte
Juli – Ende Aug.: Do. abends »Jeudi
du Port« (Musik, Straßentheater etc.).
Alle 4 Jahre (wieder 2012) treffen sich
Mitte Juli bei der 7-tägigen Fête Maritime Internationale an die 2000 Segelschiffe. Letztes Sept.-Wochenende:
großer Straßenflohmarkt.

SHOPPING

In den Halles St-Louis ist morgens
Markt. Gut einkaufen kann man in
der Rue de Siam, in der Rue Jean-
Jaurès und in der Rue Victor Hugo.

ESSEN

▶ Fein & teuer

① *Océania*
82 Rue de Siam
Tel. 02 98 80 66 66, Fax 02 98 80 65 50
www.oceaniahotels.com
Sa.mittag, So., Mo.abend geschl.
Schickes Lokal im Herzen von Brest
im gleichnamigen 82-Zimmer-Hotel.
Hier zaubert Guillaume Huguet bretonische Köstlichkeiten.

▶ Preiswert

② *La Pensée Sauvage*
13 Rue Aboville, Tel. 02 98 46 36 65
Eine Institution in Brest: herzhafte
ländliche Küche Frankreichs in
schlichter, freundlicher Atmosphäre.
Bestes Preis-Leistungs-Verhältnis;
reservieren. So., Mo.mittag geschl.

③ *La Chaumière*
25 Rue Emile Zola, Tel. 02 98 44 18 60
Sa.mittag, So. geschl.
Schon in der dritten Generation wird
hier beste regionale Küche geboten.

④ *La Chaumine*
16 Rue Jean Bart, Tel. 02 98 45 10 70
Eine der besten Crêperien in Brest,
im historischen Recouvrance-Viertel.
Sympathisches Ambiente, exzellente
und üppige Crêpes. Tägl. geöffnet,
Mo. – Fr. nur abends. Am Wochenende ist Reservieren angezeigt.

ÜBERNACHTEN

▶ Günstig / Komfortabel

① *De la Paix*
32 Rue Algésiras
Tel. 02 98 80 12 97, Fax 02 98 43 30 95
www.hoteldelapaix-brest.com
Modern-schlichtes, sehr angenehmes
Hotel im Zentrum. Mit ordentlichem
Restaurant.

② ***Hotel de la Corniche***
1 Rue Am. Nicol, Tel. 02 98 45 12 42
www.hotel-la-corniche.com
Hübsches kleines Haus im alten bretonischen Stil, ruhig westlich der
Marinebasis und nahe den Spazier-
wegen an der Küste gelegen.

► **Günstig**

③ ***Bellevue***
53 Rue Victor Hugo
Tel. 02 98 80 51 78, Fax 02 98 46 02 84
www.hotelbellevue.fr; 26 Z.
Modernes, angenehmes Hotel nahe
dem Bahnhof, mit Meeresblick.

④ ***Kastel Roc'h***
91 Avenue du Général-de-Gaulle

29470 Plougastel-Daoulas
Tel. 02 98 40 32 00, Fax 02 98 04 24 40
45 Z. Gemütliches Haus mit guter
traditioneller Küche. Um die Ecke
liegt der berühmte Kalvarienberg.

Baedeker-Empfehlung

Willkommen an Bord!
Ein tolles Erlebnis sind die 2- bis
6-tägigen Segeltörns von Brest aus
auf der 1992 vom Stapel gelaufenen
»Recouvrance«, dem Nachbau
eines Zweimastschoners von 1817.
Info und Anmeldung Tel. 02 98 33
95 40, www.larecouvrance.com.

Sehenswertes in Brest

Rue de Siam
»Rapelle-toi, Barbara. Il pleuvait sans cesse sur Brest, et je t'ai croisée
rue de Siam«: Jacques Préverts Gedicht »Barbara« machte die
schnurgerade Mittelachse der Stadt bekannt. Ihren Namen verdankt
sie drei Gesandten aus Siam, dem heutigen Thailand, die 1686 in die
Stadt kamen. Sie zieht sich von der **Place de la Liberté** mit dem 1961
erbauten Hôtel de Ville und dem 1988 eröffneten Kultur- und Kon-
gresszentrum Le Quartz bis zur Recouvrance-Brücke.

✱
**Musée des
Beaux-Arts**
🕐
Ein Muss ist der Besuch des Kunstmuseums (Rue Traverse 22) mit
Gemälden niederländischer, italienischer und französischer Künstler
des 17. bis 20. Jh.s, darunter Werke der **Schule von Pont-Aven** (Ber-
nard, Delavallée, Jourdan, Maufra, Moret und Seguin, jedoch kein
Gauguin) und einiger Impressionisten. Öffnungszeiten: Di. bis
Sa.10.00 – 12.00, 14.00 – 18.00, So. 14.00 – 18.00 Uhr).

✱
Cours Dajot
Entlang der Stadtmauer von Vauban legte sein Schüler Dajot einen
Garten an, eine 600 m lange Promenade mit tollem Panorama: vom
Handelshafen (Port de Commerce) zur Halbinsel Plougastel und
über die Rade de Brest zur Halbinsel Crozon (Orientierungstafel vor
der Präfektur).

✱
Château
Die beeindruckende Festung an der Mündung des Penfeld entstand
ab dem 11. Jh. auf den Grundmauern des römischen Castrums, die
letzten Erweiterungen fanden im 17. Jh. unter Vauban statt. Das **Marinemuseum** im Donjon beschäftigt sich mit der Geschichte des Ar-

senals, der französischen Kriegsflotte und des Hafens (Öffnungszeiten: April – Sept. 10.00 – 18.30, sonst 13.30 – 18.30 Uhr; Jan. geschl.). ⊙
Von der Tour Madeleine schöner Blick über die Bucht von Brest.

Selbst dicke Pötte lässt die (nach der in Rouen) **zweitgrößte Hebebrücke Europas** passieren: 150 Sekunden benötigt die 1954 erbaute Betonbrücke, um die 87 m lange Fahrbahn 26 m hoch zu hieven. Zur Stadtbefestigung gehörte der Turm **Motte-Tanguy** (14. Jh.) jenseits des Flusses, in dem das **Musée du Vieux-Brest** untergebracht ist (Öffnungszeiten: Juni – Sept.tägl. 10.00 – 12.00, 14.00 – 19.00, sonst Mi./Do. 14.00 bis 17.00, Sa./So. bis 18.00 Uhr). ⊙

Pont de Recouvrance

Westlich der Penfeld-Mündung erstreckt sich der **Marinehafen** über 4 km weit bis zur deutschen U-Boot-Basis (Besichtigung inkl. eines Kriegsschiffs von der Porte de la Grande Riviere aus, nur für EU-Bürger, Personalausweis nötig; zugänglich 15. – 30. Juni/1. – 15. Sept. 14.30/15.00, Juli/Aug. 13.45 – 15.30 Uhr). ⊙

★
Base Navale

Eine der größten Attraktionen der Bretagne ist das am Port de Plaisance Moulin-Blanc (3 km östlich) gelegene Océanopolis, ein Forschungszentrum mit einem der größten Aquarien Europas. Präsentiert werden die Polargebiete, die Tropen und gemäßigte Breiten. In über 40 Aquarien leben 10 000 Tiere aus 1000 Arten. Im Polar-Pavillon versetzt ein 20 m großer Bildschirm den Besucher in die Eiswelt der Antarktis. Daneben robben Seehunde über echtes Eis. Im Tropenpavillon füttern Taucher die farbenprächtigen Fische des 13 m langen Korallenriffs. Im Pavillon der gemäßigten Zonen begegnet man der **Unterwasserwelt der Bretagne** in einem U-Boot. Von einer Kommandobrücke aus kann man Modellschiffe

★★
Océanopolis

! Baedeker TIPP

Aus aller Welt

Im Quartier de Recouvrance am rechten Ufer des Penfeld lebten einst die Seeleute. In der Batterie du Cavalier lockt der Jardin des Explorateurs, ein Park mit Pflanzen, die Brester Seefahrer einst von ihren Reisen aus aller Welt mitbrachten. Die Hortensie, die Nationalblume der Bretagne, wurde von dem Botaniker Commerson in Japan entdeckt. Geöffnet ist der Park Mitte Mai – Mitte Sept. 9.00 – 22.00 Uhr, sonst bis 18.00 Uhr.

navigieren. Im »Berührbecken« gibt es u. a. Schwämme, Seegurken und Anemonen zum Anfassen, am Strand spielen Seehunde. Öffnungszeiten: Mai / Juni 9.00 bis 18.00, Juli/Aug. 9.00 – 19.00 Uhr, sonst 10.00 bis 17.00/18.00 Uhr; außerhalb der Schulferien Mo. geschl.; www. oceanopolis.com. Karten auch im Office de Tourisme. ⊙

Die Geschichte des Finistère im Zweiten Weltkrieg dokumentiert das Musée Mémorial Fort Montbarey (Allée Bir-Hakeim, in Richtung Le Conquet; Mo. – Fr. 9.00 – 12.00, 14.00 – 18.00 Uhr). In dem von Vauban bis 1784 erbauten Fort ist auch ein Güterwagen aufgestellt, wie er für die Deportation der Juden verwendet wurde,

Musée Mémorial Fort Montbarey
⊙

Brest, ein wichtiger Handelshafen und Werftstandort

Conservatoire Botanique

Mehr als 50 000 Pflanzenarten der Welt sind vom Aussterben bedroht. 1700 dieser Pflanzen – viele auch aus der Bretagne – haben im Botanischen Garten von Brest ein einmaliges Refugium gefunden. Öffnungszeiten: Park tägl. 9.00 – 18.00/20.00, Treibhäuser Juli – Mitte Sept. So. – Do. 14.00 – 17.30, sonst Mi., Sa., So. 14.00 – 16.30 Uhr.

✳ Ausflug zur Ile d'Ouessant

Raues Eiland vor der Westküste

Das alte Matrosensprichwort »Wer Ouessant sieht, sieht sein Blut« spiegelt den Ruf der »Insel des Schreckens«. Das westlichste Eiland Frankreichs, ein 8 km langes und 4 km breites Plateau aus Granit und Schiefer, liegt ca. 20 km vor der Abers-Küste zwischen Atlantik und Ärmelkanal in einem äußerst schwierigen Seefahrtsgebiet. Unzählige Riffe, Untiefen und starke Meeresströmungen – der Fromrust im Nordwesten, der Fromveur im Südosten – führten in einer der am stärksten befahrenen Meeresstraßen der Welt immer wieder zu **Schiffsunglücken**. Am 13. März 1976 brach der 250 000-t-Tanker »Olympic Bravery« auseinander, wobei Erdöl ins Meer lief. 1979 kollidierten ein norwegischer Tanker und die »Gino«; sie sank sechs Stunden später mit 41 000 t Bitumen, die später wieder an die Oberfläche kamen. Die raue, gefährliche See behinderte die traditionelle Arbeit der Männer: die Fischerei. So verließen sie oft für Monate die Insel und verdienten ihr Geld in der Handels- und Kriegsmarine. Die zurückgebliebenen Frauen organisierten ihr Leben allein, legten Tausende, heute meist brachliegende Parzellen an, betrieben auf ihnen mühevoll Landwirtschaft und kümmerten sich um den Straßenbau. Kehrten die Männer zurück, suchten nicht sie, sondern **die Frauen den Partner** aus, und noch immer stellen die Frauen hier angeblich die Heiratsanträge. Heute leben die rund 1000 Inselbewohner neben der Schafzucht zunehmend vom Tourismus.

Nach Ouessant gelangt man mit dem Schiff (von Brest in 2 Std., von Le Conquet in 1 Std., im Sommer auch von Lanildut) und mit den Flugzeugen der Finist'Air vom Flughafen Brest-Guipavas. Ouessant, seit 1969 Teil des **Parc Naturel Régional d'Armorique**, gilt als eine der wildesten und ursprünglichsten Inseln Frankreichs. Es gibt keine Bäume; die ganze Insel ist eine felsige Heidelandschaft mit Salzwiesen. Die Häuser verstecken sich hinter Felsen, die freilaufenden Schafe schützen sich hinter den »Goaskedu«, dreieckigen Steinkonstruktionen, vor dem Wind. Dennoch ist das Klima mild: Im Januar und Februar werden hier die höchsten Durchschnittstemperaturen Frankreichs gemessen, im Sommer blühen Fuchsien, Agaven und Aloen in den Gärten. Doch auch der »Miz Du«, der schwarze Monat November, kann zu einem unvergesslichen Erlebnis werden, wenn tagelang Stürme mit bis zu 200 km/h über die Insel fegen.

Lampaul

Einziges Städtchen der Insel ist Lampaul (2000 Einw.). Seine alten Häuser besitzen noch die traditionell grün oder blau gestrichenen Fensterläden. Die Kirche (19. Jh.) ist ein Geschenk Englands an die Bewohner, die nach dem Unglück der »Drammond Castle« 1896, als 397 der 400 Passagiere ertranken, die Toten bargen und auf der Ile Molène bestatteten. Im Mausoleum des Friedhofs sind **Proëlla-Kreuze** zu sehen, Wachskreuze, an denen früher die Familie eines verschollenen Seefahrers die Totenwache hielt. In zwei über 100 Jahre alten Häusern erzählt das **Ecomusée Niou-Huella** von der Geschichte der Insel. Zu sehen sind außerdem Möbel aus Treibholz in traditionellem Blau-Weiß, Trachten und Gemälde. Öffnungszeiten: April bis Sept. Di.–So. 10.30–18.30, sonst 13.30–17.30 Uhr.

★
Phare de Creac'h

Er gilt als stärkster Leuchtturm Europas: Bis zu 80 km weit reicht der Lichtkegel des 55 m hohen, schwarz-weiß gestreiften Phare du Creac'h, der seit 1863 gemeinsam mit seinem britischen Gegenstück am Land's End den Eingang zum Ärmelkanal kennzeichnet. Im früheren Generatorenhaus gibt das **Musée des Phares et des Balises** einen Einblick in die Geschichte der Leuchttürme und Seezeichen. Öffnungszeiten: April–Sept. Di.–So. 10.30–18.30, Okt.–März Di. bis So. 13.30–17.30 Uhr.

Weitere Leuchttürme

Vor der Südküste steht der 1904–1940 auf einer Granitinsel erbaute, 42 m hohe **Phare de la Jument**; seit 1991 arbeitet er automatisch. Von der Bucht Porz-Arlan 4 km östlich von Lampaul ist der **Phare du Kéréon** zu sehen. Seit 1907 schützt das Leuchtfeuer auf der Felseninsel die Passage de Fromveur, in der die Strömung 13 km/h erreicht. Frankreichs ältester Leuchtturm an der Nordostküste, der **Phare du Stiff**, wurde bereits 1699 in Betrieb genommen. 104 Stufen führen hinauf.

Ile Molène

Die 1 km² große Nachbarinsel Molène ist die einzige bewohnte Insel des gleichnamigen Archipels zwischen dem Festland und der Ile

◀ weiter auf S. 150

Für Leuchtturm-fans: die Phare d'Eckmühl (links) und die Phare de Ile Vierge (rechts), der höchste Leuchtturm Frankreichs

KATHEDRALEN DER KÜSTE

»Das war der härteste Winter in meiner 15-jährigen Tätigkeit im Leuchtturm von Kéréon. Die Doppelfenster meines Zimmers im zweiten Stock wurden durch das Gewicht einer Welle eingedrückt, die über den Turm hinwegbrauste. Der Tisch, die Stühle, alles wirbelte durcheinander und zerbarst schließlich an der Wand. Dann platzte das Glasgehäuse des Leuchtfeuers. Wasser drang in den Leuchtturm ein, der Kesselraum war vollkommen überflutet«, erinnert sich Jean-Yves Bertheulé an die Orkane von 1989. Heute lebt der Leuchtturm-wärter an Land. Inzwischen werden bis auf den Phare St-Mathieu sämtliche Leuchtfeuer vollautomatisch betrieben.

Wegweiser auf dem Meer

An den französischen Küsten gibt es mehr als 900 Navigationszeichen, die den Schiffen den Weg weisen und vor Gefahren warnen. Ein Drittel davon säumt die bretonische Küste – starke Strömungen, unzählige kleine Inseln, Klippen und Unterwasserriffe machen das stark befahrene Schifffahrtsgebiet äußerst gefährlich. So schützen vor der Insel Ouessant im äußersten Westen der Bretagne fünf große und ein kleiner Leuchtturm die Einfahrt zum Ärmelkanal. Tagsüber orientieren sich die Seeleute anhand der Farbe, der Markierung und der Form der **Seezeichen**. Die Fahrrinne markieren rote zylinderförmige Zeichen an Backbord (links) und grüne konische Zeichen an der Steuerbordseite (rechts). Gelb und schwarz gestreifte Markierungen weisen auf Gefahren hin und geben die Fahrtrichtung an. Weiße, grüne und rote Leuchtsignale

mit unterschiedlichen Blinkrhythmen und akustische Signale geben nachts Orientierung.

Im Mittelalter entzündeten Mönche entlang der bretonischen Atlantikküste als Orientierungshilfen und Navigationszeichen viele Feuer, so z. B. auf einem der Türme der Abtei **St-Mathieu** an der Abers-Küste. Aber nicht immer dienten diese Leuchtfeuer dem sicheren Geleit vorbeifahrender Schiffe: Erst die Androhung der Todesstrafe machte der Tradition

ausgebildete Wärter die **Leuchtfeuer** beaufsichtigen durften, begann der Ausbau des Leuchtfeuernetzes. Herkömmliche Brennmaterialien wie Holz, Kohle oder Torf wurden durch die Öllampe mit flachem Docht vor einem Reflektor ersetzt. 1823 revolutionierte der geniale Ingenieur Augustin Fresnel (1788–1827) die Beleuchtungstechnik: Seine gestaffelte, aus Ringprismen zusammengesetzte Linse sandte die Lichtstrahlen nicht mehr irgendwo in den Himmel, sondern

Leuchttürme, Signalstationen und Baken
weisen den Schiffen auf See den Weg.

bewusster Irreführung durch Wrack- und Leichenplünderer ein Ende. Den ersten bretonischen Leuchtturm **Le Stiff** ließ Festungsbaumeister Vauban Ende des 17. Jh.s auf der Insel Ouessant bauen.

Mit Napoleon, der 1806 den Leuchtturm- und Seezeichendienst ins Leben rief und verfügte, dass nur besonders

bündelte sie auf die Meeresoberfläche. Später konnte durch die Elektrizität und den Einsatz von Öl und Gas die Leistungsfähigkeit der Leuchtfeuer enorm gesteigert werden. Das Licht von Le Créac'h auf der **Atlantikinsel Ouessant**, dem stärksten Leuchtturm Europas, ist in bis zu 80 km Entfernung sehen.

d'Ouessant, zu dem noch Quéménes, Balanec, Trielen und Beniguet gehören. Die knapp 300 Bewohner leben vom Hummer- und Langustenfang sowie der Tang-Ernte.

Umgebung von Brest

Trez-Hir

Seine hellen Südstrände machen den 15 km westlich gelegenen Badeort an der Anse de Bertheaume zu einem beliebten Ausflugsziel der Brestois. Das **Fort de Bertheaume** ließ Vauban 1689 auf einem nur bei Ebbe zugänglichen Felsen erbauen.

La Récré des Trois Curés

Auf 12 ha bietet der **Vergnügungspark** 10 km nördlich von Brest in **Milizac** allerlei Vergnügungen: Schlauchboot-Wasserrutsche, Trampolin, Minizug, Karting, Drachenschlitten, Hüpfburg, Streichelzoo und großem See für Funboote. Öffnungszeiten: Juni – Aug. tägl. 11.00 – 19.00, Mai, Sept. Mi., Sa., So. 11.00 – 18.30, sonst Mi., Sa., So. 14.00 – 18.00 Uhr; www. larecredestroiscures.fr.

Presqu'Ile de Plougastel

Die zwischen dem Elorn und der Rivière de Daoulas gelegene Halbinsel Plougastel ragt weit in die Bucht von Brest. Die schnellste Verbindung ist die 1930 eingeweihte, 900 m lange Betonbrücke Albert-Louppe. Die windgeschützte hügelige Halbinsel wird intensiv landwirtschaftlich genutzt. Seit dem 18. Jh. wurden vor allem aus Virgi-

Staunende Besucher: Der größte Kalvarienberg der Bretagne wurde 1602 am Ende einer Pestwelle in Plougastel-Daoulas erbaut.

nia eingeführte **Erdbeeren** angepflanzt. Daneben gedeihen in zahlreichen Gewächshäusern Tomaten, Gurken, Frühgemüse und Blumen. Im Winter werden in der Bucht von Brest Jakobsmuscheln geerntet. Trotz der Nähe zur Hafenstadt gilt die Halbinsel als relativ unberührt. Dies erklärt vielleicht den Umstand, dass sich in den kleinen Dörfern und Einzelgehöften alte Bräuche erhalten haben.

Der Hauptort der Halbinsel ist für zwei Dinge berühmt: Erdbeeren und den **größten Kalvarienberg der Bretagne**; er entstand 1602 bis 1604 am Ende einer Pestwelle. Für den Sockel wählten die Steinmetze ockerfarbenen Sandstein aus Logonna, für das Kreuz grau-blauen Kersanton-Granit. Über 180 Figuren, einst farbig bemalt, stellen in 20 Szenen die Lebens- und Leidensgeschichte Jesu dar. Ähnlichkeiten mit dem Calvaire von Guimiliau, der als Vorbild diente, bestehen in der Kreuztragung, der Bestrafung der Kate Gollet und der Flucht nach Ägypten. Das **Musée de la Fraise et du Patrimoine** in der Rue Louis Nicolle erzählt mit Möbeln, Bildern und bretonischen Trachten die Lokalgeschichte. Öffnungszeiten: Febr.–Mai, Okt.–Dez. Mi. bis Fr., So. 14.00–17.30 (in den Schulferien auch Di.); Juni–Sept. Di.–Fr. 10.00–12.30, 14.00–18.00, Sa., So. 14.00–18.00 Uhr; http://musee-fraise.net.

★★
◄ Plougastel-
Daoulas

Bis zur Französischen Revolution war die 10 km östlich des Pfarrhofs gelegene **Abbaye de Daoulas**, deren Ursprünge in das 5./6. Jh. zurückgehen, eine der bedeutendsten in Frankreich. Ab 1881 wurde die Abtei restauriert, die einen in Westfrankreich einzigartigen romanischen Kreuzgang besitzt. Zugänglich April bis Anf. Nov., Juli/Aug. tägl., sonst Mo. geschlossen.

> ❗ *Baedeker* **TIPP**
>
> ### Arznei aus dem Garten
>
> So sah ein typischer Klostergarten in Mittelalter und Renaissance aus: Zu den Heilpflanzen, Gewürzen und Küchenkräutern gesellen sich im Klostergarten von Daoulas Gewächse mit magischen Kräften und vom Aussterben bedrohte Arten – insgesamt fast 250 Arzneipflanzen.

Malerische Renaissancearchitektur aus Stein von Logonna und Kersanton prägt die Marktstadt 20 km östlich von Brest am Elorn. Blumen säumen den Hafenkai, Angler fischen nach Lachsen und Forellen. Die Stadt, Zentrum des bretonischen Gemüseanbaus, war einst Hauptstadt des Fürstentums Léon. Die Grenze verlief im Fluss, am rechten Ufer endete das Léon, am linken begann die Cornouaille. Bindeglied ist der **Pont Rohan**, den Jean II. von Rohan 1510 erbauen ließ, heute eine der letzten zwei Hausbrücken Frankreichs. Zeitweise diente die bewohnte Brücke auch als Gefängnis – aus dem die Insassen mit einem Sprung in den Fluss flüchteten. Ein Zeugnis der Vergangenheit ist auch die fünfstöckige **Maison de la Duchesse Anne** von 1664 an der Place de Général de Gaulle. In der Rue des Capucins kam 1926 der bekannteste Einwohner der Stadt zur Welt: Supermarktkönig Edouard Leclerc. 1949 eröffnete er in Landerneau sein erstes Geschäft, heute sind es ca. 400 Hypermarchés.

★
Landerneau

✳
Le Folgoët

Das kleine Folgoët 16 km nördlich von Landernau ist einer der berühmtesten Wallfahrtsorte der Bretagne, sein Pardon Anfang September einer der größten. Den Ursprung verklärt eine Legende vom Wunder eines armen Waisenjungen. Da er nur »Ave Maria« zu sagen wusste, wurde der Einfältige zu Lebzeiten als Verrückter des Waldes verspottet. Nach seinem Tod aber wuchs auf seinem Grab eine weiße Lilie, auf deren Blütenblättern »Ave Maria« stand. Als man sein Grab öffnete, sah man, dass die Blume im Mund des Einfältigen wurzelte. Schnell verbreitete sich die Kunde von diesem Wunder, das viele Besucher anzog. Die ihm zu Ehren 1422 von Herzog Jean V. errichtete Stiftskirche Notre-Dame-de-Folgoët wurde erstmals aus Kersanton-Stein errichtet, der leichter zu verarbeiten ist als normaler Granit. Besonders schön sind der gotische Glockenturm und der Lettner im Flamboyant-Stil, der den Chor vom Langhaus trennt. Die Kirchenfenster erzählen die Legende des Waisenknaben Salaün.

Lesneven

Nordöstlich benachbart ist der hübsche Ort Lesneven. In einem Konvent (18. Jh.) in der Rue de la Marne 12 präsentiert das **Musée du Léon** Exponate von der Vorgeschichte bis heute. Öffnungszeiten: Mo.–Sa. 9.30–12.00, 14.00–18.00 Uhr (Do. bis 17.30 Uhr).

Carhaix-Plouguer

E 10

Département: Finistère   **Einwohnerzahl:** 8200

Zur Römerzeit war die Kreisstadt am Hyère ein wichtiger Verkehrsknotenpunkt – sieben Straßen liefen im damaligen Vorgium zusammen. Heute lebt das Marktstädtchen am Nordrand der Montagnes Noires, seit 1956 mit dem benachbarten Plouguer vereint, vor allem von der Milchwirtschaft.

Eine restaurierte Dampflok der Bauart Mallet vor dem Bahnhof erinnert daran, dass Carhaix einmal Mittelpunkt des bretonischen Eisenbahnnetzes war, das eine Spurweite von 1000 mm besaß. Die Strecke nach ▸ Guingamp wurde 1967 auf Normalspur umgestellt. Der Hafen von Carhaix liegt 6 km südlich am 1836 eröffneten Nantes-Brest-

CARHAIX-PLOUGUER ERLEBEN

AUSKUNFT

Office de Tourisme
6 Rue Brizeux, 29270 Carhaix-Plouguer, Tel. 02 98 93 04 42
www.poher.com
www.ville-carhaix.com

BRETONISCHES ERBE

Carhaix feiert ausgiebig beim Festival des Vieilles Charrues am ersten Juliwochenende und beim Gouel Ar Vugale am Pfingstmontag mit Hunderten von Kindern in Tracht.

ESSEN

► Preiswert / Erschwinglich

La Rotonde
1 Place des Droits de l'Homme
Tel. 02 98 93 30 41
Charmantes Restaurant mit ausgezeichneter regionaler Küche.

ÜBERNACHTEN

► Günstig / Komfortabel

Le Noz Vad
12 Boulevard de la République
Tel. 02 98 99 12 12, Fax 02 98 99 44 32
www.nozvad.com, 43 Z.
Zentral gelegenes Hotel, Zimmer z. T.
in gewagtem modernem Design.

Kanal, der allerdings nur noch z. T. schiffbar ist. Bootsfahrten kann man u. a. von Châteauneuf-du-Faou aus unternehmen.

Alljährlich Mitte Juli zieht das Städtchen über 200 000 Musikfans an, die beim **Festival des Vieilles Charrues** (www.vieillescharrues.asso.fr) vier Tage lang Musik von Rock bis Pop als Open Air genießen – mit Stars wie Yannick Noah, Bryan Ferry, Supertramp und Goran Bregovic. Berühmte Söhne der Stadt sind der bretonische Sänger Milig Ar Scanv (1931–1996) und der Sprachforscher Théophile Malo de Corret (1743–1800), der seine Erkenntnisse 1792 in »Die Ursprünge der Gallier« veröffentlichte. Der dunkelste Fleck der Ortsgeschichte heieß Comorre. Dieser bretonische »Blaubart« war im 6. Jh. Herrscher über Poher, die Landschaft zwischen den Montagnes Noires und den ►Monts d'Arrée. Nachdem er auch seiner fünften Frau den Kopf abgeschlagen hatte, setzte der hl. Gildas der Unglücklichen den Kopf wieder auf und bestimmte ihren ungeborenen Sohn Trémeur zum Rächer. Nach vollbrachter Tat wurde Trémeur Mönch und Heiliger – ihm wurde später die Stadtkirche geweiht.

Sehenswertes in Carhaix

Die schönsten alten Häuser sind in der **Rue Brizeux** erhalten: das Haus des Seneschalls aus dem 16. Jh. (Nr. 6) mit Tourismusbüro und kleinem Heimatmuseum sowie die Chapelle Ste-Anne (Nr. 27). Die Rue Brizeux mündet auf die Place des Droits-de-l'Homme mit der Kirche St-Tremeur. Im 14. Jh. von den Herzögen der Bretagne gestiftet, stammt der heutige Bau aus dem 19. Jh.; einzig die turmbekrönte Vorhalle ist aus dem 16. Jh. erhalten. Innen sehenswert sind die Statuen – die Skulptur des hl. Trémeur entstand im 15. Jh. – sowie Retabel aus dem 17. Jahrhundert.

Maison du Sénéchal

Auf Schloss Trévarez werden sehenswerte Wechselausstellungen gezeigt.

Le Manac'h Seit 1995 legt Carhaix seine römische Vergangenheit frei. Von **Vorgium** sind im Südosten des Stadtzentrums Fundamente von Häusern zu sehen, im Osten der Stadt Teile des 27 km langen Aquädukts, der die Bewohner mit Wasser versorgte.

Montagnes Noires

Rückgrat der bretonischen Halbinsel Die »Schwarzen Berge« südwestlich von Carhaix sind ein 60 km langer, schmaler Höhenrücken aus hartem Sandstein und Quarzit, der sich vom Menez Hom bis Gourin erstreckt und zusammen mit den ►Monts d'Arrée das Rückgrat der bretonischen Halbinsel bildet. Das Massiv ist 330 Mio. Jahre alt und verdankt seinen Namen den dichten Wäldern vergangener Zeiten. Eine ca. 90 km lange Rundfahrt erschließt die Sehenswürdigkeiten der Region.

Cléden-Poher Die Kleinstadt südwestlich von Carhaix am Zusammenfluss von Aulne und Hyère besitzt einen umfriedeten Pfarrbezirk aus dem 16. Jh. mit kunstvollem **Kalvarienberg**, Beinhaus und der Kirche Notre-Dame de l'Assomption, die im 17. Jh. umgebaut wurde.

St-Hernin Der 1450–1457 erbaute **Calvaire de Kerbreudeur** an der D 82 ist neben dem von Tronoën der älteste Kalvarienberg der Bretagne. In St-Hernin 2 km südwestlich lohnt der umfriedete Pfarrbezirk einen Besuch. In der Kirche aus dem 16. Jh. schmücken Masken die Gesimse. Das Beinhaus entstand 1637, der Kalvarienberg im 16. Jh.; auf dem mittleren Kreuz kämpft der hl. Michael mit einem Drachen.

Im Jardin Botanique von Spezet gedeihen außer viel Heidekraut ca. 30 Koniferenarten (Öffnungszeiten: Mi. – Sa. 10.00 – 12.00, 14.00 bis 18.00 Uhr; www.coniferes-parc.com). Südlich von Spezet ist die Kapelle Notre-Dame-du-Crann interessant, in der sieben 1545 – 1550 angefertigte Fenster die Heilsgeschichte Jesu, die Legende des Schutzpatrons der Schmiede St-Eloi und Szenen aus dem Leben der Heiligen Jakobus und Laurentius darstellen.

Spezet

🕐

Als junger Mann mit 27 Jahren kam **Paul Sérusier** (1863 – 1927) zum ersten Mal in die Kleinstadt an der Aulne, in der er ab 1893 wohnte, malte und die Taufkapelle der Dorfkirche Notre-Dames-des-Portes mit farbenfrohen Fresken schmückte. Auch den großen Pardon am vorletzten Sonntag im August hielt der Gründer der »Nabis« 1894 in Öl fest.

Châteauneuf-du-Faou

Das neogotische Schloss aus rosafarbenem Kersanton-Stein, 1894 bis 1906 für James de Kerjégu erbaut und 1944 schwer beschädigt, zeigt sehenswerte Wechselausstellungen. Im 85 ha großen Park bringen Themengärten unter uralten Bäumen Kamelien, Rhododendren, Azaleen, Fuchsien und Stauden zur Geltung. Springbrunnen und Kaskaden säumen die Wege. Öffnungszeiten: April – Mitte Okt., Ende Nov. – Dez. tägl. 13.00 – 18.30, März, Mitte Okt. – Ende Nov. Mi., Sa., So. 14.00 – 17.30 Uhr; www.cdp29.fr.

✱
Château Trévarez

🕐

Die Kleinstadt Gourin südlich der Montagnes Noires, einst Mittelpunkt des Schieferabbaus, war im frühen 20. Jh. ein Brennpunkt der bretonischen Auswanderung: Mehrere tausend Bürger verließen Gourin, um in Kanada, Australien und in den USA ein neues Leben zu beginnen. Die Kirche birgt im rechten Seitenschiff eine schöne Pietà aus Holz (16. Jh.).

> ❗ *Baedeker* TIPP
>
> **Meister der bretonischen Musik**
>
> Am ersten Septemberwochenende ist das Schloss Tronjoly in Gourin der musikalische Mittelpunkt der Bretagne. Dann küren Dudelsackpfeifer, Sänger und Tänzer in Trachten beim Championnat de Bretagne de la Musique ihre Meister (www.championnatdessonneurs.com).

Zwischen Gourin und Spézet erhebt sich der 329 m hohe Felsen Roc de Toullaëron. Bei guter Sicht genießt man vom höchsten Gipfel der Montagnes Noires einen herrlichen Blick.

Roc de Toullaëron

Weitere Sehenswürdigkeiten nahe Carhaix

Im Jahr 1295 begann mitten im kältesten Winter begann in Rostrennen (20 km südöstlich von Carhaix-Plouguer) ein Rosenstrauch zu blühen. Die Bürger waren geziemend verblüfft und bauten eine neue Kirche, die **Notre Dame du Roncier**. Der heute zu sehende Bau entstand im 17. Jh. aus den Steinen der 1601 zerstörten Burg. Alljährlich am 15. August ist sie Ziel eines Pardons. Vom 263 m hohen Miniou

Rostrenen

im Südosten bietet sich ein schöner Blick auf die Stadt und die Montagnes Noires.

✴
St-Nicolas-du-Pélem
Solche keltischen Symbole sind selten in der Bretagne: Das Glockenrad (1777) in der Kapelle **Notre-Dame-du-Ruellou** (16 km nordöstlich von Rostrenen) ist wohl ein Nachbau eines uralten Kultsymbols für Belenus, den Sonnengott der Kelten. Als einziges der fünf noch erhaltenen Räder der Bretagne ist es farbig. Wer das Glöckchen zum Läuten bringt, so die Legende, dem wird ein Wunsch erfüllt. In der Nähe der Kirche aus dem 16. Jh. mit zwei Fenstern von 1470 steht der St-Nicolas-Brunnen (17. Jh.) Von den fünf Menhiren in der näheren Umgebung ist der von Rossil mit 7 m der höchste.

Callac
Das 21 km nordöstlich von Carhaix-Plouguer gelegene Callac ist Zentrum der »Epagneuls Bretons« (Vorstehhunde). Zur Kapelle **Ste-Barbe** (16. Jh.) gehört ein eindrucksvoller Kreuzweg: 48 lebensgroße Granitstatuen von 1858 schmücken seine zwölf Stationen.

✴
Gorges du Corong
Zwischen St-Nicodème (15 km südöstlich von Callac) und Locron laden die malerischen Corong-Schluchten mit dramatischen Granitfelsen und der **Forêt de Duault** mit uralten Eichen zu Spaziergängen.

✴ ✴ Carnac

I 13

Département: Morbihan   **Einwohnerzahl:** 4600

Carnac ist das »Mekka« der Megalith-Kultur: Mit 3000 aufrecht stehenden Menhiren – keltisch für »lange Steine« – besitzt die Kleinstadt eine eindrucksvolle Konzentration von Resten einer bis heute weitgehend unbekannten Zivilisation.

Die Steine stehen kilometerlang als »Alignements« in Reih und Glied, bilden im Halbkreis einen »Cromlec'h« oder ragen als einzelne Menhire zwischen Heidekraut und Kiefern auf. Die sanft abfallenden Sandstrände von Carnac-Plage liegen im Schutz der Halbinsel von Quiberon, die vom Golfstrom umspült wird. Das milde Klima und der feine Sand machten Carnac bereits vor über 100 Jahren zu einem sehr beliebten Badeort.

Sehenswertes in Carnac

Carnac-Bourg
Der Ortskern von Carnac-Bourg, auch Carnac-Ville genannt, ist klein und kompakt: Kirche, Rathaus und Museum liegen dicht beieinander. Am Mittwoch- und Sonntagvormittag verwandelt sich der riesige Parkplatz zu Füßen des mittelalterlichen Stadtkerns in einen bunten Markt.

▶ CARNAC ERLEBEN

AUSKUNFT

Office de Tourisme
74 Avenue des Druides, B.P. 65
56342 Carnac Cedex
Tel. 02 97 52 13 52, Fax 02 97 52 86 10
www.ot-carnac.fr

BRETONISCHE MODERNE

Atelier Erika Raio

6 Rue Colary, Tel. 06 48 27 17 38
www.erika-raio.com
Ganz unerwartet steht man vor dem
kleinen Atelier der bretonischen
Künstlerin, die mit verschiedensten
Materialien und Strandgut von der
nahen Küste ihre fantasievollen Bilder
und Skulpturen gestaltet.

PETIT TRAIN

Das Touristenbähnchen erleichtert
die Besichtigung der schönsten
Alignements. Der Zug pendelt zwischen dem Jachthafen Port en Dro
in Carnac-Plage und der Maison
des Mégalithes.

ESSEN & ÜBERNACHTEN

▶ Komfortabel / Luxus

① **Tumulus**
31 Rue du Tumulus
Tel. 02 97 52 08 21
Fax 02 97 52 81 88
www.hotel-tumulus.com
Nettes älteres Haus beim Tumulus
St-Michel mit gediegen-modernen
Zimmern. Panoramarestaurant mit
Blick auf die Bucht von Quiberon.

② **Hôtel Celtique**
17 Avenue de Kermario
Tel. 02 97 52 14 15
Fax 02 97 52 71 10
www.bestwestern-hotel-celtique.com
Charmantes Haus nahe dem Strand
mit beheiztem Meerwasserpool und
Wellnessbereich. Im Restaurant
An Doal wird vorzüglich gekocht.

Die Kirche aus dem 17. Jh. ist dem **hl. Cornelius** geweiht, der in der
Bretagne an mehren Orten als Schutzpatron des Hornviehs verehrt
wird. Vermutlich ist damit der Cornelius gemeint, der im 3. Jh. als
Papst gegen Götzenverehrung und Tieropfer vorging. Zwei Ochsen
umrahmen seine Statue über dem Eingang. Aus dem Leben des Heiligen erzählen Fresken im Tonnengewölbe von 1730. Sehenswert sind
auch die Glasfenster und Altäre aus dem 17./18. Jh. sowie die Reli-
quienstatue des 18. Jh.s.

★
St-Cornély

◀ Weiter auf S. 160

RÄTSEL AUS DER STEINZEIT

Im Zweiten Weltkrieg hielten amerikanische GIs die Menhire der Bretagne für deutsche Panzersperren. Doch was bedeuten die weithin sichtbar aufragenden Steinkolosse wirklich? Ihr Rätsel ist bis heute ungelöst.

Gottheit oder Krake? Der auf 3000 v. Chr. datierte Tragstein stammt aus dem Ganggrab Luffang Crach (Musée de Préhistoire in Carnac).

In Reih und Glied

In der Bretagne gibt es rund 4500 Dolmen, 56 Steinalleen und 58 Steinkreise. Menhire und Tumuli sind zu Tausenden präsent, besonders bei Morbihan an der Atlantikküste im Südwesten, dem Zentrum der Megalithkultur (griechisch megas = groß, lithos = Stein). Ein **Menhir** (von bretonisch men = Stein und hir = lang) ist ein aufrecht stehender Monolith, der isoliert im Gelände stehen kann; manche waren bis zu 20 m hoch. Kreisförmig, halbkreisförmig oder rechteckig angeordnete Hinkelsteine bilden einen **Cromlech**. Werden Menhire wie bei Carnac in einer Linie aufgestellt, entsteht ein **Alignement**. Von bretonisch taol = Tisch und men = Stein kommt der Name **Dolmen** für Gebilde aus zwei bis vier senkrechten Stützsteinen mit einer Deckplatte. Solche Grabkammern lagen, wie man annimmt, meist unter künstlich angelegten Hügeln, entweder einem **Tumulus** aus Erde, Lehm oder Sand oder einem **Cairn** aus Bruchsteinen. Eine **Allée couverte** ist ein Langgrab aus mehreren aufeinander folgenden Dolmen.

Mystische Hinkelsteine

Wer wann, wie und wozu die Steine aufgestellt hat, ist erst in Ansätzen erforscht. Umso zahlreicher sind die Sagen. So sollen die 3000 Menhire von **Carnac** in Stein verwandelte, heidnische römische Soldaten sein, die den hl. Cornély verfolgten. Die Bevölkerung verband mit den Steinen allerlei Aberglauben und schrieb ihnen heilende, vor allem fruchtbar machende Kräfte zu. Die Priester sahen in den heidnischen Steinen ein »Teufelswerk« und hielten es für ihre Pflicht, sie zu zerstören oder mit eingemeißelten Kreuzen und anderen Symbolen dem Christentum zu unterwerfen. Ihr Feldzug hatte nur mäßigen Erfolg: Noch heute reiben junge Frauen ihren Bauch an den Menhiren, wenn sie sich ein Baby wünschen; und zu einer richtigen bretonischen Hochzeit gehört es, dass das Brautpaar sich küssend unter einem Dolmen hindurchtritt und um einen Menhir herumtanzt.

Älter als die Pyramiden

Die Megalithen in der Bretagne gehören zu den ältesten Bauwerken der Menschheit. Sie wurden zwischen 5000 und 1500 v. Chr. aufgestellt und sind damit deutlich älter als die Pyramiden oder ähnliche Kolossalbauten in Tibet, Japan, Afrika und auf den Osterinseln. Erbaut wurden sie von Steinzeitvölkern, die vermutlich Rollen, Gleitflächen und Hebel aus Holz und Riemen aus Tierhäuten zum Transport und Aufstellen nutzten. Zwischen 15 bis 20 Arbeitskräfte waren erforderlich, um eine Tonne Fels zu bewegen; der größte Menhir der Welt (20 m), der **Men er Hroec'h** von Locmariaquer, wog 350 t. Möglich ist auch, dass man die Steinblöcke an Ort und Stelle vorfand, denn sämtliche Menhire der Bretagne sind aus einheimischem Granit.

Die Funktion der Steine gibt das größte Rätsel auf. Einzig bei den Dolmen ist sicher, dass sie als Grabkammern dienten. Zuerst wurden die Dolmen, Ganggräber mit Korridoren, später die Galeriegräber der »Allées couvertes« gebaut. Am spätesten sind vermutlich die Tumuli von Königen oder Kriegsherren entstanden.

Nur **Gustave Flaubert** verhalf der Anblick der mystischen Megalithen zu einer zufriedenstellenden »Erkenntnis«. All der Spekulationen über die Herkunft und Bedeutung der Steinkolosse überdrüssig, schrieb er im Jahr 1847 nach einem Besuch von Carnac sarkastisch: »Wenn man mich nach so vielen Ansichten fragt, welche meine sei, so werde ich eine unwiderlegliche, unabweisbare, unwiderstehliche aussprechen … Und diese Ansicht ist: Die Steine von Carnac sind große Steine.«

Carnac *Orientierung*

Dolmen de Mané-Kerioned
Auray
Crucuny
Mané-Brazil
Dolmen Roch-Feutet
Chapelle et Dolmen de la Madeleine
Dolmens de Keriaval
Tumulus du Moustoir
D 119 Route d'Auray
D 186
Alignements de Kerlescan
Kerlescan
D 768
Abbaye Ste-Anne Bénédictine
Alignements de Kermario
Menhir le Géant
D 186
Quiberon
D 781
Cromlec'h du Ménec
Alignements du Ménec
Route des Alignements
Etang de Kerloquet
Kerbachique
Le Ménec
Archéoscope
Kermario
Tumulus et Chapelle St-Michel
Tumulus de Kercado
Locmariaquer La Trinité-sur-Mer
D 781
Rue du Tumulus
Carnac-Ville
Musée de Préhistoire
St-Cornély
© Baedeker
D 186
Croix des Emigrés
Le Breno
Anciens marais salants
Chapelle St-Colomban
Fontaine St-Colomban
Carnac-Plage
Pointe Churchill
Côte des Mégalithes
Pointe St-Colomban
Pointe de Ty Bihas
1 km

Übernachten und **Essen**
① Tumulus
② Celtique

Musée de Préhistoire

Über 6000 Zeugnisse vom Paläolithikum vor 450 000 Jahren bis zur römischen Zivilisation des 1. Jh.s n. Chr. zeigt das Museum an der Place de la Chapelle etwas nördlich der Kirche. Es wurde 1881 von dem schottischen Hobbyarchäologen **James Miln** und dem französischen Historiker **Zacharie Le Rouzic** gegründet. Die Funde aus der Region – Feuersteine, Pfeilspitzen, Keile, Krüge, Münzen u. v. m. – werden chronologisch-thematisch präsentiert und erlauben faszinierende Einblicke in den Alltag der damaligen Zeiten. Eine Tonbildschau bringt die Funde von Carnac mit Megalithkulturen in anderen Regionen in Verbindung. Man kann einen deutschsprachigen Führer kostenlos entleihen.

Öffnungszeiten: April – Juni, Sept. Mi. – Mo. 10.00 – 12.30, 14.00 bis 18.00 Uhr, Juli/Aug. 10.00 – 18.00, Okt. – März 10.00 – 12.30, 14.00 bis 17.00 Uhr; www.museedecarnac. com.

Tumulus St-Michel

Der größte Tumulus der Bretagne – 125 m lang, 60 m breit, 12 m hoch – wurde um 4500 v. Chr. als Sammelgrab für ein Fürstengeschlecht errichtet. Unter der Anhäufung von Steinen und Erdreich, auf der seit 1884 die **Kapelle St. Michael** steht, wurden ein Dolmen, zwei Grabkammern, 15 Steinkisten voller Knochen und zahlreiche Hacken, Steingut und Schmuck entdeckt, die im Musée de Préhistoire zu sehen sind. Eine Innenbesichtigung ist wegen weiterer Ausgrabungen nicht möglich.

Site Mégalithique de Carnac

Öffnungszeiten:
Mai, Juni tägl.
9.00 – 18.00
Juli/Aug. bis 19.30
Sept. – April
10.00 – 17.00

Die Steinreihen von Carnac, in der Jungsteinzeit zwischen 4500 und 2500 v. Chr. angelegt, bilden die früheste monumentale Steinarchitektur der Menschheit. Seit den 1960er-Jahren wanderten bis zu 800 000 Besucher jährlich durch die Anlage. Dadurch wurden der Pflanzenwuchs, der die Böden stabilisierte, zerstört und die Steine an der Basis freigelegt. In der Folge fielen erste Steine um. Um die Megalithkulturstätte zu retten, wird der Besucherandrang reglementiert. Von Oktober bis März hat man freien Zutritt zu den besterhaltenen

Bereichen; von April bis September ist der Zutritt nur in Führungen auf wechselnden Wegen möglich, Kermario ist ganz gesperrt.

Warum die Steinalleen angelegt wurden, ist bis heute ungeklärt. Zacharie Le Rouzic schrieb dazu: »Wahrscheinlich handelt es sich um eine Versammlung von Wesen menschlicher oder göttlicher Art, die einen feierlichen Aufmarsch vollführten. Diese Alleen waren die Prozessionsstraßen, und die Cromlechs waren die Tempel, in denen die Priester den Kult ausübten.« Gustave Flaubert sah's weniger mystisch: Für ihn waren es nur »große Steine« aus Granit, die sich mit leichter Krümmung von Ost nach West erstreckten und dabei nicht nur optisch, sondern tatsächlich immer kleiner wurden.

Der Besuch der Steinreihen sollte in Le Ménec beginnen. Hier informiert ein Besucherzentrum (Maison des Mégalithes) über die Zeugnisse der Vorzeit. 1050 Menhire, zwischen 60 cm und 4 m hoch, stehen in elf Reihen auf einer 1165 m langen und 100 m breiten Fläche, umgeben von Heide und Ginsterbüschen. Im Dorf Le Ménec bildet ein druidischer Steinkreis aus 71 erhaltenen Blöcken den westlichen Abschluss der Steinreihen. Ein weiterer, stark beschädigter Cromlech steht im Osten des Orts.

★ ★
Alignements du Ménec

Bis zu 6 m hoch sind die Menhire in den Steinreihen von Kerzerho.

★★
Alignements de Kermario

Auf dem nicht mehr zugänglichen Feld wurden die schönsten Stücke gefunden: Das 1200 m lange und 100 m breite Steinfeld von Kermario besteht aus 1029 recht großen Steinblöcken in zehn Reihen. Der größte, leider umgekippte Menhir misst 6,45 m, der kleinste 50 cm. Der Dolmen mit Ganggrab und Resten seines Hügels ist 1000 Jahre älter als die Steinreihen. Etwas weiter, im Unterholz, bilden kleinere Menhire das »Viereck von Manio«.

★★
Alignements de Kerlescan

Das dritte Steinfeld ist das kleinste und besterhaltene der drei Stätten. Im Anschluss an einen Cromlech aus 39 Blöcken stehen 540 Menhire in 13 Reihen auf einer Länge von 880 m. Östlich von Kerlescan setzen sich die Steinreihen in den Alignements von Petit Ménec fort, sieben Reihen mit 101 Menhiren. Von Kerlescan führt ein nach Norden abzweigender Weg zu einem weiteren Cromlech aus 43 Menhiren, der rund 1000 Jahre älter ist als die Steinreihen. Im Osten fehlen leider viele Steine. Zu diesem Feld gehört auch der »Riese von Manio«, der Menhir ist mit 6,45 m der höchste der Region.

Géant du Manio ▶

Weitere Zeugnisse der Megalithkultur

Der **Tumulus de Kercado**, einer der wenigen Dolmen in der Bretagne, der noch im alten Kern erhalten ist, erhebt sich südlich von Kermario auf einem Privatgrundstück, das jedoch öffentlich zugänglich ist. Auf dem 30 m langen und 3,5 m hohen Grabhügel thront ein kleiner Menhir. Ein 6 m langer Gang führt in die Grabkammer. Einige Tragsteine der auf 3500 v. Chr. datierten Anlage besitzen Gravierungen. Der **Tumulus du Moustoir**, früher Er-Mané genannt, ist 85 m lang, 35 m breit und 5 m hoch. Am westlichen Ende befindet sich ein Dolmen, am östlichen Ende zwei Grabstätten und ein kleiner Menhir. Der **Mané Keriod**, ein Zwergenhügel am Rand der N 168, ist ein ungewöhnliches Gebilde: Hier wurden die drei Dolmen nicht wie üblich parallel, sondern in Hufeisenform aufgestellt.

Nur zum Teil erhalten ist der **Dolmen de Crucuno** östlich der D 781 im Dorf Crucuno. Neun Tragsteine stützen einen über 40 t schweren Deckstein. Knapp 8 km nordwestlich vor Carnac zerschneidet die stark befahrene D 781 das **Menhirfeld von Kerzerho** mit 1100 bis zu 6 m hohen Menhiren in zehn Steinreihen.

★
Alignements de Kerzerho ▶

! *Baedeker* TIPP

Leckere Galettes

Wie die berühmten bretonischen Butterkekse hergestellt werden, erfährt man beim Besuch der Biskuitfabrik »La Trinitaine« in Kerluesse bei La-Trinité-sur-Mer – Filmvorführung und Gratiskostprobe inklusive. Öffnungszeiten: täglich 9.00 – 12.00 und 14.00 – 19.00 Uhr. Weitere Info unter www.latrinitaine.com.

Badeparadies Carnac-Plage

Zwischen der Pô- und der Beaumer-Bucht findet jeder seinen Strand. Sonnenanbeter und Familien freuen sich über die 2 km lange, feinsandige Grande Plage, Surfer treffen sich am St-Colomban-Strand. Hier landeten am 27. Juni 1795 rund 4500 königstreue Chouans, die in der Schlacht bei ▶ Auray dann eine vernichtende Niederlage erlitten.

Umgebung von Carnac

Bis 1860 »nur« der Hafen von Carnac, weht heute ein Hauch von **La-Trinité-** Cannes durch das einstige Fischerdorf an der Mündung des Crac'h. **sur-Mer** In der **Marina** mit über 1200 Plätzen liegen Luxusjachten, Jollen und schnittige Katamarane, am Kai flanieren Skipper und Schaulustige. Zwischen Jachthafen und Fischereibecken steht die Neue Fischhalle (Nouvelle Halle aux Poissons) mit zahlreichen Läden, Hafenbehörde und Tourismusbüro.

Einst für Thunfisch- und Sardinen-fischerei bekannt, lässt **Etel** seine Vergangenheit Mitte August beim »Thunfischfest« wieder aufleben. In der Mündung der Rivière d'Etel liegt die kleine Insel **St-Cado**, genau das Richtige für Romantiker. Von Etel bietet die Compagnie des Iles eine 1,5-stündige Rundfahrt durch den Ria d'Etel. Hier liegt die Barre d'Etel, eine **Wandersandbank**, die sich je nach Windrichtung und Flut verändert, besonders bei stürmischem Wetter ein beeindruckendes Naturschauspiel.

Am besten erkundet man die kleine Insel St-Cado zu Fuß oder per Fahrrad.

Zum ehemaligen Fischerdorf am Zusammenfluss von Bono und **Le Bono** Loc'h gehört ein kleiner Hafen, der für seine **Forbans**, malerische kleine Boote, bekannt ist. Die Hafenanlagen, 1840 aufgegeben, wurden 1907 nach Plänen von Gustave Eiffel erneuert.

✴ Châteaubriant

H 23

Département: Loire-Atlantique   **Einwohnerzahl:** 12 700

Wuchtig thront die mächtige Burg auf einem Hügel oberhalb des Chère: Das alte Städtchen Châteaubriant, im 11. Jh. im Auftrag des Grafen von Rennes vom Herrn von Brient als eine der neun Baronien der Bretagne gegründet, bildete zusammen mit ▶ Fougères, Ancenis und ▶ Vitré die Festungskette an der Ostgrenze des selbständigen Herzogtums Bretagne.

Von der ersten Burg stammen der Stadtname und der Familienname des Schriftstellers **Chateaubriand** (▶ Berühmte Persönlichkeiten), dessen Ahnherr Brient war. Während einst zahlreiche Schmieden für

▶ CHÂTEAUBRIANT ERLEBEN

AUSKUNFT

Office de Tourisme
22 Rue de Couëré, B.P. 193
44145 Châteaubriant Cedex
Tel. 02 40 28 20 90, Fax 02 40 28 06 02
www.pays-chateaubriant.fr

ESSEN & ÜBERNACHTEN

▶ Günstig / Komfortabel

Auberge Bretonne
23 Place de la Motte
Tel. 02 40 81 03 05, Fax 02 40 28 37 51

www.aubergebretonne.com
Kleines, zentrales gelegenes Haus mit
überraschend hochklassigem, überaus
»preis-wertem« Restaurant.

▶ Günstig

Le Paris Océan
25 – 29 Rue d'Ancenis
Tel. 02 40 81 21 79, Fax 02 40 81 45 26
Traditionelles, gutbürgerliches Hotel
nahe dem Bahnhof mit eigenem
Parkplatz. Mediterrane Küche.

Wohlstand sorgten, lebt die Stadt heute von der Landwirtschaft; jeden Mittwoch stehen auf dem drittgrößten Viehmarkt Frankreichs
rund 2000 Rinder zum Verkauf. Wen wundert's da, dass auch eine
Fleischspezialität den Namen »Chateaubriand« trägt: ein blutig bis
rosa gebratenes, 400 – 600 g schweres Rinderfilet aus dem Mittel-
stück. Das Ereignis der Region: Die Landwirtschaftsmesse Foire de
Béré Anfang September mit über 50 000 Besuchern.

Sehenswertes in Châteaubriant

✴
Château
🕐
Öffnungszeiten:
Mi. – Mo.
Mai – Sept.
11.00 – 18.30,
Okt. – Mitte Nov.,
Mitte März – April
14.00 – 17.30,
sonst nur Sa./So.

Die Verteidigungsanlage besteht aus dem mittelalterlichen Vieux-
Château im Westen und dem Château-Neuf im Osten. Zum »Alten
Schloss« aus dem 11. – 15. Jh. gehören der pechnasenbewehrte Donjon, der durch Mauern mit den Ruinen des Grand Logis, der Kapelle
und dem Châtelet (Torhaus) verbunden ist. Die Mauer ist teilweise
begehbar und bietet einen schönen Ausblick. 1553 – 1539 erweiterte
Jean de Laval die Festung nach dem Vorbild der Loire-Schlösser mit
einem repräsentativen Renaisanceschloss aus Tuffstein. So flankieren
zwei Pavillons den Wohntrakt (Logis Central) mit zwei übereinander
liegenden Fensterreihen, die von hohen Lukarnen geschmückt werden. Der Innenhof war auf drei Seiten von einem Säulengang umgeben, von dem nur die südliche Galerie erhalten ist. Die äußere Ele-
ganz lässt nicht vermuten, welch düsteres Drama sich einst hier abgespielt hat: **Françoise de Foix**, Herzogin von Châteaubriant (geb.
1495), war von 1518 bis 1525 die Geliebte von König Franz I. Nachdem sie von einer Rivalin vom Pariser Hof verdrängt worden war,
nahm ihr Ehemann sie zwar wieder auf, sperrte sie aber mit ihrer
Tochter in einem schwarz ausgeschlagenen Zimmer ein, das sie bis
zum Lebensende nicht verlassen durfte. Das Kind starb früh, Françoise jedoch erst 1537, der Sage nach von ihrem Ehemann ermordet.

Wehrhafter mittelalterlicher Festungsbau: Schloss Châteaubriant

Fachwerkhäuser

Sockel aus Stein, obere Stockwerke in Fachwerk: Am Fuß der Festung stehen die ältesten Häuser der Stadt wie das öffentliche Backhaus **Four à Ban**, das Hôtel de la Houssaye und die Maison de l'Ange. Nur die **Porte-Neuve**, ein Stadttor aus dem 16. Jh., zeugt noch von der im 19. Jh. zerstörten Stadtmauer. Gleichzeitig mit der Festung ließ der Herr von Brient im 11. Jh. auf einer Anhöhe die romanische Kirche **St-Jean-de-Béré** aus Sandstein und Schiefer errichten. Im 19. Jh. erhielt sie den nördlichen Kapellenanbau sowie den Vierungsturm. Neben dem verzierten Südportal sind innen der barocke Hochaltar (1665) sowie zwei schöne Holzstatuen des hl. Julian und der Muttergottes aus dem 15. Jh. zu sehen.

! **Baedeker** TIPP

Promenades Littéraires

Illustre Schriftsteller und Geschichtsschreiber wie Yves Cosson, Geneviève Dormann, François René de Chateaubriand und Joseph Chapron haben Châteaubriant in ihren Werken verewigt. Jeden Donnerstagabend im Juli und August folgen Schauspieler des renommierten Théâtre Messidor bei Literatur-Spaziergängen durch die Stadt ihren Spuren. Infos und Buchung beim Office de Tourisme.

Umgebung von Châteaubriant

Pays de la Mée

Das »Land der Mitte« ist ein leicht hügeliges Schieferplateau, umgeben von Wäldern, Teichen und künstlich angelegten Seen, die die einst zahlreichen Schmieden und Eisenhütten mit Wasser und Energie versorgten. Zu den ältesten Einrichtungen gehören La Hunaudière von 1630, Moisdon von 1668 und La Blisière von 1678.

Moisdon-la-Rivière

🕐

In dem hübschen Ort 12 km südlich von Châteaubriant vermittelt die **Forge-Neuve** (Neue Schmiede) mit ihren Gebäuden einen Eindruck von der einstigen Bedeutung der Eisenindustrie in der Region. Öffnungszeiten erfährt man beim Office de Tourisme Châteaubriant.

Grand-Fougeray

Die Kirche von Grand-Fougeray gehört zu den wenigen romanischen Bauten der Bretagne. Der **Tour du Guesclin** am Ortsrand ist letztes Zeugnis eine der größten mittelalterlichen Burgen der Bretagne mit neun Türmen, die im 17. Jh. geschleift wurde. Ihren Namen verdankt die Burg Bertrand du Guesclin, der sie 1354 von den Engländern zurückeroberte. Der Donjon ist Schmuckstück eines 7 ha großen Parks, der 1746 angelegt wurde.

Châteaulin

E 7

Département: Finistère   **Einwohnerzahl:** 5500

Wie eng die Geschichte von Châteaulin mit dem Lachs verbunden ist, zeigt der Fisch im Stadtwappen und der Spitzname für die Bürger: »Pen Eog«, »Lachskopf«. Seit dem 11. Jh. wurden in der Aulne, mit 145 km längster Fluss des Finistère, Lachse gefischt, in guten Jahren zog man bis zu 4000 davon aus den Fluten.

Im 17. Jh. exportierte man den Speisefisch bis nach Paris. Mit der Kanalisation der Aulne ging die Fangmenge stetig zurück. Erst seit 1996, als eine Fischtreppe neben der Schleuse eingerichtet wurde, wandern wieder mehr Fische zum Laichplatz flussaufwärts, ein

▶ CHÂTEAULIN ERLEBEN

AUSKUNFT

Office de Tourisme
Quai Am. Cosmao, 29150 Châteaulin
(geöffnet April – Sept.)
Tel. 02 98 86 02 11
www.tourisme-porzay.com
www.chateaulin.fr

ESSEN & ÜBERNACHTEN

▶ Günstig

Au Bon Acceuil
Port Launay, Avenue Louison Bobet
Tel. 02 98 86 15 77, Fax 02 98 86 36 25
www.hotel-bonacceuil.com

Gepflegtes Haus unmittelbar am Aulne-Kanal mit Pool und Garten. Das Restaurant hat leckere Hausmannskost auf der Karte.

Le Chrismas
33 Grand'Rue
Tel. 02 98 86 01 24, Fax 02 98 86 37 09
www.lechrismas.com
Bereits in der dritten Generation werden im Zentrum von Châteaulin gemütliche Zimmer und eine sehr gute traditionelle Küche geboten (im Winterhalbjahr gibt's Kig ha farz).

Schauspiel, das sich im **Observatoire Aquatique** beobachten lässt (Öffnungszeiten: März – Juni, Sept. – Nov. Mo. – Fr. 10.00 bis 12.00, 14.00 – 17.00, Juli, Aug. Mi. – Mo. 10.30 – 12.30, 14.30 – 18.00 Uhr).

Auf einem Felsen oberhalb des linken Ufers der Aulne wurde im 15. Jh. die Kapelle **Notre-Dame** aus Kersanton erbaut. Das Beinhaus stammt aus dem 16. Jh., der Glockenturm im Renaissancestil entstand 1753. Der Kalvarienberg aus dem 15. Jh. zeigt auf seiner Rückseite eine seltene Darstellung von der Wiederauferstehung Christi. Etwas oberhalb der Kapelle sind noch die Überreste einer Burg zu erkennen, die Budic, Herzog der Cornouaille, im 10. Jh. erbauen ließ; zum Tal hin schweift der Blick weit über die Stadt und den Fluss.

Baedeker TIPP

Küche, Kunst und Kunterbuntes

Vor über 100 Jahren eröffnete Jean-Marie Le Doaré an der Route de Coatigaor ein Fotoatelier, das erst vom Sohn Jos, dann vom Enkel Dominique zum Verlag Jos Le Doaré ausgebaut wurde. Sein Archiv und sein Sortiment sind eine Fundgrube für Bretagnefans: Kochbücher, Bildbände, Märchen und Legenden aus Breizh.

Ausflug nach Pleyben

Die Kleinstadt Pleyben 12 km östlich wäre weiter nicht erwähnenswert, gäbe es nicht den Pfarrbezirk mit Kirche, Kalvarienberg, Beinhaus und Friedhof, der seit 2004 zum UNESCO-Welterbe gehört. Der Kalvarienberg ruht auf vier monumentalen Pfeilern, die einen

Calvaire de Pleyben

UNESCO-Welterbe: Am Kalvarienberg von Pleyben stellen rund 200 Figuren die Leidensgeschichte Christi dar.

Triumphbogen bilden. Er wurde 1555 neben der heutigen Kirche errichtet und bis 1738 mehrfach umgesetzt und verändert. Rund 200 Figuren stellen in 30 Szenen die Passionsgeschichte dar. Die Bildfolge beginnt mit der Verkündigung und setzt sich gegen den Uhrzeigersinn fort.

St-Germain Die Kirche ist dem burgundischen Heiligen **St-Germain de Auxerre** geweiht, der im 5. Jh. die ▶Cornouaille christianisierte. Das Gotteshaus, 1564–1583 in der Gegenreformation erbaut, verbindet in spannungsreicher Weise zwei recht unterschiedliche Stile, Gotik und Renaissance. Dies zeigt sich auch an den Kirchtürmen: links die kleinere gotische Spitze, rechts der höhere, mit einer Laternenkuppel bekrönte **Tour Ste-Catherine** aus dem 16. Jh., der als Vorbild für mehrere Türme in der Bretagne diente. Innen beeindruckt die kunstvolle Holzdecke. Die Gesimse sind skulptiert und mit mythologischen und biblischen Szenen bemalt. Der Hochaltar von 1667 und das Rosenkranzretabel von 1696 sind bedeutende Schnitzwerke. Die Chorfenster aus dem 16. Jh. zeigen Szenen aus der Leidensgeschichte; Kanzel und Orgelprospekt entstanden 1688.

Ossuaire Im **ältesten Beinhaus der Bretagne**, 1515 in feinem spätgotischem Flamboyantstil errichtet und 1733 zur Grabkapelle umgewandelt, erzählt ein kleines Museum die Geschichte des Pfarrhofs. In der Nähe der im Jahr 1719 erbauten Sakristei steht ein monolithisches »Croas an holen«; an diesem »Salzkreuz« verkauften die Salzhändler der Halbinsel **Guérande** (▶S. 245) ihre Ware.

★★ **Concarneau**

G 8

Département: Finistère   **Einwohnerzahl:** 19 000

Die Hafenstadt an der Baie de la Forêt gehört zu den Topzielen der Bretagne. Gleich einer schwimmenden Festung ruht die wuchtige »Ville Close« im stattlichen Becken des Fischereihafens. Fischtrawler mit hochragenden Angelruten umrunden die ummauerte Altstadt, zu der eine einzige Brücke Zugang gewährt. Möwen schreien im Wind, die Luft schmeckt nach Salz: Morgenstimmung in »Konk Kernew«, dem »Unterschlupf der Cornouaille«, bevor der touristische Trubel beginnt.

Neben dem Fremdenverkehr sind Fischfang, Fischverarbeitung und Schiffsbau wirtschaftliche Standbeine. Concarneau ist der viertgrößte Fischereihafen Frankreichs, im Thunfischfang steht er sogar an erster Stelle. 200 Schiffe gehören zur Flotte: Hochseetrawler, die vor der afrikanischen Küste und im Indischen Ozean nach Thunfisch fischen,

CONCARNEAU ERLEBEN

AUSKUNFT

Office de Tourisme
Quai d'Aiguillon, 29185 Concarneau
Tel. 02 98 97 01 44, Fax 02 98 50 88 81
www.tourismeconcarneau.fr

MARITIMES ERBE

Als 1905 die Fanggründe für Sardinen vor der Küste erschöpft waren, riefen in Concarneau malende Künstler die »Fête des Filets Bleus« ins Leben, mit deren Erlös den Fischerfamilien geholfen wurde. Noch heute wird das »Fest der blauen Fischernetze« am vorletzten Wochenende im August gefeiert (http://filetsbleus.free.fr). Concarneaus letzte Sardinenfabrik Gonidec kann in den französischen Oster- und Sommerferien besichtigt werden (www.gonidec.com).

SCHIPPERN UND SHOPPING

Die Vedettes de l'Odet fahren im Sommer von Bénodet den Odet hinauf und von Concarnau und Bénodet zu den Glénan-Inseln. Töpfer, Goldschmiede und Maler bieten im Juli/Aug. mittwochs am Quai Pénéroff ihre Werke zum Kauf.

ESSEN

▶ **Erschwinglich**
La Coquille
Concarneau, Quai du Moros
Tel. 02 98 97 08 52
Stilvoll-rustikales Restaurant mit herrlicher Terrasse, hinreißende traditionelle Küche de Bretagne.

▶ **Preiswert**
Les Remparts
Concarneau, 31 Rue Th. Louarn
Tel. 02 98 50 65 66
Gemütliches Lokal in alten Mauern mit den besten Crêpes der Ville Close. Auch gut die marinierten Muscheln.

Porte au Vin
9 Place St-Guénolé, in der Ville Close, Tel. 02 98 97 38 11
Auf der Terrasse genießt man Meeresfrüchte und leckere Crêpes mit Blick auf historisches Gemäuer.

ÜBERNACHTEN

▶ **Komfortabel / Luxus**
Hotel Ker Moor
Concarneau, 37 Rue des Sables Blancs
Tel. 02 98 97 02 96, Fax 02 98 97 84 04
www.hotel-kermor.com
Charmantes kleines Haus von 1910, private Atmosphäre. Zimmer z. T. mit Terrasse; alle gehen zum Meer hinaus.

Baedeker-Empfehlung

▶ **Günstig**
Des Halles
Place de l'Hôtel de Ville
Tel. 02 98 97 11 41, Fax 02 98 50 58 54
www.hoteldeshalles.com
Nette Zimmer am Rathausplatz gegenüber der Ville Close. Eigene Garage und Gratis-Parkplätze am Rathaus. Abends speist man gut im 100 m entfernten Restaurant Le Vauban.

und die Boote der Küstenfischer, die vor der bretonischen, irischen und schottischen Küste, im Ärmelkanal oder bei den Azoren als »Chalutiers« mit Schleppnetzen Sardinen, Makrelen, Merlan und Kabeljau oder als »Caseyeur« in Körben Taschenkrebse, Seespinnen, Langusten und Hummer fangen. Der Hafen besteht aus dem vorderen Avant-Port für Motor- und Segelboote, dem 1925 erweiterten hinteren Fischereihafen Arrière-Port und dem Nouveau Port an der Mündung des Flusses Moros.

✶ ✶ Ville Close von Concarneau

Befestigte Altstadt
»Die Stadt ist von Mauern umgeben, deren Grundsteine bei Flut von den Wogen des Meeres umspült werden; ihre Pecherker sind noch genauso intakt wie zu Zeiten der Königin Anne, die Reihen gezackter Steine ziehen sich über die Wälle hin, gradlinig und niedrig, und zeichnen sich gegen den Nebel ab.« So erlebte Flaubert bei seiner Durchreise im Jahr 1847 die 350 m lange und 100 m breite befestigte Altstadt. Zusammen mit ▶ St-Malo gehört sie zu den schönsten Beispielen derartiger Wehrarchitektur. Nach 30-jähriger englischer Besatzung von Du Guesclin erobert, wurde die Felseninsel im 14. Jh. zur viertmächtigsten Festung der Bretagne ausgebaut. 1679 beendete eine Intrige die militärische Rolle von Corncarneau, und die Ville Close wurde nach Plänen von **Vauban** modernisiert. Der königliche Festungsbaumeister ließ die Turmspitzen abtragen, um Kanonen aufzustellen, die Wehrmauern ergänzen und die Gouverneurs- und Majortürme verstärken. Der Uhrturm wurde erst 1906 erbaut. Seine Inschrift mahnt: »Tempus fugit velut umbra« – »Die Zeit flieht dahin wie ein Schatten«.

> **! Baedeker TIPP**
>
> **Mit Simon durch den Hafen**
>
> Simon Allain kennt sich aus im Hafen. Seit über zehn Jahren nimmt der Seebär seine Gäste mit an Bord eines Hochseetrawlers, zeigt ihnen, wie die Fische verladen werden, erlebt mit ihnen die Criée, bei der frühmorgens die Fische versteigert werden, und besucht ein Traditionsunternehmen der Fischverarbeitung, Verkostung inklusive. Tel. 02 98 50 56 55, Fax 02 98 50 76 43; www. alassautdesremparts.fr.

Rue Vauban
Hauptstraße der Altstadt ist die von schmalen Granithäusern gesäumte, kopfsteingepflasterte Gasse Rue Vauban, eine touristische Verkaufsmeile mit viel Nippes und wenig Authentische. Erst gegen Abend, wenn nur noch die Restaurants und Crêperien geöffnet sind, kehrt eine beschauliche, angenehme Ruhe ein, lässt sich das beeindruckende Ambiente der Inselfestung genießen. Von der **Stadtmauer** mit ihren acht Türmen, die in Abschnitten begangen werden kann, bieten sich schöne Ausblicke auf die Dächer, Hinterhöfe und Gassen der Altstadt, die 1913 – 1924 im byzantinischen Stil erbaute Stadtkirche Sacré-Cœur-de-Marie, den Fischereihafen im Norden und den Jachthafen im Süden.

Wie eine schwimmende Festung ruht die Ville Close im Becken des Fischereihafens.

Wer fischt wo was und wie? Die Geschichte der Fischerei präsentiert das Fischereimuseum im ehemaligen Militärarsenal (3 Rue Vauban) mit Modellen, Schaukästen und Videos. Der 34 m lange Trawler **Hémérica** am Kai kann von den Laderäumen über das Ruderhaus bis zur Kajüte besichtigt werden. Geöffnet April – Juni tägl. 10.00 bis 18.00, Juli, Aug. 9.30 – 20.00 Uhr, www.musee-peche.fr.

★
Musée de la Pêche

⏱

In der 1859 errichteten meeresbiologischen Forschungsstation an der Place de la Croix werden die lokale Flora und Fauna in kleinen Aquarien vorgestellt. Tägl. geöffnet, Juli, Aug. 10.00 – 19.00, April bis Juni, Sept. 10.00 – 12.00, 14.00 – 18.00 Uhr, Okt. – Dez., Febr., März nur 14.00 – 18.00 Uhr.

Marinarium

⏱

Umgebung von Concarneau

Das nordöstlich der Stadt gelegene Schloss aus dem 15. Jh. erhielt im 19. Jh. seine neogotische Pracht. Einer der Besitzer war Fürst Felix Jussupow, der Mörder Rasputins. Führungen Juni – Sept. tägl. 10.30 bis 13.00, 14.00 – 18.00 Uhr, außer Sa.nachmittag.

Château de Keriolet

Von der D 783 östlich in Richtung ▶Pont-Aven führen Stichstraßen zur Küste mit landschaftlich eindrucksvollen Landzungen. Von der Pointe du Cabellou bietet sich ein schöner Blick zurück auf die Ville Close. Von der **Pointe de la Jument** sind die Pointe du Cabellou, die Bucht von Beg-Meil und ganz am Horizont die Küste von Loctudy zu sehen. Von der Pointe de Trévignon reicht der Blick bis zu den Glénans-Inseln. Hinter der Landzunge schließt sich der **Raguénès**-Strand an, den ein Erotikbestseller berühmt machte: »Salz auf unserer Haut« von Benoîte Groult.

★
Pointe du Cabellou

◀ Pointe de Trévignon

François Séhédic lässt seinen Cidre bei 8 – 12 °C in Fässern aus Eichenholz reifen.

✱ **Fouesnant**

Aus Fouesnant 13 km westlich von Concarneau kommen einige der besten – die Bretonen sagen: die besten – Apfelweine Frankreichs. Der **Cidre** und seine Produkte Lambig (Schnaps) und Pommeau (Aperitif aus Cidre und Lambig) werden am dritten Julisonntag mit dem »Apfelbaumfest« gefeiert, der **Fête des Pommiers**. Aus der Region stammt auch eine der schönsten bretonischen Kopfbedeckungen für Frauen, die Coiffe Fouesnantaise, eine »Schmetterlingshaube« mit geschwungenen Flügeln aus weißer Spitze. Ein Kleinod romanischer Baukunst ist die Kirche **St-Pierre** aus dem 12. Jh., deren Fassade und Apsis im 18. Jh. umgebaut wurden. Vor der Kirche stehen ein Kalvarienberg aus dem 17. Jh. und ein Kriegerdenkmal von René Quillivic. Alte Eichen säumen 2 km nördlich den Pfarrbezirk mit der 1685 erbauten **Chapelle Ste-Anne**. Am 26. Juli findet der Pardon der hl. Anna statt, bei dem Trachten getragen werden.

Der benachbarte kleine Badeort und Jachthafen **La Forêt-Fouesnant** ist für seinen köstlichen **Cidre** bekannt. Vor über 50 Jahren begann François Séhédic hier seinen spritzigen Apfelwein zu produzieren. Außerdem besitzt der Ort einen Pfarrbezirk mit einem Kalvarienberg aus dem 16. Jahrhundert und der Kirche **Notre-Dame** im Flamboyantstil. Die Vorhalle von 1538 birgt die Skulpturen des hl. Rochus und des hl. Mélar. Aus dem 17. Jahrhundert stammen das Taufbecken, der Hochaltar von 1639 und ein Rosenkranzgemälde.

✱ **Sandstrände**

In der Nähe von Fouesnant bieten die Ferienorte **Beg-Meil** und **Cap Coz** und die Landzunge von **Mousterlin** über 15 km feine, von kleinen Felsvorsprüngen unterbrochene Sandstrände.

Bénodet

»Mit seinem Klima, seinen Feigenbäumen und seinem klaren Himmel erinnert Bénodet an die Côte d'Azur«, schrieb Guillaume Apollinaire 1917 über das Seebad an der Mündung des Odet (21 km westlich von Concarneau), das heute mit Kuranlagen, Casino, Jachthafen und schönem Sandstrand zur Erholung der internationalen Gäste beiträgt. Mit Strandspielzeug von 1900, Seekisten und Schiffsmodellen erzählt das **Musée du Bord de Mer** von den Anfängen des Badetourismus (geöffnet Juli/Aug. tägl. 10.00 – 13.00, 14.00 – 18.00 Uhr, sonst Di./Mi. geschl.). Nahe der Kirche St-Thomas-Becket (13./16. Jh.) am Hafen beginnt ein aussichtsreicher Küstenweg, der erst als Corniche de l'Estuaire, dann als Corniche de la Plage zur Landzunge Pointe de Bénodet führt, mit Ausblick auf die Glénan-Inseln, zur Halbinsel Tudy im Westen und zur Pointe de Mousterlin im Osten. Der schönste Aussichtspunkt ist die 610 m lange und 30 m hohe Cornouaille-Brücke, die anmutig den Odet überspannt.

Eine winzige Schaluppe verbindet als Personenfähre Bénodet mit dem Badeort Ste-Marine am anderen Ufer des Odet. Sein Sandstrand Plage du Téven erstreckt sich über 4 km von der Pointe de Combrit bis Ile-Tudy. Fast 2 km weit ragt die schmale Halbinsel **Tudy** an der Rivière de Pont-l'Abbé ins Meer.

Ste-Marine

Sieben flache Inseln, umgeben von zahlreichen Inselchen und Felsen, bilden 20 km vor der Küste den Glénan-Archipel. Er ist bekannt für saubere Strände, glasklares Wasser und seine Tauch- und Segelschu-

Iles Glénan ★

Höhepunkt im August: Beim »Fest der blauen Fischernetze« in Concarneau wird die maritime Vergangenheit lebendig.

len. Die Hauptinsel **St-Nicolas**, auf der im Mai und Juni die einzigartigen Glénan-Narzissen blühen, ist Sitz der bekannten Tauchschule Centre International de Plongée Les Glénan. In Penfret mit seinem 36 m hohen Leuchtturm wurde 1947 Frankreichs berühmteste Segelschule **Centre Nautique des Glénan** gegründet, die auch auf Drennec, Cigogne und Bananec Basen unterhält. Die Inseln Drennec und Giautec sind Vogelschutzreservate.

✶ ✶ Cornouaille

F–H 3–9

Département: Finistère

Die umtosten Klippen auf der Halbinsel Cap Sizun im Norden, das Land der Bigouden mit der Halbinsel Penmarc'h und die anschließende Küste bis zur Höhe von Quimperlé im Süden bilden das ehemalige Herzogtum Cornouaille mit seiner Hauptstadt ▶Quimper.

Wie Funde zeigten, war die Cornouaille schon um 40 000 v. Chr. bewohnt. Von der Megalithkultur sind nur wenige Menhire, Dolmen und Ganggräber erhalten. Aus dem 1. Jh. v. Chr. stammen Gefäße, in denen Garum zubereitet wurde, die Fischsauce, mit der die Römer ihre Speisen würzten. Ihren Namen erhielt die Cornouaille von ihrem britischen Gegenstück Cornwall. Von dort waren zwischen dem 5. und 7. Jh. christliche Kelten vor heidnischen angelsächsischen Eroberern über den Ärmelkanal auf die Halbinsel Armorika geflohen. Einer von ihnen war **Gradlon**, der erste Herrscher des Königreichs Cornouaille, das sich im 5./6. Jh. zwischen ▶Morlaix, Landerneau und Quimperlé erstreckte. Für seine Tochter Dahud erbaute er in der Bucht von ▶Dournenez seine Hauptstadt Ys oder Is. Dahuds Sündhaftigkeit, sie wurde die Geliebte des Teufels, führte zum Unter-

▶ CORNOUAILLE ERLEBEN

AUSKUNFT

Maison du Tourisme
Rond point de Kermaria
29122 Pont l'Abbé Cedex
Tel. 02 98 82 30 30, Fax 02 98 82 32 18
www.ouest-cornouaille.com

ROUTE DU CIDRE

Die Cidre-Route verbindet zehn Apfelweinhersteller der Cornouaille.
CIDREF, 5 Allée Sully, 29322 Quimper
www.cidref.fr

ESSEN UND ÜBERNACHTEN

▶ Günstig / Komfortabel

Au Roi Gradlon
3 Avenue Manu Brusq
29770 Audierne
Tel. 02 98 70 04 51
Fax 02 98 70 14 73
www.auroigradlon.com
Modernes Haus direkt am Strand.
Im Panoramarestaurant speist man
mit Blick auf den Atlantik.

Breiz Armor

Pouldreuzic, Penhors-Plage
Tel. 02 98 51 52 53, Fax 02 98 51 52 30
www.breiz-armor.fr
Freundliches Haus am Strand der Baie
d'Audierne, schlicht-moderne Zim-
mer mit großen Fenstern für den
Meerblick. Probieren Sie Monsieur
Ségalens Meeresfrüchtekreationen.

▶ Günstig

La Tour d'Auvergne
22 Pl. Gambetta, 29120 Pont L'Abbé
Tel. 02 98 87 00 47, Fax 02 98 82 33 78
www.tourdauvergne.fr
Nette Zimmer im Zentrum der alten
Hauptstadt des Bigoudenlandes. Gute
Küche im Bistrot Gourmand.

 Baedeker TIPP

Straße der Maler

Wie Paul Gauguin, Paul Sérusier, Pierre de
Belay und andere Maler zwischen 1850 und
1950 die Landschaften und Menschen der
Cornouaille erlebten, lässt sich bei den
sieben Rundfahrten der »Route des Peintres«
entdecken. Info: CCI de Quimper Cornouaille,
145 Avenue de Keradennec, Tel. 02 98 98 29
29, Fax 02 98 98 29 50, www.quimper.cci.fr.

gang der Stadt. Eines Nachts öffnete der Teufel die Schleusentore
und Ys versank. Dahud schwimmt seither einen unendlichen unter-
irdischen Fluss hinauf. Auch Tristan und Isolde liebten und litten
hier. Die Burg von König Marke, Ehemann von Isolde und Onkel
von Tristan, könnte in Plomarc'h oder auf der Tristan-Insel gestanden haben.

Sehenswertes auf dem Cap Sizun

Das Cap Sizun ist ein Granitklotz, der zwischen der Bucht von ▶
Douarnenez im Nordosten und der Bucht von Audierne im Südwesten ins Meer ragt und in der spektakulären Pointe du Raz endet. Mit
seiner rund 150 km langen Küste – vor allem Steilküste mit kleinen
Buchten und bis zu 70 m hohen Kaps – gehört »Le Cap«, wie die
Westspitze der Cornouaille auch genannt wird, zu den beliebtesten
Reisezielen in der Bretagne. Im kleinen Hafen Pors-Poulhan markiert
die Statue einer Bigoudenfrau (1961, von dem aus Plouhinec gebür-
tigen René Quillivic) die Grenze zum Bigoudenland.

Größte Stadt der Halbinsel ist Audierne, das den kurzen, breiten
Fluss Goyen als Hafen nutzt. Einst verarbeiteten mehr als ein Dutzend Konservenfabriken den Sardinenfang. Heute ersetzt der Fremdenverkehr den Rückgange der Fischerei. Die Attraktion der Kleinstadt ist das Aquarium **Aquashow**, das neben 3D-Kino und großen

Audierne

Kilometerlange Sandstrände säumen die Küste der Baie d'Audierne.

Bassins mit 150 Meerestieren des Atlantiks eine Vogelschau mit Kormoranen und anderen Seevögeln bietet. Geöffnet April – Sept. tägl. 10.30 – 18.30, sonst nur in den Schulferien tägl. 14.00 – 18.00 Uhr; www.aquarium.fr.

Blumen schmücken die engen Gassen und Treppen der Altstadt mit der Kirche St-Rumond (17. Jh.), die einen barocken Turm besitzt. Das kleine Privatmuseum La Chaumière zeigt Einrichtungsgegenstände des 17. und 18. Jahrhunderts.

★★
St-Tugen Die schönste Kapelle des Cap Sizun steht in Primelin 3,5 km westlich von Audierne in einem **Pfarrbezirk** mit Brunnen, Triumphtor und Kalvarienberg. Sie ist dem hl. Tugen geweiht, der Gläubige von Tollwut und Zahnweh heilen sollte; während der Messe wurden die Tollwütigen in der Kapelle in Käfige gesperrt. Westturm und Hauptschiff entstanden 1535, Querschiff und Chor im 17. Jahrhundert. Sehenswert sind die südliche Vorhalle mit durchbrochenem Giebelfeld, die Malereien der Taufkapelle aus dem 17. Jh. sowie der mit Adam und Eva geschmückte Katafalk von 1642.

★
Ile de Sein Rund eine Stunde braucht die Fähre von Audierne zur Insel Sein. Ein altes Matrosensprichwort besagt: »Qui voit Sein, voit sa fin« – »Wer die Insel Sein sieht, sieht sein Ende.« Die Furcht der Seemänner

hatte ihren Grund: Die 9 km breite Meerenge zwischen der Pointe du Raz und der Insel Sein mit ihren gefährlichen Riffs wurde schon Hunderten von Schiffen zum Verhängnis. Die Kelten sprachen von der Insel als der Toteninsel, der **Pforte zur Unterwelt,** zu der sie ihre verstorbenen Druiden auf Barken schickten. Erst im Lauf des 17. Jahrhunderts gelang es Jesuiten, die Inselbewohner zu christianisieren. Aus den recht berüchtigten Seinans wurden Helden, die nicht nur unzählige Schiffbrüchige aus Seenot retteten, sondern auch fast geschlossen dem Aufruf Charles de Gaulles am 18. Juni 1940 folgten und sich von England aus dem Widerstand gegen die deutsche Besatzungsmacht anschlossen. Heute leben die rund 350 Bewohner vom Fischfang, der Rettung aus Seenot und dem sommerlichen Fremdenverkehr. Die Gäste kommen vor allem, um die Ruhe und Abgeschiedenheit des kargen, nur 1,5 km² großen Eilands zu genießen. Hauptort ist Le Bourg im Osten. Zum Schutz vor den Stürmen bauten die Bewohner ihre weißen Häuser so eng beieinander, dass sie gerade noch ein Fass durch die schmalen Gassen rollen konnten. Im Norden der Insel ragt unweit der Kapelle St-Corentin der 49 m hohe Leuchtturm St-Corentin von 1838 auf. Das kleine Kraftwerk im Turm versorgt die Insel mit Strom. Vierzehn Jahre zog sich die Bauzeit des

◄ Le Bourg

◄ Phare
St-Corentin

Größte Stadt der Halbinsel Cap Sizun ist Audierne.

Phare d'Ar'men ▶

wohl berühmtesten Leuchtturms Frankreichs hin: Der Phare d'Ar'men steht rund 5 Seemeilen westlich der Insel auf einem 120 m großen Riff, das selbst bei Ebbe nur 1,5 m aus dem Wasser ragt. Im August 1881 in Betrieb genommen, haben die teilweise unter Wasser liegenden Felsen der Chaussée de Sein durch ihn viel von ihrer Gefährlichkeit verloren. Seit 1989 strahlt das Leuchtfeuer vollautomatisch 55 km weit über die See.

Pont-Croix

Das alte Städtchen am rechten Ufer des Goyen rühmt sich, eines der schönsten Bauwerke der Bretagne zu besitzen: die Stiftskirche **Notre-Dame-de-Roscuden**. Ihr 67 m hoher Vierungsturm diente als Vorbild für die Glockentürme der Kathedrale von ▶ Quimper. Die südliche Vorhalle, über der drei spitze Ziergiebel aufragen, entstand im 14. Jh. im Rayonnant-Stil. Das Hauptschiff mit acht Jochen, deren Rundbogen auf schlanken Bündelpfeilern ruhen, stammt wie der Chor aus romanischer Zeit. Seit 1450 stützen große Pfeiler in der Vierung den Kirchturm. Beachtenswert sind unter dem Altar ein Hochrelief mit einer Abendmahlsszene aus dem 17. Jh. und die vier Flamboyant-Fenster mit einer Darstellung der Kirchenstifter aus dem 16. Jh. auf der Südseite. Am 15. August feiert die Gemeinde alljährlich einen Pardon.

Das Viertel um die Kirche herum hat sich seinen mittelalterlichen Charme bewahrt. Alte Häuser säumen auch die **Grand'Rue-Chère**, die in langen, ausgetretenen Stufen zum Fluss Goyen führt. Hier beginnt ein Uferweg, der nach Audierne führt.

> **!** ## Baedeker TIPP
>
> ### Le Marquisat
>
> Um 1550 errichtet, lebten hier bis 1831 die Rosmadecs, eine der berühmtesten Familien der Bretagne. Ihr Herrenhaus, 1996 wieder in den Zustand von 1930 versetzt, besitzt neben alten Fotos von Pont-Croix wunderschöne Trachten und Hauben vom Cap Sizun. Öffnungszeiten: Juli / Aug. tägl. 10.30 – 12.30, 15.30 – 18.30, Juni / Sept. tägl. 15.00 – 18.00, sonst So./Fei. 15.00 – 18.00 Uhr.

Notre-Dame-de-Confort ▶

Einen Abstecher wert ist die um 1540 erbaute Kirche Notre-Dame in Confort. Ihr 400 Jahre altes Glockenspiel **La Roue à Carillon**, ein Rad mit zwölf Glöckchen, soll der Überlieferung nach stumme Kinder zum Sprechen gebracht haben. Der Kalvarienberg stammt aus der zweiten Hälfte des 16. Jh.s; die in der Revolution zerstörten Figuren wurden 1870 von einem einheimischen Künstler ersetzt.

Plogoff

Stürmisch fegt der Wind über die weiß getünchten Häuser. Stürmisch war auch der Widerstand, als die Elektrizitätsgesellschaft EDF 1976 hier ein Atomkraftwerk bauen wollte. Die Bürgerbewegung fand im ganzen Land große Unterstützung. Nach teilweise sehr massiv geführten Auseinandersetzungen wurde 1981 der Baubeschluss zurückgenommen, seither ist der Ort das Symbol der französischen **Anti-Atom-Bewegung**, von der u. a. ein Film der bretonischen Regisseurin Nicole Le Garrec erzählt. Am Ortsausgang liegen der Parkplatz und das »Begrüßungszentrum« für die Pointe du Raz.

Zahlreiche Leuchttürme, die auf den der Pointe du Raz vorgelagerten Inseln errichtet wurden, sichern die Schifffahrtswege.

Pausenlos brandet der Atlantik gegen den 70 m hohen Felskamm, frisst Buchten und steile Schluchten in den harten Granit. Der Wind hat den Fels kahl gefegt, einzig Ginster, Heide und einige Gräser klammern sich an den vom Wind kahlgefegten Fels. Bis zur Entdeckung Amerikas war das einer der Punkte, an denen Welt aufhörte. Allein ist man hier jedoch nie: Das Kap gehört, obwohl nicht der westlichste Punkt Frankreichs (►Pointe de Corsen, S. 188) mit über 1 Mio. Besucher jährlich zu den frequentiertesten Plätzen der Bretagne. In jüngster Zeit wurden das Naturdenkmal und die Umgebung saniert. Die hässlichen Zweckbauten von 1962 wichen einem Besucherzentrum samt gebührenpflichtigem Großparkplatz 800 m landeinwärts, von dem ein gasbetriebener Bus zur Landspitze pendelt. Zu Fuß braucht man zur Spitze allerdings nur etwa 20 Minuten. Auf dem Felsplateau stehen heute ein Leuchtturm und die Statue Notre-Dame-des-Naufragés von 1904.

★★

Enfer de
Plogoff ▶

Ein steiler Pfad führt durch das **Höllentor** »Porte de l'Enfer« hinunter zur Hölle, dem »Enfer de Plogoff«. In diese schwindelerregende Felsspalte ließ einst Dahud, die Tochter von König Gradlon, ihre abgelegten Liebhaber werfen. Im Atlantik setzt sich die Pointe du Raz in einer Reihe von Felsen fort, Reste einer Landbrücke bis zur Ile de Sein. Auf zwei Eilanden stehen die Leuchttürme La Vieille und La Plate, die den Schiffen den Weg durch die Untiefen der **Raz de Sein** (bretonisch raz = Meerenge) weisen. Den nördlichen Eingang zur Meerenge markiert der Phare de Tévennec.

★

**Baie des
Trépassés**

Alljährlich am 2. November steigen die Seelen der Ertrunkenen aus dem Meer und gehen in der schmalen, feinsandigen Bucht zwischen den Landzungen Pointe du Raz und Pointe du Van an Land, erzählt eine Legende. Eine zweite erläutert den Namen der »Bucht der Verstorbenen«: Hier wurden die Leichen der Seeleute angeschwemmt, die bei Schiffsunglücken ums Leben kamen.

★★

Pointe du Van

Mit nur 65 m hohen Klippen ist die nördlich gelegene Pointe du Van (Abb. S. 126) zwar nicht so spektakulär wie die Pointe du Raz, dafür aber nicht so von Besuchern heimgesucht – und landschaftlich noch abwechslungsreicher. Einsam erhebt sich die kleine **Chapelle St-They** aus dem 17. Jh. über den von Gischt umbrandeten Felsen. Die Glocke der Kapelle läutete, um den Fischern den Weg zu weisen, und noch heute bitten Frauen um eine gesunde Rückkehr ihrer Männer vom Meer. Im Kirchhof steht ein Kalvarienberg.

★

**Réserve du
Cap Sizun**

Rund um die Landspitze Castel ar Roc'h erstreckt sich das **Naturschutzgebiet Michel-Hervé Julien.** An den bis zu 70 m aus dem Wasser ragenden Felswänden rasten Alken, Lummen und andere, teilweise seltene See- und Zugvögel. Besonders reizvoll ist ein Besuch während der Nistzeit im Frühjahr.

Sehenswertes im Pays Bigouden

Das Pays Bigouden nimmt den Süden der Cornouaille ein. Der Landstrich zwischen der Bucht von Audierne im Norden und der Mündung des Odet im Süden ist auch als Halbinsel Penmarc'h (bretonisch penn marc'h = Pferdekopf) oder Cap Caval bekannt, da die Römer die Südwestspitze der Cornouaille einst Caput Caballi (Pferdekopf) nannten. Die Bewohner des Bigoudenlandes, so heißt es, sind noch »bretonischer« als ihre Landsleute. Hier haben sich die alten Sitten und Gebräuche am besten erhalten. Die bretonische Sprache wird gepflegt; an Fest- und Feiertagen tragen traditionsbewusste Frauen alte Trachten mit **Bigouden** als Kopfbedeckung, 32 cm lange, röhrenförmige Hauben aus weißer Spitze. Ein bedeutendes historisches Ereignis war 1675 die »Stempelpapier-Revolte«, der Bauernaufstand der »Bonnets Rouges«, der im Bigoudenland seinen Anfang nahm (▶Geschichte).

Die Kleinstadt ist die historische Hauptstadt des Bigoudenlandes. Sie verdankt ihren Namen der ersten Brücke über den Fluss und den angrenzenden See, die Äbte aus Loctudy erbauten. Den »Abbistes« wird nachgesagt, die stolzesten Bigoudens zu sein: Zur Sonntagsmesse tragen die Kirchgängerinnen noch die traditionelle hohe Haube. Und auch die alte Handwerkskunst – Spitzenklöppelei, Stickerei und die Herstellung bretonischer Möbel – wird gepflegt und bei der Fête des Brodeuses gefeiert, dem Fest der Stickerinnen am zweiten Juli-Wochenende. Der größte und schönste **Wochenmarkt** der Region wird in Pont-l'Abbé am Donnerstagvormittag auf der Place de la République und Place Gambetta abgehalten.

★
Pont-l'Abbé

Am See erhebt sich das im 14.–18. Jh. erbaute **Schloss der Barone du Pont**, heute Hôtel de Ville. Seine Fassade ziert der stolze Spruch der Bigouden: »Heb ken«, »Selbst ist der Mann«. Die reich bestickten Hauben und Trachten gehören zu den schönsten Stücken des Heimatmuseums. In vier Sälen präsentiert es im Donjon die Lebensweise der Bauern, Handwerker und Seeleute. Öffnungszeiten Juni–Sept. tägl. 10.00–12.30, 14.00–18.00, in den Schulferien Febr./März sowie April/Mai Di.–So. 14.00–18.00 Uhr.

★
◀ Musée Bigouden

⏱

Nicht nur während der Sonntagsmesse tragen die Frauen in Pont-l'Abbé die traditionellen hohen Hauben mit Klöppelspitzen und Stickerei.

Notre-Dame-des-Carmes ►

Die Kirche, 1383 als Kapelle eines Karmeliterklosters gegründet, ist bekannt für ihre 7,7 m große Fensterrose, die das Stadtwappen zeigt. Statuen der hl. Barbara und der hl. Apolline rahmen ein Retabel der hl. Anna aus dem 17. Jh. ein.

Botanischer Garten

Zu den schönsten botanischen Gärten der Bretagne gehört der Parc Botanique de la Cornouaille mit 25 000 Pflanzen aus 3500 Arten aus aller Welt und einem interessanten Mineralienmuseum. Zu finden ist er in Combrit ca. 6 km östlich von Pont l'Abbé. Öffnungszeiten: März – Mitte Nov. tägl. 10.00 – 12.00, 14.00 – 19.00 Uhr (Juli/Aug. durchgehend, 20. Sept. – 15. Okt. geschl.), www.parcbotanique.com.

★
Ecomusée du Pays Bigouden

Mauern aus Bruchstein, Dächer aus grauen Schieferplatten, Brunnen und Trog aus Granit: Die **Ferme de Kervazégan** 2 km südlich von Pont-l'Abbé (Straße nach Loctudy) lässt den herben Bauernalltag zu Anfang des 20. Jh.s wieder lebendig werden. Wohnhäuser, Schuppen und Ställe für Pferde, Schweine und Kühe sind originalgetreu erhalten. Öffnungszeiten: Juni – Sept. Di. – So. 14.00 – 18.00 Uhr.

Manoir de Kérazan

2 km weiter in Richtung Loctudy steht diese prachtvolle Herrenhaus aus dem 16./18. Jh., eines der ältesten des Pays Bigouden. 1928 vermachte es Joseph Astor dem Institut de France; der ehemalige Bürgermeister von Quimper war ein begeisterter Sammler: Zu sehen sind Werke bretonischer Maler des 19. Jh.s und seltene Fayencen seiner Heimatstadt. Einblick in das großbürgerliche Leben im frühen 20. Jh. geben die Wohnräume der Astors. Öffnungszeiten: 11. Juni – 18. Sept. 10.30 – 19.00, 10. April – 10. Juni, 19. Sept. – 25. Sept. Di. – So. 14.00 – 18.00 Uhr.

★
Loctudy

Der kleine Badeort Loctudy an der Mündung der Rivière de Pont-l'Abbé besitzt mit **St-Thudy** eine der besterhaltenen romanischen Kirchen der Bretagne. Der schlichte Innenraum und der halbrunde Chor mit drei Apsiden stammen aus dem 12. Jh., Fassade und Glockenturm aus dem 18. Jh., Blickfang sind die Kapitelle und Basen der vier zylindrischen Säulen im Chor.

★
Guilvinec

Weiß getünchte Häuser mit blauen und grünen Fensterläden säumen das schmale Hafenbecken, in dem neben den mächtigen Trawlern Netze zum Trocknen ausgelegt sind: »Le Guilvinec«, der Zusammenschluss der vier Fischerorte des Bigoudenlandes, bildet mit ca. 350 Schiffen und einer jährlichen Fangmenge von ca. 20 000 t die wichtigste Fischfangflotte Frankreichs. Wie das alles funktioniert, verrät an der Terrasse über dem Kai (schöner Ausblick) das **Haliotika**, ein multimediales Erlebnismuseum rund um die Fischerei und die Vermarktung/Verarbeitung des Fangs. Der Besucher taucht hier in das Leben an Bord ein, ist Kapitän, Matrose und Fabrikarbeiter. Um 5.30 Uhr morgens und ab 16.30 Uhr kann man die Versteigerung des Fangs der Hochsee- bzw. Küstenfischer miterleben; nach der Verstei-

In Guilvinec landen große Trawler und kleine Fischerboote ihren Fang an.

gerung wird der Fisch mit Kühllastern in andere Städte gebracht oder gleich in einer der vier Konservenfabriken des Orts verarbeitet. Öffnungszeiten: Juli / Aug. Mo. – Fr. 9.30 – 19.00, Sa., So. 15.00 bis 18.30, April – Ende Sept. Mo. – Fr. 10.00 – 12.30, 14.30 – 18.30, Ende Sept. – Ende Okt. 15.00 – 18.00 Uhr; Info unter www.leguilvinec.com und www.haliotika.com.

Menhir von Kerscaven

8 m hoch ist der Menhir »Pierre de la Vierge«, der »Stein der Jungfrau«, an der D 785 bei Penmarc'h nahe der Abzweigung der D 53. Allerdings steht der Menhir auf Privatgrund.

Penmarc'h

Die Kleinstadt an der Spitze der gleichnamigen Halbinsel besteht aus vier Teilen: Penmarc'h Bourg, St-Pierre, St-Guénolé und St-Kérity. Im 15. Jh. war er ein wichtiger Hafen. Gehandelt wurde vor allem Wein; **Kérity** besaß bis ins 16. Jh. das Monopol für den Transport von Bordeaux- und Loireweinen, Fisch und Segeltuch. Für Rückschläge sorgten u. a. Piraten. Besonders berüchtigt war **Guy Eder**, genannt La Fontenelle, der zog Ende des 16. Jh.s plündernd und mordend durch das Bigoudenland zog. Bei seinen Raubzügen soll er 5000 Bauern getötet, ihre Häuser verbrannt und die Beute auf 300 Schiffen zu seinem Schlupfwinkel auf der Tristan-Insel gebracht haben. Schließlich wurde er von Truppen Heinrichs IV. besiegt und in Paris 1602 gerädert. Reliefs verschiedener Schiffstypen am Portal und

Chorhaupt erinnern daran, dass die spätgotische Kirche **St-Nonna** 1508 von Reedern gestiftet wurde. Der viereckige Turm ist der Rest einer älteren Kirche des 15. Jh.s. Nach Westen öffnet sich ein Portal unter einem Kreuzrippengewölbe aus dem Jahr 1508.

Phare d'Eckmühl

Umgeben von Riffen und gefährlichen Strömungen erhebt sich auf einem Felsplateau an der **Pointe de Penmarc'h** einer der schönsten Leuchttürme Frankreichs: der Phare d'Eckmühl, aus grauem Granit und 65 m hoch (Abb. S. 148). Seinen ungewöhnlichen Namen erhielt er durch Louis Nicolas Davout. Der General Napoleons hatte 1809 nach der siegreichen Schlacht bei Eggmühl (südlich von Regensburg) gegen die Österreicher den Titel eines Fürsten von Eckmühl erhalten. Seine Tochter Adélaïde-Louise stiftete das Geld für den Bau des 1897 eingeweihten Leuchtturms. Die Aussichtsplattform (307 Stufen) bietet eine grandiose Aussicht. Zugänglich Juni – Sept. tägl. 10.30 bis 12.00, 14.30 – 17.30 Uhr, sonst je nach Wetterlage.
Im Sommer werden in der Ruine der **Chapelle St-Pierre** Ausstellungen gezeigt. Hinter dem Leuchtturm erinnert das Rettungskanu »Papa Poydenet« von 1901 an die Anfänge der Seenotrettung.

Notre-Dame-de-la-Joie

Die »Kapelle unserer Lieben Frau von der Freude« aus dem 15. Jh. ist eine der wenigen Andachtsstätten, die direkt am Meer gebaut wurden, daher ist die Westfassade fensterlos. Ihr Pardon am 15. August ist sehr gut besucht.

St-Guénolé

Frühmorgens kehren die Sardinenfischer mit ihren Booten in den Hafen zurück, abends legen die Hochseefischer zu 15-tägigen Fangtouren ab: St-Guénolé, größter Sardinenhafen und fünftgrößer Fischereihafen Frankreichs, lebt bis heute vom Meer. Nördlich des Hafens schlägt die Dünung des Atlantiks bei den **Rochers de St-Guénolé** in wilde Felsformationen mit Namen wie »Höllenloch«, »Fels der Opfer« oder »Weihwasserkessel des Teufels«. Bei Sturm stäubt die Gischt bis in die Straßen der Stadt. Östlich der Rochers zeigt das zweitgrößte bretonische Museum für Vor- und Frühgeschichte, das **Musée Préhistorique**, mehrere **Megalithdenkmäler**, Funde aus der Steinzeit sowie gallo-römische und mittelalterliche Objekte. Öffnungszeiten: Juni – Sept. tägl. (außer So.-vormittag) 10.00 – 12.00, 14.00 – 18.00 Uhr.

> ! **Baedeker** TIPP
>
> **Bretonische Tänze**
>
> Gavotte, Laridé, Anter dro, An dro – wer bei einem Festou Noz mitmachen möchte, kann bei einem Tanzkurs des Office de Tourisme in St-Guénolé die Grundschritte lernen. Place Maréchal Davout, Juli/Aug. Mi. 19.30 bis 21.00 Uhr, Auskunft Tel. 02 98 58 81 44.

Surferparadies Pors-Carn

Hinter den Dünen brandet der Atlantik ungehemmt an die rund 25 km langen Sand- und Kieselstrand – für Badende ist der längste Strand der Bretagne nicht ungefährlich, für Surfer aber ein Traum.

Vor der **Pointe de la Torche** – nördliche Begrenzung der Plage Pors-Carn und einzige Felsformation zwischen Penmarc'h und Audierne – tragen **Funboarder** aus aller Welt ihre Meisterschaft aus. Auf dem höchsten Punkt der Felsnase haben Archäologen ein Fürstengrab entdeckt, das um 3000 v. Chr. als Ganggrab mit Seitenkammern angelegt wurde. Rund 500 m vom Meer entfernt ragt die Kapelle **Notre-Dame de Tronoën**, auch »Cathédrale des Dunes« genannt, einsam aus der kargen Dünenlandschaft. Das gotische Gotteshaus mit seinem spitzen, schlanken Kirchturm wurde um das Jahr 1465 vermutlich an der Stelle eines Venus-Tempels erbaut; in der Nähe fanden die Archäologen kleine Tonfiguren der Göttin. Der Innenraum der Kirche ist schlicht, der Hochaltar aus einem einzigen Granitblock gearbeitet. Jedes Jahr am dritten Septembersonntag ist die Kapelle Ziel eines sehr populären Pardons.

Surferparadies: Pors-Carn und Pointe de la Torche

Ein Mussziel ist das Skulpturenwerk vor der Dünenkathedrale: Ihr Calvaire aus dem 15. Jh. ist der **älteste Kalvarienberg der Bretagne**. Zwei übereinanderliegende Friese laufen um den mächtigen Sockel, von dem eine Kreuzigungsgruppe in den Himmel ragt. Die Steine erzählten in 19 Szenen, in grobkörnigen Granit gemeißelt, die Leidensgeschichte Jesu. Sie beginnt im unteren Fries der Ostseite mit der »Verkündigung« und setzt sich gegen den Uhrzeigersinn an der Nordseite mit der »Heimsuchung« fort. Hier findet man auch die berühmteste Darstellung: Maria liegt mit gelöstem Haar und entblößter Brust auf einem Lager aus Rohrgeflecht, Jesus hält stehend als Weltenherrscher die Weltkugel in der Hand. Teilweise sind die 100 einst bunten Figuren bis zur Unkenntlichkeit verwittert und mit Flechten überzogen.

★ ★
Calvaire

In dem kleinen Ort entwickelte Jean Hénaff 1907 seine berühmte Pastete (www.henaff.com) und wurde der populäre bretonische Schriftsteller Per-Jakez Hélias (1907–1995) geboren; der Roman »Cheval d'orgueil« ist seine schönste Hommage an den Heimatort.

Pouldreuzic

Penhors

Penhors liegt in der Mitte der Bucht von Audierne. In seinem **Musée de l'Amiral** zeigt Guy Segalen den Nachlass von Monsieur de Pencalet, der Schätze der Weltmeere sammelte: 2500 Muschelarten, 200 Seevögel, Korallen und Fossilien. Außerdem kann man sich hier mit allen möglichen bretonischen Souvenirs eindecken. Öffnungszeiten: Febr. – Juni, Sept. – Dez. Di. – Fr. 10.00 – 12.00, 14.00 – 18.00, Sa./So. 14.00 – 18.00, Juni, Sept. bis 19.00, Juli/Aug. tägl. 10.00 – 20.00 Uhr; www.museedelamiral.com. Die Chapelle Notre-Dame ist am ersten Septembersonntag Ziel eines vielbesuchten Pardons.

Plozévet ▶

Am Strand von Plozevet erinnert der »Menhir der Menschenrechte« (»Droits de l'Homme«) an den Untergang des gleichnamigen Kriegsschiffs vor der Küste. 600 Menschen starben 1797 bei dem Unglück.

✳ Côte des Abers

C – E 3 / 4

Département: Finistère

Eindrucksvolle Dünenlandschaften, wild aufgetürmte Felsblöcke und fjordartige Abers machen den Reiz der »Legendenküste« im äußersten Nordwesten der Bretagne aus. »Abers« sind ehemalige Flussläufe, die das Meer überflutet hat und sich heute als gezeitenabhängige Fjorde flach ins Land hineinwinden.

▶ CÔTE DES ABERS ERLEBEN

AUSKUNFT

Office de Tourisme
1 Place de l'Eglise, 29870 Lannilis
Tel. 02 98 04 05 43, Fax 02 98 04 12 47
www.abers-tourisme.com

ESSEN & ÜBERNACHTEN

▶ Komfortabel / Luxus

Hostellerie de la Pointe-St-Mathieu
Pointe-Saint-Mathieu
29217 Plougonvelin
Tel. 02 98 89 00 19, Fax 02 98 89 15 68
www.pointe-saint-mathieu.com
An einem einzigartigen Platz – siehe Foto gegenüber – steht dieses schön modernisierte Haus aus dem 14. Jh. mit Pool und Bar. Im feinen Restaurant verwöhnt Philippe Corre seine Gäste mit lokalen Spezialitäten.

Aber Wrac'h, Aber Benoit und Aber Ildut sind die größten der über-
fluteten Täler entlang der Côte des Abers. Niedrige, dennoch wilde
Felsklippen erstrecken sich von der Pointe St-Mathieu im Westen bis
zur Pointe de Pontusval im Osten. Die kleinen Strände, hier »grèves«
genannt, sind selbst im Sommer nicht überlaufen. Bei Ebbe zieht sich
das Meer zum den Horizont zurück und gibt die Schätze frei, die seit
Jahrhunderten hier geerntet werden: Muscheln und Tang – die Aber-
Küste gilt als algenreichster Küstenabschnitt Europas. Das mühsame
Handwerk der Algenschnitter, die bis heute die Algen als Rohstoff
für Kosmetika und die Lebensmittelindustrie einbringen, hielt Paul
Gauguin 1889 in seinem Gemälde »Die Tangsammler« fest.

Sehenswertes an der Abers-Küste

Auf der 30 m hohen Landspitze 20 km westlich von ►Brest soll be-
reits im 6. Jh. der hl. Tanguy ein Kloster gegründet haben, um die
Reliquien des hl. Matthäus aufzunehmen. Die daraus entstandene
Benediktinerabtei wurde in der Französischen Revolution zerstört.

✷ ✷
Pointe de
St-Mathieu

Alle 15 Sekunden sendet der Leuchtturm St-Mathieu ein Lichtsignal über die See.

Die mächtigen Ruinen der ehemaligen Abteikirche Notre-Dame-des-Grâces stammen aus dem 13. bis 16. Jh.; ältester Teil ist die Westfassade des 12. Jh.s mit einem Rundbogenportal.

★★
Phare
St-Mathieu

Wo unter Ludwig XIV. ein Feuerturm stand, wurde 1835 aus Steinen der Abtei inmitten der Ruine der 54 m hohe Leuchtturm St-Mathieu errichtet (Abb. S. 187). 60 km weit reicht sein Lichtstrahl, der mit elf weiteren Leuchttürmen den Schiffen entlang der gefährlichen Côte des Abers eine sichere Passage gewährleistet. 162 Stufen führen hinauf zum Erlebnis eines atemberaubenden Panoramas, das von der Ile Ouessant bis zur Halbinsel Crozon reicht. Eine Skulptur des bretonischen Künstlers René Quillivic an der Klippenkante erinnert an die Gefallenen des Ersten Weltkriegs.

Le Conquet

Seine Beliebtheit als Seebad verdankt Conquet seinen neun Stränden, von kleinen Badebuchten wie der Grève Bleue bis zur 2,5 km langen Plage des Blancs Sablons. 1558 brannten die Engländer den kleinen Fischerhafen am Aber Conq komplett nieder, nur die Maison des Anglais aus dem 15. Jh. in der Rue Aristide Briand erinnert an das »alte« Conquet. Erst 1856 wurde am Marktplatz die Kirche **Notre-Dame** wieder errichtet. Vom Vorgängerbau sind am Eingangsportal Skulpturen aus dem 15. Jh., ein Chorfenster mit Passionsszenen aus dem 16. Jh. und das Grabmal von Michel Le Nobletz erhalten, der im 16. Jh. in der Region missionierte. Maritime Atmosphäre verbreitet der **Hafen**, in dem Fischerboote Muscheln und andere Meeresfrüchte anlanden und Fähren zu den Inseln Molène und Ouessant ablegen (▶Brest, Umgebung).

Pointe de Corsen

Hier ist wirklich »finis terrae«, das Ende der Welt: Die 40 m hohe Steilküste der Corsen-Landspitze markiert den **westlichsten Punkt des französischen Festlands**. Weiter geht es nur durch die gefährlichen Passagen Chenal du Four und Chenal de la Helle. Die Durchfahrt zwischen Ouessant und dem Festland wurde früher häufig von Großschiffen als Abkürzung benutzt. Seit dem Unglück des Tankers Amoco Cadiz 1978 dürfen hier nur noch kleine Schiffe fahren. Die Passage sichert der 37 m hohe **Phare Trézien**, dessen Licht 35 km weit strahlt. Zugänglich 10. Juli – 21. Aug. Mo. – Sa. 14.30 – 18.00, So. 10.00 – 12.00 Uhr.

★
Menhir
de Kerloas

Auf einer Anhöhe an der D 5 rund 10 km landeinwärts (westlich von St-Renan) ragt der größte stehende Menhir der Bretagne 12 m hoch auf, der Menhir von Kerloas oder Kervéatoux. Die Spitze des Kolosses wurde vermutlich durch einen Blitz abgeschlagen.

Lanildut

Die Linie vom »Krötenfelsen« Rocher du Crapaud, der über der Hafeneinfahrt von Lanildut aufragt, zur 20 km entfernten Ile Ouessant bildet die Grenze zwischen dem Ärmelkanal und dem Atlantik. Der rosarote Granit, der bei dem Weiler am Nordufer des Aber Ildut gebrochen wird, gilt als besonders schön und wurde daher u. a. für den 100 t schweren Sockel des Obelisken auf der Place de la Concorde in Paris verwendet. Der Hafen ist Frankreichs wichtigster Umschlagplatz für Algen. Die Kirche von **Brélès** am Ostende des Abers präsentiert sich volkstümlich. Der hl. Ildut ist mit der bretonischen Kniebundhose »Bragou braz« bekleidet, die zur Tracht der Bauern gehört, und hält eine Weizengarbe in der Hand. Traditionelle Tracht tragen auch die hölzernen Engel, die mit den bretonischen Instrumenten Zimbel, Tambourin, Dudelsack und Tuba musizieren.

Tang bedeckt das Felsplatau von Porspoder, auf dem die Kirche aus dem 16. Jh. und die St-Laurent-Kapelle stehen. Ihre Schnitzereien erzählen vom hl. Budoc, der gemäß der Legende im 6. Jh. in Porspoder an Land ging und Bischof in ►Dol-de-Bretagne wurde. Wenige Kilometer hinter Porspoder beginnt bei Penfoul der reizvollste Abschnitt der Abers-Küste (Corniche, D 127).

Porspoder

★
◄ Corniche

»Höllischer Leuchtturm« nennen ihn die Wärter: Der auf einer kleinen Insel vor der 31 m hohen Landunvez-Landzunge erbaute **Phare du Four** weist seit 1874 den Weg durch die Fahrrinne Le Four, die mit gefährlichen Riffen und Granitblöcken gespickt ist.

Pointe de Landunvez

Trutzig trotzt der 30 m hohe Bergfried dem wuchernden Grün: Die Burg aus dem 12. – 14. Jh. ist auch als Ruine eindrucksvoll. Seit 1995 bemüht sich der Verein »SOS Château de Trémazan« um den Erhalt der mittelalterlichen Ruine, mit deren Steinen teilweise die Kirche St-Louis in ►Brest erbaut wurde.

★
Château de Trémazan

Am 16. März 1978 zerbrach der unter liberianischer Flagge fahrende Supertanker »Amoco Cadiz« an den Riffen vor Portsall. 25 000 t Öl flossen aus und verschmutzten die Küste. Die »Marée Noire«, die »schwarze Flut«, zerstörte die Existenz vieler Menschen. Fischerei, Austernzucht und der Fremdenverkehr brachen zusammen. Bis 1991 zog sich der Prozess um Schadenersatz hin. Seit dem Unglück müssen über 70 m lange Schiffe einen 13 km großen Sicherheitsabstand von der Küste einhalten. Das Museum **L'Ancre an Eor** auf der Mole berichtet über das Unglück. Öffnungszeiten: Juli/Aug. Di., Fr, 15.00 – 19.00, Mi., Do., Sa., So. 10.00 – 13.00, 15.00 bis 19.00, Mai/Juni Fr. 15.00 – 18.00, Sa., So. 11.00 – 13.00, 15.00 bis 18.00, Sept. Sa., So. 11.00 bis 13.00, 15.00 – 18.00, sonst Sa. 14.00 – 17.30 Uhr.

Portsall

Im Museum an der Mole erinnert ein Anker der »Amoco Cadiz« an das verheerende Unglück 1978.

Aber-Benoît

Knapp 8 km schlängelt sich der Meeresarm zwischen hügeligen Wiesen und Wäldern bis zum Weiler Tréglonou ins Land. Seefahrer schätzen den schiffbaren Fjord als geschützten Naturhafen.

✱
**Presqu'île
Ste-Marguerite**

Weißer Sand, meterhohe Dünen und türkisblaues Wasser machen die flache Halbinsel zwischen dem Aber Wrac'h und dem Aber-Benoît zum **Badeparadies**. Oberhalb des Strandes lässt sich die Halbinsel auf einem Wanderweg mit Ausblicken auf beide Meeresarme umrunden. Die zahlreichen Klippen und kleinen Inseln wie die Ile Guenioc lassen sich bei Niedrigwasser erobern. An der Ostseite der Halbinsel erhebt sich in der Baie des Anges die Ruine eines Klosters, das Anne de Bretagne 1507 gestiftet hatte.

❗ *Baedeker* TIPP

Algenernte

Mit Messern und Sicheln trennen gebückte Gestalten Tang und Algen ab, türmen beides zu Haufen und laden die dunkelbraune Masse auf Laster. Im August erwacht das alte Handwerk beim Fest der Algenschnitter zu neuem Leben. Das ganze Jahr hindurch präsentiert das Musée des Goémoniers et de l'Algue in Plouguerneau, das zum Ecomusée de Plouguerneau gehört (www.ecomusee-plouguerneau.fr), die Geschichte der Tangsammler und lädt dazu ein, in Kochkursen die Algen kulinarisch zu entdecken. Öffnungszeiten: April – Anf. Juni Sa., So. 14.00 – 18.00, Anf. Juni – Sept. Mi. – Mo. 14.00 – 18.00, Juli/Aug. auch 10.30 – 12.30 Uhr.

✱
Aber-Wrac'h

Felsen und Dünen säumen die 2 km breite »Hexenmündung« – bretonisch wrac'h = Hexe –, die sich noch 10 km flach und friedlich ins Binnenland fortsetzt. Der gleichnamige Badeort mit Jachthafen ist Sitz eines Segelzentrums und einer Segelschule.

Plouguerneau

Rund 45 km Küste mit 23 Stränden und 3 Häfen gehören zur größten Gemeinde im Finistère. Der Dolmen in Lilia, die Menhire von Goarivan und Menzac'h und die Grabsäule von Grouanec belegen eine durchgängige Besiedlung seit der Vorzeit. Die Römer bauten eine Straße nach ▶ Carhaix und die erste Brücke über den Aber Wrac'h; ihre Spuren sind in St-Cava, Kerazan und Kastell Ac'h erhalten. Wie der Ortsname – »plou« für »Gemeinde« und »gerne« für »Kerne« – verrät, wurde Plouguerneau im 6. Jh. von einem Geistlichen Kerne gegründet, d. h. vermutlich vom irischen Mönch Saint-Kenan, der die Region christianisierte. Alte Legenden behaupten jedoch, hier habe im 7. Jh. die Hauptstadt **Tolente** des Königsreichs Judicael gelegen, bis sie 875 von den Normannen zerstört wurde. Der 1701 erbaute Glockenturm der Pfarrkirche **St-Pierre-et-St-Paul** besaß früher ein Leuchtfeuer, das die Einfahrt in den Aber-Wrac'h markierte. Aus dem 17. Jh. sind Tragefiguren zu sehen, die zum Pardon im Juni und zum Fest des hl. Michael, an dem die Rückkehr der Hochseefischer gefeiert wird, getragen werden.

Von der Christianisierung der Bretagne berichtet am Beispiel des populären Predigers **Michel Le Nobletz** (1577 – 1652) ein Museum in Grouanec. Öffnungszeiten: Juli, Aug. 14.00 – 18.30 Uhr.

Musée des Missions

Der **Leuchtturm** auf der 1,5 km vor der Küste gelegenen Ile Vierge (►Abb. S. 149) ist der höchste Europas (82,5 m). 397 Stufen führen hinauf zur Plattform in Höhe des Leuchtfeuers, das 52 km weit strahlt. Zwei Windräder liefern die Energie für den 1897 – 1902 erbauten Leuchtturm. Im 15. Jh. stand hier ein Franziskanerkloster, das später in die geschütztere Engelsbucht verlegt wurde. Zur Ile Vierge setzen Ausflugsschiffe von Port de Perros über (Anf. April bis Juni fast tägl., Juli – Ende Sept. tägl.; Info unter Tel. 02 98 04 74 94 und www.vedettes-des-abers.com).

Ile Vierge

Den östlichen Abschluss der Abers-Küste bildet dieses kleine Seebad mit seinen Ferienhäusern und Fischerkaten. Mächtige Granitfelsen trennen ausgedehnte Sandstrände von verträumten Badebuchten. Die Chapelle Pol markiert die Landspitze von Pontusvall westlich des Orts. Ein Granitkreuz, ein Kalvarienberg und ein Zöllnerhäuschen stehen neben der Kapelle, die einem walisischen Heiligen geweiht ist, der hier um 530 missionierte. Der vom Sand verschluckte Weiler **Menz-Ham** wurde teilweise wieder freigelegt und restauriert. Der 8 m hohe Menhir Men-marz (»Wunderstein«) am Küstenweg zur Landspitze wurde mithilfe eines Granitkreuzes »christianisiert«.

Brignogan-Plage

★

◄ Pointe du Pontusval

Die Kleinstadt am Ildut 14 km nordwestlich von ►Brest geht auf den aus Irland stammenden hl. Ronan zurück, der hier im 5. Jh. zurückgezogen lebte und später nach Locronan übersiedelte. Bis weit ins 17. Jh. war St-Renan Hauptstadt des Bas-Léon und Sitz des herzoglichen Gerichtshofs, der 1681 nach Brest verlegt wurde. Vom einstigen Wohlstand zeugen malerische Granit- und Fachwerkhäuser aus dem 16. und 17. Jh. rund um die Place de la Mairie und in der Rue de l'Eglise. An der Kirche aus dem 18./19. Jh. wird am Samstag der wichtigste Wochenmarkt der Region abgehalten; wie er im Mittelalter ausgesehen hat, lässt seit 1997 das bunte Volksfest »Grande Foire Médiévale« Mitte Juli in ungeraden Jahren erahnen. Geschichtliche Einblicke gibt in einem Herrenhaus von 1782 (Rue St-Mathieu 16) das **Musée d'Histoire Locale**, auch alte Trachten aus dem Léon sind hier zu sehen. Geöffnet Juli – Anf. Sept. Di. – Fr. 15.00 – 18.00, Sa. 10.30 – 12.00, 15.00 – 18.00, sonst Sa. 10.30 – 12.00 Uhr.

★

St-Renan

★★ Côte d'Emeraude

B / C 16 – 20

Département: Côtes d'Armor

Von der Pointe du Grouin über St-Malo bis Val-André brandet das Meer smaragdgrün gegen Landzungen, die sich als Pointe oder Cap weit ins Meer hinausschieben. Dazwischen liegen schmale Sandstrände, die sich bei Ebbe in breite, goldgelbe Badebuchten verwandeln: Die 120 km lange »Smaragdküste« gehört zu den schönsten und abwechslungsreichsten Küsten Frankreichs.

Im 5. und 6. Jh. landeten hier fromme Männer aus England und Irland, die sich vor den Sachsen in Sicherheit und den heidnischen Galliern das Christentum bringen wollten. Die Erinnerung an sie lebt in vielen Ortsnamen weiter, die mit Saint (Heiliger) beginnen. Heute reihen sich hier kleinere und größere Badeorte mit langen Sandstränden oder versteckten Buchten wie Perlen einer Kette aneinan-

 CÔTE D'EMERAUDE ERLEBEN

AUSKUNFT

Comité Departemental du Tourisme
des Côtes d'Armor
7 Rue St-Benoît, B.P. 4620
22046 St-Brieuc
Tel. 02 96 62 72 01, Fax 02 96 33 59 10
www.cotesarmor.com

ESSEN

▶ Erschwinglich

L'Escurial
Boulevard de la Mer, 22430 Erquy
Tel. 02 96 72 31 56, So.abend und Mo.
geschl. (Juli/Aug. nur Mo.)
Denis Froc ist für Ungewöhnliches
gut: zum Beispiel Petersfisch mit
Andouille, mit Taschenkrebsfleisch
gefüllte Galette – fantastischer Blick
aufs Meer inklusive.

Château d'Oh
50 Route de Dinard, 22650 Ploubalay
Tel. 02 96 27 36 98
Von Ploubalay Richtung Dinard, links
der D 768 ein Wasserturm: In 54 m
Höhe, gut 100 m über dem Meer,

kann man in Crêpes, Galettes und
Meeresfrüchten schwelgen. Traumhafter Ausblick, der Sonnenuntergang
ist ein Erlebnis (reservieren!).

ÜBERNACHTEN

▶ Komfortabel / Luxus

La Voile d'Or
22240 Plurien-Sables d'Or
Tel. 02 96 41 42 49, Fax 02 96 41 55 45
www.la-voile-dor.fr
Moderne, gemütliche Zimmer mit
Meeresblick. Im Restaurant verwöhnt
Michel Helio den Gast mit Meeresfrüchten vom Feinsten.

▶ Günstig / Komfortabel

Le Manoir Saint-Michel
22240 Frehel-Sables d'Or
38 Rue de la Carquois
Tel 02 96 41 48 87, Fax 02 96 41 41 55
www.fournel.de
Herrenhaus des 16. Jh.s mit Cottages,
in Richtung Cap Fréhel 300 m vom
Strand gelegen, mit eigenem See.
Frühstück auf der Gartenterrasse.

Die umbrandeten Sandsteinklippen des Cap Fréhel sind beliebte Nistplätze von Kormoranen, Austernfischern und Sturmvögeln.

der. Meist entwickelten sie sich aus Fischerdörfern, nur wenige sind künstlich geschaffene Touristenorte.

Sehenswertes an der Smaragdküste

Der Ostteil der Côte d'Emeraude ist unter ▶ St-Malo beschrieben, einen eigenes Eintrag hat ▶ Dinard.

Namensgeber für den Badeort 5 km westlich von Dinard ist der Eremit St-Lunaire, der 535 eine Kapelle im Wald errichtete. Sie wich im 11. Jh. der heutigen Kirche, in der ein gallo-römischer Sarkophag die sterblichen Reste des Heiligen bewahrt. Eine Liegefigur (14. Jh.) zeigt den Eremiten im bischöflichen Gewand.

St-Lunaire

Einen Kilometer nördlich des Orts beeindruckt die Pointe de Decollé mit einem Panoramablick von der Pointe de Varde bis zum Cap Fréhel. Dort gibt's auch ein gutes (gleichnamiges) Restaurant. Die schmale Verbindung von Kap und Festland wird »Saut de Chat« (»Katzensprung«) genannt. Unter der natürlichen Brücke liegt die Grotte der Sirenen. Östlich und westlich der Landspitze erstrecken sich vier feinsandige **Badestrände**: der zentrale Grand Plage, der mit 900 m längere Plage de Longchamp sowie die geschützte Badebucht Fosse aux Vaults, die sich in der Fourberie fortsetzt.

✱
Pointe du Decollé

St-Briac-sur-Mer **Emile Bernard**, Mitbegründer der Malerschule von ▶Pont-Aven, verbrachte viele Sommer in dem kleinen Badeort an der Mündung des Frémur und genoss das Badeleben an einem der neun Strände. Abendliche Spaziergänge führten ihn zum »Balcon d'Emeraude« mit Blick über den Fischer- und Jachthafen bis zur vorgelagerten Ebihens-Insel und zum »Croix des Marin«. Als Sockel für das »Kreuz der Seefahrer« dient ein umgestürzter Menhir.

Lancieux In Lancieux, einem Badeort mit fünf Sandstränden, soll der Mönch Sieu im 6. Jh. ein Kloster (bretonisch »lann«) gegründet haben. Heute trägt der bei Surfern beliebte Strand seinen Namen. Die 1902 erbaute Kirche besitzt einen Turm von 1740; als Taufbecken dient ein Meilenstein des 4. Jh.s. Am Ortsausgang steht die restaurierte Mühle **Trégon ▶** von Buglais aus dem 16. Jahrhundert. Rund um das Dorf Trégon westlich von Ploubalay sind mehrere **Megalithen-Denkmäler** erhalten, so der Menhir von Ville-Goudier, der Dolmen von Ville-Tanguy und die 16 m lange Allée Couverte von Vieilles Hautières.

Ile les Ebihens Die 20 ha große Insel vor St-Jacut wurde 1697 nach Plänen von Vauban befestigt. Sie war schon früh besiedelt, Ausgrabungen brachten ein Dorf aus dem 1. Jh. v. Chr. ans Tageslicht.

✳
St-Cast-le-Guildo Das Küstenstädtchen gehört mit seinen **sieben Sandstränden** zu den beliebtesten Badeorten der Bretagne. Es setzt sich aus vier Teilen zusammen. Ältester ist Le Bourg mit Rathaus, Postamt und Kirche. Der Fischereihafen, spezialisiert auf Muschelfang, und die Marina liegen im verwinkelten Ortsteil L'Isle. Mit der Entwicklung des Fremdenverkehrs entstanden Anfang des 20. Jh.s die Viertel Les Mielles und La Garde. 1972 kam der Zusammenschluss mit dem Hafenort Le Guildo. St-Cast geht vermutlich auf den irischen Mönch Cado zurück, der sich hier im 6. Jh. niederließ. 1758, im Siebenjährigen Krieg, fand am Strand eine Schlacht statt, bei der sich laut Überlieferung auch Bretonen und Waliser gegenüberstanden, die nach derselben Musik aufeinander losgingen. Doch sie erkannten sie ihren gemeinsamen keltischen Ursprung, und die Franzosen ließen die Waliser sich auf ihre Schiffe zurückziehen. Napoleon III. ließ 1858 zur Erinnerung an den französischen Sieg eine Säule errichten (Rue de la Colonne). Mitten im Ort präsentiert der **Grand Plage** eine perfekte Badebucht: 2 km feinster Sand zwischen den beiden Landzungen Pointe de La Garde im Süden und Pointe de St-Cast im Norden.

> ❗ *Baedeker* TIPP
>
> **Chemin des Peintres**
>
> Anfang des 20. Jh.s zog die Smaragdküste viele Künstler an. Heute erinnert daran der Malerweg. Über 30 Reproduktionen berühmter Werke von Meistern wie Eugène Isabey, Emile Bernard, Pierre-Auguste Renoir und Pablo Picasso stehen an den Plätzen, wo die Künstler ihre Staffeleien aufstellten. Besonders interessant ist das Teilstück Dinard – St-Briac. Geführte Spaziergänge bieten u. a. die Fremdenverkehrsämter von Dinard und St-Malo an.

Auf einer Felseninsel, an drei Seiten von Wasser umgeben, erhebt sich das Fort La Latte, das unter Ludwig XIV. zu einer Festung ausgebaut wurde.

Der malerische Hafen ist auf den Holzhandel spezialisiert. Vom Schloss Guildo, in dem im 15. Jh. Gilles de Bretagne wohnte, ein lebenslustiger Bruder des regierenden Herzogs, zeugen nur Ruinen.

An drei Seiten von Wasser umgeben thront die mittelalterliche Festung auf einer schmalen Felseninsel am Eingang der Baye de la Fresnaye (www.castlelalatte.com). Bereits im 10. Jh. soll hier eine Burg gestanden haben. Der heutige Bau geht auf eine im 13. Jh. von den Herren Goyon-Matignon erbaute Anlage zurück, die unter König Ludwig XIV. zur Festung ausgebaut wurde. In die hohen Mauern kamen Kanonenbatterien, in den Bergfried zogen Wachen ein, die die Schiffe aus ► St-Malo vor Angriffen der Holländer und Engländer schützen sollten. Der weite Blick von der **Tour de l'Echauguette** ist auch heute beeindruckend. Seit 1931 ist das Fort Privatbesitz – und eine beliebte Kulisse für Kinofilme. 1957 fochten Kirk Douglas und Tony Curtis hier für das Abenteuerepos »Die Wikinger«, 1990 schoss Philippe de Broca Episoden der »Chouans«, 1999 entstand hier die TV-Fantasy »Tristan und Isolde«.

Le Guildo

★
Fort La Latte
🕐
Öffnungszeiten:
April – Sept.
tägl. 10.00 – 18.00
(Juli/Aug. tägl.
10.30 – 19.00)
Okt. – Mitte Nov.
tägl. 14.00 – 18.00
sonst Sa./So.
13.30 – 17.30

★★
Cap Fréhel

Unausgesetzt brandet das Meer an die bis 70 m hohen Klippen aus rotem Sandstein und schwarzem Schiefer, das Meer leuchtet aquamarin- bis nachtblau (Abb. S. 193). Kormorane, Austernfischer, Sturmvögel und Seetaucher nisten in den Felswänden der Grande und Petite Fauconnière, Ginster und Heide bedecken das Land – das Cap Fréhel gehört zu den landschaftlichen Höhepunkten der Bretagne. Vom **Leuchtturm**, zwischen 1946 und 1950 mit einem 100 m weit strahlenden Leuchtfeuer erbaut, reicht der Blick bei klarem Wetter bis zur Insel Bréhat im Westen, Jersey im Norden und den Chausey-Inseln im Nordosten.

Das Restaurant »La Fauconnière« bietet hier Fischspezialitäten zu annehmbaren Preisen (geöffnet April – Sept., Tel. 02 96 41 54 20).

> ! **Baedeker** TIPP
>
> **Wellness im Watt**
>
> Die 6 km lange und 1,5 km breite Baie de la Fresnaye zwischen dem Fort La Latte und der Pointe de St-Cast gehört zu den urwüchsigsten Küstenlandschaften der Bretagne. Bei Ebbe fällt die Bucht nahezu trocken. Ein Spaziergang durch das Watt ist Wellness für die Füße und den Rücken, das sanfte Federn des weichen Meeresbodens entspannt Gelenke und Gedanken. Weit schweift der Blick über das silbrig schimmernde Land. Möwen stürzen sich auf das Kleingetier, das den Meeresboden bedeckt: Krebse, Krabben, Muscheln, Würmer.

★
Sentier des Douaniers

Ein alter **Zöllnerpfad** schlängelt sich entlang der Klippen zum Fort La Latte und nach Pléhérel, wo es einen traumhaft schöne Badebucht (mit Parkplätzen) und eine Kapelle aus rosa Sandstein gibt. Neben ihr liegt der letzte erhaltene keltische Friedhof in diesem Teil der Bretagne.

Sables-d'Or-les-Pins

Zwischen 1921 und 1924 wurde die große Düne hinter dem 2 km langen Sandstrand bis zur Bouche d'Erquy abgetragen; 1925 eröffnete auf dem Gelände, eingerahmt von Pinienwäldern, ein neuer Badeort: Sables-d'Or-les Pins, ausgestattet mit romantischer Promenade zum Flanieren, Casino, Golf, Tennis, Reitschule und allem, was die Haute-Volée aus Paris, Belgien und England anlockte.

★
Erquy

Der Hafenort Erquy gilt als **Zentrum der Jakobsmuschel**. Im Gegensatz zu Austern und Miesmuscheln wird die Coquille St-Jacques nicht gezüchtet, sie wächst sehr langsam in Tiefen zwischen 10 und 100 m auf sandigem bis schlammigem Boden. Erst nach 10 Jahren hat sie 10 cm Durchmesser erreicht. Um die Bestände der begehrten Meeresfrucht zu sichern, sind die Fangzeiten festgelegt, nur vom 1. November bis zum 31. März dürfen Fischer an höchstens drei Tagen pro Woche die Muscheln mit Schleppnetzen einsammeln. Ihre essbaren Bestandteile sind der runde, weiße Schließmuskel und der Corail, der orangerote, hörnchenförmige Rogen. Ihren Namen erhielt die Muschel, die frisch und tiefgefroren angeboten wird, im Mittelalter: Die Pilger der Jakobswege nutzten die tellerartig gewölbte Schale der Muschel als Essnapf. Über dem Hafen mit seiner Fischereiflotte, die mehr als 80 Boote umfasst, hängen die »Lacs bleus«, ehemalige Sandsteinbrüche, die sich im Lauf der Zeit mit Regenwasser füllten. Im 1794 erbauten Brennofen Four à Boulet wurden Kanonenkugeln erhitzt, um die hölzernen Schiffe in Brand zu setzen. In der Sommersaison ist Erquy mit seinen Stränden ein **beliebter Badeort**. Herrliche Wanderwege führen durch die Heidelandschaft des **Cap Erquy** und das Hinterland der Küste.

Erquy ist die Hauptstadt der begehrten Jakobsmuschel, deren Fangzeiten genau festgelegt sind.

Madame Kerjégu öffnet ihr Schloss aus dem 16.–18. Jh. gern Besuchern, zeigt draußen die Schlossallee, den Ehrenhof und die Ringmauer, innen den Großen Salon, den Speisesaal und die Kapelle. Öffnungszeiten: Mitte Juni–Mitte Sept. tägl. (außer So.vormittag) 10.30 bis 12.30, 14.00–18.30 Uhr; www.chateau-bienassis.com.

Château Bien-Assis

Den Abschluss der Smaragdküste bildet der kleine Badeort mit dem an der Küste gelegenen Ortsteil Le Val-André, dem landeinwärts folgenden Pléneuf sowie dem Hafen Dahouet. Die dortigen Fischer warfen ihre Netze schon früh weit entfernt aus: 1509 überquerten sie als erste den Atlantik, um in Neufundland zu fischen; später legten die Islandfischer hier ab. Heute sind im Hafen die Boote der Muschelfänger neben den Jachten der Sportfischer vertäut. Die Gegend war schon sehr früh besiedelt: Ein hier gefundener Zahn ist rund 200 000 Jahre alt – und damit das älteste menschliche Zeugnis der Bretagne. Le Val-André besitzt mehrere schöne Strände und Spazierwege, darunter die 2 km lange **Promenade de la Digue** entlang dem Val-André-Strand.

Pléneuf-Val-André

★ ★ Côte de Granit Rose

A/B 10–13

Département: Côte d'Armor

Imposante Felskolosse aus Granit gaben der Küste zwischen der Pointe du Château im Osten und der Pointe de Séhar im Westen ihren Namen: Küste des rosafarbenen Granits.

Allerdings schimmern die Steine, nach denen die Küste benannt ist, nur bei einer bestimmten Beleuchtung (besonders abends) überwiegend rosa, sonst gelblich oder bläulich. Die Monolithe oder Felsgruppen schützen das Festland vor der anbrandenden See. Bei Flut sind sie teilweise unter dem Meeresspiegel verschwunden, aber auch im Hinterland sind welche anzutreffen.

⊙ CÔTE DE GRANIT ROSE ERLEBEN

AUSKUNFT

Côtes d'Armor Tourisme
7 Rue Saint-Benoît, B.P. 4630
22046 Saint-Brieuc Cedex 2
Tel. 02 96 62 72 15, Fax 02 96 62 72 25
www.cotesdarmor.com

ESSEN UND ÜBERNACHTEN

▶ Luxus

L'Agapa Hotel & Spa
12 Rue des Bons-Enfants
22700 Perros-Guirec

Tel. 02 96 49 01 10, Fax 02 96 91 16
www.lagapa.com
Edles Haus auf den Klippen über dem
Meer. In den Gästezimmern im Bau-
hausstil dominieren die bretonischen
Landesfarben Schwarz-Weiß. Miche-
linbesterntes Restaurant.

Baedeker-Empfehlung

▶ Komfortabel

Hostellerie Les Feux des Iles
53 Bd. Clémenceau, 22700 Perros-Guirec
Tel. 02 96 23 22 94, Fax 02 96 91 07 30
www.feux-des-iles.com
Eine herzliche Betreuung ist garantiert
in dem hübschen, familiären Hotel aus
den 1930er-Jahren. Zimmer mit herrlichem
Blick aufs Meer. Fisch, Lamm etc. werden
meisterhaft zubereitet.

▶ Günstig

Le Colombier de Coat Gourhant
8 Coat Gourhant, 22700 Louannec
Tel. 02 96 23 29 30
www.lecolombierbretagne.fr
Mme. und M. Fajolles haben einen alten
Bauernhof ca. 5 km östlich von Perros-
Guirec zu einer idyllischen Unterkunft
umgebaut. Einfach super: das Frühstück.
Mit Table d'hotes und Ferienwohnung.

Entstehung der Granitblöcke Das Steingebirge entstand vermutlich vor rund 300 Mio. Jahren, als vulkanisches Magma aus dem Erdinnern emporstieg. Von der Außenwelt isoliert, eingehüllt in Erde, kühlte sie in 6 km Tiefe nur langsam ab. Je nach Dauer bildete der Granit sehr feines oder gröberes Korn, das als »grain« dem Gestein seinen Namen gab. Wind und Wasser trugen langsam den feinen Boden über der Steinmasse ab, rund 2 mm in zehn Jahren. Der Wechsel von Frost und Erwärmung sprengte die Felsblöcke vom massiven Untergrund ab. Wind und Wasser, Salz und pflanzliche Säuren formen seitdem in natürlicher Erosion die unzähligen Skulpturen aus Stein.

Sehenswertes an der Rosa-Granit-Küste

Der kleine Badeort Trébeurden mit sechs Stränden (feiner Sand) schmiegt sich 9 km nordwestlich von ▶Lannion malerisch an einen Granithang. Ein schöner Spaziergang führt zur Landzunge Castel. Von der Felsspitze präsentiert sich idyllisch das Inselquartett Molène, Grande, Losquet und Milliau; die letztere ist bei Ebbe zu Fuß erreichbar.

Trébeurden

★ ★

◀ Pointe de Castel

Eine Brücke bei Penvern verbindet die flache Ile Grande mit dem Festland. Auf dem höchsten Punkt der Insel (35 m) wurde im Neolithikum ein Ganggrab angelegt, das »Ti ar hornandoned« (Haus der Kobolde). Bis heute wird auf der Insel der Granit bleu gebrochen, der wegen seiner Färbung sehr gefragt ist. Die seit 1984 hier ansässige **Vogelschutzstation** (Station Ornithologique) bietet im Juli und Aug. tägl., sonst Sa.- und So.nachmittags Fahrten und Führungen an.

Ile Grande

Die wenige hundert Meter entfernte Ile d'Aval ist eng mit der Artus-Sage verbunden. Seit anderthalbtausend Jahren warte **König Artus** auf der »Apfelinsel«, so die Legende, »dass die Stunde schlägt, in der die Bretagne seiner bedarf und ihn erneut ruft.«

Ile d'Aval

Für die Missionare waren Menhire »Teufelszeug«. Um ihren Zauber zu entkräften, wurden sie »christianisiert«: Ein Steinmetz versah den Menhir mit einem Kreuz. Der unbekannte Meister, der den **Menhir de St-Uzec** (nördlich der D 21 in Richtung ▶ Lannion) bearbeitete, kam seiner Aufgabe sehr gewissenhaft nach. 1674 meißelte er auch in den oberen Teil des 8 m hohen Steins, der zwischen 4500 und 2000 v. Chr. aufgestellt wurde, christliche Symbole ein. Auf seiner Rückseite sind tiefe, regelmäßige Rillen in den Stein gegraben.

Magisch: der Menhir von St-Uzec

Schon von weitem weisen die riesige Kugel des Radoms und Antennenschüsseln den Weg: **Pleumeur-Bodou** ist Sitz des Raumfahrt-Telekommunikationszentrums Centre National d'Etudes Télécommunications (**CNET**). Seit 1961 steht die Satellitenfernmeldestation mit den geostationären Satelliten in Verbindung. Die Erdstation sendet Signale aus, die der Satellit im Weltall empfängt und wieder zur Erde zurücksendet, wo sie von einer anderen Station aufgefangen werden. Heute besteht die Anlage aus sieben Antennen, die senden und empfangen. Die riesige Radom-Kugel schützt eine Hornantenne, mit der im Juli 1962 die erste Fernsehsendung aus den USA empfangen wurde.

★★
Cité des
Télécoms ▶
⏱

Von Graham Bell zur virtuellen Welt: Neben der Radarkuppel lädt ein **Hightech-Museum** ein, 200 Jahre Fernmeldegeschichte multimedial zu erleben. Öffnungszeiten: April, Sept. Mo.–Fr. 10.00 bis 18.00, So. 14.00–18.00, Mai, Juni tägl. 10.00–18.00, Juli/Aug. tägl. 10.00–19.00 Uhr, sonst in den Schulferien (www.cite-telecoms. com). Nebenan das moderne **Planetarium**, das auf einer Reise durch das All die Geburt von Sternen und Galaxien anschaulich macht. Vorführungen in Deutsch Juli, Aug. Di., Do. 13.00, in Französisch tägl.; Jan. geschlossen (www.planetarium-bretagne.fr).

Familienspaß und Seglertreff: Trégastel besitzt ein Dutzend Sandstrände.

Von der Hightech-Welt sind es nur wenige Meter zu dem gallischen Dorf, das Kinder in die Welt von **Asterix und Obelix** versetzt; sie sind beim Anrühren des legendären Zaubertranks dabei oder nehmen teil am Bau eines traditionellen keltischen Hauses. Öffnungszeiten: April bis Sept. So.–Fr. 14.00–18.00, Juli, Aug. tägl. 10.30–19.00 (www. levillagegaulois.org).

◀ Village Gaulois

Der 1880 gegründete Badeort ist für seine Felsformationen berühmt. Der eigentliche Ferienort, von den 2000 Einwohnern als Sainte-Anne bezeichnet, liegt um den kleinen Hafen Coz-Pors, der ältere Ortsteil Le Bourg landeinwärts auf einem Hügel. Zur Freude seiner Gäste hat Trégastel ein Dutzend Sandstrände. Die Küste säumt das »Chaos«, ein Gewirr bizarr geformter Felskolosse mit Namen wie »Tortues« (Schildkröten) oder »Sorciere« (Hexe).

Trégastel

Der ehemalige **Zöllnerpfad** schlängelt sich von der Plage Coz-Porz nach Süden um einen Felsvorsprung, von dem aus die Inselgruppe Triagoz und die Ile aux Lapins zu sehen sind. Vorbei am Fuß des Rocher Tire-Bouchon (Korkenzieherfelsen) geht es zum Strand von Grève-Blanche, den der »König-Gradlon-Felsen« überragt. Riesige Felsblöcke mit Namen wie »Grand Gouffre« (Großer Abgrund), in die das Meer Höhlen gewaschen hat, feinste Sandstrände und ein Panorama, das von den Sept Iles bis zur Ste-Anne-Bucht reicht: Die **Ile Renote**, heute über einen Damm mit dem Festland verbunden, ist ein beliebtes Ziel für Spaziergänger und Badegäste. Der weitläufige Thermalkomplex **Forum de la Mer** an der Plage Coz-Porz bietet das ganze Jahr über Wellness im Wasser, mit 30 °C warmem Meerwasserschwimmbecken, Hammam, Hydrojets, Sauna und Spa.

◀ Sentier des Douaniers

> ! **Baedeker** TIPP
>
> **Abenteuer unter Wasser**
>
> In Felsgrotten aus rosafarbenem Granit präsentiert das Aquarium Marin am Boulevard du Coz-Pors in 26 Bassins die bretonische Unterwasserwelt: Seesterne, Anemonen, Krebse und vielerlei Fische. Überaus detailgenau zeigt ein 30 m² großes Modell einen Ausschnitt der Granitküste und die Auswirkungen der Gezeiten auf die Natur. Öffnungszeiten: 14. März–10. April und 1.–22. Okt. Di.–So. 14.00–17.00, 11. April bis Juni und Sept. Di.–Fr. 10.00–18.00, Sa.–Mo. 14.00–18.00, Juli/Aug. tägl. 10.00–19.00 Uhr (www.aquarium-tregastel.com).

Gezeitenmühlen nutzen den enormen Tidenhub an der bretonischen Küste. Wie, das lässt sich in der Moulin à Marée auf dem Deich zwischen Trégastel und Perros-Guirec studieren. Bis zum Tod des letzten Müllers 1932 wurde in der Mühle von 1764 noch Getreide gemahlen. Zugänglich Mitte Juni–Mitte September.

◀ Moulin à Marée

Die Ortskirche samt Beinhaus datiert aus dem 12./13. Jh.; das Weihwasserbecken aus dem 14. Jh. diente einst als Maß für Weizen. Auf seinem Friedhof ist der bretonische Schriftsteller Charles Le Goffic (1863–1932) bestattet. Der Kalvarienberg wurde 1872 auf einer Anhöhe mit Aussicht errichtet.

◀ Trégastel-Bourg

Bei Ploumanac'h findet man die verwegensten Steinkolosse.

Allée Couverte de Kerguntuil 14 Tragsteine und drei Deckplatten bilden das 8,5 m lange **Ganggrab** von Kerguntuil, der ungewöhnlich üppig mit Ritzzeichnungen geschmückt ist. Der Dolmen ruht auf drei Tragsteinen.

✹ **Vallée des Traouïéro** Bizarr geformte Granitfelsen, eingebettet in eine urwüchsige Landschaft mit seltenen Farnen, Moosen und Pflanzen: Das Traouïéro-Tal lässt sich bei einer Wanderung durch das Felsenmeer zwischen Trégastel und Ploumanac'h erleben. Ausgangspunkte sind der Chemin de Randreuz oder die Route des Traouïéro.

✹ **Ploumanac'h** Der kleine Hafenort, der heute nach Perros-Guirec eingemeindet ist, hat sich zu einem der meistbesuchten Ferienorte der Rosa-Granit-Küste gemausert. Hier sind die ausgefallensten und verwegensten **Steinkolosse** zu finden, die Namen wie »Hase«, »Teufelsschloss« oder »Schildkröte« tragen.

Oratoire St-Guirec ▶ Am Strand von St-Guirec soll im 6. Jh. der hl. Guirec gelandet sein, der laut Legende die Überfahrt aus Wales in einem Granittrog gewagt hatte. Eine im 13. Jh. erbaute Kapelle, die bei Flut vom Wasser umspült wird, markiert die Stelle. Im Oratorium befand sich eine bemalte Holzfigur des Heiligen, die durch eine Steinstatue ersetzt werden musste. Heiratswillige Mädchen hatten sie buchstäblich zerstochen: Nach altem Brauch sollte das Mädchen, dessen Nadel in der Figur stecken blieb, noch im selben Jahr heiraten.

Château Costaérès ▶ Der Bucht gegenüber thront auf einer Klippeninsel Schloss Costaérès. Es entstand 1892 im Auftrag des polnischen Ingenieurs Bruno

Abdank-Abakanowicz, der die Insel für 25 Centimes/m² erworben hatte. Das Schloss wurde bald Treffpunkt illustrer Gäste. Henryk Sienkiewicz soll hier seinen Roman »Quo vadis« geschrieben haben, für den er 1905 den Nobelpreis erhielt. 1989 kaufte der Kabarettist Didi Hallervorden das Schloss als Feriensitz.

Als »Weg zwischen Meer und Wolken« verbindet der 4,4 km lange **Zöllnerpfad** Ploumanac'h mit Perros-Guirec. Der Spaziergang beginnt am Hafen von Ploumanac'h, umrundet die Halbinsel und führt an **Min Ru** vorbei, der Villa des Ozeanographen Paul Regnard. Die exotischen Bäume und Büsche aus Afrika, Chile, Japan und Neuseeland im Park gedeihen im milden Klima der Nordbretagne prächtig, der warme Golfstrom sorgt auch im Winter für frühlingshafte Temperaturen. Die Granitvilla »Ker Awel« baute sich einst Gustave Eiffel. Hinter dem **Leuchtturm** (Abb. S. 16) durchquert der markierte Küstenweg eine Heidelandschaft. Er endet am Strand von Trestraou mit dem Kalvarienberg **Kroaz-ar-Maen** aus dem 17. Jahrhundert. An vielen Stellen bieten sich großartige Ausblicke auf das Meer.

★★
◄ Sentiers
des Douaniers

Wo heute Wanderer anzutreffen sind, patrouillierten im 19. Jh. Zöllner, um Piraten und Schmuggler abzuwehren. Schutzzölle sowie Napoleons Kontinentalsperre machten die illegalen Geschäfte so lukrativ wie gefährlich, und Grenzwächter und Schmuggler lieferten sich entlang der englisch-französischen Küsten häufig erbitterte Kämpfe. Einzige Zeugen dieser Zeit sind ein Pulverturm und eine kaum noch erkennbare, rechteckige Vertiefung im Boden, in der die aufs Meer gerichteten Kanonen standen. Wachpfade wie dieser säumten fast die gesamte bretonische Küste; der Zöllnerpfad zwischen Ploumanac'h und Perros-Guirec ist sicher der wildromantischste.

Den Ursprung der rosafarbenen Riesen, den Abbau des Granits und die Lebenswelt der Küstenlandschaft erläutert die Maison du Littoral beim Leuchtturm Pors Kamor. Öffnungszeiten: Mitte Juni – Mitte Sept. Mo. – Sa. 10.00 – 13.00, 14.00 – 18.00; in den »kleinen« Schulferien Mo. – Sa. 14.00 – 17.00; sonst Mi. 14.00 – 17.00 Uhr

◄ Maison
du Littoral
🕐

Auf halber Strecke zwischen Ploumanac'h und Perros-Guirec, an der höchsten Stelle der sehr reizvollen Küstenstraße **Corniche Bretonne**, steht die Kapelle **Notre-Dame-de-la-Clarté** aus dem 15. / 16. Jh.; Beachtung verdienen der Weihwasserbehälter aus Granit aus dem 15. Jh. und ein Kreuzweg aus dem Jahr 1931, der dem symbolistischen Maler Maurice Denis (1870 – 1943) zugeschrieben wird. Alljährlich am 15. August wird festlich der große **Pardon** de Notre-Dame-de-la-Clarté gefeiert.

Der Pardon de Notre-Dame-de-la-Clarté

Perros-Guirec

Bereits 1885 entstand in Perros-Guirec das erste Hotel am Strand, 1924 wurde das Casino eingeweiht. Heute gehört der Ort zu den meistbesuchten Seebädern der Nordbretagne. Zu seiner Beliebtheit tragen mehrere schöne Sandstände, ein Zentrum für Thalassotherapie und der gezeitenunabhängige Jachthafen Bassin à flot bei. Zu den Höhepunkten des Sommers gehören Segel- und Surfregatten, Festivals für klassische Musik und Bootsausflüge zu den Sept.-Iles. Jeden Freitag ist Markt. Das westliche romanische Schiff der Kirche **St-Jacques** stammt aus dem 12. Jh., das gotische Schiff hinter dem Triumphbogen aus dem 14. Jahrhundert. Das Tympanon am Südportal hat als einziges der Bretagne seinen Skulpturenschmuck erhalten. Im Musée de Cire am Jachthafen (kein Muss) werden mit Wachsfiguren Szenen der bretonischen Geschichte nachgestellt. Öffnungszeiten: Juni–Aug. tägl. 9.30–18.30 Uhr, April, Mai, Sept. tägl. 10.00–12.15, 14.00–18.00 Uhr. Dem symbolistischen Maler **Maurice Denis** (1870–1943) gehörte in der nach ihm benannten Straße das Haus Silentio. Im Rathaus hängen Werke des Künstlers.

> ## Baedeker TIPP
>
> ### Steinkunst
>
> Der Granit aus La Clarté zeichnet sich durch die Größe seiner Kristalle und die intensive Rosafärbung des Feldspats aus. Fünf Unternehmen lösen im »Bassin Granitier« von La Clarté den Stein mit Diamantschneidern und Dynamit in großen Blöcken aus dem Fels. Wie unterschiedlich Künstler mit dem Material gestalten, zeigen zwölf Monumentalskulpturen, die entlang des »Circuit des Sculptures« zwischen dem Parc des Sculptures und dem Hafen aufgestellt sind (www.granitbreton.org).

Les Sept-Iles

»Einer Gruppe prähistorischer Walfische ähnlich, die dicht vor dem Horizont ihr Spiel treiben«, so beschrieb Anatole Le Braz die sieben vorgelagerten Inseln, das älteste Naturschutzgebiet der Bretagne. Robben ziehen hier ihren Nachwuchs auf, Tausende Seevögel nisten im Schutz der Station Ornithologique de l'Ile Grande, die auch die Sept-Iles betreut. Einzig die **Ile aux Moines** darf betreten werden. Auf dieser größten Insel, 1451 von Franziskanermönchen besiedelt, entstand im 18. Jh. ein Fort nach Plänen des Vauban-Schülers Garengeau. Boote zu den Sept-Iles legen von April bis September vom Strand Trestraou ab.

Port-Blanc

Der kleine Hafen- und Badeort kann sich illustrer Gäste rühmen: Die bretonischen Dichter Anatole Le Braz und Théodore Botrel, der Pilot Charles Lindbergh und der Arzt und Nobelpreisträger Alexis Carrel logierten hier. Zu den schlimmsten Ereignissen seiner Geschichte gehörte das Tankerunglück der »Torrey Canyon« im Jahr 1967. Neben der Kapelle **Notre-Dame** aus dem 16. Jh., deren Dach fast bis zum Boden reicht, steht ein Kalvarienberg von 1663.

Plougrescant

Zur Chapelle **St-Gonéry**, leicht an ihrem windschiefen Glockenturm zu erkennen, pilgerten Gläubige, die Linderung ihrer Leiden suchten.

Strandspaziergänge in Perros-Guirec vor der Kulisse schöner Gründerzeitvillen

Der hl. Gonéry, im 6. Jh. aus Irland gekommen, sollte Heilkräfte besitzen, das Quellwasser angeblich fiebrige Erkrankungen heilen. Das Holzgewölbe der romanischen Kapelle stellt in farbenfroh-fantasievollen Malereien des 15. Jh.s Szenen der Schöpfungsgeschichte und des Neuen Testaments dar.

Nördlichster Punkt der Halbinsel ist die Pointe du Château 3 km nördlich von Plougrescant. Der Weg vom Parkplatz zur **Gouffre**, einer tiefen Spalte, die die Brandung in den Fels gegraben hat, führt am wohl berühmtesten Fotomotiv der Bretagne vorbei: einem Steinhäuschen, eingekeilt zwischen zwei Felsriesen (Abb. S. 112/113).

★★
Pointe
du Château

★ Côte du Goëlo

A – C 13–15

Département: Côte d'Armor

Bis zu 70 m hohe Steilküsten wechseln ab mit geschützten, sandigen Buchten und anmutigen Flusstälern, deren Mündungstrichter bei Pontrieux weit ins Landesinnere hinein reichen. In Luftlinie nur etwa 50 km lang, präsentiert sich die Côte du Goëlo zwischen ►St-Brieuc und der Ile de Bréhat höchst abwechslungsreich.

► CÔTE DU GOELO ERLEBEN

AUSKUNFT

Pays Touristique du Trégor et Goëlo
9 Place de l'Eglise
22450 La Roche Derrien
Tel. 02 96 91 50 22, Fax 02 96 91 31 07
www.paystregorgoelo.com

ESSEN UND ÜBERNACHTEN

► Komfortabel / Luxus

Ker Moor
13 Rue du Président le Sénécal
22410 St-Quay-Portrieux
Tel. 02 96 70 52 22, Fax 02 96 70 50 49
www.ker-moor.com

Spektakulär gelegene maurische Villa
aus der Zeit um 1900, mit modernem
Annex; großzügige, gut ausgestattete
Zimmer, herrlicher Ausblick.

► Günstig

Le Relais d'Armor
Rue Anaïs Bernard, 22580 Plouha
Tel. 02 96 22 44 88, Fax 02 96 22 40 91
www.hotel-plouha.fr
Gepflegtes kleines, familiäres Haus
an der Hauptstraße, 3 km vom
Strand. Eine Spezialität sind Mies-
muscheln in Roquefortsauce.

Dank dem nahen Golfstrom herrschen hier ähnliche Klima- und
Temperaturverhältnisse wie in der Südbretagne. Einst gehörte die
Küste zur Grafschaft Goëlo, deren Grenzen im Landesinnern die
Flüsse Trieux, Leff und Ic bildeten. Der Leff stellt zugleich eine natür-
liche Grenze zwischen Armor und Argoat dar, zwischen Küste und
Binnenland, das hier für die Bretagne beachtliche Höhen erreicht
(bis 318 m). Bis 1935 lebten die Küstenbewohner vor allem von der
Hochseefischerei vor Neufundland und Island; Pierre Loti setzte dem
1886 in seinem berühmten Roman »Die Islandfischer« ein Denkmal.
Heute spielen die Küstenfischerei, Muschelzucht und der Tourismus
die Hauptrollen.

Sehenswertes an der Côte du Goëlo

Pordic Strände und Steilfelsen umgeben 10 km nördlich von ►St-Brieuc das
Hafenstädtchen Pordic, dessen Kirchturm schon von weitem grüßt.
Das Panorama der Pordic-Landzunge lohnt einen Abstecher.

Binic Binic ist ausgesprochen beliebt: Im Sommer verdreifacht sich die
Einwohnerzahl des Seebades auf über 10 000. Meisterschaften im
Beachvolleyball, Segelturniere und ein Triathlon unterhalten sport-
begeisterte Gäste. Andere genießen den langen Badestrand La Banche
mit Meerwasserschwimmbad und Strandclub, den von Felsen ge-
säumten Avant Port oder den wildromantischen Plage du Corps de
Garde am Zöllnerpfad.
An 300 Jahre bewegter Vergangenheit als größter französischer Hafen
der Hochseefischer (bis 1913) erinnern einige Reederhäuser am Quai
Jean-Bart sowie das **Musée des Traditions Populaires** am Square Fi-

chet des Grèves, das einen Einblick in die Fischerei und den Alltag und das Brauchtum der Bevölkerung vermittelt. Öffnungszeiten: Mitte April – Sept. täglich außer Dienstag 14.30 – 18.00, Juli, Aug. tägl. 14.30 bis 18.00 Uhr.

Die Kirche des Orts weist ein Chorgestühl aus dem 18. Jahrhundert auf, gefertigt von Yves Corley. Zebras, Tiger und Löwen: Über 300 Tiere leben 6 km westlich von Binic im **Zooparc de Tregomeur** in großen Gehegen. Öffnungszeiten: April – Okt. tägl. 10.00 – 19.00, Nov. – März Mi., Sa., So. 13.30 bis 17.30, in den Schulferien 10.00 bis 17.30 Uhr, www.zoo-tregomeur.com.

Treffpunkt für Freizeitkapitäne: der Hafen von Binic

Etables-sur-Mer

Etables-sur-Mer wurde um 1900 von einem Versailler Industriellen auf einer Anhöhe gegründet. Der Klippenweg verbindet die beiden geschützten Strände Godelins und Moulin. Wahrzeichen des Orts ist die Pfarrkirche **St-Jean-Baptiste** aus dem 15. – 18. Jh. mit einem runden, überkuppelten Chor. Der Hochaltar besteht aus farbigem Marmor. In der Rue Louais steht ein Calvaire aus dem 15. Jh., nördlich des Orts die 1850 nach einer Choleraepidemie erbaute Chapelle Notre-Dame-de-l'Espérance.

> **Baedeker** TIPP
>
> ### Griff zu den Sternen
>
> Eine goldgelbe Sonne markiert am Port-ès-leu den Beginn eines ungewöhnlichen Spaziergangs durch unser Sonnensystem. Infotafeln erläutern unterwegs die dargestellten Gestirne von der Erde bis zur Venus.

★
St-Quay-
Portrieux

Der gezeitenunabhängige Jachthafen mit 950 Liegeplätzen, Golfplatz, Casino, schönen Sandstränden und einem langen Eventkalender machen den Doppelort zu Seiten der Landzunge St-Quay zur mondänsten Ferienstadt an der Côte du Goëlo. Gourmets treffen sich hier im Frühling zum **Jakobsmuschel-Festival**. Kulturgeschichtlich interessant ist die **Chapelle Ste-Anne** aus dem 18. Jh. mit einem mehrfarbigen Altar aus italienischem Marmor. Am 26. Juli feiert die Gemeinde einen Pardon mit einer Fackelprozession.

Am Hafen von Portrieux, von dem die Boote zur Blumeninsel Ile de Bréhat ablegen, beginnt der ehemalige **Zöllnerpfad**. Der historische Verbindungsweg hinüber nach St-Quay folgt zunächst dem Strand de la Comtesse, steigt dann steil an und verläuft oberhalb des Châtelet-Strands und vorbei am Meerwasserschwimmbad bis in die Nähe des Casinos.

◀ Sentier des
Douaniers

Kermaria

Die **Chapelle de Kermaria-an-Isquit** unmittelbar an der D 21 wurde 1240 von Henry d'Avaugour nach einem Kreuzzug gestiftet und seither mehrfach erweitert. Nach bretonischer Sitte schmücken auch hier hölzerne Apostelfiguren die südliche Vorhalle aus dem 14. Jahrhundert. Am 3. Septembersonntag wird ein großer **Pardon** gefeiert.

Danse macabre ►

Berühmt ist die Kapelle jedoch wegen ihrer Fresken aus dem 15. Jh., die auch den Komponisten Camille St-Saëns inspiriert haben sollen.

Der Tod zieht alle in seinen Reigen.

Ein **Totentanz** mit 47 Personen, in hellen und dunklen, stark verblassten Farbtönen gehalten, schmückt die beiden Wände oberhalb der Arkaden im Hauptschiff. Papst, Kaiser, Kardinal, König, Erzbischof, Bauer, Handwerker – der Tod fordert alle Menschen ohne Rücksicht auf ihren Stand in seinen Reigen. Die Fresken, zwischen 1488 und 1500 entstanden, waren lange unter einer Putzschicht verborgen. Sehenswert sind auch fünf Alabasterreliefs, die im rechten Seitenschiff Szenen aus dem Marienleben darstellen, sowie die hölzernen Apostel- und Heiligenstatuen im Querschiff.

Temple de Lanleff

Gallo-römische Ruine? Taufkirche aus merowingischer Zeit? Templerkapelle? Die kreisförmige Ruine 8 km westlich von Kermaria im Weiler **Lanleff** gibt bis heute Rätsel auf. Vermutlich handelt es sich um einen Nachbau der Grabeskirche in Jerusalem, der gegen Ende des 11., Anfang des 12. Jh.s aus Granit errichtet wurde. Ein zur Hälfte zerstörter Umgang führt um zwölf Rundbogenarkaden herum; von seinen drei Apsiden ist nur die südöstliche erhalten. Die Kapitelle sind mit grob gemeißelten Figuren, geometrischen Zeichen und Blattwerk verziert.

Plouha

Der bevorzugte Ruhesitz altgedienter Seeleute markiert die östliche Sprachgrenze der Bretagne. Westlich des Ferienorts wird noch immer Bretonisch gesprochen. An der Küste, an der Ende des 5. Jh.s der aus Wales stammende hl. Briocus mit seinen Anhängern gelandet sein soll, verstecken sich sechs **Badestrände**. Ein Fußweg vorbei an der Berjule-Landzunge und der Bucht Pors Pin bis zur Pointe de Minard erschließt die Buchten. Sie spielten während des Zweiten Weltkriegs für die Widerstandskämpfer der Résistance eine wichtige Rolle. 1944 gelang 142 in ►Brest, St-Nazaire und ►Lorient abgestürzten alliierten Piloten mit de Hilfe der Einwohner die Flucht nach England. Der Kapitän des Fluchtschiffs war der Vater der bekannten Schauspielerin Jane Birkin.

✶ ✶ Dinan

D 19

Département: Côre d'Armor   **Einwohnerzahl:** 12 000

**Die Heimat des Nationalhelden Bertrand du Guesclin gehört mit ih-
rem 3 km langen Mauerwall, fast 100 Fachwerkhäusern und idyllischen Gassen zu den schönsten Mittelalterstädten der Bretagne.**

▶ DINAN ERLEBEN

AUSKUNFT

Office de Tourisme
9 Rue du Château, B.P. 65 261
22105 Dinan
Tel. 02 96 87 69 76, Fax 02 96 87 69 77
www.dinan-tourisme.com

VERKEHR

Gute Bus- und Bahnverbindung nach
►Rennes, ►St-Malo und ►St-Brieuc.
Im Sommer Schiffsfahrten auf der
Rance vom Flusshafen in Richtung
►Dinard und ►St-Malo (Corsaire,
Tel. 02 96 9 18 04.

*Im Harfenmuseum
werden traditio-
nelle Tänze und
keltische Musik
vorgestellt.*

FESTE & EVENTS

Anfang Juli erinnert das Festival des
Terre-Neuvas an die bretonischen
Hochseefischer. Mitte Juli stellt das
Festival de Harpe Celtique traditio-
nelle Tänze und Musik vor. Auf der
Fête de la Pommes zu Anfang Nov.
wird der beste Cidre prämiert. Tapfere
Ritter hoch zu Ross und edle Fräulein,
Turniere und Minnesang lassen in

geraden Jahren bei der zweitägigen
Fête des Remparts Ende Juli das
Mittelalter lebendig werden.

SHOPPING

In den Altstadtgassen, besonders in
der Rue du Jerzual, gibt es Glasbläser,
Seidenmaler, Holzschnitzer und
Töpferwerkstätten. Auf der Place du
Champ und Place du Guesclin ist am
Donnerstagvormittag Markt.

ESSEN

▶ Fein und teuer

② *La Caravelle*
14 Place Duclos, Tel. 02 96 39 00 11
So.abend und Mi. geschl.
Gemälde der Schule von Pont-Aven
und Fayencen aus Quimper
schmücken das erstklassige Fischrestaurant am Hafen.

*Erstklassige
bretonische
Küche in einem
spitzgiebeligen
Fachwerkhaus
des 15. Jh.s.*

▶ Erschwinglich

① *Chez la Mère Pourcel*
3 Place des Merciers
Tel. 02 96 39 03 80, Mo. geschl.
www.chezlamerepourcel.com
In einem wunderschönen Fachwerk-

haus des 15. Jh.s wird beste bretonische Küche geboten.

③ *Schiff »Chateaubriand«*
3-std. Fahrt mit 3-Gänge-Menü von der Gare Maritime du Barrage de la Rance, Tel. 02 99 46 44 40
www.chateaubriand.com

ÜBERNACHTEN

Traumdomizil: Le d'Avaugour

▶ **Günstig**

① *De la Porte St-Malo*
35 Rue de St-Malo
Tel. 02 96 39 19 76, Fax 02 96 39 50 67
www.hotelportemalo.com
Schönes altes, romantisches Haus aus unverputztem Stein, geschmackvolle Zimmer, gutes Frühstück.

② *Tour de l'Horloge*
5 Rue de la Chaux
Tel. 02 96 39 96 92, Fax 02 96 85 06 99
Kleines Hotel in einem Haus des 18. Jh.s im Herzen der Altstadt.

Baedeker-Empfehlung

▶ **Komfortabel**

③ *Le d'Avaugour*
1 Place du Champ, Tel. 02 96 39 07 49
www.avaugourhotel.com, 21 Z.
Blumen und Antiquitäten zieren das romantische Haus an den Festungsmauern. Hübscher Garten mit Blick auf die Tour du Connétable.

Wie ein Schwalbennest thront der historische Kern 75 m oberhalb des engen Rance-Tals auf einem Felsplateau (keltisch »din« = »Hügel«). Der Flusshafen spielte im 18. Jh. zur Blütezeit des Tuchhandels eine große Rolle, da die Rance nur 25 km weiter bei ▶ St-Malo in den Atlantik mündet. Heute gehen im Hafen Segelboote vor Anker und Ausflugsschiffe nach ▶ St-Malo und ▶ Dinard.

Geschichte Im 9. Jh. gründete der bretonische Herzog Nominoë im nahen Léhon das Kloster St-Magloire, zu dessen Schutz im 11. Jh. eine Burg errichtet wurde. Burg und Siedlung fielen 1283 an die Herzöge der Bretagne, die ihren Besitz als zeitweilige Residenz und Münzstätte stark befestigen ließen. Als 1359 die Engländer Dinan belagerten, rettete der aus der Gegend stammende Bertrand du Guesclin (▶ Berühmte Persönlichkeiten) die Stadt, als er in einem Zweikampf den englischen Ritter Thomas von Canterbury besiegte. Ende des 14. Jh.s lebten bereits 5000 Menschen in Dinan von Handwerk und Handel, wobei die Tuchherstellung für den Export die wichtigste Rolle spielte; die letzte Tuchfabrik schloss 1863. Heute lebt die Stadt vor allem vom Fremdenverkehr.

Sehenswertes in Dinan

Am besten parkt man sein Fahrzeug auf der Place du Champ / Place du Guesclin mit dem pathetischen Denkmal von 1902 für **Bertrand du Guesclin** (►Berühmte Persönlichkeiten). Die Rue Ste-Claire führt zum hübschen Hôtel de Kératry aus dem Jahr 1559 in der Rue de l'Horloge Nr. 6, heute das **Harfenmuseum** Ti an Delenn, in dem auch Kurse und Harfenkonzerte veranstaltet werden (Öffnungszeiten: Juni – Sept. Di. – Sa. 15.00 – 19.00, Schulferien Di. – Fr. 14.00 – 18.00). Schräg gegenüber steht die im 17. Jh. erbaute **Maison du Gisant** mit einer kopflosen Liegefigur aus dem 14. Jahrhundert. Ursprünglich befand sich dort die Werkstatt eines Bildhauers, der die Liegefiguren wohl auf Vorrat anfertigte. Starb eine wichtige Persönlichkeit, wurden Kopf und Wappen des Verstorbenen ergänzt. Daneben erhebt sich der 60 m hohe Uhrturm als Wahrzeichen der Stadt mit einer 1508 von Anne de Bretagne gestifteten Glocke. Vom Turm bietet sich ein herrlicher Blick auf die ummauerte Altstadt. Öffnungszeiten: Ostern – Mai tägl. 14.00 – 18.00, Juni – Sept. tägl. 10.00 – 18.30 Uhr.

Place du Champ

★
◄ Maison de la Harpe

★
◄ Tour de l'Horloge
🕐

Nur wenige Schritte sind es bis zum ehemaligen Fleischermarkt, den Häuser des 15. bis 19. Jh.s umgeben. Hier erblickte 1847 der Indochinaforscher Auguste Pavie das Licht der Welt († 1925). Anfang des

Place St-Sauveur

Dinan Orientierung

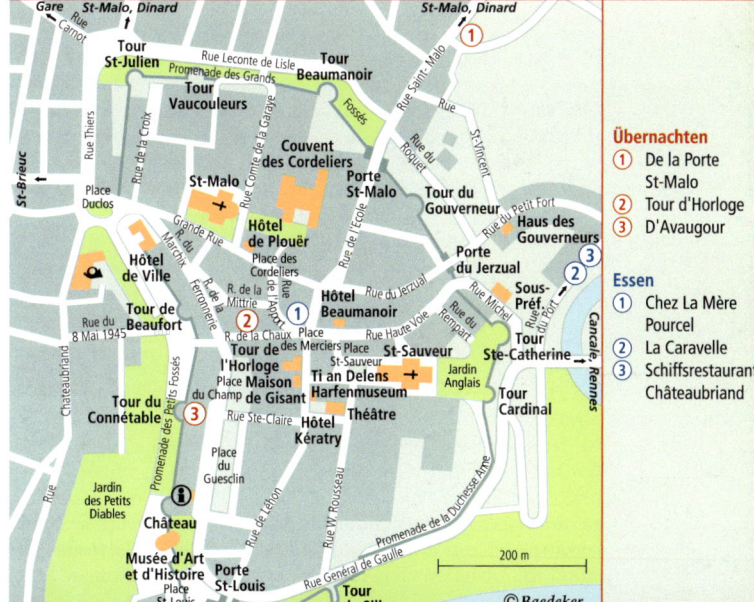

Übernachten
① De la Porte St-Malo
② Tour d'Horloge
③ D'Avaugour

Essen
① Chez La Mère Pourcel
② La Caravelle
③ Schiffsrestaurant Châteaubriand

© Baedeker

Mit fast 100 Fachwerkhäusern und idyllischen Gassen gehört Dinan zu den schönsten unter den bretonischen Städten.

12. Jh.s stiftete Riwallon le Roux, Kreuzritter aus Dinan, an dieser Stelle eine Kirche, von der noch Mauerreste auf der Südseite der heutigen Kirche **St-Sauveur** und das romanische Portal erhalten sind. Im 15. Jh. entstanden die mit einem spätgotischen Giebel bekrönte Fassade, das nördliche Seitenschiff und das Querhaus; im 17. Jh. folgten Chor und Vierungspfeiler. Der byzantinisch beeinflusste Portalschmuck ist mittelalterlich mit Ausnahme der Christusfigur des 19. Jh.s im Bogenfeld. Im Inneren mit einem barocken Hochaltar sind am Westeingang zwei romanische Kapitelle erhalten; weitere Kapitelle aus dem 12. Jh. stehen als Weihwasserbecken in der nördlichen Chorkapelle. In der Rosenkranzkapelle erinnert ein Grabstein daran, dass hier das Herz des Nationalhelden Du Guesclin aufbewahrt wird; sein Körper wurde in St-Denis bei Paris beigesetzt.

Jardin Anglais Östlich von St-Sauveur wurde anstelle des Friedhofs ein kleiner Park angelegt. Von der **Tour Ste-Catherine** blickt man über das Rance-Tal, auf ein 40 m hohes, 250 m langes Viadukt, der Dinan mit dem Vorort Lanvallay verbindet, und den Hafen von Dinan.

★ ★
Place des Merciers Auf dem Rückweg zur Ortsmitte lohnt der Renaissancebau des **Hôtel Beaumanoir** aus dem 16. Jh. einen Blick. Dann gelangt man zur reizvollen Place des Merciers, die von zahlreichen spitzgiebeligen Fach-

werkhäusern aus dem 15. / 16. Jh. gesäumt wird, mit schmucken Erkern, vorkragenden Obergeschossen und Lauben; unter ihnen das Feinschmeckerlokal **La Mère Pourcel** (► S. 209). In der Rue de la Mittrie 14 steht das Geburtshaus des bretonischen Liedermachers Théodore Botrel (1868 – 1925).

> ## ! *Baedeker* TIPP
>
> ### Teeliebhaber …
>
> müssen in der Rue de L'Apport 19 den bezaubernden Salon des Musée d'Arthé besuchen: zierliches Porzellan, witzige Tassen und erlesene Teesorten (Tel. 02 96 87 48 45).

St-Malo

Die 1490 begonnene Kirche wurde erst 1865 vollendet. Bemerkenswert sind neben dem Doppelportal im Renaissance- und einer Apsis im Flamboyantstil die 1889 erbaute englische Orgel mit farbigen Pfeifen, ein Weihwasserbecken aus dem 15. Jh. und die Glasmalereien von 1925 mit Szenen aus der Stadtgeschichte, darunter der Besuch von Anne de Bretagne im Jahr 1505 (Abb. S. 32).

★ ★
Les Remparts

Am Ende der Rue de L'Ecole erhebt sich die **Porte St-Malo**, wo man auf ein sehenswertes Stück der Stadtmauer trifft. Auf der Mauer erreicht man, die **Tour de Gouverneur** passierend, das eindrucksvollste Stadttor: die im 14. Jh. erbaute **Porte du Jerzual**, das Ausfalltor zum Hafen. Die Stadtmauer stammt z. T. aus dem 13. Jh., wurde bis zum 16. Jh. verstärkt und gehört zu den ältesten in der Bretagne. Drei Spaziergänge bieten sich an, die Promenade des Grands-Fossés, die Promenade des Petits-Fossés und die **Promenade de la Duchesse Anne** mit dem reizvollsten Panorama. Von der Porte du Jerzual führt die hübsche **Rue du Petit Fort** hinunter zum Flusshafen mit Restaurants, Cafés, gotischer Brücke und nettem Jachthafen. Das Haus Nr. 24, die **Maison du Gouverneur**, stammt aus dem 15. Jh.; Haus Nr. 49 / 51 gehörte Gerbern, im offenen Dachstuhl wurden einst die Häute getrocknet. Heute befindet sich hier eine Weberei. Bergauf führt von der Porte du Jerzual zur Place des Merciers die kopfsteingepflasterte steile **Rue du Jerzual**. Das idyllischste Gässchen der Stadt säumen blumengeschmückte Fachwerkhäuser aus

Blumengeschmückte Fachwerkhäuser mit kleinen Kunsthandwerkerläden säumen die Rue du Jerzual.

dem 15. und 16. Jh., in denen sich Glasbläser, Weber, Töpfer und Souvenirläden eingerichtet haben.

Château

Das wehrhafte Schloss am südlichen Stadtrand entstand im 14. und 15. Jh. im Auftrag der bretonischen Herzöge. Bis 4 m dicke Mauern hat die Tour de Coëtquen, das ehemalige Gefängnis. Im 34 m hohen Donjon de la Duchesse Anne schildert das **Musée de Dinan** die Geschichte der Stadt. Öffnungszeiten: Juni – Sept. tägl. 10.00 – 18.30, Febr. – Mai, Okt. – Dez. tägl. 13.30 – 17.30 Uhr.

Umgebung von Dinan

Léhon

Ein schöner Spaziergang führt von Dinan 1 km entlang der Rance zum südlich gelegenen Léhon, wo **Nominoë** im 9. Jh. das Kloster St-Magloire gründete. Erhalten sind eine Klosterkirche aus dem 12. Jh. (im 19. Jh. restauriert) mit Weihwasserbecken aus dem 13. Jh., im Garten steht ein romanisches Portal. Der Kreuzgang aus dem 17. Jh. ist Ruine, das Refektorium stammt aus dem 14. Jahrhundert.

✱ Vallée de la Rance

Rund 25 km lang ist das romantische Tal der Rance zwischen Dinan und ►St-Malo. Am Hafen von Dinan erzählt die **Maison de la Rance** über den Fluss und sein Tal (geöffnet April – Nov. Di. – So. 14.00 bis 18.00 Uhr, Juli/Aug. tägl., sonst nur So.). Die ca. 2.30 Std. dauernde Schifffahrt zur Mündung führt durch stimmungsvolle Landschaft, noble Herrensitze und Fischerdörfer säumen die Ufer. Kurz von dem Rance-Kraftwerk liegt am linken Ufer das elegante Reederhaus **Château du Montmarin** (1760) mit romantischem Park (Öffnungszeiten: April – Okt. So. – Fr. 14.00 – 19.00 Uhr.

Corseul

Corseul (10 km nordwestlich von Dinan) war einst, bis zur Zerstörung durch die Römer, die Hauptstadt der **Coriosoliten**. Im **Musée Archéologique** im Rathaus sind Funde ausgestellt (Öffnungszeiten: Mo. – Fr. 10.00 – 12.00, 14.00 – 17.30, Sa. 9.00 – 12.00 Uhr). In der Ortskirche steht die Stele der Silicia, ein Grabdenkmal für eine Römerin. Das Taufbecken (12. Jh.) wird von vier Atlanten getragen

✱ Dinard

C 19

Département: Ille-et-Vilaine   **Einwohnerzahl:** 10 500

Noch immer weht ein Hauch von britischem Flair durch das mondäne Seebad, das Aristokraten und Großbürger um 1850 gegenüber von ► St-Malo an der Rance-Mündung gründeten. Zwar hat die Pracht der Belle Epoque ein wenig Patina angesetzt, doch ist Dinard noch immer die »Perle der Smaragdküste«.

Typisch bretonisch geht es im »Nizza des Nordens« nicht zu. Das gut betuchte Publikum ist international. Über den Flughafen Pleurtuit fliegt es zum Golfen, Schlemmen, Relaxen und Baden ein, besucht die über 20 Kunstgalerien und genießt das anspruchsvolle Kulturangebot. Am Ende der Saison begeistert das Festival du Film Britannique die Cinéasten.

Geschichte

Bis 1850 war Dinard ein Fischerdorf, das zum Nachbarort St-Enogat gehörte. Dann entdeckten wohlhabende englische und amerikanische Sommergäste seine Vorzüge: die günstige Lage, das milde Klima und die geschützten Strände. Sie investierten, Dinard expandierte und genoss schon bald einen ähnlichen Ruf wie das englische Seebad Brighton. 1879 wurde der erste Tennisclub, 1888 nach Pau der zweite Golfplatz auf französischem Boden gegründet. Schließlich reisten auch die Pariser Großbürger an, allen voran der Verleger Victor Hugos. Zwischen 1885 und 1914 entstanden luxuriöse Villen mit parkähnlichen Gärten, vornehme Grandhotels, ein Spielcasino und elegante Strand- und Uferpromenaden im Stil der Belle Époque. Zu den illustren Gästen gehörten Kaiser Wilhelm II., Edward VII., Oscar Wilde, Agatha Christie, Pablo Picasso und Claude Débussy, der hier

 DINARD ERLEBEN

AUSKUNFT

Office de Tourisme
2 Boulevard Féart, B.P. 90261
35802 Dinard Cedex
Tel. 02 99 46 94 12
Fax 02 99 88 21 07
www.ville-dinard.fr
www.ot-dinard.com

MARKT

Am Samstagmorgen trifft man sich auf der Place Crolard, dort findet einer der schönsten Märkte der Bretagne statt.

ESSEN

► **Erschwinglich**
Didier Méril
6 Rue Yves-Verney
Tel. 02 99 46 95 74
www.restaurant-didier-meril.com
Traditionelle Fischgerichte in angenehmer Atmosphäre.

► **Preiswert**
Le Prieuré
1 Place du Général de Gaulle
Tel. 02 99 46 13 74, So. und Mo.abend geschl. Populäres Fischrestaurant mit Blick aufs Meer.

ÜBERNACHTEN

► **Luxus**
Villa Reine Hortense
19 Rue de la Malouine
Tel. 02 99 46 54 31
Fax 02 99 88 15 88
www.villa-reine-hortense.com
Bezaubernde Belle-Epoque-Villa mit Privatstrand an der Plage de l'Ecluse.

► **Komfortabel**
Printania
5 Avenue George V
Tel. 02 99 46 13 07, Fax 02 99 46 26 32
www.printaniahotel.com
57 Zimmer mit Panoramablick.

1887 seine symphonische Dichtung »La Mer« komponierte. Der Börsenkrach 1929 beendete abrupt das »goldene Zeitalter« Dinards.

Sehenswertes in Dinard

**Plage de l'Ecluse
Grande Plage**

Die blau-weiß gestreiften Strandzelte wurden zum Wahrzeichen des Seebads, noch heute schützen sie an der »Grande Plage« vor dem Wind. Der beliebte Hauptstrand mitten im Stadtzentrum, der Plage de l'Ecluse, erstreckt sich in einer geschützten Bucht zwischen den Landzungen Pointe du Moulinet im Osten und Pointe de la Malouine im Westen. Große Hotels, der Kongresspalast, das Casino und das beheizte Meerwasserschwimmbad säumen die Uferpromenade.

Die blau-weiß gestreiften Schirme an der Grande Plage, dem Hauptstrand mitten im Zentrum, sind das Wahrzeichen von Dinard.

Die **Villenkolonie** auf dem Hochplateau lässt Pracht und Prunk der Belle Epoque wieder erstehen. Die während weniger Jahre entstanden Villen vereinen rustikale Bauformen aus heimischen Materialien mit fantasievoll feingliedrigen Formen. Vom Chemin de Ronde eröffnen sich weite Blicke bis hinüber nach ►St-Malo und zu den beiden vorgelagerten Inseln Harbour und Cézembre.

Pointe de la Malouine

Genauso herrlich sind die Ausblicke, die der Chemin Ronde du Moulinet bietet: vom Cap Fréhel über ►St-Malo bis zum Mündungstrichter der Rance. Der Rundweg um die Halbinsel endet an der Place J. Boutin und lässt sich perfekt mit einem Spaziergang auf der Promenade du Clair-de-Lune verbinden.

✶ Pointe du Moulinet

Die »Mondschein-Promenade« ist Dinards romantischste **Flaniermeile**. Von Mitte Juni bis Mitte September werden die Blumenrabatte, Palmen und Kamelien mit dezenter Beleuchtung und leiser Musik in Szene gesetzt. Am Ende des Spaziergangs vorbei an noblen Läden, Villen und Hotels wartet der Plage du Prieuré.

✶ Promenade du Clair-de-Lune

Der von Bäumen schön beschattete Prieuré-Strand an der Rance-Mündung verdankt seinen Namen einem 1324 hier gegründeten Trinitarier-Priorat. In der gotischen Kapelle wird die steinerne Grabplatte der beiden Stifter Geoffroy und Olivier de Montfort aufbewahrt.

Plage du Prieuré

Wer noch weiter wandern möchte, folge jenseits des Port Nican dem **Chemin de Ronde**, der auf 2 km Länge vorbei an der Plage aux Moines zum Aussichtspunkt Rond Point des Buttes auf der Vicomté-Landzunge führt.

Pointe de la Vicomté

Der Boulevard Féart durchzieht als Hauptachse die moderne Innenstadt in Nordsüdrichtung. Das Rathaus (Nr. 47) residiert in der **Villa Monplaisir**, die sich die als »Königin von Dinard« bekannt gewordene Madame Hugues-Halett hatte bauen lassen. Bei ihren legendären Empfängen traf sich alles, was in der damaligen Gesellschaft Rang und Namen hatte.

Boulevard Féart

In der Rue Français-Libres Nr. 12 steht die mit vier Ecktürmen versehene Villa, die 1868 für **Kaiserin Eugénie** erbaut wurde – die Ehefrau Napoleons III. hat sie jedoch nie betreten.

Villa Eugénie

Umgebung von Dinard

An der Cale des Vedettes legen die Ausflugsschiffe ab, die flussaufwärts auf der Rance zur mittelalterlichen Festungsstadt ►Dinan mit ihrer nahezu unversehrten Ringmauer schippern. Auch nach ►St-Malo, zum Cap Fréhel und zu den Kanalinseln werden Schiffsausflüge angeboten.

✶ Schiffsausflüge

USINE MAREMOTRICE DE LA RANCE

✳ ✳ Das erste Gezeitenkraftwerk der Welt, das 1961 – 1966 knapp 6 km südlich von Dinard in den Mündungstrichter der Rance gebaut wurde, nutzt
den extremen Tidenhub von 12 bis 18 m. Zwischen Ebbe und Flut strömen
bis zu 720 Mio. m³ Wasser durch sechs regulierbare Schleusentore und
treiben dabei 24 Turbinen an, die im Jahr ca. 600 Mio. kWh erzeugen –
genug Strom für eine Stadt wie Rennes.

Öffnungszeiten:
April – Juni, Sept. 10.00 – 13.00, 14.00 – 18.00,
Juli/Aug. Mo. – Sa. 10.00 – 18.00, So. 14.00 bis
18.00, Okt. Fr. – So. 10.00 – 13.00, 14.00 – 18.00
Uhr. Sonst nur Gruppenführungen ab 15 Pers.
nach Anmeldung.
Tel. 02 99 16 37 14, www.edf.com

① Staudamm

Die Zentrale des Kraftwerks liegt in einem
750 m langen Staudamm zwischen der Pointe
de la Briantais auf dem linken und der Pointe
de la Brebis auf dem rechten Ranceufer. Sechs
15 m x 10 m große Schleusen stauen die Rance zu
einem 22 km² großen See mit einem Nutzinhalt
von 184 Mio. m³ auf. Auf der Westseite regeln
eine Hebebrücke und eine 65 m lange Schleuse
den Schiffsverkehr zwischen Rance und Atlantik.
Über die Krone der Staumauer führt die Verbin-
dungsstraße von Dinard nach St-Malo.

② Espace Découverte

Seit einigen Jahren informiert eine interaktive
Ausstellung über die Gesetze der Gezeiten, die
Energiegewinnung durch den Wechsel von Ebbe
und Flut, die technische Ausstattung der Schleusen und Turbinen sowie die Flora und Fauna im
Rance-Delta. Mehrere Fenster bieten Einblick in
den Maschinenraum. Von der Plattform am Fuß
der Turbinenanlage sieht man hinaus auf die
Mündung der Rance.

③ Turbinen

Die 24 horizontal eingebauten Rohr-Turbinen
liefern je 10 MW nominale Leistung. Die Achse
der Turbinen liegt 5,75 m unter dem Wasser-
spiegel des Staubeckens. Die Turbinen der Bauart
Kaplan, die in beiden Fließrichtungen arbeiten
können, weisen einen Durchmesser von 5,35 m
auf und drehen sich bis zu 94-mal in der Minute.
Die Laufradschaufeln sind zur optimalen Nutzung
des Wassers von –5 bis 35 Grad verstellbar.

Von der Plattform am Fuß der Turbinenanlage blickt man auf die Rancemündung.

wurde, entstand im 13.–15. Jh. der heutige Bau. Zwei Türme flankieren die Westfassade. Bis zum 17. Jh. wurde am Südturm gebaut,
erst dann erhielt er seinen schlanken Glockenturm mit Laterne. Der
1520 begonnene Nordturm wurde nicht vollendet. An der Südfassade
springt die gotische Vorhalle aus dem 13. / 14. Jh. weit hervor und
lockert die lange Wand auf. So wehrhaft wie das Äußere, so überwäl-
tigend ist das Innere. Auf fast 100 m Länge überspannen gotische
Gewölbe das 21 m hohe Kirchenschiff, das scheinbar schwerelos zum
Himmel strebt. Die Medaillons im Chorfenster aus dem 13. Jh. zeigen Heilige und Bibelszenen, Menschen- und Tierköpfe schmücken
das Chorgestühl aus dem 14. Jahrhundert. Das Grabmal des Bischofs
Thomas James (1482–1504) im nördlichen Querschiff, geschaffen
von den aus Florenz stammenden Bildhauern Antoine und Jean Juste
(Giusti), ist das älteste Renaissancegrabmal der Bretagne.

*Christusfigur
des 13. Jh.s in
der Kathedrale*

In dem einzigartigen Museum wird die Geschichte der riesigen Kathedrale zur spannenden Reise in die Vergangenheit. Die einzelnen
Säle widmen sich der Architektur, den Gewerken und dem Symbolgehalt von Bauwerk und Bildern. Besonders eindrucksvoll sind die
Licht- und Toneffekte im Saal der Kirchenfenster. Größtes »Ausstel-
lungsstück« ist die Kathedrale selbst: Nur durch das Panoramafenster
ist Saint-Samson zu überblicken. Öffnungszeiten: April–Okt. tägl.
10.00–12.30, 13.30–19.00 Uhr.

★ ★
Médiévalys

Umgebung von Dol-de-Bretagne

Gut 9 m hoch ragt der Menhir 2 km südlich bei Carfantin in den
Himmel – aus dem er einst kam: Während einer blutigen Schlacht
zwischen zwei Brüdern, so die Legende, sauste er als himmlische
Speerspitze herab, um die beiden Rivalen zu trennen. Tatsächlich
stammt der Menhir aus dem nahen Steinbruch von Bonnemain.

★
**Menhir du
Champ-Dolent**

Sagen und Geschichten umranken
auch den **Mont Dol**, die 65 m hohe
Granitkuppe 3 km nördlich von
Dol. Wie Abdrücke der Teufelskral-
len in einem Stein hinter der Kapelle **Notre-Dame de l'Espérance**
bezeugen, habe hier der Erzengel
Michael gegen den Teufel gekämpft
und gewonnen. Der Berg, bereits
während der Altsteinzeit besiedelt,
wurde unter den Kelten zur Kult-
stätte. In gallo-römischer Zeit wurde hier die Jagdgöttin Diana verehrt; nach der Christianisierung
lebten hier Einsiedler und Heilige. Die **Windmühle** aus dem 19. Jh.
ist voll funktionstüchtig. Öffnungszeiten: Sa., So. 14.00–18.00 Uhr.

> **❗ Baedeker TIPP**
>
> **Für immer und ewig**
> Mehr als 350 Brautkleider aus der Zeit von 1835
> bis 1940, Hochzeitsschmuck, Brautschuhe und
> mehr verraten im Musée des Trésor du Mariage
> Ancien auf dem Mont Dol, wie einst der schönste
> Tag des Lebens begangen wurde. Öffnungszei-
> ten: April, Mai 12.00–18.00, Juni–11. Nov.
> 10.00–19.00 Uhr, sonst nur So. und Fei.;
> Tel. 02 99 48 26 31.

▶ DOL-DE-BRETAGNE ERLEBEN

AUSKUNFT

Office de Tourisme
5 Place de la Cathédrale
35120 Dol-de-Bretagne
Tel. 02 99 48 15 37
Fax 02 99 48 14 13
www.dol-de-bretagne.fr
www.pays-de-dol.com

SHOPPING

Lebens- und Einkaufsader der Stadt ist die Grande Rue des Stuarts, die von mittelalterlichen Fachwerkhäusern gesäumt ist. Samstagvormittag ist Markt in der Grande Rue.

ESSEN & ÜBERNACHTEN

▶ Günstig

Hôtel de Bretagne
17 Place Châteaubriand
Tel. 02 99 48 02 03, Fax 02 99 48 25 75
hotel@destinationbretagne.com
Zentral gelegene traditionsreiches, familiäres 2-Sterne-Haus (mit Familienzimmern). Das Restaurant bietet einfache, gute Hausmannskost.

Beau Rivage

21 Rue de la Mairie
35960 Le Vivier-sur-Mer
Tel. 02 99 48 90 65, Fax 02 99 48 85 40
www.logis-beaurivage.com
Kleineres Logis des France im Zentrum, in nächster Nähe des Hafens. Jüngst renovierte Gästezimmer (auch 3/4 Betten). Im etwas bemüht modernen Restaurant speist man gut.

ROUTE DE CHATEAUBRIAND

Die Route de Chateaubriand verbindet als Rundkurs Stationen im Leben des berühmten Dichters und Staatsmanns, darunter Schloss Combourg, ▶Dol-de-Bretagne, ▶St-Malo, ▶Dinan, Bécherel, ▶Fougères und Antrain.

Marais de Dol   Im Mittelalter war der Marais noch vom Meer überflutet, aus dem der Mont Dol wie der ▶Mont St-Michel als Insel herausragte. Nachdem sich der Meeresspiegel senkte, blieb ein Sumpfgebiet zurück, das seit dem 12. Jh. trockengelegt und landwirtschaftlich genutzt wurde. Weiteres Neuland schufen die Gefangenen der Revolutionstruppen durch den Deichbau. Heute gedeihen auf den fruchtbaren Poldern Getreide und Gemüse.

Combourg   »In den Wäldern von Combourg bin ich zu dem geworden, der ich bin«, erinnert sich **François-René de Chateaubriand** (▶ Berühmte Persönlichkeiten) an seine Jugend, die der romantische Dichter und Staatsmann in der Kleinstadt 17 km südlich von Dol verbrachte. Sein Vater Auguste de Chateaubriand, ein reicher Reeder, hatte 1761 das Schloss als Stammsitz der Familie erwählt, in deren Besitz es bis heute ist. Vier massive Türme mit kegelförmigem Dach flankieren das gewaltige **Château de Combourg**. Seine Ursprünge gehen auf die Burg der Bischöfe von Dol im 11. Jh. zurück. Spätere Besitzer, zu denen auch Bertrand Du Guesclin gehörte, erweiterten die Anlage im 14. und 15. Jh. Bei der Restaurierung 1876–1900 stand der Architekt

Auguste de Chateaubriand, der Vater des berühmten Schriftstellers und Diplomaten, wählte 1761 das Schloss Combourg als Stammsitz der Familie.

Viollec-le-Duc beratend zur Seite. Die Exponate im Gedenkzimmer stammen aus der Pariser Wohnung des Schriftstellers. Neben Möbeln und Kunstwerken aus dem 16.–19. Jh. sind die Kapelle, in der die fromme Mutter Chateaubriands täglich mehrere Stunden verbrachte, der große Salon, das Speisezimmer und das Kinderzimmer im Tour du Chat zu sehen. Vom zinnenbewehrten Wehrgang bieten sich Ausblicke auf den Ort, den See und den 25 ha großen Schlosspark. Chateaubriands Geisteshaltung lebt im **Prix Combourg** weiter: Der Literaturpreis ehrt Autoren, die das Erbe des Dichters fortführen. Philippe Barthelet, Gérard Leclerc und Jean d'Ormesson gehören zu den Preisträgern der letzten Jahre. Öffnungszeiten: April–Okt., Park ⏱ tägl. 9.00–12.30, 14.00–18.00, Schloss So.–Fr. 14.00–17.30, Juli, Aug. auch 10.30–11.15 sowie Sa.; www.combourg.net.

★
Château de la Bourbansais

Berühmter als dieses Schloss 12 km westlich von Combourg, das im 16. Jh. für ein Mitglied des bretonischen Parlaments erbaut wurde, ist sein 100 ha großer Park: Unter uralten Bäumen leben Giraffen, Tiger, Dromedare, Kängurus und andere Tiere aller Kontinente im **Parc Zoologique de la Bourbansais**. Einmalig in Frankreich ist die

Ein Erlebnis: die Greifvogelschau

Präsentation einer Meute mit rund 60 Jagdhunden, die von einem Piqueur vorgestellt werden, sowie die Greifvogelschau, die zeigt, wie der Mensch seit Jahrhunderten mit diesen faszinierenden Tieren jagt.
Öffnungszeiten: Zoo und Gärten April – Sept. tägl. 10.00 – 19.00, Okt. bis März 13.30 – 17.30 Uhr; Schlossführungen: 11.15, 14.00, 15.00, 16.00, 17.00 Uhr; Greifvogelschau 14.30 und 16.30 Uhr; Präsentation der Meute Juli /Aug. 15.30, 17.30, sonst 15.30 Uhr; www.labourbonsais.com.

Tinténiac

Schlosser, Schmied, Böttcher: In einem Kornspeicher am Canal d'Ille-et-Rance präsentiert das **Musée de l'Outil et des Métiers** altes Handwerk. 10 km südwestlich von Combourg, Öffnungszeiten: Juli – Sept. Di. – Sa. 10.00 – 12.00, 15.00 – 18.00, So. 15.00 – 18.00 Uhr.

Les Iffs

Um 1450 entstand 6 km südwestlich von Tinteniac eine der schönsten Landkirchen des Départements: die **Eglise St-Ouen**. Die Attraktion des Gotteshauses im gotischen Flamboyantstil sind die Renaissancefenster des Meisters Michel Bayonne aus Rennes (um 1550). Sie haben nichts von ihrer Leuchtkraft verloren und beeindrucken mit der expressiven Mimik und natürlichen Haltung ihrer Figuren.

Château de Montmuran

Das mittelalterliche Schloss nordöstlich bei Les Iffs war Stammsitz der mächtigen Familie Laval. Von der Burg des 12. Jh.s sind nur zwei konische Türme mit Kegeldächern erhalten. Das befestigte Torhaus entstand 1380 – 1412, der Wohntrakt ersetzte im 18. Jh. den mittelalterlichen Logis Central. In der Schlosskapelle wurde **Bertrand du Guesclin** am 10. April 1354 zum Ritter geschlagen; hier heiratete der spätere Connétable de France auch 1373 in zweiter Ehe seine deutlich jüngere Frau Jeanne de Laval. Die Ersteigung der Türme belohnt ein Blick bis nach ▶ Dinan. Öffnungszeiten: Juni bis Sept. So. – Fr. 14.00 – 18.00 Uhr; www.chateau-montmuran.com.

Bécherel

15 Buchläden für 600 Einwohner: Bécherel (6 km westlich von Les Iffs) trägt zu Recht den Beinamen **Cité du livre**, Stadt des Buchs. Am ersten Sonntag im Monat präsentiert der Büchermarkt Antiquarisches und Novitäten, zu Ostern zeigt die »Fête du Livre« die enge Verbindung von Kunst und Literatur.

Château de Caradeuc

1898 entwarf Edouard André den Park von Caradeuc, der das klassizistische Schloss des Staatsanwalts Louis-René Caradeuc de la Chalotais umgab. Gebäude und Statuen schmücken die Blumenbeete im französischen Stil, die langen, geraden Alleen und die Terrasse mit

Blick auf das Rance-Tal. Der Park ist nicht öffentlich zugänglich. Westlich außerhalb von Bécherel, Öffnungszeiten: Mai, Juni, Sept. Sa., So., Fei. 14.00 – 18.00, Juli, Aug. tägl. 12.00 – 18.00 Uhr.

✶ Douarnenez

F 5 / 6

Département: Finistère   **Einwohnerzahl:** 17 000

Schon die Römer konservierten in der Hafenstadt an der Mündung des Rhu Sardinen, verarbeiteten sie zur Würzsauce Garum und ihr Öl als Weichmacher für Leder. Später wurden im Hafen Segeltuch und Leinen aus Locronan nach England und Holland verschifft. Heute werden im fünftgrößten Fischereihafen Frankreichs Makrelen, Thunfisch, Plattfische und Langusten aus Afrika angelandet und werktags ab 6 Uhr am Port du Rosmeur versteigert.

Der **Sardinenfang** kommt bei Cobreco, Paulet und Chanterelle in die Konserve. Letztere, ein 1853 gegründetes Familienunternehmen, ist eine der ältesten Konservenfabriken der Welt. Für die Marke »Connétable« verarbeiten 350 Mitarbeiter jährlich rund 10 000 t Sar-

▶ DOUARNENEZ ERLEBEN

AUSKUNFT

Ofice de Tourisme
1 Rue du Dr. Mével, B.P. 126
29172 Douarnenez
Tel. 02 98 92 13 35, Fax 02 98 92 70 47
www.douarnenez-tourisme.com

ÜBERNACHTEN

▶ Komfortabel / Luxus
Le Clos de Vallombreuse
7 Rue d'Estienne d'Orves
Tel. 02 98 92 63 64, Fax 02 98 92 84 98
www.closvallombreuse.com
Die schicke Gründerzeitvilla mit Pool und Blick aufs Meer ist auch eine erste Adresse für Feinschmecker.

▶ Günstig
De France
4 Rue Jean Jaurès
Tel. 02 98 92 00 02, Fax 02 98 92 27 05

www.lafrance-dz.com
Charmantes älteres Haus im Zentrum, geschmackvoll modern gestaltete Zimmer. Dem entspricht die Küche des Restaurants »L'Insolite«.

ESSEN

Baedeker-Empfehlung

▶ Erschwinglich
Manoir de Moëllien
29550 Plonevez-Porzay
Tel. 02 98 92 50 40, www.moellien.com
Mitte Nov. – Mitte März geschl.
Den Speisesaal des ländlichen Herrenhauses aus dem 17. Jh. zieren bretonische Antiquitäten, ein Feuer brennt im großen Kamin. Ein Gedicht ist der geräucherte Lachs. 12 km nordöstlich Douarnenez.

Im Museumshafen sind traditionelle Fischerboote und ein Feuerschiff vertäut.

dinen. Um 1880 verarbeiteten in Douarnenez noch 32 Fabriken 90 % aller Sardinen, die in der Welt verzehrt wurden.

Sehenswertes in Douarnenez

Häfen Vier Häfen bestimmen das Stadtbild: der Museumshafen Port-Rhu, der Jachthafen in Tréboul, der »Neue Hafen« für die Hochseeschifffahrt und der »alte« Hafen Port Rosmeur für die Küstenfischerei.

✳
Port Rosmeur ▶
Die Rue A. France führt vorbei an den Markthallen und an der im 16. Jh. erbauten Kapelle Ste-Hélène mit zwei Kirchenfenstern aus dem 16. Jh. und einer schönen Kanzel hinab zum malerischen **alten Fischereihafen**. Von seiner Mole öffnet sich der Blick auf die terrassenförmig ansteigende Stadt und auf die im Osten gelegenen Strände Plomarc'h und Plage du Ris. Nördlich folgt der durch eine 600 m lange Mole geschützte »Neue Hafen« mit Blick auf die Bucht von Douarnenez.

✳✳
Port-Musée
Der ehemalige Küstenschifffahrtshafen Port Rhu beheimatet heute eines der schönsten Museen zur Geschichte des Schiffsbaus. 1993 wurde der Mündungstrichter des Rhu mit einem Deich verschlossen und zum **Museumshafen** umgewandelt. In einer stillgelegten Konservenfabrik entstand das Bootsmuseum. Gemeinsam präsentieren beide Einrichtungen mit mehr als 250 Booten die maritimen Traditionen der Welt. Am steinernen Kai, durch hölzerne, nach Techniken

des 19. Jahrhunderts gefertigte Anlegestellen ergänzt, sind rund 20 Boote vertäut. Besucher sind an Bord der 100-jährigen norwegischen Galeasse »Anna Rosa«, auf dem mauretanischen Langustenfangschiff «Notre-Dame de Rocamadour« und auf der Themse-Barke »Northdown« willkommen. Zu sehen sind außerdem Fischerboote und ein Feuerschiff. Auch Seilmacherei, die Tangernte und die Austernzucht werden am Kai vorgeführt. Öffnungszeiten: Juli, Aug. tägl. 10.00 – 19.00, Febr. – Ju-

> ! *Baedeker* TIPP

> **Antikes Handwerk**
> Im Dorf der Sardinenfischer Plomarc'h, hoch über der Steilküste von Douarnenez, wurde einer der ältesten Handwerksbetriebe aus gallo-römischer Zeit freigelegt: die Werkstätten zur Herstellung von Garum. Die Fabrik für die Fischsauce datiert aus dem 2. Jahrhundert. Das lange Gebäude, das 16 große Gärbottiche enthielt, stand unter dem Schutz von Jupiter, Neptun und Herkules. Führungen April – Okt., Tel. 02 98 92 13 35.

ni, Sept., Okt. Di. – So. 10.00 – 12.30, 14.00 – 18.00 Uhr (Febr./März nur Museum geöffnet, nicht der Museumshafen).

Die 200 m lange Brücke Grand Pont führt von der Stadt der Sardinenfischer zum Seebad Tréboul mit Thalassozentrum und Jachthafen. An der Marina beginnt der **Küstenwanderweg** der »Weißen Felsen«, der zunächst zu den Sandstränden St-Jean und Sables Blancs im Westen von Tréboul, dann über 70 km an der Pointe du Raz vorbei bis zur Bucht von Audierne führt.

Tréboul

★

◄ Roches Blanches

Auf der Insel vergrub der berüchtigte Seeräuberbaron **La Fontenelle** im 16. Jh. seinen Schatz, und hier soll sich die unglückliche Liebesgeschichte von Tristan und Isolde abgespielt haben: Die kleine Insel rund 300 m vor der Küste ist reich an Historie und Histörchen. Besuch im Rahmen von Führungen des Tourismusbüros.

Ile Tristan

Der südliche Stadtteil Ploaré besitzt eine 1548 erbaute Kirche, die sowohl spätgotische Stilmerkmale als auch der Renaissance zeigt. Ihr 65 m hoher Turm ist dem der Kathedrale von ►Quimper nachempfunden. Innen sind ein Schnitzaltar und die Dreifaltigkeit darstellende Holzskulpturen aus dem 17. Jh. sehenswert.

Ploaré

★ ★ Locronan

Der kleine Marktort zwischen der Halbinsel Cap Sizun und den Ausläufern der Montagnes Noires gilt als eines der schönsten Dörfer Frankreichs. Vor allem beeindruckt Locronan durch sein Stadtbild. Kein Neubau stört das Ensemble der blumengeschmückten Granithäuser aus dem 16. bis 18. Jh., die elektrischen Leitungen verlaufen unterirdisch. So wundert es nicht, dass Locronan Schauplatz von mehr als 30 Filmen war: Roman Polanski drehte hier »Tess« mit Nastasja Kinski, Philippe de Broca seinen Film »Les Chouans« mit Sophie Marceau und Philippe Noiret.

Bezaubernde Dorfidylle

Legende und Geschichte

Der Legende nach ist Locronan eine Gründung des **hl. Ronan** (bretonisch loc Ronan, Einsiedelei des Ronan), der vermutlich im 6. oder 9. Jh. aus Irland kam und hier als Eremit lebte. Kében, eine böse Nachbarin, bezichtigte ihn bei König Gradlon des Mordes an ihrer kleinen Tochter. In ▶ Quimper wurde Ronan zum Tode verurteilt. Doch die beiden Doggen, die den Eremiten zerfleischen sollten, krümmten ihm kein Haar. Ronan gelang es sogar, das tote Mädchen wieder zum Leben zu erwecken. Als Kében daraufhin öffentlich behauptete, Ronan habe sie verführen wollen, riss dem Heiligen der Geduldsfaden: Er packte seine Siebensachen und begab sich nach ▶ St-Brieuc, wo er starb. Da mehrere Gemeinden an seiner Reliquie interessiert waren, wurde Ronans Leichnam auf einen Ochsenkarren geladen, damit er sich seinen letzten Ruheplatz selbst aussuchen konnte. Nach vielen Tagen erreichten die Ochsen die Wälder der Cornouaille. Als das Gespann bei Kében vorbeikam, schlug sie mit dem Waschholz einem Zugtier ein Horn ab. Zur Strafe wurde Kében augenblicklich von der Hölle verschlungen. An der Stelle, wo das Ochsengespann Halt machte, erbaute man die Chapelle du Pénity.

Ronan soll den Bewohnern von Locronan nicht nur das Christentum gebracht, sondern sie auch in der Kunst der Webtechnik unterrichtet haben. Historisch belegt ist, dass die Bauern der Umgebung vom 15. Jh. an Hanf zur Herstellung von Segeltuch anbauten. Die **Manufaktur** von Locronan vertrieb es über den Hafen Port-Rhu in ganz Europa; sein Ruf erreichte sogar die Neue Welt. Mit Beginn der Dampfschifffahrt und billigeren Produkten aus anderen Regionen setzte Mitte des 18. Jh.s der wirtschaftliche Niedergang ein.

Heute ist Handarbeit für den Tourismus gefragt und Kunsthandwerk – Weberei, Töpferei, Glasbläserei, Holzschnitzerei – neben der Landwirtschaft die Haupteinnahmequelle.

Der Pardon in Locronan wird zu Ehren des hl. Ronan gefeiert.

Im Forêt de Névet veranstalteten die Druiden einst einen Rundgang als Einführung in ihren Glauben: den **Németon**. St-Ronan passte die heidnischen Sitten dem christlichen Glauben an und verwandelte den Németon in eine Prozession durch die Felder, die **Troménie**. Die kleine Troménie (6 km) wird jedes Jahr am 2. Juli-So. gefeiert, die große Troménie (12 km) alle 6 Jahre, das nächste Mal 2013.

★★
Troménie im
Forêt de Névet

14 prächtige Bürgerhäuser aus Granit rahmen die **Grand Place** mit seinem zierlichen Ziehbrunnen auf drei Seiten ein; die vierte Seite beherrschen das Portal der Kirche St-Ronan und die benachbarte Pénity-Kapelle. Die spätgotische Kirche (15. Jh.) gilt als eines der schönsten Bauwerke im Flamboyant-Stil. Seit ihrer Fertigstellung, zu der die bretonischen Herzöge mit Spendengeldern beitrugen, hat sie so gut wie keine baulichen Veränderungen erfahren. Einzig der spitze Helm des ursprünglich achteckigen Turms, 1808 durch einen Blitz zerstört, wurde aus Geldmangel nicht ersetzt. Das Innere bietet eine interessante optische Täuschung: Durch die Hanglage und die schräge Pflasterung entsteht der Eindruck, das Schiff sei länger, als es in der Tat ist. An der holzgeschnitzten Kanzel von 1707 sind zehn Medaillons angebracht, die bunt und naiv Szenen der Ronan-Legende schildern (Abb. S. 227). In einer Nische neben dem prächtigen Rosenkranzaltar aus dem 17. Jh. stellt eine Statue Ronan als Bischof dar, auch wenn er dieses Amt nie ausgeübt hat.

★
St-Ronan

Auch der Innenraum der **Chapelle du Pénity**, 1504 – 1515 auf Weisung der Herzogin Anne de Bretagne errichtet, ist reichlich ausgestattet. Die Kapelle birgt den Sarkophag des Stadtheiligen, eine Kreuzabnahme des 16. Jh.s sowie ein Buntglasfenster aus dem 15. Jh., das in der Apsis hinter dem Altar in 17 Episoden die Passionsgeschichte darstellt.

! *Baedeker* TIPP

Au Loup Garou Gourmand

In dem hübschen Laden an der romantischen Place Eglise von Locronan findet man eine große Auswahl bretonischer Spezialitäten: feine Karamellen und knusprige Kekse, gebacken mit salziger Butter, Cidre, Honig, Likör und viele Sorten Bier – sowie eine ausgesprochen nette Bedienung. Tel. 02 98 51 81 61.

Die Kapelle am Ende der Rue Moal, einst die belebteste Straße der Stadt, entstand zur gleichen Zeit wie die Kirche St-Ronan, wurde aber bis zu Beginn des 18. Jh.s mehrfach verändert. Das Innere birgt die Statue der »Jungfrau von der guten Nachricht« sowie Fenster von Alfred Manessier (1911 – 1993).

Notre Dame
de Bonne-
Nouvelle

Musée Municipal

🕐

Das kleine städtische Museum neben dem Tourismusbüro präsentiert im Erdgeschoss die Entstehung von Locronan und im ersten Stock Werke von rund 50 Malern, die zwischen 1900 und 1950 die Bretagne entdeckten. Das zweite Stock ist der Geschichte des Handwerks gewidmet. Öffnungszeiten: Mitte Juni – Mitte Sept. tägl. (außer So. vormittag) 10.00 – 13.00, 14.00 – 19.00 Uhr, April – Mitte Juni, Schulferien Mo. – Fr. 10.00 – 12.00, 14.00 – 18.00 Uhr.

✳
Manoir de Kerguénolé

🕐

Plakate zu den unterschiedlichsten Aspekten der Bretagne vom 18. Jh. bis zur Gegenwart präsentiert das **Conservatoire de l'Affiche en Bretagne** im eleganten Herrenhaus Manoir de Kerguénolé. Öffnungszeiten: Mitte Juni – Mitte Sept. tägl. 10.00 – 19.00, sonst 14.00 – 18.00 Uhr (die Zeiten können je nach Ausstellung variieren).

Montagne de Locronan

Der 289 m hohe Stadtberg von Locronan, 2 km östlich, bietet eine Panoramasicht auf die Bucht von Douarnenez, den Menez-Hom und auf die Montagnes Noires. Die Kapelle Ar Zonj, dem hl. Ronan gewidmet, ist eine Station der Troménie.

Ste-Anne-la-Palud

Am letzten Augustsonntag findet 10 km nordwestlich in Ste-Anne-la-Palud zu Ehren der hl. Anna einer der schönsten und außergewöhnlichsten Pardons statt. Dann versammeln sich Tausende Pilger in den Dünen am Meer zum Gottesdienst. Den Abschluss bildet ein fröhliches Kirchweihfest.

Le Faouët

F 11

Département: Morbihan   **Einwohnerzahl:** 2900

Von 1845 bis 1945 war die kleine Stadt im Ellé-Tal einer der bedeutendsten Künstlertreffpunkte der Cornouaille. Germain David-Nillet, Arthur Midy und Marius Borgeaud bannten das bunte Treiben in der alten Markthalle, den Pardon von St-Fiacre und die anderen Kapellen der Umgebung auf die Leinwand.

 LE FAOUET ERLEBEN

AUSKUNFT

Office de Tourisme
3 Rue des Cendres
56320 Le Faouët
Tel. 02 97 23 23 23
Fax 02 97 23 13 75
www.tourismepaysroimorvan.com
www.lefaouet.fr

ESSEN UND ÜBERNACHTEN

▶ **Günstig**
La Croix d'Or
9 Place Bellanger, Tel. 02 97 23 07 33
www.lacroixdor.com
Nettes, in jüngster Zeit sehr schön modernisiertes Haus am Marktplatz, mit gutem, preiswertem Restaurant.

Berühmteste Einwohnerin war sicher **Marion du Faouët** (1717 bis 1755), die schon in jungen Jahren eine Räuberbande anführte. Da sie ihre Beute mit den Armen teilte, genoss sie den Ruf einer Heldin. Trotzdem wurde sie gefasst, gefoltert und in ►Quimper gehängt.

Am 1. und 3. Mittwoch im Monat wird in der riesigen **Markthalle**, erbaut im 15./16. Jh. aus Tannen und Eichen, nach Herzenslust eingekauft. Dunkle Holzpfeiler, die auf Granitsockeln ruhen, tragen das tief heruntergezogene, schiefergedeckte Dach, in dessen Mitte ein Uhrturm die Zeit verkündet.

> **!** *Baedeker* **TIPP**
>
> **»Wenn sich das Regencape ...**
> des Radlers bläht« und weitere Werke von Sydney Curnow Vesper, Oscar Chavaux, Arthur Midy und anderen Malern, die in Le Faouët gelebt und gearbeitet haben, präsentiert das Musée du Faouët. Öffnungszeiten: April – Mitte Mai, Mitte Juni – Ende Sept. tgl. 10.00 – 12.00, 14.00 – 18.00 Uhr, www.museedufaouet.fr.

Umgebung von Le Faouët

Ungewöhnlich ist v. a. die Fassade der Kapelle: Der Glockenturm und zwei kleinere Seitentürmchen wurden integriert. Die imposante Kapelle 3 km südlich, die dem Heiligen der Gärtner geweiht ist, wur-

St-Fiacre

Der farbenfrohe hölzerne Lettner in der Kapelle St-Fiacre, geschaffen um 1480 von Olivier de Loergan

de von Familie Boutteville um 1480 erbaut – böse Zungen behaupten, weniger aus Frömmigkeit denn aus Konkurrenz zur Familie Rohan, die in Kernascléden zur selben ihre Kapelle errichtete. Der mehrfarbige hölzerne **Lettner**, um 1480 von Olivier de Loergan geschaffen, ist ein Meisterwerk der bretonischen Bildhauerei. Vorder- und Rückseite schmücken symbolische und biblische Szenen.

✷ ✷
Kernascléden   Die Handwerker von Le Fiacre arbeiteten gleichzeitig an der Kirche in Kernascléden, ein Wunder, das die Überlieferung so erläutert: Engel haben die Arbeiter samt Werkzeug die ganze Zeit hin und her befördert. Die Kapelle **Notre-Dame**, ein Muster der bretonischen Flamboyant-Gotik, ist eine Stiftung der Familie Rohan. Hauptsehenswürdigkeit sind die **Fresken** von 1469/1470 im steinernen Gewölbe mit Szenen aus dem Leben Christi und Marias, in der Seitenkapelle Fragmente eines Totentanzes und die Höllenqualen.

Ste-Barbe   100 m hoch über der Schlucht der Ellé thront die Kapelle Ste-Barbe, zu der eine prunkvolle Renaissancetreppe aus dem 17. Jh. hinaufführt. Der Legende zufolge ist die Kapelle eine Stiftung von Jehan de Toulbodou, der auf der Jagd von einem Unwetter überrascht wurde und in seiner Todesangst die hl. Barbara um Hilfe anflehte. Aus Dank für ihren Schutz ließ er 1489 – 1512 die einschiffige Kapelle im spätgotischen Stil auf der Felsterrasse erbauen.

Ploërdut   Rund 20 km nordwestlich von Le Faouët lohnt das romanische Kirchlein von Ploërdut mit dekorativen Kapitellen einen Besuch. Höhepunkt im Jahresreigen ist die **Fête Médiévale** Ende Mai mit historischen Umzügen und Vorführungen mittelalterlichen Handwerks wie Spinnen, Weben und Töpfern.

✷ Forêt de Paimpont

F / G 18 / 19

Département: Morbihan, Ille-et-Vilaine

König Artus, Ritter Lancelot, Zauberer Merlin, die Fee Viviane und die Sirene Morgana – im Fôret de Paimpont sind die alten Sagen der Tafelrunde lebendig.

Der 7000 ha große Mischwald 40 km südwestlich von ► Rennes ist der Rest des Zauberwalds von Brocéliande, der einst weite Teile des Binnenlands bedeckte. Mystisch präsentiert sich das größte Waldgebiet der Bretagne bis heute: Moose und Flechten überziehen verwitterte Felsen, Farne wachsen zwischen uralten Eichen, überall gluckert, gurgelt und rauscht es. Unvermittelt tauchen Dolmen und Menhire auf – der Urwald ist nach ►Carnac das zweite große Megalithengebiet der Bretagne.

▶ FORÊT DE PAIMPONT ERLEBEN

AUSKUNFT

Office de Tourisme
de Paimpont-Brocéliande
5 Esplanade Brocéliande
35380 Paimpont
Tel. 02 99 07 84 23
Fax 02 99 07 84 24
www.tourisme-broceliande.com
www.paimpont.fr

ESSEN UND ÜBERNACHTEN

▶ Günstig
Le Relais de Brocéliande
5 Rue des Forges, 35380 Paimpont
Tel. 02 99 07 84 94, Fax 02 99 07 80 60
Charmantes Landhotel nahe dem See.
Große Zimmer und gutes Restaurant
mit Terrasse. Angler können sich
ihren Fang abends zubereiten lassen.

✳ Tour de Brocéliande

Paimpont

An einem See im Herzen des Zauberwaldes gründete der bretonische
König Judicaël im 7. Jh. ein Kloster, das bis zur Französischen Revolution bestand. Die Abteigebäude aus einheimischem Schiefer aus
dem 17. Jh. dienen heute als Verwaltungssitz; in der restaurierten
Abteikirche sind Fresken aus dem 13. Jh. erhalten.

Tombeau de Merlin

Zwar vermuten die Engländer Merlins Grab in Cornwall und die
Schotten im Fluss Tweed, in »Wahrheit« erfüllte sich sein Schicksal
aber beim Weiler Le Buisson im Norden des Zauberwaldes: Hier verliebte sich der **Zauberer Merlin**, der Berater von König Artus, in die
junge Fee Viviane; hier weihte er sie in seine Geheimnisse ein – und
zeigte ihr, wie man einen Mann für immer einschließen kann. Dazu
legte sich der Zauberer bei vollem Bewusstsein in das Grab. Doch die
Dame vom See ließ die schwere Grabplatte zufallen, die die Gruft auf
immer verschloss.

❗ *Baedeker* TIPP

Wandern im Wunderwald

Wer tagelang durch den urwüchsigen Wald
zu mystischen Plätzen und idyllischen Orten
wandern möchte, folge den gelb-roten
Markierungen des rund 70 km langen
Fernwanderwegs »Tour de Brocéliande«.
Kürzere Rundwege, Halbtages- und Tagestouren
sind ebenfalls ausgeschildert. Radfahrer finden
mehr als 300 km markierte Mountainbike-
Routen, Pferdefreunde viele abwechslungs-
reiche Reitwege.

Keltische Überlieferung und christlicher Glaube verbinden sich in den Bildern der Artussage, mit denen der kunstsinnige Abbé Gillard die Kirche St-Graal in Tréhorenteuc ausschmückte.

ARTUS UND DIE TAFELRUNDE

Erfolgreiche Serien sind keine Erfindung unseres Medienzeitalters. Die wohl erfolgreichste »Fortsetzungsgeschichte« der Menschheit ist die Artussage, die Geschichte von König Artus und seiner Tafelrunde.

Der Kern der Sage

Artus, Sohn von König Uther Pendragon und Igraine, bestieg mit der Hilfe des **Zauberers Merlin** den Thron von Britannien. Mit dem Zauberschwert Excalibur schlug er die eingefallenen Sachsen und brachte seinem Land zwölf Jahre Frieden. Er heiratete die schöne **Guinevra** und versammelte zwölf der edelsten Ritter um die große runde Tafel. Dann machte er sich daran, den europäischen Kontinent zu erobern. Seinen Heerscharen fielen Norwegen und Dänemark zum Opfer, und nach neun Jahren hatte er ganz Gallien seiner Herrschaft unterworfen. Als er gerade die Stadt Rom einnehmen wollte, wurde ihm gemeldet, dass sein Neffe **Mordred**, dessen Obhut er Britannien anvertraut hatte, sich des Throns und seiner Frau Guinevra bemächtigt habe. Sofort kehrte er mit den Truppen in die Heimat zurück und tötete in einer großen Schlacht den verräterischen Neffen. Er selbst wurde dabei auch schwer verwundet und anschließend zur **Insel Avalon** gebracht, wo seine Halbschwester **Morgana** ihn gesund pflegen sollte. Auf der Insel der Seligen darf er nun so lange verweilen, bis die Zeit gekommen ist, zurückzukehren und Britannien seine alte Macht wiederzugeben. So liest es sich in der um 1135 niedergeschriebenen »Historia Regum Britanniae« von Geoffrey of Monmouth. Doch hat dieser König tatsächlich existiert?

Wer war Artus?

Die erste bekannte Erwähnung König Artus' findet sich um 826 in dem Werk **»Historia Brittonum«** des keltischen Geschichtsschreibers Nennius, wo Artus als Dux bellorum siegreich gegen die Sachsen kämpft. Die »Annales Cambriae«, die »Jahrbücher von Wales«, aus dem 10. Jh. berichten von Artus' Tod in der Schlacht von Camlan um 539. Die neuere Artus-

2004 inszenierte Antoine Fuqua das Kinoepos «King Arthur» mit Ioan Gruffudd (links) als Lancelot und Clive Owen als König Artus.

forschung hält den britischen König **Riothamus**, der von 454 bis 470 regierte und die Sachsen nicht nur aus Britannien zurückdrängte, sondern sie auch in Gallien besiegte, für das Artus-Vorbild.

Die Verklärung der historischen Figur begann im Hochmittelalter. Artus wurde zum **Ideal eines Königs**, sein Hof zum Vorbild der ritterlich-höfischen Kultur. Eigene Erzählungen und bestehende keltisch-heidnische Sagen von Riesen, Zwergen, Feen, Drachen und Zauberern wurden in den Artuszyklus eingebaut und mit biblischen Stoffen und geschichtlichen Ereignissen verschmolzen. Die Erzählungen von den **Rittern der Tafelrunde**, die im Wald von Brocéliande Abenteuer bestehen, wandelten sich zu großen Epen, bei der die Rolle Artus' als verbindende Figur immer mehr in den Hintergrund trat.

Ein Mythos für alle Medien

Interpretationsquelle für deutsche Dichter war der Versroman des Franzosen **Chrétien de Troyes** (etwa 1130 – 1190). Er inspirierte Hartmann von Aue um 1200 zu »Erec« und »Iwein«, Wolfram von Eschenbach um 1210 zu »Parzival« und Gottfried von Straßburg zu »Tristan und Isolt«. In der Neuzeit eroberte Artus die Oper (»Tristan und Isolde« von Richard Wagner), die Bühne (»Les Chevaliers de la Table Ronde« von Jean Cocteau, 1937), den Comic (»Prinz Eisenherz«, ab 1937), das Musical (»Camelot« von J. Lerner und F. Loewe), den Film (»Die Ritter der Kokosnuss« der Truppe Monty Python) und natürlich den Fantasyroman wie der Bestseller »Die Nebel von Avalon« von Marion Zimmer Bradley.

Auch zahlreiche Computerspiele fußen auf der Artussage. Beispiele für den Rittermythos sind das 1994 uraufgeführte Dramenspektakel »Merlin oder das verwüstete Land« von Tankred Dorst, das 2004 erschienene Artur-Epos »Lancelots Rache« von J. R. King und der 1995 inszenierte Hollywoodstreifen »Der Erste Ritter« mit Richard Gere als Lanzelot und, wie könnte es anders sein, Sir Sean Connery als Artus. Im August 2004 kam der von Jerry Bruckheimer in Irland produzierte Film »King Arthur« in die deutschen Kinos mit Clive Owen als Artus.

Château Comper

Die Fee Viviane soll auf dem düsteren Schloss 6 km nördlich von Paimpont zur Welt gekommen sein. Auch der große See ist mit der Artussage verbunden: Zum Beweis seiner Liebe errichtete Merlin seiner Märchenfee auf dem Grund des Sees einen Kristallpalast, in dem sie Lancelot aufzog. Im Schloss präsentiert das »Centre de l'imaginaire Arthurien« Ausstellungsstücke zur **Artussage**; es veranstaltet auch Führungen durch den Forêt de Brocéliande. Öffnungszeiten: April–Juni, Sept., Okt. Do.–Mo. 10.00–17.30, Juli/Aug. Do.–Di. 10.00–19.00 Uhr, www.centre-arthurien-broceliande.com.

Fontaine de Barenton

Schon **Chrétien de Troyes** erwähnte 1176 die wundersamen Kräfte der Waldquelle von Barenton 8 km nordwestlich von Paimpont in seinem Roman »Yvain ou le Chevalier au Lion«. Einige Tropfen auf dem benachbarten Findling **Merlins Perron** konnten genügen, um gewaltige Stürme losbrechen zu lassen – so geschehen bei einem Besuch Chateaubriands. Und steigen plötzlich viele Luftbläschen an die Wasseroberfläche, sollen geheime Wünsche in Erfüllung gehen …

Jardin aux Moines

Der Garten der Mönche, 6 km südwestlich im Wald bei Tréhorenteuc, ist ein 27 m langes und 5 m breites **Megalithgrab** von 3600 v. Chr.; der Legende nach wurden hier ein besonders wüster Ritter und seine Kumpane zur Strafe in 78 Steine verwandelt.

✴ Tréhorenteuc

Artussage und Neues Testament, keltische Überlieferung und christlicher Glaube verbinden sich in den Bildern, mit denen der kunstsinnige Abbé Henri Gillard die winzige **Eglise St-Graal** aus dem 17. Jh. zwischen 1942 und 1963 schmücken ließ (▸Abb. S. 234). Auch zwei deutsche Kriegsgefangene, der Tischler Peter Wisdorf und der Maler Karl Rezabek, waren beteiligt. Die Kirchenfenster erzählen vom Heiligen Gral und von der Tafelrunde; Mosaike zeigen das Tal ohne Wiederkehr, die Quelle von Barenton mit Merlins Stein und einen weißen Hirsch, in der christlichen Symbolik der Leib Christi, in der keltischen Mythologie dagegen der Bote der »Anderswelt«. Pikant ist die neunte Station des Kreuzwegs: Christus stürzt vor der leicht bekleideten Morgana – dieses Motiv führte zur Versetzung des Abbé.

Val sans Retour

Im tief eingeschnittenen »Tal ohne Wiederkehr«, das am Feenspiegel »Miroir des Fées« endet, lebte laut Legende die **Fee Morgana**. Da sie einst von ihrem Geliebten verlassen wurde, hielt die Halbschwester von König Artus hier alle untreuen Männer durch Zauberkraft gefangen – in dreizehn Jahren immerhin 353 –, bis Lancelot sie erlöste. Der vergoldete Baumstamm des Bildhauers **François Davin**, der »Arbre d'Or«, gedenkt des Waldbrands von 1990; achtlose Camper hatten in der felsigen Schlucht ein Inferno ausgelöst, das den dichten Baumbestand schwer schädigte. Die **Hotié de Viviane**, »Vivianes Gästekammer« im Tal ohne Wiederkehr, ist ein kleiner **Dolmen** ohne Tragstein, den mehr als 60 Generationen zwischen 3355 und 2000 v. Chr. als Grabstätte nutzten.

Das bronzezeitliche »Grab der Giganten« bei Campénéac besteht aus einem liegenden Menhir, drei kleineren, in Reihe stehenden Menhiren sowie den Resten eines Cairns. **Tombeau des Géants**

★ ★ Fougères

D 24

Département: Ille-et-Vilaine   **Einwohnerzahl:** 22 200

Die Kleinstadt auf einem Hügel hoch über dem Tal des Nançon, zu deren Füßen sich auf einer felsigen Insel im Fluss die gewaltige Festung Fougères erstreckt, zählt zu den bedeutendsten Sehenswürdigkeiten der Bretagne.

▶ FOUGÈRES ERLEBEN

AUSKUNFT

Office de Tourisme
2 Rue Nationale, 35300 Fougères
Tel. 02 99 94 12 20, Fax 02 99 94 77 30
www.ot-fougeres.fr

MARCHES DE BRETAGNE

Die »Straße der bretonischen Grenzfestungen« führt zu den Burgen an der Grenze des Herzogtums zum Königreich Frankreich, wie Fougères, ▶Vitré, ▶Châteaubriant, Ancenis, ▶Nantes und Clisson.

ÜBERNACHTEN

▶ Günstig / Komfortabel
Les Voyageurs
10 Place Gambetta
Tel. 02 99 99 28 89, Fax 02 99 99 99 04
www.hotel-fougeres.fr
Charmantes Hotel aus dem 19. Jh. im Zentrum, moderne, recht stilvolle Zimmer. Mit exzellentem Restaurant.

Du Commerce
5 Rue d'Ashford
Tel. 02 99 94 40 40, Fax 02 99 99 17 15
Schlichtes, ordentliches Haus. Mit Restaurant, Spezialität: Sauerkraut.

ESSEN

Baedeker-Empfehlung

▶ Fein & teuer
Le Haute Sève
37 Boulevard Jean-Jaurès
Tel. 02 99 94 23 39; So.abend, Mo. geschl.
Elegantes Spitzenrestaurant mit traditionellen Spezialitäten der Region.

▶ Preiswert
Le Bonheur est dans le Blé
23 Rue de la Fourchette
Tel. 02 99 94 99 72
Bio-Crêperie. Zu Crêpes und Galettes gibt's köstlichen Cidre fermier.

Château de Fougères

»Ich habe sie im Sonnenlicht gesehen, ich habe sie in der Abenddämmerung gesehen, ich habe sie auch im Mondschein gesehen, und ich werde ihres Anblicks nicht müde, es ist wunderbar«, schrieb Victor Hugo 1836 seiner Frau begeistert aus Fougères. Er machte die Festungsstadt ebenso wie Honoré de Balzac zum Schauplatz von Romanen. Schon im Mittelalter besaß die Stadt große strategische Bedeutung: Sie gehörte wie La Guerche-de-Bretagne, Châteaugiron, ▶Vitré und Combourg zum Festungsgürtel, mit dem die Herzöge der Bretagne ihr Reich im Osten gegen Frankreich sicherten. In den folgenden Jahrhunderten wechselte Fougères mehrfach den Besitzer. Mal war die Burg, zu einer der größten Festungen Europas ausgebaut, Grenzfeste gegen die Bretagne, mal gegen Frankreich. Wirtschaftlich florierte die Stadt seit dem 13. Jh. durch die Weberei, speziell von Segeltuch. Nach Beginn der Dampfschifffahrt verlegte sich die Stadt auf die Herstellung von Schuhen, vor allem Damenschuhe. Bis heute werden noch eine Million Damenschuhe aus Fougères verkauft. Der Viehmarkt L'Aumaillerie im nahen La Selle-en-Luitré (Do. ab 14.00 Uhr) gehört mit jährlich mehr als 100 000 verkauften Rindern zu den wichtigsten Viehmärkten Frankreichs. Drittes wirtschaftliches Standbein der Stadt ist der Tourismus.

✶✶ Château de Fougères

Öffnungszeiten: tlg. 10.00 – 12.30, 14.00 – 18.00 Uhr; Führungen: stdl. 11.00 – 17.00 Uhr

13 Wehrtürme, durch eine 5 m dicke, 30 m hohe und 320 m lange Ringmauer miteinander verbunden, ergeben ein imposantes Bollwerk. Die erste Burganlage des 11. Jh.s, in der Belagerung von Heinrich II. im Jahr 1166 vollständig zerstört, wurde von Raoul II., Vasall des bretonischen Herzogs Conan le Petit, wieder aufgebaut; bis zur Erfindung des Schießpulvers war sie uneinnehmbar. Ein Graben konnte bei Gefahr geflutet werden; sonst trieb das Wasser vier große Mühlräder an. Zugang zum 2 ha großen Burggelände gewähren eine Brücke und die mächtigen Steintürme La Haye St-Hilaire und Tour de Coëtlogon, beide aus dem 12. Jahrhundert. Das Wohngebäude, 1820 zerstört, ist Ruine; der Coigny-Turm erhielt im 17. Jh. im zweiten und dritten Stock eine kleine Kapelle. Die letzte Rückzugsmöglichkeit bot der Réduit im Nordwesten. Der dritte Mauerring am höchsten Punkt der Burg besteht aus der Ruine des 1166 geschleiften

Bis zur Erfindung des Schießpulvers uneinnehmbar: das mächtige Schloss von Fougères mit 13 Wehrtürmen und 30 m hoher Ringmauer.

Donjons und den Türmen Gobelin – normannisch für »Kobold« – und Melusine, der mit 30 m Höhe alle anderen Türme überragt. Die Türme Raoul und Surienne stammen aus dem 15. Jahrhundert. Der Wehrgang, der gleichzeitig Fluchtweg zur Oberstadt war, lässt sich heute nur zwischen den Türmen Raoul und Gobelin sowie Guibé und Coigny begehen. Der Spaziergang verbindet Einblicke in die Burganlage mit Ausblicken auf die Stadt.

Weitere Sehenswürdigkeiten in Fougères

St-Sulpice

In der Rue Le Bouteiller steht die Kirche St-Sulpice mit schieferge-decktem Vierungsturm. Das Gotteshaus aus dem 11. Jh. erhielt im 15./16. Jh. beim Wiederaufbau ein Kirchenschiff im gotischen Flam-boyant-Stil; der holzverkleidete Chor stammt aus dem 16. – 18. Jahr-hundert. Beachtung verdienen die beiden Altaraufsätze aus Granit und die angeblich wundertätige Statue Notre-Dame-des-Marais, eine stillende Madonna aus dem 12. Jahrhundert.

Fachwerkbauten des 17. Jh.s säumen die **Place du Marchix**. Die restaurierte **Maison de Savigny** präsentiert Töpferarbeiten und Malereien.

Jardin Public

✴ Den besten Blick auf die Burg bietet die **Place aux Arbes** im Jardin Public, der hoch über dem Nançon zwischen Rathaus und spätgotischer Kirche St-Léonard angelegt wurde.

Val Nançon ▶ Unter dem grünen Blätterdach des Nançon-Tals wurde im Mai 2000 die Glasskulptur **Œuvre à la Vie** von Louis-Marie Catta eingeweiht, als Symbol des Friedens und der Begegnung der Kulturen.

Couvent des Urbanistes

Das Kloster (um 1680) spiegelt die Bauweise zahlreicher Schlösser der Region wider. Seit der Restaurierung residieren unter dem Schieferdach mit seinen Dachgauben die städtische Musikschule, die Künstlervereinigung Arcade und die Galerie Albert Bourgeois mit Ausstellungen zeitgenössischer Kunst.

Murs Trompe-l'oeil ▶ Sehr hübsch sind die detailgenauen Wandbilder, die in der Rue du Tribunal, Rue des Prés, Rue de Verdun und Place de la République zu sehen sind.

St-Léonard

Nach zahlreichen Umbauten vom 12. bis 17. Jh. wurde die Kirche im 19. Jh. nochmals vergrößert. Die Nordfassade zieren Säulen und bizarre Wasserspiele. Die 6 m große Rosette des Hauptportals ist eine Kopie der Rosette der Sainte-Chapelle in Paris. In der **Heilig-Kreuz-Kapelle** sind die ältesten Buntglasfenster der Bretagne erhalten. Die beiden Fensterfragmente aus dem 12. Jh. mit Szenen zum Leben des hl. Benedikt stammen aus der Abtei St-Denis bei Paris. Vom Kirchturm öffnet sich ein weiter Rundblick.

Atélier-Musée de l'Horlogerie

Über 200 Exponate illustrieren in der Rue Nationale 37 die Entwicklung der Zeitmessung. Außerdem kann man Uhrmachern bei der Arbeit zusehen. Öffnungszeiten: 15. Juni – Sept. Mo. – Sa. 9.00 bis 12.30, 14.00 – 19.00, So. 14.00 – 18.30, 15. Sept. – 14. Juni Di. – Sa. 9.00 – 12.00, 14.00 – 19.00 Uhr.

Musée Emmanuel de la Villéon

»Wenn es mir wieder besser geht, werde ich an dem Gemälde weiterarbeiten«, sagte der 86-Jährige kurz vor seinem Tod. In seinem Heim in der Rue Nationale 51 bewahrt ein kleines Museum das Erbe des 1858 in Fougères geborenen Impressionisten Emmanuel de la Villéon vom ersten Bild des 17-Jährigen bis zu seinem letzten, unvollendet gebliebenen Werk. Öffnungszeiten: Juli, Aug. Di. – So. 10.00 – 12.00, 14.00 – 17.00 Uhr.

Le Beffroi

Seit 1387 bestimmt die Glocke des Belfrieds an der Place Guéhenno den Rhythmus der Stadt. Der achteckige **Wehrturm**, im 15. Jh. auf quadratischem Fundament errichtet, ist Symbol für das durch den Tuchhandel reich gewordene Bürgertum und neben dem Wehrturm des Chateaus von ▶Dinan der älteste Bergfried der Bretagne.

✷✷ Golfe du Morbihan

Département: Morbihan

Am Golf von Morbihan zeigt die Bretagne ihr mildes, südliches Gesicht: Hier ist es sonniger und deutlich wärmer als in der nächsten Umgebung. Kamelien, Feigenbäume und Palmen wecken mediterrane Gefühle. Herrschaftliche Landsitze säumen das Ufer, Austernbänke die zerklüftete Küste.

Morbihan ist das einzige Departement der Bretagne mit bretonischem Namen. Namensgeber war das »mor bihan«, das »kleine Meer«: ein 20 km langes und 15 km breites Binnenmeer in der Baie de Quiberon, geschaffen vom Atlantik, der in ein von Flüssen geschaffenes Becken vordrang. Bis heute pressen sich seine Fluten bis zu 11 Knoten (ca. 20 km/h) schnell durch den »Goulet«, die 35 m tiefe und knapp 1 km breite Passage zwischen Port Navalo und Pointe de Kerpenhir. Dahinter öffnet sich eine flache Lagune, übersät mit unzähligen Felsen und 42 Inseln, von denen 20 bewohnt sind.

Die natürlichen Vorzüge machten die Golfregion zwischen ►Vannes, ►Auray, ►Carnac und ►Locmariaquer im Neolithikum zum Zen-

In Port Navalo legen Schiffe zu Rundfahrten durch den Golf von Morbihan ab.

▶ GOLFE DU MORBIHAN ERLEBEN

AUSKUNFT

Office de Tourisme
Quai Tabarly, 56039 Vannes Cedex
Te. 0825 13 56 10, Fax 02 97 47 29 49
www.tourisme-vannes.com
www.morbihan.com

BOOTSFAHRTEN UND RUNDFLÜGE

Ausflugsschiffe legen in La Trinité-sur-Mer, ▶Auray, ▶Vannes, ▶Locmariaquer, Larmor-Baden und Port-Navalo ab (www.navix.com, www.compagnie-du-golfe.com). Rundflüge von ▶Vannes und Monterblanc.

ESSEN & ÜBERNACHTEN

▶ Komfortabel / Luxus

Le Parc er Gréo
9 Rue Mane Guen, 56610 Arradon
Tel. 02 97 44 73 03, Fax 02 97 44 80 48
www.parcergreo.com
Eric und Sophie Bermond bieten mit der eleganten Villa beim Dörfchen Gréo eine bezaubernde Oase. Mit Pool und Garten.

▶ Günstig / Komfortabel

Le Stivell
15 Rue Plessis d'Arradon
56610 Arradon
Tel. 02 97 44 03 15, Fax 02 97 44 78 90
www.hotelstivell.com. Von außen weniger attraktiv, dennoch sehr sympathisches Domizil. Gute Küche.

San Francisco
Rue Bénoni Praud, Le Port
56780 Ile aux Moines
Tel. 02 97 26 31 52, Fax 02 97 26 35 59
www.le-sanfrancisco.com
Charmantes kleines Haus mit Blick auf den Hafen. Schlichte Zimmer, gute Küche. April bis Sept. geöffnet.

▶ Günstig

Auberge du Parc-Fétan
17 Rue Berder, 56 870 Larmor-Baden
Tel. 02 97 57 04 38, Fax 02 97 57 21 55
www.hotel-parcfetan.com
Schmucke Zimmer mit Blick auf Golf oder Garten, herzliche Betreuung. Das Restaurant steht dem nicht nach.

---

trum der Megalithkultur. Im 1. Jh. v. Chr. lebten hier die Veneter, der mächtigste Volksstamm der Halbinsel Armorika. In einer legendären Seeschlacht setzten sie sich gegen Caesars Eroberungszug vergeblich zur Wehr und wurden von Brutus geschlagen.

Sehenswertes am Golf von Morbihan

Ile de Gavrinis

★ ★

Tumulus de Gavrinis ▶

Zu den schönsten steinzeitlichen Denkmälern der Bretagne gehört ein 5000 Jahre altes **Megalithgrab** auf Gavrinis, der unbewohnten »Ziegeninsel« südlich von Larmor-Baden. Sein 100 m langer und 8 m hoher Cairn aus Feldsteinen bedeckt einen Dolmen, in dem ein 14 m langer Gang zur fast quadratischen Grabkammer führt. Einzigartig am **Königs- oder Fürstengrab** ist die reichhaltige Verzierung der Steine. Alle 29 Tragsteine der Wände sind mit Gravuren geschmückt: Schlangen, Kreise, Halbkreise, Beile, Pfeile und Bogen, mit Quarzsteinen in den Granit geritzt. Die Oberseite des Decksteins zeigt Gravuren von Tieren und einer Axt, die sich in den Gravuren des Table des Marchand von ▶Locmariaquer fortsetzen. Beide sind Bruchsteine eines 14 m hohen Menhirs, der zerschlagen und als Baumaterial recycelt wurde. Die 17 t schwere Platte musste dazu über 4 km weit transportiert werden. Die Insel ist Privatbesitz, der Grabhügel Eigentum des Départements und von April bis Oktober mit einer Führung zu besichtigen. Wichtigster Ausgangsort für Bootsfahrten zur Insel ist Larmor-Baden (www.sagemor.com).

Auf der Nachbarinsel Er Lannic, als **Vogelschutzgebiet** nicht zugänglich, entstand um 3000 v. Chr. ein Cromlech als Mond-Observatorium. Dazu wurde der Steinkreis doppelt angelegt. Heute sind die beiden Kreise aus 23 bzw. 24 Felsen nur bei Niedrigwasser sichtbar.

Er Lannic

Als Kleinod in Kreuzform erhebt sich die 6 km lange »Mönchsinsel« über die weite Wasserfläche. Das hügelige Land duftet nach Seegras, Farn, Pinien, in den Gärten blühen Mimosen, Kamelien und Hortensien. Dahinter ducken sich Häuser aus grobem Granit. Die größte Insel des Golfs, einst Klosterbesitz, ist ein ruhiges Ferienziel, das sich gut per Rad erkunden lässt. Panoramablicke bieten die Dolmen von Boglieux und Penhab im Süden der Mönchsinsel; von Le Gueric im Osten ist die Ile d'Arz zu sehen.

★
Ile aux Moines

Mit 3 km Länge zweitgrößte Insel im Golf ist die autofreie Ile d'Arz, die den Beinamen »île des capitaines« trägt; zahlreiche Schiffskapitäne sind auf dem Eiland aufgewachsen.

Ile d'Arz

Presqu'Ile Rhuys

Die langgestreckte Halbinsel Rhuys begrenzt den Golf im Süden. Ihre Nordküste ist in kleine, flache Buchten gegliedert, oft mit Austernzucht und Salzsümpfen. An der Südküste wechseln lange Sandstrände mit steilen Küsten ab. Hauptort der Halbinsel ist **Sarzeau**, Geburtsort von Alain René Lesage (1668–1747), der durch den Schelmenroman »Gil Blas« bekannt wurde. Östlich der Kleinstadt, an der D 780, ist das **Château de Kerlévenan** einen Besuch wert (Öffnungszeiten: Juli – Mitte Sept. Sa. – Do. 13.30 – 18.30 Uhr, sonst nach Vereinbarung, Madame Tascon, Tel. 02 97 26 46 79). Südwestlich auf **Château de Suscinio** (▶S. 244) aus dem 13. Jh., das im 15. Jh. repräsentativ ausgebaut wurde, verbrachten die Herzöge der Bretagne so manchen Sommer.

Halbinsel Rhuys

Baedeker TIPP

Kachelkollektion

Das Schlossmuseum von Suscinio zeigt im ersten Stock eine europaweit einzigartige Sammlung: 30 000 Bodenfliesen und Kacheln des Mittelalters, geschmückt mit heimischer und exotischer Fauna und Flora, geometrischen Mustern oder mythologischen Figuren. Öffnungszeiten: April bis Sept. 10.00 – 19.00, Febr., März, Okt. 10.00 bis 12.00, 14.00 – 18.00, Nov. – Jan. bis 17.00 Uhr, www.suscinio.info.

Auf der mächtigen Burg Suscinio verbrachten die Herzöge der Bretagne so manchen Sommer, heute ist sie Kulisse für Theateraufführungen.

Bei Flut füllte sich der Burggraben und verwandelte ihre Residenz zur Wasserburg. Beim Rundgang über den Wehrbau, seit der Französischen Revolution Halbruine, bieten sich schöne Ausblicke auf die Bucht und die nahen Sümpfe, besonders von der Tour Neuve. Im August unterhält das **Festival Créneaux de Suscinio** im Schlosshof mit Theater unter freiem Himmel.

Manoir de Kerguet

Das **Musée des Vieux Métiers et du Commerce** in einem Herrenhaus des 17. Jh.s östlich von Sarzeau lässt mit traditionellen Handwerksbetrieben den Alltag im frühen 20. Jh. wieder auferstehen: Friseursalon, Autowerkstatt, Hufschmied, Metzger, selbst ein Klassenzimmer fehlt nicht. Öffnungszeiten: Juli, Aug. tägl. (außer So.vormittag) 10.00 – 12.00, 14.00 – 19.00, sonst Di. – So. 14.00 – 19.00 Uhr.

Tumulus de Tumiac

Der 20 m hohe, weithin sichtbare Tumulus kurz vor Arzon wird auch »Cäsars Hügel« genannt. Von hier aus soll Caesar 56 v. Chr. die Seeschlacht gegen die Veneter verfolgt haben.

Petit Mont ▶

Der 6 m hohe Cairn 35 m über dem Meer beherbergt drei Grabkammern. Eine davon wurde 1943 zu einem Bunker umgebaut.

Port Navalo

Zu **Arzon** gehören zwei Häfen: der alte Fischerhafen Port Navalo und der Jachthafen Port du Crouesty mit 1200 Liegeplätzen, Appartementhäusern, Cafés und kleinen Boutiquen. An der Mole beginnt ein schöner **Panoramaweg**, der vorbei am alten Leuchtturm und den Stränden zurück zur Mole oder zum Port du Crouesty führt. Im Sommer bringt ein Boot über den Goulet nach Locmariaquer.

Das Kloster, das der englische Mönch St. Gildas im 6. Jh. an der Atlantikküste gründete – sein Grab liegt hinter dem barocken Hauptaltar – entwickelte sich zum geistigen Zentrum der Halbinsel. Bekanntester Abt war **Pierre Abélard**, dessen Liebe zu seiner Schülerin Héloise kein gutes Ende fand (►Berühmte Persönlichkeiten). **St-Gildas-de-Rhuys**

✶ Guérande

L 17

Département: Loire-Atlantique   **Einwohnerzahl:** 13 600

Weiße Hügel flimmern in der Hitze, hellrosa bis graublau leuchten die Salinen. »Gwen ran«, »weißes Land«, nennen die Bretonen diese Region. Seit mehr als 1500 Jahren kratzen die »Paludiers« bei Guérande das weiße Gold des Mittelalters aus den Becken.

Salzhauptstadt und Handelsplatz war Guérande, eine Kleinstadt zwischen dem Naturschutzgebiet Grande Brière und den Badestränden von La Baule auf der Guérande-Halbinsel.

✶ Ville Close

Bis heute umgibt eine wuchtige Stadtmauer aus dem 14./15. Jh. die kreisrunde Altstadt. Wo der Verkehr um den Mauerring rollt, sorgten bis ins 18. Jh. Wassergräben für Schutz. Vier Stadttore gewähren Einlass. Das eindrucksvolle Osttor, die von zwei mächtigen Türmen flankierte **Porte St-Michel**, diente einst als Gouverneurspalast und Gefängnis. Heute informiert das **Musée du Château de Guérande** hier über die Region. Öffnungszeiten: April – Sept. 10.00 – 12.30, 14.30 – 19.00, Okt. 10.00 – 12.00, 14.00 – 18.00 Uhr. **✶ Les Remparts** ⏱

▶ GUÉRANDE ERLEBEN

AUSKUNFT

Offeice de Tourisme
1 Place du Marché au Bois
44530 Guérande
Tel. 0820 15 00 44, Fax 02 40 62 04 24
www.ot-guerande.fr

ESSEN

▶ Erschwinglich
Hotel des Remp'Arts
14 Boulevard du Nord
Tel. 02 40 24 90 69, Fax 02 40 62 17 99
www.hoteldesremparts.com

Lecker istt man gegenüber den Remparts. Preisgünstige Zimmer.

ÜBERNACHTEN

▶ Günstig
Hotel Crêperie de Roc Maria
1 Rue du Vieux Marché aux Grains
Tel. 02 40 24 90 51, Fax 02 40 62 13 03
www.hotel-creperie-rocmaria.com
Einziges Hotel innerhalb der Mauern: ein liebevoll restauriertes Gemäuer aus dem 15. Jh. mit recht schön gestalteten Zimmern.

In den Altstadtgassen von Guérande findet man hübsche Mitbringsel.

★
Altstadt

Schmale Gassen und kleine Plätze prägen die malerische Ville Close, die »geschlossene« Altstadt. Hauptgeschäftsstraße ist die Rue St-Michel; sehenswert sind auch die Rue du St-Esprit und Rue du Vieux Marché. Im Schnittpunkt der vier Torstraßen steht die Stiftskirche **St-Aubin** aus dem 12.–16. Jahrhundert. Die Südseite schmückt eine Vorhalle im Flamboyantstil. Innen tragen die Säulen mit teils noch romanischen Kapitellen gotische Gewölbe. Die Buntglasfenster entstanden im 14.–18. Jahrhundert. Tipp: In Juli und August gibt's Orgelkonzerte (gratis).

Musée de la Poupee et du Jouet ancien

Umgeben von Minimöbeln und Nippes stellen in der Chapelle St-Jean in der Rue de Saillé über 300 Puppen Szenen des täglichen Lebens dar: Kaffeeklatsch in der guten Stube, Hochzeit, Klavierunterricht und Arbeitsalltag im späten 19. und frühen 20. Jahrhundert.
🕐 Öffnungszeiten: April–Sept. tägl. (außer So.vormittag) 10.30–13.00, 14.30–19.00 Uhr; sonst auf Anfrage, Tel. 02 40 15 69 13).

★ ★ Presqu'Ile de Guérande

Marais Salants

Wo sich auf der Guérande-Halbinsel seit gallo-römischer Zeit die Salzgärten ausdehnen, erstreckte sich einst das Meer, aus dem einzelne Inseln herausragten. Veränderungen im Meeresspiegel und ständige Ablagerungen von Schlamm und Sand bei der Flut sorgten dafür, dass die Inseln allmählich mit dem Festland verbunden wurden. Der schmale Durchlass an der Spitze der Landzunge bei Le Croisic, durch den bei auflaufender Flut nach wie vor Meerwasser ins Binnenland strömt, verhindert die völlige Verlandung.

Die Salzgewinnung ist ein archaisches Handwerk, seit Jahrhunderten nahezu unverändert. Über einen Hauptkanal, Etier genannt, strömt alle 14 Tage bei Flut frisches Meerwasser in ein Staubecken (Vasière), ehe es über ein Labyrinth von immer schmaleren Kanälen und flacheren Becken – cobiers, fards, adernes – tief in die Marais hineingeleitet wird. Während der langen Reise steigt der Salzgehalt von 30 g pro Liter auf bis zu 300 g, bis das Salz schließlich in den mehr als 22 000 Becken (Oillets) auskristallisiert. Von Juni bis September schöpfen hier die **Paludiers**, wie die Salzbauern genannt werden, mit 5 m langen, breiten Holzrechen (las) erst das feine, weiße Salz ab, das sich an der Oberfläche gebildet hat, ehe sie das graue, grobe Salz zu kleinen »moulons blancs« zusammenschieben. Das erfordert Fingerspitzengefühl: Schließlich soll nur das Salz und nicht die Tonerde eingebracht werden. Erst am Ende der Saison wird das Salz in die »salorges«, die Lagerhallen der Kooperative, transportiert und anschließend fein gemahlen. Aus einem Becken gewinnt der Paludier täglich 3 – 5 kg weißes und 40 – 70 kg graues Salz (www.seldeguerande.com).

Die Salzgewinnung

! *Baedeker* TIPP

Terre de Sel

Die Franzosen unterscheiden zwischen »sel de mer«, industriellem Meersalz, und »sel marin«, das handwerklich gewonnen wird und wichtige Mineralien wie Calcium und Magnesium in relativ großen Mengen enthält. Ihr feinstes Produkt nennen die Paludiers »fleur de sel«, »Salzblume«. Algen und Bakterien der Saline geben ihm seinen einzigartigen, delikaten Geschmack.
Welch harte Arbeit in dem bei Feinschmeckern hochgeschätzten Salz der Guérande steckt, zeigt das Museum der Kooperative in Pradel. Dort kann man sich auch ein Säckchen Salz für zu Hause mitnehmen. Tägl. geöffnet, April – Juni 10.00 bis 18.00, Juli, Aug. 9.30 – 19.30, Sept., Okt. 10.00 – 13.00, 14.00 – 18.00, sonst 10.00 bis 12.30, 14.00 – 17.00 Uhr; unterschiedliche Führungen mit Salzgärtnern (www.terredesel.fr).

Der 56 m hohe Kuppelturm der spätgotischen Kirche Notre-Dame-de-Pitié weist den Weg in das langgezogene Feriendstädtchen Le Croisic, über dessen Hafen ab dem 15. Jh. das Sel de Guérande nach Spanien, England, den Niederlanden und Skandinavien verschifft wurde. Der aufgeschüttete Ballast der Salzschiffe bildet heute die Aussichtshügel Mont Esprit und Mont Lénigo am Rand des Hafens. Im 19. Jh.

 Le Croisic

Vom Hafen des Ferien- und Fischerstädtchens Le Croisic wurde einst das Salz der Guérande bis nach Skandinavien verschifft.

wurde Le Croisic als Badeort entdeckt, wobei die gesunde jodhaltige Seeluft eine wichtige Rolle spielte. Alte Häuser aus dem 15. bis 17. Jh. säumen die Uferpromenaden und die Altstadt um die Grand'Rue und Rue des Bains.

Océarium ▶

Inmitten von Seeaalen, Riesenbarschen und Haien, die um Granitfelsen schweben, wandert der Besucher in einem Tunnel an der Avenue de St-Goustan durch die **Unterwasserwelt des Atlantiks**. 40 weitere Aquarien präsentieren die Tier- und Pflanzenwelt des Pazifiks und des Indischen Ozeans. Ein seltenes lebendes Fossil ist der 1972 gefangene Quastenflosser. Tägl. geöffnet, Juni – Aug. 10.00 – 19.00, sonst mit Mittagspause und leicht variierenden Zeiten; Jan. geschlossen.

Batz-sur-Mer

Wo die Klippenküste **Côte Sauvage** der kleinen Halbinsel Croisic von einigen Sandstränden unterbrochen wird, liegt der kleine Badeort Batz-sur-Mer. Sein Wahrzeichen ist der 1677 erbaute Glockenturm der Kirche **St-Guénolé** (15./16. Jh.); nach 182 Stufen kann man den Panoramablick genießen, besonders eindrucksvoll am Nachmittag über die in der Sonne flimmernden Salzgärten bis zur Belle-Ile (zugänglich April – Mitte Sept. tägl.). In der Kirche zu beachten ein großes Gemälde von P.-J. Cazes (1676 – 1754) und ein Antependium des 17. Jh.s. Mit Mobiliar, Trachten, Gemälden und Porzellan zeigt das **Salzmuseum** (Rue Pasteur 29 bis), wie die Paludiers im 19. Jh. lebten. Modelle und Videos erläutern Technik, Geschichte und Verwendung des Guérande-Salzes. Öffnungszeiten: tägl.

Musée des Marais Salants ▶

10.00 bis 12.00, 14.00 – 18.00 Uhr, Ju-
li/Aug. bis 19.00 Uhr.

Fenster, Vorhänge und Dach tarnten
den Bunker **Le Grand Blockhaus**, einen Kommandoposten des Atlantik-
walls im Zweiten Weltkrieg, als »Hotel«. Innen bekommt man einen authentischen Eindruck von solchen
Befehlsständen, mit Funkstelle, Waf-
fenkammer, Maschinenraum und
Schlafsälen. Öffnungszeiten: April bis
ca. 10. Nov. tägl. 10.00 – 19.00 Uhr;
www.grand-blockhaus.com.

> ! *Baedeker* TIPP

Das weiße Gold

Saillé, knapp 3 km südlich von Guérande,
ist ein typischer »Salzort«. Am »Haus der
Salzarbeiter«, der Maison des Paludiers mit
kleinem Salzmuseum in der Rue des Prés-
Garnier 18, beginnen jeden Tag um 16.30
Uhr spannende Führungen durch die weiten
Salzgärten. Öffnungszeiten: Juni – Aug.
10.00 – 12.30, 14.30 – 18.00 Uhr, sonst eingeschränkt. www.maisondespaludiers.fr.

Der kleine Fischerei- und Ferienort am Westzipfel der Guérande-
Halbinsel besitzt schöne Sandstrände. Vom Hafen führt ein Weg zur
Landzunge **Pointe du Castelli** mit weitem Blick über die Küste.

Piriac-sur-Mer

Der Aufstieg des Orts setzte im 19. Jh. mit dem Sardinenfang ein.
Die Eröffnung von Konservenfabriken ab 1824 sorgte für weiteren
Auftrieb. Heute ist Turballe nicht nur der bedeutendste Fischerei-
hafen des Départements Loire-Atlantique, sondern auch ein beliebtes
Seebad. In der Auktionshalle **La Criée** werden jährlich rund 7000 t
Fisch versteigert. Im Sommer Fähren zur Belle Ile.

La Turballe

✹ ✹ Parc Naturel Régional de Brière

»Eine wilde Sumpflandschaft, erfüllt vom Schweigen der Menschen
und dem Gesang der Vögel«, so beschrieb Alphonse de Châteaubriand in seinem 1923 erschienenen Roman »La Brière« (»Schwarzes
Land«) die drittgrößte **Sumpflandschaft** Frankreichs (67 km²), die
sich östlich von Guérande zwischen den Mündungen von Loire und
Vilaine erstreckt. Um Flora und Fauna zu schützen und einen natur-
nahen Tourismus zu fördern, sind seit 1970 rund 49 km² als Regionaler Naturpark ausgewiesen (www.parc-naturel-briere.fr). Von den
Straßen, die um das Sumpfbecken führen, ist von der Schönheit dieser melancholischen Urlandschaft wenig zu erkennen, sie lässt sich
nur per Boot entdecken. Schilder weisen auf die Liegeplätze hin, die
sich hinter den Häusern der Weiler verstecken oder plötzlich an einer
Straße, die im Nichts zu enden scheint, auftun. Dunkelgrün oder
schwarz gestrichene **Chalands**, schmale Boote mit Außenbordmotor,
oder **Blins**, flache Kähne, die mit einer Stange durch die Kanäle ge-
stakt werden, warten auf die Besucher. Seitdem der Torf nicht mehr
regelmäßig gestochen und das Schilf nicht geschnitten wird, drohen
die Wasserflächen, die nirgends tiefer als 70 cm sind, trockenzufallen.
Die ersten traditionellen Verbindungswege sind bereits zugewuchert.
In den alten Dörfern der Torfstecher verdrängen moderne Eigenhei-

✹ ✹
Grande Brière

Ein Abenteuer: Stocherkahnfahrten durch die wilde Sumpflandschaft der Brière.

me die reetgedeckten Chaumières, und statt ins Moor fahren die Brièrons heute zur Arbeit bis nach Nantes. Einzigartig wie die Landschaft ist bis heute der rechtliche Status der Brière: 1461 verfügte der bretonische Herzog François II in der **Charte de la Brière**, dass die Grande Brière auf alle Zeiten gemeinsames, unteilbares und unveräußerliches Eigentum der Bewohner der kleinen Gemeinden sei. Dabei blieb es auch, als die Bretagne zunächst im Königreich und später in der Republik aufging. Noch heute wird das Moorland von einem Syndikat verwaltet, das aus den Vertretern aller 21 Gemeinden besteht und u. a. über ein Schleusensystem zur Loire den Wasserstandsausgleich für das Weideland regelt.

★
**Rundfahrt
durch den
Parc Régional**

Die 85 km lange Rundfahrt beginnt im Südosten und führt gegen den Uhrzeigersinn um das Sumpfgebiet. Informationen erteilt das Maison du Tourisme de la Brière, 38 Rue de la Brière, F-44410 Chapelle-des-Marais, Tel. 02 40 66 85 01, www.parc-naturel-briere.fr.

Rosé

Der kleine Hafen am Zusammenfluss des Canal de Rosé mit dem Brivet war einst Durchfahrtsort der Lastkähne, die zwischen ►Nantes und ►Vannes verkehrten. Am Ufer ist einer der typischen Kähne vertäut, mit denen früher Torf – »noir« – transportiert wurde. Die **Maison de l'Eclusier**, bis 1950 Wohn- und Arbeitsplatz des Schleusenwärters, beherbergt heute ein sehenswertes Museum zur Pflanzen- und Tierwelt der schwarzen Brière. Öffnungszeiten: Juni – Sept. tägl. 10.30 – 13.00, 14.30 – 18.30 Uhr.

Ile de Fédrun

Auf der Ile de Fédrun, eine der sieben Inseln der Gemeinde St-Joachim, hat sich weniger die Optik eines Brière-Dorfs als die traditionelle runde Anlage erhalten: Reetgedeckte Chaumières, meist weiß gekalkte Katen, und moderne Wohnhäuser säumen die Dorfstraße.

Sie verdecken den Blick auf die »levées«, die Obst- und Gemüsegärten, die an den Kanal stoßen. Jedes Haus hat an dem »curée«, der die Inseln ringförmig umschließt, seinen eigenen Bootssteg. Das vor Überschwemmungen geschützte Ackerland im Inneren der Insel heißt »gagnerie«.

In der **Maison de la Mariée** ist eine originelle Sammlung von Brautschmuck zu sehen. Öffnungszeiten: Anfang April – Sept. tägl. 14.30 bis 18.00, Juli – Anf. Sept. auch 10.30 bis 13.00 Uhr.

> ## ! *Baedeker* TIPP
>
> ### Schönstes Dorf …
>
> der Brière ist Kerhinet 8 km nordöstlich von Guérande. Der ganze Weiler wurde 1970 – 1980 sorgsam restauriert und ist seitdem ein etwas steriles Freilichtmuseum, auch wenn unter den Apfelbäumen Gänse Gras rupfen. In die Katen sind Kunsthandwerker und kleine Läden, das Ortsmuseum und ein Gasthof eingezogen, die rustikale »Auberge de Kerhinet« mit ausgezeichneter Küche, guter Weinkarte und Betten unter dem Dach. Tel. 02 40 61 91 46.

St-Joachim

Größter Ort der Brière ist St-Joachim mit 4000 Einwohnern. Ende des 19. Jh.s entstand hier eine Manufaktur, in der Frauen Orangenblüten für den traditionellen Brautschmuck anfertigten. Am Dorfeingang steht das Haus des Holzschuhmachers, die **Maison du Sabotier**, in dem altes Handwerk aus der Region vorgestellt wird. Öffnungszeiten: Juli, Aug. Di. – So. 10.00 – 12.30, 15.00 – 19.00 Uhr.

Château de Ranrouët

Die trutzige Festung östlich außerhalb Herbignac (17 km nordwestlich von Guérande) wurde im 12. / 13. Jh. zur Sicherung der Guérande-Halbinsel erbaut. 1618 teilweise geschleift und in der Französischen Revolution zerstört, ist sie selbst als Ruine noch ein beeindruckendes Beispiel mittelalterlicher Festungsbaukunst. Die Kugeln im Mauerverband des rechten Turms sind das Wappen der einstigen Eigentümer von Ranrouët. Das nahe **Mayun** (östlich) war früher Zentrum der Korbflechterei.

St-Lyphard

500 der 3000 noch erhaltenen Chaumières stehen in und um St-Lyphard. Vom Kirchturm – 130 Stufen sind zu erklimmen – sind sie leicht im Häusermeer zu erkennen. Von oben reicht der Blick weit über die Brière bis nach Guérande.

Tréhiguier

Wie Miesmuscheln im Rhythmus der Gezeiten wachsen, erzählt die **Maison de la Mytiliculture** im Leuchtturm (Rue du Port) am Hafen von Tréhiguier ca. 14 km nordwestlich von Herbignac. Öffnungszeiten: Juli, Aug. tägl. 10.30 – 12.30, 15.00 – 18.00 Uhr.

★
La Baule

Laut Eigenwerbung besitzt La Baule (südlich von Guérande) den »schönsten Strand Europas«: 9 km feinster Sand. Allerdings: Die großartige Bucht ist auf ganzer Länge von eintönig-hässlichen Beton-Appartementhäusern gesäumt, vom Strand durch eine baumlose vierspurige »Autobahn« getrennt. Immer noch lebt der 1879 gegründete Ort von dem Ruf, einmal eines der bedeutendsten und elegantesten Seebäder am Atlantik gewesen zu sein. Mitte des 19. Jhs. wurden die Wanderdünen der Guérande mit der Pflanzung von Kiefern befestigt, und nach der Eröffnung der Bahnlinie von St-Nazaire nach Le Croisic 1879 wurde La Baule bevorzugter Tummelplatz der Beau Monde. Noch heute, wo der TGV von Paris keine 3 Std. hierher braucht, gilt es als »très chic«. Golf-, Tennis- und Poloplätze sorgen für Zerstreuung, Thalassozentren für Wellness. Abwechslung von Sonne und Strand, Sport und Shopping bieten im Sommer eine Menge Veranstaltungen, so das Festival des europäischen Kinos, Europameisterschaften im Springreiten und ein internationales Tanzfestival (www.labaule.fr). Noch etwas von den alten Zeiten ist da und dort in den Vierteln hinter dem Strand zu spüren, wo sich das Leben abspielt, und am Strand Benoit mit einer richtigen Promenade.

Le Pouliguen Le Pouliguen im Westen der Bucht ist wie La Baule ein beliebtes Seebad. Sein Jachthafen bietet rund 900 Liegeplätze. Im 16. Jh. war Pouliguen ein Fischerort. Aus dieser Zeit stammt noch die Kapelle Ste-Anne-et-St-Jean an der Straße zur Pointe Pen-Château. Entlang der Grande Côte, der zerklüfteten Küste zwischen Pen-Château und Batz-sur-Mer, gibt es mehrere Grotten, darunter die **Grotte des Korrigans**. Der Legende nach lebten hier einst Zwerge.

Pornichet Im Osten geht La Baule nahtlos in Pornichet über. Der Badeort entwickelte sich ab 1860 aus einer kleinen Siedlung, deren Bewohner von der Salzgewinnung lebten, und ist somit älter als La Baule. Pornichet-les-Pins heißt der neuere Stadtteil, der alte Ortskern Vieux-

La Baule: Wie wär's nach dem Baden mit einem Ausritt am Strand?

Pornichet liegt etwas südöstlich. Neben dem riesigen Jachthafen besitzt Pornichet eine Pferderennbahn (Hippodrome de la Côte d'Amour) mit rund 20 Rennen pro Saison, einen 18-Loch-Golfplatz, eine Spielbank und ein Thalassotherapiezentrum.

Vom Dach der U-Boot-Schleuse, die alle Luftangriffe im Zweiten Weltkrieg überstand, hat man die beste Aussicht über die Hafen- und Industriestadt 20 km östlich von La Baule. Weit reicht der Blick von der **Pont St-Nazaire-St-Brévin**, die in 61 m Höhe die Loiremündung überspannt, zu den Kais und Werften von Frankreichs viertgrößtem Hafen. 1864 lief hier der erste Dampfer vom Stapel; später folgten Frachtschiffe, Kriegsschiffe und bekannte Passagierschiffe wie »Normandie« (1932), »France« (1960) und »Millennium« (2000).

St-Nazaire

Im Ersten Weltkrieg landeten in St-Nazaire die Truppen der Alliierten; im Zweiten Weltkrieg baute die deutsche Wehrmacht den Hafen zu ihrem Flottenstützpunkt aus. Nachdem die Stadt bei Bombenangriffen zu 80 % zerstört worden war, entstand nach Kriegsende die heutige Stadt auf neuem Grundriss nach Plänen von Noël Lemaresquier. Ein Erlebnis sind die Hafenrundfahrten, die das Tourismusbüro organisiert. Das 10,5 ha große Bassin de St-Nazaire wurde 1856 erbaut, 1858 folgte das Bassin de Penhoët, mit 22 ha noch heute eines der größten Becken Europas. Der 300 × 125 m große **U-Boot-Hafen**, im Zweiten Weltkrieg aus Stahlbeton errichtet und fast ohne Schäden erhalten, bot mit 14 Zellen Platz für ca. 20 U-Boote. Durch die 53 m lange, überdachte U-Boot-Schleuse konnten die Boote den Hafen unbemerkt verlassen.

> **!** *Baedeker* TIPP
>
> **Gigantisch**
>
> Die Werft »Chantiers Navals STX France« ist Weltmarktführer für Kreuzfahrtschiffe. Ende 2003 wurde in den Docks die »Queen Mary 2« fertiggestellt, eines der größten Passagierschiffe der Welt (Abb S. 42). Die Airbus-Flugzeuge sind ein europäisches Gesamtwerk, produziert an mehreren Standorten in Deutschland, Frankreich, England und Spanien. In den riesigen Werkshallen von Airbus in St-Nazaire werden u. a. die Rumpfsektionen ausgerüstet und Flügel montiert. Beides kann man in Führungen erleben (meist Mi., Sa., So., mit einem Bus vom Office de Tourisme im U-Boot-Bunker; Anmeldung unter Tel. 08 10 88 84 44).

Schwarz ragt der Rumpf aus den Fluten auf, fast 5 m führt die Gangway hinauf: Im ehemaligen U-Boot-Stützpunkt lässt das wunderbare Museum Escal'Atlantic die große Zeit der alten Luxusliner wieder lebendig werden. Öffnungszeiten: April – Anf. Juli, Sept. 10.00 – 12.30, 14.00 – 18.00 Uhr, Juli, Aug. 10.00 – 19.00, Febr., März, Nov., Dez. Mi. – So. 10.00 – 12.30, 14.00 – 18.00 Uhr; www.escal-atlantic.com.

◀ Escal'Atlantic

An der Schleuse liegt das 1957 gebaute U-Boot »Espadon«. Der 78 m lange »Schwertfisch« tauchte als erstes U-Boot unter dem Polareis hindurch. Es gehört zum benachbarten Ecomusée de St-Nazaire, das sich dem Schiffsbau und Hafen von Nazaire widmet (Avenue St-Hubert, Öffnungszeiten: 10.00 – 12.30, 14.00 – 18.00, Juli, Aug. 9.30 bis 12.30, 13.30 – 19.00 Uhr.

◀ U-Boot »Espadon«

Ville-Port Hafenanlagen und Stadtzentrum wurden im Projekt »Ville-Port« -
miteinander verbunden, der U-Boot-Bunker bekam ein Zentrum für
neue Kunst (LiFE, VIP); das »Alveole 14« ist Bühne für Theater,
Film, Tanz und Musik. Vom Dach hat man einen herrlichen Blick
auf die Stadt, die Loire-Mündung, den Hafen und die Kiefern von
Saint-Brévin. Ein unvergessliches Erlebnis ist die nächtliche Illumina-
tion des Hafens.

St-Marc- Die **»Ferien des Monsieur Hulot«**, in diesem Film von 1951 hat
sur-Mer Jacques Tati der französischen Art, den Sommerurlaub zu verbringen, ein wunderbares, unsterbliches Denkmal gesetzt. In St-Marc wenige Kilometer südwestlich von St-Nazaire wurde der Film gedreht;
in Bronze schaut Tati auf den Strand, und nebenan steht das Hotel,
außen fast unverändert, innen modern gestaltet (Best Western Hôtel
de la Plage, Tel. 02 40 92 99 01, www.hotel-delaplage.fr).

Guingamp

Département: Côte d'Armor   **Einwohnerzahl:** 7000

**Das Auf und Ab der Fußballmannschaft »En Avant Guingamp« ent-
spricht der Geschichte der Stadt. Im 10. Jh. aus einer Burg hervor
gegangen, wurde sie immer wieder zerstört und wieder aufgebaut,
zum letzten Mal auf Befehl von Richelieu im Jahr 1626. Erhalten haben sich jedoch herrliche historische Häuser – und die Lebensfreu-
de, die bei zahlreichen Festen zum Ausdruck kommt.**

Sehenswertes in Guingamp

Notre-Dame- Die Basilika an der Place du Centre ist ein Kuriosum: Die Nordwest-
de-Bon-Secours partie ist gotisch, die Südseite im Stil der Renaissance gestaltet. Die
Ursache liegt in einem Unglück: Als 1535 der Südturm einstürzte,

---

! *Baedeker* TIPP

Das Erbe des Monsieur Hinault
Als echter Franzose kannte Monsieur Hinault nur
eine Leidenschaft: Boule. Die Liebe zur Kugel
endete nicht beim Spiel; seine umfangreiche
Sammlung von Spielgerät, Fotos, Zeitungs-
artikeln und Zubehör legte den Grundstock
für das Musée de la Boule Bretonne, das im
Tourismusbüro untergebracht ist (Öffnungszeiten: Di. – Sa. 10.15 – 12.00, 14.15 – 18.00 Uhr).

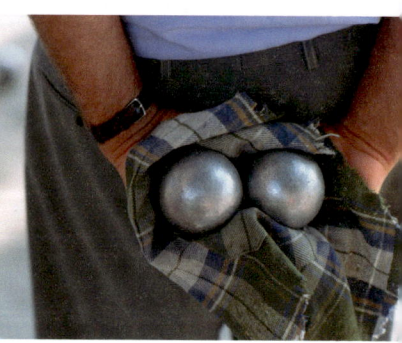

GUINGAMP ERLEBEN

AUSKUNFT

Office de Tourisme
2 Place du Champ-au-Roy
22200 Guingamp
Tel. 02 96 43 73 89, Fax 02 96 40 01 95
www.ot-guingamp.org

FESTE & EVENTS

Im April »Sightseeing für Sportliche«:
Stadtmarathon. Pardon am 1. Juli-
Samstag. Am 2. August-Wochenende
beginnt die hohe Zeit der Tradition:
Die 9-tägige Fête de la St-Loup, die
schon um 1850 bezeugt ist, ist gleichzeitig Festival de la Dance Bretonne;
hier wird auch die berühmte »Déro-
bée de Guingamp« aufgeführt. An den
Umzügen am späten Nachmittag
nehmen auch Gruppen u. a. aus
Schottland und Galicien teil.

ESSEN UND ÜBERNACHTEN

▶ Komfortabel

Château de Brelidy
22140 Brelidy
Tel. 02 96 95 69 38, Fax 02 96 95 18 03
www.chateau-brelidy.com

15 km nordwestlich von Guingamp
Nobles Schlösschen aus dem 16. Jh.,
10 Zimmer mit Himmelbetten und
Antiquitäten. Die delikate Küche der
Region genießt man am Kaminfeuer.
Mit Pool und Wellnessangeboten.

▶ Günstig

De l'Arrivée
19 Boulevard Clémenceau
Tel. 02 96 40 04 57, Fax 02 96 40 14 20
www.hotel-arrivee.com
Schlichtes, familiäres Haus 5 Min.
vom Zentrum, mit freundlichem
Service und Restaurant. Alle Zimmer
wurden vor wenigen Jahren renoviert.

ÜBERNACHTEN

▶ Komfortabel

La Demeure de Ville Blanche
5 Rue du Général de Gaulle
Tel. 02 96 44 28 53, Fax 02 96 44 45 54
www.demeure-vb.com
Schön schnörkelig eingerichtetes
Herrenhaus des 17. Jh.s mit Garten
und herrschaftlich gestalteten Zimmern, moderner Komfort.

---

zerstörte er eine Seite des Langhauses. Der Wiederaufbau folgte den
Plänen des jungen Architekten Jean Le Moal, nicht mehr im gotischen, sondern im damals »modernen« und wenig bekannten Renaissancestil. Vom Vorgängerbau aus dem 14. Jh. stammen noch der
Glockenturm und das Oratorium. Hier thront eine prächtig geklei-
dete **Schwarze Madonna** (Itron Varia ar Gwir Zikour, Notre-Dame-
de-Bon-Secours). Die einzige schwarze Madonna der Bretagne wird
am ersten Juliwochenende von Tausenden Gläubigen verehrt. Die
südliche Tour Plate stammt aus dem 16. Jh., ebenso das reich verzierte Westportal. Die 57 m hohe mittlere Tour de la Flèche aus dem 13.
Jh. ist eine Rekonstruktion. Auch im Inneren der Kirche sind beide
Baustile zu erkennen: Im Norden sind die Galerie und Pfeiler gotisch, im Süden im Stil der Renaissance. Beachtung verdienen das
Orgelgehäuse aus dem 16. Jh. und das farbige Hochrelief in der zentralen Apsiskapelle.

Place du Centre

Reich verzierte Fachwerk- und dunkle Granithäuser aus vier Jahrhunderten säumen die dreieckige Place du Centre. Die Mitte ziert der Plomée-Brunnen (15. Jh.; plomb = Blei) mit vielen Figuren, darunter Widderköpfe, geflügelte Pferde und halbnackte Nymphen.

Weitere Sehenswürdigkeiten

Das **Rathaus** war einst das Krankenhaus eines Klosters von 1699; erhalten sind der Kreuzgang und eine Barockkapelle von 1709. Hier sind Bilder von Paul Sérusier ausgestellt, der zur Malerschule von Pont-Aven gehörte. Gegenüber führt die Rue de Vally zur Place de Vally mit Resten einer **Burg**, die 1443–1453 im Auftrag von Pierre de Bretagne, Graf von Guingamp und später Herzog der Bretagne, entstand und 1626 geschleift wurde. Auf der (in Teilen erhaltenen) Wehrmauer standen einst Mühlen. Auf der anderen Seite des Trieux liegt in einem Park das **Château des Salles** aus dem 16. Jh. und etwas südlich die Ruinen der im 12. Jh. gegründeten Abtei **Ste-Croix**. Die Klosterfrauen waren für ihr Berlingue-Leinen berühmt.

Umgebung von Guingamp

Menez-Bré ✳

Der 302 m hohe Gipfel des Menez-Bré (13 km westlich) gehört zu den höchsten Erhebungen der Bretagne. Er ist dem 518 bei Léon geborenen hl. Hervé geweiht, der sich hierher zurückgezogen hatte. Sein Grab liegt in der Kapelle aus dem 17. Jahrhundert.

Loc-Envel ✳

Die kleinste Kirchengemeinde der Bretagne besitzt ein spätgotisches Gotteshaus, das hinter grauem Granit feinstes Kunsthandwerk verbirgt: Den reich verzierten Lettner, die prächtige Dekoration des holzgetäfelten Gewölbes und andere architektonische Finessen erläutern Tonbandführungen (auch auf Deutsch).

Miniatur von Notre-Dame du Tertre

Châtelaudren, ein Kleinod 12 km östlich von Guingamp am Ufer des Leff, war Hauptstadt der Grafschaft Goëlo. Neben dem geschlossenen Stadtbild beeindruckt die im 14. Jh. erbaute und im 16./17. Jh. erweiterte Kapelle **Notre-Dame du Tertre**. 96 Tafeln mit Bibelszenen im Stil mittelalterlicher Miniaturen schmücken ihr Holzgewölbe. Einen Blick lohnt auch **St-Magloire** aus dem 18. Jh. mit Statuen und Altären des 1700 in Châtelaudren geborenen Holzbildhauers Yves Corlay. Der am Ortsrand zum See aufgestaute Leff ist für ausgezeichnete Forellen bekannt.

★ ★ Josselin

Département: Morbihan   **Einwohnerzahl:** 2400

Hinter einer Flussbiegung taucht sie auf: die mächtige Festung von Josselin. Wehrhaft und trutzig erhebt sich das Schloss der Rohans auf einem Felssporn. Seine drei Türme spiegeln sich in den Fluten. Alte Péniches und schnittige Kabinenkreuzer sind am Kai vertäut: Das mittelalterliche Städtchen am Oust, ein Teilstück des Nantes-Brest-Kanals, ist eine der beliebtesten Hausbootsbasen im Herzen der Bretagne.

Die Geschichte des Orts ist untrennbar mit dem Schloss verbunden. **Geschichte**
Bis heute ist es Sitz des berühmten Geschlechtes der **Rohan**. Das Selbstbewusstsein der Familie verdeutlicht ihr Spruch: »Roi ne puis, prince ne daigne, Rohan suis« – »König kann ich nicht sein, Prinz zu sein ist meiner unwürdig, ein Rohan bin ich«. Der Bau der Burg begann 1008 unter Guéthenoc, Vicomte der Landschaft Porthoët. Er gab Schloss und Siedlung den Namen seines Sohnes: Josselin. 1168 zerstörte der englische König Heinrich II. den Bau, fünf Jahre später ließ ihn Eudon de Porthoët wieder aufbauen. 1370 erwarb Olivier de Clisson Josselin und baute die Burg zu einem wichtigen Stützpunkt des Königs in der Bretagne aus. Als François II., letzter Herzog der Bretagne, 1488 die Festung eroberte, ließ er sie schleifen. Doch nach der Heirat seiner Tochter Anne de Bretagne mit dem französischen

JOSSLIN ERLEBEN

AUSKUNFT
(OFFICE DE TOURISME)
Place de la Congrégation
56120 Josselin
Tel. 02 97 22 36 43, Fax 02 97 22 20 44
www.paysdejosselin-tourisme.com

ROUTE DES DUCS
DE BRETAGNE
Die Route der Herzöge der Bretagne führt zu den Schlössern und Burgen der Herzöge, die in der Bretagne von 1213 bis zur Eingliederung ins französische Königreich 1532 regierte, darunter Josselin, Comper, Rochefort-en-Terre, La Roche Bernard, Susci-nio, ▶Vannes und ▶Pontivy.

ESSEN UND ÜBERNACHTEN
▶ Komfortabel
Hôtel de France
6, Place Notre Dame
Tel. 02 97 22 23 06, Fax 02 97 22 35 78
20 Z. Hinter der historischen Fassade gegenüber der Basilika verbirgt sich ein modernes Hotel mit Café und preiswertem, gutem Restaurant.

Du Château
1, Rue du Général de Gaulle
Tel. 02 97 22 20 11, Fax 02 97 22 34 09
www.hotel-chateau.com
36 nette Zimmer und stilvolles Restaurant direkt gegenüber der berühmten Festung.

König Karl VIII. wurden die Rohans für ihre Königstreue belohnt: Jean II. de Rohan erhielt großzügige Finanzhilfe beim Wiederaufbau des Schlosses. Während der Religionskriege unterstützten die Rohans die Hugenotten. Daraufhin befahl Kardinal Richelieu 1629, den Wehrturm und fünf der neun Türme zu zerstören. Dem noch ahnungslosen Burgherrn soll er die Nachricht mit folgenden Worten übermittelt haben: »Mein Herr, ich habe gerade einen guten Treffer in Ihrem Kegelspiel getan.«

✴ ✴ Château de Josselin

Öffnungszeiten:
April – Mitte Juli
tägl. 14.00 – 18.00
Mitte Juli – Aug.
tägl. 11.00 – 18.00
Sept. tägl.
14.00 – 17.30
Okt. Sa., So.
14.00 – 17.30

www.
chateaujosselin.fr

Den schönsten Blick auf die Festung (Abb. S. 130/131) mit ihren drei 60 m hohen Türmen, Wehrgängen, Pechnasen und der einzeln stehenden Tour Prison bietet sich von der Brücke über den Oust. Einen starken Gegensatz zur wehrhaften Wasserseite bildet die Hofseite. Der Wohnbau aus grauem Granit, 1490 – 1510 für Jean II. von italienischen Steinmetzen im gotischen Flamboyant-Stil ausgeführt, ist laut Prosper Merimée »ein Meisterwerk der Geduld und Leichtigkeit«. Das Schloss wird noch heute von einem **Herzog von Rohan** bewohnt, der viele Jahre Bürgermeister von Josselin war. Daher ist nur das im 19. Jh. neogotisch restaurierte Erdgeschoss für Führungen geöffnet. Zu sehen sind Einrichtungsgegenstände aus dem 17./18. Jh. sowie Gemälde und Objekte aus dem Familienbesitz.

Schloss Josselin ist bis heute Residenz der Herzöge von Rohan.

Die Urgroßmutter des heutigen Besitzers begründete um 1880 das private **Musée de Poupées** der Rohans (Rue des Trente 3). Mehr als 600 europäische Puppen des 17.–20. Jh.s sind in den Pferdeställen des Schlosses ausgestellt, dazu die unterschiedlichsten Spiele und historisches Spielzeug.

Eine Muttergottes-Statue, die bei Erdarbeiten im 12. Jh. gefunden wurde, bestimmte den Standort der katholischen Basilika **Notre-Dame-du-Roncier**. Der Statue, die in einem Reliquienschrein ruht, werden Heilkräfte nachgesagt. Am 8. September ist sie Ziel einer Wallfahrt. In der **Kapelle Ste-Marguerite** steht der marmorne Kenotaph des Olivier de Clisson und seiner Frau Marguerite de Rohan aus dem frühen 15. Jahrhundert. 138 Stufen sind zu erklimmen, will man vom Glockenturm den Blick auf das Schloss und die alten Fachwerkhäuser der Stadt genießen. Die grüne Oase der Stadt ist der 7 ha große **Bois d'Amour**, der »Liebeswald« lockt mit gewundenen Wanderwegen, verwunschenem Teich und einem Bambuswald.

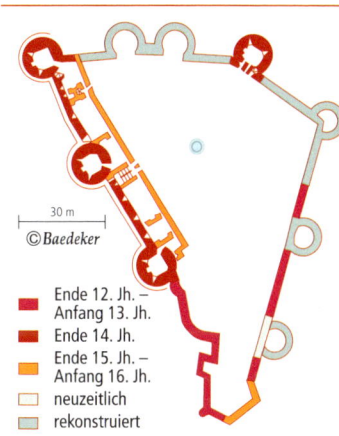

Château de Josselin

30 m

©Baedeker

- Ende 12. Jh. – Anfang 13. Jh.
- Ende 14. Jh.
- Ende 15. Jh. – Anfang 16. Jh.
- neuzeitlich
- rekonstruiert

Umgebung von Josselin

Der einzige **Kalvarienberg** im Département Morbihan wurde um 1550 in Guéhenno (12 km südwestliche) errichtet. 1794 stark beschädigt, konnte er 1853–1864 von Abbé Jacquot mit den Dorfbewohnern unter Verwendung der Fragmente neu geschaffen werden. Das Beinhaus (19. Jh.) dient zugleich als Heiliges Grab; in den Nachbarkammern wurden die Gebeine der Verstorbenen aufbewahrt.

Guéhenno

Das klassizistische Schloss bei Bignan 20 km südwestlich von Josselin, 1710 für einen Bankier der Ostindischen Kompanie erbaut, ist heute ein Zentrum für zeitgenössische Kunst. Der 1872 angelegte Park beherbergt über 20 Werke der internationalen Bildhauer-Avantgarde. Im **Centre d'Art Contemporain** finden Wechselausstellungen, Theater und Konzerte statt. Öffnungszeiten: Mitte Juni – Mitte Sept. Di. – So. 11.00 – 19.00 Uhr, Park ganzjährig; www.kerguehennec.fr.

✱
Kerguéhennec

🕐

Die Kleinstadt 12 km östlich von Josselin wurde im 6. Jh. vom englischen Mönch Armel gegründet und später zur befestigten Residenz der Herzöge der Bretagne ausgebaut. Sehenswert ist die 1511 bis 1602 erbaute Kirche **St-Armel** mit ihrem skulpturengeschmückten Nordportal und einem Fenster von 1552, das oberhalb des Südportals die Wurzel Jesse zeigt. Im südlichen Querschiff steht das Grabmal für Philippe de Montauban, Kanzler von Anne de Bretagne, und

Ploërmel

> ! *Baedeker* TIPP

Circuit des Hortensia

Der Nationalblume der Bretagne ist beim Lac du Duc ein einmaliger Rundweg gewidmet: Mehr als 4000 Hortensien – aus 16 Gattungen mit 400 Unterarten – laden zum Schauen, Staunen und Träumen ein. Ganzjährig geöffnet.

seine Ehefrau (16. Jh.); in der Marienkapelle links des Chors finden sich die Gräber der bretonischen Herzöge Jean II. und Jean III. aus dem 14. Jahrhundert. 1817 gründete Jean-Marie de La Mennais, Bruder des Schriftstellers Félicité Robert de Lamennais, die **Bruderschaft von Ploërmel**. Ihr Mutterhaus (Maison Mère des Frères, Bd. Foch 1) beherbergt das **Musée des Sciences Naturelles** und das **Musée Jean-Marie de La Mennais**. Im Innenhof schützt ein Glashäuschen die astronomische Uhr, die Bruder Bernardin 1850 – 1855 in filigraner Kleinstarbeit anfertigte. Zehn Zifferblätter geben an: Ortszeit, Tag und Monat, Jahr und Jahrhundert, Sonnenauf- und -untergang, Tierkreiszeichen, den Stand der Planeten für Ploërmel und die Uhrzeiten in der Welt. Öffnungszeiten: April – 20. Okt. 9.30 – 20.00, sonst bis 18.00 Uhr.

Château de Crévy Eine Stilgeschichte der Mode vom 18. Jh. bis heute repräsentieren rund 200 Gewänder im **Modemuseum**, das in einem Schloss aus dem 14. – 17. Jh. 8 km südlich von Ploërmel untergebracht ist. Öffnungszeiten: April, Mai, Mitte Sept. – Mitte Nov. Mi., Sa., So. 14.00 – 18.00 Uhr, Juni tägl. 14.00 – 18.00 Uhr, Juli – Mitte Sept. tägl. 10.00 – 12.00, 14.00 – 18.30 Uhr.

✳ **Malestroit** Malestroit am kanalisierten Ouest (15 km südlich von Ploërmel) gehört zu den 18 **Petites Cités de Caractère** in der Bretagne. Bereits 987 sicherte hier eine Burg den Flussübergang. Im 12. Jh. folgte die Gründung eines Benediktinersklosters, die Malestroit zu einer Etappe am Pilgerweg nach Santiago de Compostela machte. Die prosperierende Siedlung wurde 1451 eine der neun Baronien der Bretagne. Für wirtschaftliche Blüte sorgten der Handel am Fluss und die Tuchmacher. Reiche Bürgerhäuser aus bearbeitetem Granit, mittelalterliche Verkaufsstände aus Fachwerk und die alten Markthallen an der **Place du Bouffay** legen davon Zeugnis ab. Die Kirche **St-Gilles** (12. Jh.) erhielt nach den Zerstörungen in den Religionskriegen ein zweites Schiff. Bemerkenswert ist ihr Südportal mit geschnitzten Türflügeln (17. Jh.), die von romanischen Skulpturen flankiert werden. Bei Sonnenschein soll gegen 15 Uhr Sonnenzeit im Schatten des Stiers – Symbol des Evangelisten Lukas – und der ihn stützenden Figur (Adler? Drachen?) das Profil Voltaires erkennbar sein.

Musée de la Résistance Bretonne Die Befreiung Frankreichs im Zweiten Weltkrieg und den Beitrag der Bretonen zum Widerstand thematisiert rund 3 km westlich von Malestroit ein Museum in **St-Marcel**. Öffnungszeiten: Mitte Juni – Mitte Sept. täglich 10.00 – 19.00 Uhr, sonst tägl. 10.00 – 12.00, 14.00 – 18.00 Uhr; www.resistance-bretonne.com.

★ Lamballe

Département: Côtes d'Armor   **Einwohnerzahl:** 10 600

Die einstige Hauptstadt der Grafschaft und späteren Herzogtums Penthièvre ist für seine Pferdezucht berühmt: Im zweitgrößten staatlichen Gestüt werden seit 1825 v. a. Kaltblüter gezüchtet.

Doch außer den Pferden lohnt auch die Stadt einen Besuch. Zwar sind Burg und Festungsanlagen seit 1626 zerstört – Richelieu ließ sie schleifen –, doch die Steinhäuser der Kaufleute, reich geworden durch den Tuchhandel, zeugen noch vom einstigen Wohlstand.

Sehenswertes in Lamballe

Historische Häuser umrahmen die dreieckige **Place du Martray**. Besonders gelungen ist das im 14. / 15. Jh. erbaute **Maison du Bourreau**. Das »Haus des Henkers« beheimatet heute neben dem Fremdenverkehrsamt zwei Museen. Das **Musée d'Art Populaire** präsentiert im Erdgeschoss Töpferwaren, Trachten, Stadtansichten und Gebrauchsgegenstände; das **Musée Mathurin Méheut** stellt im ersten Stock Werke dieses 1882 in Lamballe geborenen Malers aus. Seine Lieblingsmotive waren die bretonische Flora und Fauna sowie Szenen im Alltag seiner Landsleute. Öffnungszeiten: Juni – Sept. Mo. bis Sa. 10.00 – 12.00, 14.30 – 18.00, sonst Di., Fr., Sa. 14.30 – 17.00 Uhr, Jan. geschlossen.

Am Donnerstagvormittag wird auf der großen **Place du Marché** vor der Kirche **St-Jean** der Wochenmarkt abgehalten. Die ältesten Teile der Kirche – Arkaden und Westportal – stammen aus dem 15. Jh., der achteckige Turm aus dem 17. Jh.; die Innenausstattung ist bis auf ein Weihwasserbecken von 1415 barock.

Maison du Bourreau

Die mittelalterliche Burg auf der Anhöhe über Lamballe wurde erst 1626 zerstört, die alte Burgkapelle jedoch ging bereits um 1200 in der größeren Stiftskirche Notre-Dame de Grande-Puissance auf. So präsentiert sich der romanische Ursprungsbau heute als Stilmix mit gotischem Schwerpunkt. Sein Stufenportal stammt aus dem 12. Jh., das Kirchenschiff aus dem 13. Jh., der Chor aus dem 14. Jh., der Holzlettner von 1414. Von der Terrasse und der **Promenade du Château**, die schon 1648 auf dem ehemaligen Burggelände angelegt wurde, eröffnen sich Ausblicke auf das Tal des Gouessant.

Collégiale Notre-Dame

▶ LAMBALLE ERLEBEN

AUSKUNFT

Office de Tourisme
Place du Champs de Foire
22402 Lamballe
Tel. 02 96 31 05 38, Fax 02 96 50 88 54
www.otlamballe.com

SPANNENDES

Wenn im November der Regen durch die Gassen peitscht, ist die alte Handelsstadt am Gouessant bestens gerüstet für das Festival Noir sur la Ville, das Autoren und Filmemacher in der Tradition von Maigret feiert.

ESSEN & ÜBERNACHTEN

▶ **Günstig**
La Tour des Arc'hants
2 Rue Docteur Lavergne
Tel. 02 96 31 01 37, Fax 02 96 31 37 59
Malerisches Steinhaus aus dem 14. Jh. im Zentrum. Nette, akkurate Zimmer, kleines Restaurant mit Atmosphäre und gutbürgerlicher Küche.

✱ **Haras National** ⏲
Seit 1825 werden im zweitgrößten Staatsgestüt des Landes **bretonische Kaltblüter** gezüchtet, v. a. die Zug- und Arbeitspferde Postier Breton und Trait Breton, außerdem Vollblüter und Connemara-Ponys. Eine Dressurschule gehört dazu. Führungen Di. – So. 15.00 Uhr; www.haraspatrimoine.com.

Umgebung von Lamballe

✱ **Château de la Hunaudaye**
Breite Wassergräben schützen immer noch die majestätische Burgruine 16 km östlich von Lamballe. Die Burg von 1220, im 14., 16. und 17. Jh. erweitert, war in der Französischen Revolution ein Hauptquartier der königstreuen Chouans und wurde daher 1793 zur Plünderung freigegeben. Wahrzeichen sind fünf Türme aus dem 13. – 15 Jh.: der mächtige Donjon hinter der Zugbrücke, die schwarze Tour Noire mit Resten der Küche, der nördliche Glacière-Turm, die Tour de la Chapelle und der Donjon Seigneurial, der am besten erhaltene Wohnturm. Den Wohnbau (Logis Seigneurial, 15. – 16. Jh.) schmückt eine Renaissancetreppe. Öffnungszeiten: 12. Juni – 18. Sept. tägl. 10.30 – 18.30, April – 11. Juni, 19. Sept. – Okt. So. – Fr. 14.30 bis 18.00; www.la-hunaudaye.com.

! *Baedeker* TIPP

Windige Einsichten

In Lamballe gab es einst vier Wind- und drei Wassermühlen. Bis ins frühe 20. Jh. wurde in der Moulin de St-Lazare noch Getreide gemahlen. Wie, das erzählen »Freunde der Mühle« bei ihren ehrenamtlichen Führungen. Öffnungszeiten: Di., Do., Sa. 14.00 – 19.00 Uhr.

St-Esprit-des-Bois

Das Feuer prasselt im Herd, im Hof schreit der Hahn, ein rot-weißer Baldachin schwebt über dem Bauernbett, durch die Kammer zieht der Duft von frisch gebackenem Brot: Auf der **Ferme d'Antan** südlich des Schlosses im Dorf St-

Esprit-des-Bois lässt sich der bäuerliche Alltag um 1920 erleben. Öffnungszeiten: Ostern, Mai, So. 14.00 – 18.00, Juni bis Aug. tgl. 10.00 bis 18.00 außer So., Mo.vormittag, Sept. Di. – So. 14.00 – 18.00 Uhr; www.ferme-dantan22.com.

Jugon-les-Lacs

Rot leuchten Geranien vor den Granithäusern, keine neuzeitliche Bausünde trübt das historische Ensemble: Die kleine Festungsstadt 16 km südöstlich von Lamballe ist eine **Petite Cité de Caractère**, ein Kleinod mit einer 1000-jährigen, turbulenten Geschichte. Eingebettet zwischen die Stauseen Etang d'Arguenon und Etang du Jugon sowie mehreren Flüssen, lockt ein breites Freizeitangebot – Fischen, Segeln oder Wandern. Die Badewasserqualität leidet jedoch an den Folgen der Schweinemast, nicht selten übersteigen die Nitratwerte die EU-Obergrenze um ein Vielfaches.

Moncontour

Hanf und Leinen machten die malerische Kleinstadt auf der felsigen Anhöhe über zwei Tälern einst reich, heute erinnern daran die herrschaftlichen Häuser im Stadtbild. Im 14. Jh. besaß Montcontour sogar das Münzrecht. Sehenswert sind die flämisch beeinflussten Fenster der Kirche St-Mathurin aus dem 16. Jh. sowie das **Maison de la Chouannerie et de la Revolution** an der Place de la Carrière mit einer Ausstellung über den Aufstand der Royalistenanhänger gegen die Französische Revolution (Öffnungszeiten: Juni – Sept. tgl. 10.00 bis 18.00 bzw. 18.30 Uhr).

Während der Französischen Revolution war das Schloss Hunaudaye ein Hauptquartier der königstreuen Chouans.

Lannion

B 11

Département: Côte d'Armor   **Einwohnerzahl:** 19 400

Baedeker TIPP

Fotokunst

von plakativ bis provokativ zeigen die spannenden Wechselausstellungen der Galerie d'Art Photographique in der Rue Jean Savidan 19. Geöffnet außer Dienstag und Sonntag, im Juli und August ist die »Imagerie« auch Dienstag offen. Tel. 02 96 46 57 25, Eintritt frei.

Einst bestimmten zwei Tiden pro Tag und der Donnerstagsmarkt den Rhythmus der Hauptstadt des Trégor, heute gibt Hightech das Tempo vor. Seit der Ansiedlung des renommierten Centre National d'Etudes et Télécommunications (CNET) schwebt ein Hauch von Silicon Valley über der Stadt an den Ufern des Léguer.

Im Technologiepark Anticipia forschen rund 3000 Wissenschaftler und Ingenieure an neuen Anwendungen in Elektronik, IT und Telekommunikation. In der Nähe ragt die weiße Kuppel der Satellitenstation Pleumeur-Bodou auf (▶S. 199).

Sehenswertes in Lannion

Couvent Ste-Anne Ausgangspunkt ist der Quai d'Aiguillon. Bevor es in die Altstadt geht, lohnt ein Abstecher über den Pont Ste-Anne zum linken Léguer-Ufer

 LANNION ERLEBEN

AUSKUNFT

Office de Tourisme
2 Quai d'Aiguillon, 22300 Lannion
Tel. 02 96 46 41 00, Fax 02 96 37 19 64
www.ot-lannion.fr

FESTE & EVENTS

Am Fastnachtssonntag feiern die Lannionnais ausgiebig Karneval
Juli, Aug.: Orgelmusik-Festival.

ESSEN

▶ Erschwinglich
La Ville Blanche
Tel. 02 96 37 04 28, Juli/Aug. Mo.,
sonst auch So.abend und Mi. geschl.
www.la-ville-blanche.com
5 km östlich (D 786). Charmantes

Restaurant mit eleganter Küche des Meeres und des Landes.

ÜBERNACHTEN

▶ Komfortabel
Arcadia
Route de Perros-Guirec
Tel. 02 96 48 45 65, Fax 02 96 48 15 68
Modernes Haus mit Schwimmbad
und großem Garten.

▶ Günstig
Ar Prioldi
40 Rue J. Morand, 22300 Lannion
Tel. 02 96 48 04 25, Fax 02 96 48 04 25
www.arprioldi.com. B & B in einem
zauberhaften älteren Haus, herrlicher
Garten. Nahe dem Zentrum gelegen.

mit der Kapelle Ste-Anne und dem ehemaligen Augustinerkloster, beide im 17. Jh. im Stil der Renaissance errichtet.

Am rechten Ufer zieht die **Altstadt** Lannions den Hang hinan. Besonders an der schmalen **Place du Général Leclerc**, auf der am Donnerstag Markt gehalten wird, und in der Rue des Chapeliers haben sich altes Fachwerk und schmucke Granithäuser erhalten. Die Hutmacherstraße mündet auf die ebenfalls von alten Häusern umgebene Place du Marchallac'h.

142 Stufen zählt die malerische Treppe hinauf zur **Église de Brélévenez**, die Templer um 1200 oberhalb der Stadt gründeten. Aus romanischer Zeit sind noch der Chorumgang, die Apsis, die Krypta und die südliche Vorhalle erhalten. Die Krypta schmückt eine Grablegung Christi aus dem 18. Jh.; sehenswert sind auch das Fenster der Südkapelle und ein hölzerner Christus mit Dornenkrone aus dem 15. Jh. sowie vier Altaraufsätze des 17. Jahrhunderts.

Schmuckes Fachwerk in der Altstadt

Umgebung von Lannion

Der Léguer entspringt bei Bourbriac südlich von ▶ Guingamp und mündet nach 68 km bei Lannion ins Meer. Sein Oberlauf durchfließt romantische Waldschluchten und berührt Sehenswürdigkeiten, die einen Ausflug lohnen.

✴
Léguer-Tal

Fünf Kreuze aus Mittelalter bis Barock, 1,5 km südlich von Ploubezre: Der Legende nach erinnern sie an fünf Einwohner, die im 14./15. Jh. fünf Engländer vertrieben haben. Tatsächlich jedoch wurden die Kreuze 1723 zu einem Kalvarienberg zusammengestellt, um sie vor Zerstörung zu bewahren.

◄ Calvaire
Les Cinq Croix

Dicht an dicht stehen die farbigen Statuen als Relief im Balken, umgeben von Blattgold: Der 1481 – 1485 geschnitzte Lettner aus Holz lässt die Kapelle von Kerfons leuchten. Das Gotteshaus über dem Léguer wurde im 15./16. Jh. im späten Flamboyantstil mit Renaissance-Verzierungen erbaut.

✴
◄ Chapelle
de Kerfons

Tonquédec war eine bedeutende Burg der Bretagne, und noch heute thront die Ruine mit wuchtigen Mauern und Wehrtürmen trutzig

✴
◄ Château de
Tonquédec

🕐 auf einem Felsvorsprung über dem Léguer. Öffnungszeiten: April bis 20. Juni, 22.–30. Sept. tägl. 14.00–18.00, 21. Juni–21. Sept. bis 19.00, Okt. Sa., So. 14.00–17.30 Uhr; www.chateau-tonquedec.com.

Château de Kergrist

Das 1537 für Jean de Kergrist im Léguer-Tal erbaute Schloss wurde im 18. Jh. ausgebaut und im 19. Jh. restauriert. Den gotischen Hauptbau mit barocken Seitenflügeln umrahmt ein strenger französischer Garten. Im Empfangsbereich gibt es einen Teesalon und Lä-🕐 den, die Kunsthandwerk und regionale Produkte anbieten. Öffnungszeiten: April–Oktober tägl. 11.00–18.00 Uhr.

Chapelle des Sept-Saints

Die Kapelle im südlich gelegenen Dorf Les Sept-Saints, erbaut 1703 bis 1714 z. T. auf einem Dolmen, war im 18. Jh. eine bedeutende Wallfahrtsstätte. Verehrt wurden sieben Brüder, christliche Schafhirten in Ephesus, die laut Legende 251 von Kaiser Decius wegen ihres Glaubens lebendig eingemauert wurden und 447, als die Höhle geöffnet wurde, wieder erwachten. 1926 wurde die Grabstätte in Ephesus entdeckt. Seitdem werden die sieben Brüder im Islam als Zeugen der Auferstehung ins Freitagsgebet eingeschlossen. Die Siebenschläferkapelle wurde zum Ort christlich-islamischer Begegnung.

★
Château de Rosanbo

Schloss Rosanbo (ca. 8 km westlich von Plouaret), im 15. Jh. über dem Bô-Tal erbaut, ist seit über 600 Jahren im Besitz derselben Familie. Der Marquis de Rosanbo hat einige Räume für Besucher geöffnet. Zu sehen sind die Bibliothek mit 8000 Bänden, die Küche und der Cidre-Keller, der Speisesaal aus dem 19. Jh. sowie kostbare Möbel aus dem 15.–19. Jh., Kunsthandwerk und Gobelins. Der **Park** im französischen Stil wurde von Achille Duchêne nach den Prinzipien Le Nôtres terrassenförmig angelegt. Aus Hecken, Büschen und Bäumen kreierte er Salons der Jahreszeiten, des Theaters und des Dreiecks. Öffnungszeiten: April–Juni, Sept., Okt. tägl. 14.00–17.30, Juli/Aug. tägl. 11.00–18.30; www.rosanbo.net.

Zurück nach Lannion. Ca. 4 km südöstlich des Zentrums, an der Route de Guingamp, produziert seit 1900 die **Distillerie Warenghem** bretonischen **Whisky:** den Blended »Breton WB« und seit 1999 den in Eichenfässern gereiften Single Malt »Armorik«. Das »Elixir d'Armorique« wird nach altem Rezept aus 35 Kräutern gebrannt. Führungen (gratis) Mo. 15.00–18.00, Di.–Fr. 10.00–12.00, 15.00 bis 18.00, Sa. 10.00–12.00 Uhr; www.distillerie-warenghem.com.

Fahrt zur Côte des Bruyères

Von Lannion legt der Léguer noch 7 km bis zum Meer zurück. Südlich am Mündungstrichter liegt Le Yaudet; »Vetus Civitas«, alte Stadt, nannten es die Römer, die seine strategische Lage schätzten. Zwischen den grauen Granithäusern präsentiert die Kapelle Notre-Dame-du-Yaudet von 1860 eine seltene Darstellung der Dreifaltigkeit: Maria liegt mit dem Jesuskind im Spitzenbett, Gottvater sitzt am Fußende, darüber schwebt die Taube des Hl. Geistes.

Der einstige Sardinenhafen westlich von Le Yaudet besitzt eine Kapelle aus dem 16. Jh. mit einem Glockenturm à la Lannion, einem Altarretabel aus dem 18. Jh. und einem Gewölbe mit geschnitzten Gesimsen und Querbalken. Ein empfehlenswerter Fußweg führt zur Pointe du Dourven. Von der Pointe de Séhar reicht der Blick von der Pointe de Primel im Westen bis Trébeurden im Norden.

Locquémeau

★
◀ Pointe du Séhar

Zwischen 1284 und 1292 lebte der **hl. Yves** (▶ Berühmte Persönlichkeiten) als Richter in Trédrez südlich von Locquémeau. Die Dorfkirche entstand um 1500 nach Plänen aus der Werkstatt von Philippe de Beaumanoir. Der Granittaufstein aus dem 14. Jh. erhielt 1540 einen geschnitzten Baldachin. Sehenswert sind ferner die kunstvoll geschnitzten Balken, eine Wurzel Jesse auf einem Retabel und ein Christus am Kreuz, beide aus dem 16. Jahrhundert.

Trédrez

★ ★ Locmariaquer

I 14

Département: Morbihan   **Einwohnerzahl:** 1300

Nördlich des »Goulets«, durch den das Wasser des Atlantiks sich mit mächtiger Strömung in den ▶ Golfe du Morbihan drückt und die Austernbänke umspült, liegt der Fischerein- und Ferienort Locmariaquer. Neben dem nahen ▶ Carnac besitzt er die bedeutendsten Zeugnisse der Megalithkultur.

▶ LOCMARIAQUER ERLEBEN

AUSKUNFT
Office de Tourisme
1 Rue de la Victoire
56740 Locmariaquer
Tel. 02 97 57 33 05, Fax 02 97 57 44 30
www.ot-locmariaquer.com

ESSEN

▶ Preiswert
Le Menhir
7 Rue Wilson, Tel. 02 97 57 31 41
Gutes traditionelles Fischrestaurant.

ÜBERNACHTEN

▶ Komfortabel
Les Trois Fontaines
Route d'Auray
Tel. 02 97 57 42 70, Fax 02 97 57 30 59
www.hotel-troisfontaines.com
Mitte Nov. – März geschl.
Sehr hübsches, gepflegtes Hotel
am Ortseingang von Locmariaquer.
Geschmackvolle Zimmer, zum Teil
mit Terrasse zum kleinen Garten.

▶ Günstig
L'Escale
1 Place Dariorigum
Tel. 02 97 57 32 51, Fax 02 97 57 38 87
www.escale-hotel.com
Privilegierter Platz am Wasser, modern gestaltet: nette, helle Zimmer
mit Ausblick, gutes Bistrot mit Terrasse zum Meer.

Grand Menhir Brisé: Der «Feenstein», der größte Menhir der Jungsteinzeit, liegt heute in vier Teile zerbrochen auf dem Boden.

Restaurants mit Fruits de Mer und Crèpes säumen das kleine Hafenbecken von Locmariaquer, von dem Ausflugsschiffe in den ▶ Golfe du Morbihan und zur ▶ Belle Ile fahren.

✳ ✳ Site Mégalithe de Locmariaquer

Ein großer zerbrochener Menhir, ein Dolmen und ein Tumulus: Die monumentale Anlage, 1937/1938 von Zacharie Le Rouzic erstmals restauriert, zeigt auf engstem Raum die Vielfalt der Megalithkultur. ⏱ Öffnungszeiten: Mai – Juni tägl. 10.00 – 18.00 Uhr, Juli, Aug. 10.00 – 19.00, Sept. – April tägl. 10.00 – 12.30, 14.00 – 17.15 Uhr.

✳
Grand Menhir Brisé

20 m hoch und 280 t schwer erhob sich der Grand Menhir einst in einer 55 m langen Reihe von 19 Menhiren. Heute liegt der größte Menhir des Neolithikums (bretonisch men er Hroëc'h = Feenstein) in vier Teile zerbrochen 30 m neben der Table des Marchand, überzogen von Flechten. Dennoch lässt sich auf dem zweiten Teil noch im grobkörnigen Granit ein Beilmotiv erkennen.

✳ ✳
Table des Marchand

Der »Tisch der Familie Marchand«, ein Sippengrab von 3750 v. Chr., sah bis 1937 noch aus wie ein riesiger Tisch: 85 cm dick, 5,7 m lang und knapp 4 m breit balancierte die Tischplatte in 3 m Höhe auf wenigen Tragsteinen. Dann wurde der Dolmen, dessen Name an den einstigen Grundstückseigentümer erinnert, bei der ersten Restauration wieder wie einst mit einem Cairn überzogen, einem Hügel aus Steinen und Erdreich. Heute führt ein sieben m langer Gang in die Grabkammer, in der zwei verzierte Steinplatten zu sehen sind. In die hintere, spitzbogige Stele sind 54 symmetrisch angeordnete Krumm-

stäbe eingraviert. Die Deckplatte
der Grabkammer zeigt neben
Krummstab- und Beilmotiven
auch noch Hufe eines Horntiers.
Die Bedeutung der Bildzeichen
ist bis heute nicht eindeutig ge-
klärt. Man weiß jedoch, dass die
beiden Decksteine Bruchstücke
eines sehr großen Menhirs sind,
der vermutlich zerschlagen und
in verschiedenen Bauwerken wie-
derverwendet wurde.

! *Baedeker* TIPP

Austern und Menhire

Das Office de Tourisme von Locmariaquer
veranstaltet im Juli und im August mittwochs
ab 9.30 Uhr dreistündige Wanderungen
zu den Megalithdenkmälern, die »Randonnée des Mégalithes«. Außerdem ist im Office de
Tourisme zu erfahren, welche Betriebe einen
Einblick in die »Ostréiculture« geben, die Austernzucht, natürlich mit Degustation und Verkauf.

Die sterblichen Reste einer wich-
tigen Persönlichkeit wurden um 40000 v. Chr. in dem **Tumulus Er-
Grah** bestattet, einem 140 m langen, 30 m breiten und 2 m hohen
Hügelgrab bestattet, das auch unter dem Namen **Er-Vinglé** bekannt
ist. Hier führt kein Gang zum Grab; die kleine Grabkammer ist eine
komplett geschlossene Gruft. Der Deckstein der Grabkammer ist ein
Bruchstück jenes Menhirs, von dem auch die Decksteine der Table
des Marchand und des Cairn der Insel Gavrinis stammen.

Im Ort steht die Kirche Notre-Dame-de-Kerdro, deren Querschiff   **Notre-Dame-
und Apsis aus dem 11. Jh. stammen. Da sich der Boden hier deutlich   de-Kerdro**
absenkte, ist ihr Gewölbe heute 1,20 m tiefer als geplant.

Der »Hügel der Leichen« 1 km vor dem Ortseingang von Locmaria-   **Dolmen
quer ist eher unspektakulär: Der etwa 5,5 m hohe und 80 m lange   Mané-Lud**
Grabhügel an der D 781 ragt nur knapp aus dem Gras heraus. Ein
Gang führt zu einer ovalen Grabkammer. Der letzte Tragstein auf
der rechten Seite besitzt tief eingravierte Zeichen. Fundstücke aus
diesen Gräbern, u. a. kleine Goldbänder, Türkisperlen und Kera-
mikscherben, sind im Museum von ▶Carnac ausgestellt.

Das Ganggrab mit einem 16 m langen Gang und einer Vorkammer   **Mané Réthual**
besitzt schöne Gravierungen auf zwei Tragsteinen.

Das einfache Ganggrab mit eingravierten Äxten auf dem Eingangs-   **Tumulus
stein, rund 100 m lang und 8 m hoch, ist heute nahezu von Gras   Mané-er-Hroëc'h**
überwachsen.

In Ellenbogenform wurde um 2500 v. Chr. dieses Ganggrab 2 km   **Pierres Plates**
westlich der Landzunge von Kerpenhir in Strandnähe angelegt. Viele
Tragsteine sind mit Gravierungen verziert.
Die Marienstatue **Notre-Dame-de-Kerdro**, bret. »gute Heimkehr«,   **Pointe de
schmückt die Landzunge, die mit dem gegenüber gelegenen Port-Na-   Kerpenhir**
valo den schmalen Durchlass bildet, der den ▶Golfe du Morbihan
mit dem offenen Meer verbindet.

✳ **Lorient**

H 11/12

Département: Morbihan   **Einwohnerzahl:** 61 800

**Fischerei-, Marine-, Passagier-, Handels- und Jachthafen – die See-
fahrt ist in Lorient allgegenwärtig: Matrosen flanieren in Uniform,
Männer in Gummihosen versteigern frühmorgens in der Fischhalle
den Fang der Fischer, Freizeitkapitäne vertäuen ihre Jacht am Quai
Rohan. Dann erinnert das Tuten eines Frachtschiffes daran, dass Lorient nach ►Brest der zweitgrößte Handelshafen der Bretagne ist.**

Lorient war einst Heimathafen der französischen Ostindien-Kompa-
nie – und erhielt daher den Namen L`Orient. Nach dem Verlust der
Kolonien und dem Bankrott der
Handelskompanie übernahm der
Staat Hafen und Einrichtungen.
Lorient wurde königliches Arsenal
und unter Napoleon ein wichtiger
Kriegshafen. Im Zweiten Weltkrieg
baute die deutsche Wehrmacht den
Hafen zur gewaltigen Festung aus.
Nach den Bombenangriffen der Al-
liierten 1944 wurde die völlig zer-
störte Stadt modern-funktionell
wieder aufgebaut.

Baedeker **TIPP**

Lorient 1950

Die Architektur des Wiederaufbaus wird im Juli
und August jeden Mittwoch um 15.00 Uhr bei
einem Stadtspaziergang vom Port du Plaisance
vorbei am Cour de la Bove und der Place Alsace-
Lorraine anschaulich erläutert; Auskunft erteilt
das Office du Tourisme.

Sehenswertes in Lorient

L'Enclos du Port Durch die **Ostindische Kompanie** entwickelte sich Lorient einst zur
blühenden Wirtschaftsmetropole. Ihre Hauptverwaltung bildet das
historische Herz des Hafens. Zugänglich sind die Tour de la Découverte, das Reservoir Cour Haut des Travaux Hydrauliques sowie die
🕐 Verwaltungsgebäude. Geöffnet Febr.–April, Sept.–Mitte Dez. Mi.
bis Mo. 13.30–18.00, Mai–Aug. tägl. 10.00–18.30 Uhr.

✳
**Base des
Sous-Marins** Mit den riesigen Bunkern, die die deutsche Wehrmacht 1942/1943
baute, war Lorient ihr größter U-Boot-Stützpunkt. Wurden zunächst
die Boote aus dem Wasser gezogen und in die Bunker gefahren, entstanden später Nassboxen mit Zugang zum Meer. Insgesamt konnten
die Bunker zwischen der Pointe de Kéroman und der Mündung des
Ter mehr als 40 Unterseeboote aufnehmen. Einblick in die Basis vermittelt das Musée Sous-Marin in der restaurierten **Tour Davis**. Hier
gab es einen Simulator, in dem ab 1942 deutsche U-Boot-Mann-
schaften, von 1953 bis 1995 französische Marinesoldaten trainierten,
🕐 wie sie ihr Boot im Notfall verlassen konnten. Öffnungszeiten: Juli,
Aug. 13.30–18.30, Mai, Juni, Sept. Di.–So. 14.00–18.00, sonst So.
14.00–18.00; Führungen in der Hochsaison; www.tour-davis.com).

▶ LORIENT ERLEBEN

AUSKUNFT

Office de Tourisme
Maison de la Mer, Quai de Rohan
56100 Lorient, Tel. 02 97 21 07 84
Fax 02 97 21 99 44
www.lorient-tourisme.com

SCHIFFSAUSFLÜGE

Ausflugsfahrten mit den Vedettes
Jaunes in der Mündung des Blavet
und der Reede von Lorient beginnen
am Quai des Indes (Tel. 02 97 21
00 55); Wassertaxis zur Ile de Groix an
der Gare Maritime. Der »Nautibus«
fährt dienstags zum Nachtmarkt von
Port Louis.

FESTIVAL INTERCELTIQUE

Im August feiern Kelten aus ganz
Europa zehn Tage lang in Lorient ihre
Kultur, machen von Mittag bis Mitternacht Musik, lauschen den bretonischen Bagad-Pipebands und treffen
sich zum Fest-Noz, der bis in die
frühen Morgenstunden dauert
(www.festival-interceltique.com).

ESSEN

▶ Fein & teuer

Amphitryon
127 Rue du Colonel Jean Muller
Tel. 02 97 83 34 04
www.amphitryon-abadie.com
Sept. – Juni So., Mo. geschl.
Elegantes Feinschmeckerlokal von
Jean-Paul Abadie. Empfehlung: die
Jakobsmuscheln mit Trüffelcarpaccio.
Am Dienstagabend gibt es Einfüh-
rungen in die hohe Kunst der Küche
mit anschließendem Essen.

▶ Erschwinglich

Le Jardin Gourmand
46 Rue Jules-Simon
Tel. 02 97 64 17 24, So., Mo. geschl.
Natalie Beauvais verwöhnt die Gäste

mit raffinierten bretonischen Gerichten: Probieren Sie die in Seetang
gedünsteten Meeresfrüchte.

ÜBERNACHTEN

Baedeker-Empfehlung

▶ Luxus

Château de Locguénolé
Route de Port-Louis en Kervignac
56700 Kervignac
Tel. 02 97 76 76 76, Fax 02 97 76 82 35
www.chateau-de-locguenole.com
9 km östl. von Lorient; Anfahrt: D 194,
D 781 Richtung Hennebont.
Bezauberndes Schlosshotel mit ausgezeich-
netem Restaurant – ein Gedicht: der
gegrillte Hummer und das geschmorte
Salzweidelamm. Im Park am Blavet blühen
Rhododendren, Azaleen und Hortensien.

*Im Schlosshotel Locguénolé logiert man
fürstlich und schwelgt in feinsten
bretonischen Spezialitäten.*

▶ Komfortabel

Mercure
31 Place Jules Ferry
Tel. 02 97 21 35 73, Fax 02 97 64 48 62

www.accor-hotels.com
58 sehr gepflegte Zimmer.

Comfort Hotel Astoria
3 Rue Olivier de Clisson
Tel./Fax 02 97 21 03 55
www.comfortinn.com
Gutes 2-Sterne-Hotel im Zentrum.

▶ **Günstig**
Rex
28 Cours de Chacelles
Tel. 02 97 64 25 60
Fax 02 97 64 27 20
www.rex-hotel-lorient.com
Sympathischer Familienbetrieb zwischen Jachthafen und Bahnhof.

✴

**Académie
Eric Tabarly**

Auf dem Areal der U-Boot-Basis ist – in einem markanten modernen Bau – die Académie Eric Tabarly angesiedelt, ein Trainingscenter für Profisegler, das auch für Laien sehr interessant ist. Geöffnet Juli/Aug. tägl., sonst Mo. und Jan. geschl. (www.citevoile-tabarly.com).

✴

**Thalassa
Musée de
l'Océanologie**

🕐

36 Jahre lang schipperten zwölf Wissenschaftler auf der »Thalassa« im Auftrag des Institut Français de Recherche pour l'Exploitation de la Mer über die Ozeane und erforschten die Weltmeere für Wissenschaft und Fischereiwirtschaft. Zum Besuch des Schiffs gehört eine Ausstellung an Land: Die **Maison de la Mer** zeigt Modelle und Fotos der Häfen von Lorient. Öffnungszeiten: Sept. – Juni: 9.00 – 12.30, 14.00 – 18.00 Uhr, Juli, Aug. 9.00 – 19.00 Uhr.

Umgebung von Lorient

✴

Ile de Groix

Von Wind und Wasser geschliffen liegt die 8 × 2,5 km große Insel Groix zehn Seemeilen vor Lorient im Atlantik. An der wilden Westküste stürzen bis zu 40 m hohe Klippen ins Meer; den flachen Osten säumen Buchten und feinsandige Strände wie die hellweißen Grands Sables und die rötlichen Sables Rouges. Das Inselinnere ist welliges Bauernland. Zwei Drittel der Insel stehen unter Naturschutz – bequem per Rad und zu Fuß auf ausgeschilderten Wegen zu erkunden. Mehrere Dolmen und der Menhir von Kermario zeugen von einer Besiedlung im Neolithikum. Im 9. Jh. war die Insel Vorposten der Wikinger, im Mittelalter im Besitz der Grafen von Rohan, zur Blütezeit der Ostindischen Kompanie Schutzschild für den Hafen von Lorient, ehe sie zu Frankreichs bedeutendstem Thunfischhafen aufstieg. Gefischt wurde mit »Dundees«, Kuttern mit bunten Segeln und Seitenstäben, um die Netze ins Meer zu lassen. Heute leben die rund 2800 Bewohner neben Fischfang und Ackerbau vom Tourismus.

Port-Tudy an der Nordküste ist heute Haupthafen der Insel. In einer stillgelegten Konservenfabrik erinnert das **Ecomusée de Groix** an die Blütezeit des Thunfischfangs. Ein beschilderter Lehrpfad führt zur Außenstelle im Weiler Kerlard. Während der Saison bietet das Museum Führungen in die beiden Naturschutzgebiete der Insel sowie

🕐

Tagesfahrten auf dem Segler »Kenavo« an. Öffnungszeiten: Juli, Aug. tägl. 9.30 – 12.30, 15.00 – 19.00, Mai, Juni, Sept. tägl. 10.00 – 12.30,

14.00 – 18.00, Okt., Nov., April Do. – So., Dez. – März Mi., So. bis 17.00 Uhr.

In **Locmaria**, dem zweitgrößten Inselort, lange Zeit Haupthafen von Groix, wurde 1905 ein Wikingergrab entdeckt. Die Funde zeigt das oben erwähnte Ecomusée. Wind und Wasser haben ca. 5 km westlich das 40 m tiefe »Höllenloch« geschaffen, um das sich viele Legenden ranken. Ein Hahn ist etwas für Bauern, dachten sich die Seeleute von **Bourg de Groix** und setzten 1788 einen Thunfisch als Wetterfahne auf die Spitze ihres Kirchturms.

◄ Trou de l'Enfer

In der Zitadelle von Port-Louis erzählen die Modelle berühmter Handelsschiffe, Seekarten und erlesene Kostbarkeiten des Fernhandels von der großen Zeit der Ostindischen Kompanie.

Larmor-Plage Kerguélen, Locquetlats, Port-Maria, Toulhars: Die vier feinsandigen Strände haben das ehemalige Fischerdorf Larmor-Plage 4 km südlich zum beliebten Seebad gemacht. Der Parc Océanique de Kerguélen schützt auf 82 ha Flora und Fauna der Dünen und Sümpfe, die sich hinter dem gleichnamigen Strand erstrecken. Am Sonntagvormittag reihen sich rund um die wehrhafte Kirche **Notre-Dame-de-la-Clarté** aus dem 15. / 16. Jh. die Marktstände. Ihn Inneres überrascht mit bemalten Apostelstatuen von 1506 in der nach Norden gelegenen Vorhalle und fünf Altarretabeln.

★
Port-Louis Die mächtige **Zitadelle** von Port Louis bewacht am Ostufer der Mündung von Scorff und Blavet die Reede von Lorient. 1590 ließ der spanische Ingenieur Christobal de Rojas die rechteckige Festungsanlage und den Kanal errichten, der sich bei Flut mit Wasser füllt. Da die Zitadelle auf einer Felsspitze mit wenig Erdreich erbaut wurde, mussten Gewölbe die Hochbauten abstützen – 15 unterirdische Räume entstanden so mit Platz für 2000 Mann.

Musée National de la Marine ► Heute beherbergt die Zitadelle zwei Museen. Versunkene Schiffe und ihre Schätze: In neun Räumen zeigt das Marinemuseum die schönsten Stücke aus der Sammlung des Archäologen **Franck Goddio**. Öffnungszeiten: Mai – Aug. tägl. 10.00 – 18.30, Sept. – April Mi. – Mo. 13.30 – 18.00 Uhr; www.musee-marine.fr.

★
Musee de la Compagnie des Indes ► Die 15 Räume des Museums der Ostindischen Kompanie lassen die Blütezeit des Seehandels wieder aufleben (Abb. S. 273), mit Gütern, die Europa begehrte: Stoffe aus Indien, Porzellan aus China und Gewürze aus Asien und Afrika. Öffnungszeiten: Mai – Aug. tägl. 10.00 – 18.30, Sept. – April Mi. – Mo. 13.30 – 18.00 Uhr Dez./Jan. geschl. Verborgen hinter der Festungsmauer erstreckt sich der **Grand Plage**, ab 1837 Badeeinrichtung unter dem Patronat von Königin Maria-Amélie, mit Blick auf die Landzunge Gâvres und Larmor-Plage.

Hennebont Bereits im 11. Jh. wurde die Stadt am Unterlauf des Blavet befestigt (hen pont = alte Brücke). Um das Jahr 1250 folgte der Bau einer Wehrmauer, die sich bis heute vom Hafen zur Oberstadt erstreckt. Einlass in die ummauerte Innenstadt gewährte die von zwei mächtigen Türmen flankierte **Porte de Broërec'h**. Das Stadttor zeigt heute bretonisches Mobiliar, Trachten, kostbare Fayencen und historische Stiche (Öffnungszeiten: Juni bis Sept. 10.30 – 12.30, 13.30 – 18.30 Uhr). Die **Place du Maréchal-Foch** schmücken Häuser aus dem 16. bis 19. Jh. sowie ein Brunnen von 1623. Die spätgotische Kirche Notre-Dame-du-Paradis wurde von 1513 bis 1550 mit einem 72 m hohen Glockenturm erbaut.

! *Baedeker* TIPP

Crêpes
sind bretonische Klassiker. Die Einheimischen von Hennebont kaufen sie besonders gerne in der Rue Edouard Herriot 2 – 4 bei »La Fleur de Blé«, wo eine freundliche Dame an einem halben Dutzend Platten gleichzeitig die begehrten dünnen Pfannkuchen backt und sie je nach Wunsch süß oder salzig füllt.

Im größten **Staatsgestüt** der Bretagne, 1 km flussaufwärts, werden kräftige Kaltblüter – Bretonen – gezüchtet. Eine Einführung in die Geschichte des Pferdes vermittelt das Museum. Stallungen, Schmiede und Sattelkammer sind nur bei Führungen zugänglich. Öffnungszeiten: April – Sept. tägl., Juli/Aug. 10.00 – 19.00 Uhr, sonst mit Mittagspause; Nov. – März geschlossen.

✱ **Haras National**

⏰

Bis zu 3000 Mitarbeiter waren von 1860 von 1966 im Hüttenwerk der Brüder Trottier, 2 km flussaufwärts, beschäftigt. Im ehemaligen Labor wird die Geschichte der Eisenverhüttung anschaulich geschildert. Öffnungszeiten: März – Dez. Mo. – Fr. 10.00 – 12.00, 14.00 – 18.00, So. 14.00 – 18.00, Juli, Aug. Mo. – Fr. 10.00 –18.30, Sa., So. 14.00 – 18.30 Uhr.

✱ **Ecomusée des Forges**

✱ Monts d'Arrée

D 8 / 9

Département: Finistère

Die höchste Bergkette der Bretagne liegt im Herzen des 1969 eingeweihten Regionalen Naturschutzparks von Armorika und bildet zusammen mit den Montagnes Noires das Rückgrat der bretonischen Halbinsel.

Die bizarren Hügel aus Gneis, Granit und anderen Gesteinen, vom Volk mit »enthaupteten Riesen« verglichen, umschließen das sagenumwobene Moorgebiet **Yeun Elez**, alten Legenden nach der Eingang zur Hölle. Nachts zieht der Tod – bretonisch »Ankou« – von hier aus, um auf seinem quietschenden Pferdekarren die Seelen einzusammeln. Die umstrittene Errichtung des ersten und einzigen Atomkraftwerks der Bretagne verlieh dem Namen »Höllenmoor« 1966 eine neue Dimension. Das Gebiet der Monts d'Arrée war bereits um 3000 v. Chr. besiedelt, wie Menhire und Dolmen der Gegend bezeugen. Die Höhenlage sowie die eher kühle und feuchte Witterung sorgen für die charakteristische Vegetation mit kahlen

Das Reich der Fee Dahud: Durch den tiefen Felsschlund Le Gouffre sprudelt der Rivière d'Argent.

▶ MONTS D'ARRÉE ERLEBEN

AUSKUNFT

Parc Naturel Régional d'Armorique
Maison du Parc
15 Place aux Foires
29590 Le Faou
Tel. 02 98 81 90 08, Fax 02 98 81 90 09
www.pnr-armorique.fr

ESSEN & ÜBERNACHTEN

▶ Komfortabel

Beauvoir La Vieille Renommée
11 Place aux Foires
29580 Le Faou
Tel. 02 98 81 90 31
www.hotel-beauvoir.com
Gediegenes, gepflegtes Haus
mit gutem Restaurant.

Moulin du Roz
9 Rue du Général de Gaulle
Goasquintin, 29690 Berrien
Tel. 02 98 99 03 78
www.ecovacancesbretagne.com
Die dicken Feldsteinmauern der alten
Wassermühle bergen heute gemüt-
liche Gästezimmer.

▶ Günstig

Le Clos des 4 Saisons
2 Rue de la Paix, 29450 Sizun
Tel. 02 98 68 80 19
Fax 02 98 24 11 93
Im Schatten alter Bäume kann man
schön übernachten. Probieren Sie
Lammkeule oder Jakobsmuscheln.

---

oder bewaldeten Höhenzügen, Heidelandschaft, Torfmooren und
vereinzelten Viehweiden.

✱ Fahrt durch die Monts d'Arrée (130 km)

Le Faou
Le Faou, als eines der schönsten Dörfer Frankreichs ausgezeichnet,
war einst Zwischenstopp der Postkutschen auf dem Weg von ▶Brest
nach ▶Quimper. In der Hauptstraße sind schiefergedeckte Häuser
aus dem Mittelalter erhalten. Die Kirche **St-Saveur** besitzt einen ungewöhnlichen Glockenaufsatz: Hinter weit geöffneten Bögen zeigen
sich schwingende Ungetüme.

Rumengol
So klein das Dorf, so bekannt ist es für seinen Pardon am 15. Au-
gust. Ziel der Wallfahrt ist die Muttergottes **Notre-Dame-de-Toute-
Remède**, die in jeder Lebenslage helfen soll. Ihre Statue steht im
Choreingang der Kirche, die 16. Jh. aus Kersanton erbaut wurde.
Die Gründung des Gotteshauses geht auf König Gradlon zurück, der
hier im 5. Jh. eine Kapelle gestiftet haben soll.

Forêt du Cranou ▶
Riesige Eichen und Buchen prägen den Sagenwald von Cranou.
Nördlich der D 42 erhebt sich der 217 m hohe **Pen-ar-Hoat**.

**Domaine
Menez-Meur**
✱ Das Gut ist heute das Informationszentrum des Naturparks. Im
Pferdemuseum **Maison du Cheval Breton** wird über die Geschichte
und Rassen der bretonischen Pferdezucht informiert; im Tierpark le-
ⓘ ben Wölfe und bretonische Haustierrassen. Öffnungszeiten: Juli/Aug.

Postkartenidylle in Le Faou

tägl. 10.00 – 19.00, Mai, Juni, Sept. tägl. 12.00 – 18.00, März, April, Okt. Mi., So. 13.00 – 17.30, Nov. – Febr. nur in den Schulferien 13.00 bis 17.00 Uhr

Im 1702 erbauten Haus des königlichen Notars, der **Maison Cornec**, wird der bäuerliche Alltag im 18. Jh. vorgeführt. Öffnungszeiten: 2. Juni-Hälfte tägl. 14.00 – 18.00, Juli, Aug. 11.00 – 19.00 Uhr.

St-Rivoal
☉

Einsam ragt der 380 m hohe Montagne St-Michel de Brasparts mit der höchstgelegenen Kapelle der Bretagne aus der Landschaft. Weit reicht der Blick vom Gipfel über das Moor Yeun Elez und den Stausee Reservoir de St-Michel, der einst das stillgelegte Atomkraftwerk mit Kühlwasser versorgte. Am Fuße des Berges stellen rund 250 bretonische Künstler in der **Maison des Artisans** ihre Arbeiten aus.

✱
Montagne St-Michel

Der **Pfarrbezirk** von Brasparts ist klein, aber fein: Ein Kalvarienberg aus dem 16. Jh., eine Kirche mit Apostelfiguren in der Renaissance-Vorhalle und ein Beinhaus mit zwei Darstellungen des Ankou, des bretonnischen »Sensenmanns«, aus dem 18. Jahrhundert.

Brasparts

In Lannédern stellt der Kalvarienberg von 1621 den auf einem Hirsch reitenden **hl. Edern** dar. Sein Grabmal aus dem 14. Jh. ist in der Kirche erhalten. Sechs bemalte Reliefs aus dem 17. Jh. zeigen Szenen aus dem Leben des Heiligen.

Lannédern

Loqueffret

Die Kirche des 500 Einwohner zählenden Pfarrbezirks stammt aus dem 16. Jh.; davor steht ein Kalvarienberg von 1576. Im **Pfarrhaus** präsentiert eine Ausstellung die Pilhaoueriens, die früher von Dorf zu Dorf zogen und Lumpen für Papierfabriken sammelten. Öffnungszeiten: 15. Juni – 15. Sept. Di., Mi., Fr. 14.00 – 18.00 Uhr.

St-Herbot

Der 30 m hohe Glockenturm der Kapelle St-Herbot aus dem 15. / 16. Jh. weist den Weg zum **Pfarrhof** mit einem Kalvarienberg von 1571. Einlass zur Kapelle gewährt ein kunstvoll verziertes Portal. Vor der Chorschranke im Renaissancestil stehen zwei Steintische. Hier legten einst die Gläubigen Schwanzhaare von Rindern ab und erbaten den Schutz des hl. Herbot wie des hl. Cornély, eines Schutzpatrons des Hornviehs. Erwähnenswert sind auch das fein gearbeitete Chorgestühl, das Grab des Kirchenpatrons sowie das Chorfenster von 1556.

Forêt de Huelgoat

Huelgoat hat schon bessere Zeiten gesehen: Im 18. Jh. war die nahe Bleimine von Locmaria Berrien die größte des französischen Königreichs. Bis zu 2000 Bergleute förderten jährlich 650 t Blei und Silber. Erst 1934 wurde der letzte Stollen geschlossen. Heute lebt die Kleinstadt am Ostrand der Monts d'Arrée vom Fremdenverkehr. Bei einem Rundgang durch das **Arboretum** in der Rue des Cieux kann man Pflanzen aus aller Welt bestaunen, Öffnungszeiten: Ostern bis Mitte Okt. tägl. 10.00 – 18.00 Uhr. Hauptattraktion sind indes haushohe **Granitkolosse**, die östlich der Stadt im 600 ha großen gleichnamigen Hochwald liegen. Ein hungriger Riese, von der Stadt nur mit einer dünnen Suppe bewirtet, habe aus Wut darüber das berühmte Felsenchaos angerichtet, so die Legende – tatsächlich wurden diese vom Eispanzer der letzten Eiszeit zertrümmert. Paul Sérusier hielt die ungewöhnliche Landschaft in Öl fest, sein Gemälde »Rocher dans la forêt de Huelgoat« hängt im Musée des Beaux Arts von ▶ Quimper. Je nach Witterung schlängelt sich der Silberfluss, der am Stadtsee beginnt, mal sanft, mal tosend durch das Felsenmeer. Am **Roche Tremblante** führen Pfadfinder im Sommer gegen ein Trinkgeld vor, wie der 100-t-Koloss zum Schwanken gebracht werden kann. Wenig weiter weist eine rutschige Treppe den Weg zur Teufelsgrotte. Weitere Wanderwege führen zum **Camp Artus**, einem gallo-römischen Feldlager aus der Zeit um 50 v. Chr. mit ovalem Ringwall, zum Wildschweinteich »Mare aux Sangliers« und zur Mühle am Stadtsee, die im Juli und August eine Ausstellung zur Region zeigt. Die Renaissancekapelle **Notre-Dame-des-Cieux** erhielt ihren Turm im 18. Jh.; am ersten Augustsonntag findet hier ein Pardon statt.

> **!** *Baedeker* **TIPP**
>
> **Der Berg ruft!**
>
> Wie eine erstarrte Brandungswelle ragen die grauen Felszacken des 383 m hohen Roc'h Trévézel in den Himmel. Der Aufstieg erfolgt über La Feuillée. Vom Parkplatz an der D 785 führt ein Wanderweg zum Grat mit Blick bis zum Plateau von Léon im Norden und die Montagne St-Michel im Süden.

Grotte de Diable ▶

Südlich der Straße nach Carhaix öffnet sich ein tiefer Felsschlund, durch den sich der Rivière d'Argent sprudelnd ergießt. Laut Legende soll die Fee Dahud hier morgens ihre erschöpften Liebhaber hineingestoßen haben – die armen Seelen warten immer noch auf Erlösung (Abb. S. 275).

✳ **Le Gouffre**

In Brennilis steht eines der ältesten **Kernkraftwerke** Frankreichs, es lieferte 1967 – 1985 Strom (Besucherzentrum in der Maison du Lac). Auf 3000 v. Chr. wird der Dolmen Ti-ar-Boudiked, auch »Maison des Nains« (Zwergenhaus) genannt, datiert. Unterhalb des Orts liegt das sagenumwobene Moor Yeun-Elez, der Eingang zur Hölle (bretonisch »youdig«). Der Legende nach sollen hier »weiße Männer«, schwarze Hunde und Wäscherinnen, die sich jede Nacht ihre Schuld vom Körper waschen mussten, ihr Unwesen treiben.

Brennilis

◀ Yeun-Elez

Höhepunkt des **Enclos Paroissal St-Derrien** mit laternengeschmücktem Triumphtor, einem Beinhaus von 1668 und prunkvoll ausgestatteter Kirche aus dem 17. Jh. ist der Ste-Anne-Altar – er ist eine Wiedergutmachung der Bewohner von Commana an ihren Pfarrer. 1675 hatten sie ihn erst verprügelt, dann auf einen Misthaufen geworfen, weil sie ihm unterstellt hatten, die Salzsteuer »Gabelle« in die eigene Tasche abgezweigt zu haben. Die 1610 – 1618 erbaute Mühle ist noch in Betrieb, in der Backstube wird gebacken, im Wohnhaus des Müllers sind das Lit clos – ein Alkoven – und andere traditionelle Möbel

✳ **Commana**

✳ ◀ Moulin de Kérouat

Prunkvoll gestaltet: der Ste-Anne-Altar in Commana

🕐 originalgetreu erhalten. Öffnungszeiten: Mitte März – Mai, Sept., Okt. Mo. – Sa. 10.00 – 18.00, So. 14.00 – 18.00, Juni Mo. – Fr. 10.00 bis 18.00, Sa./So. 14.00 – 18.00, Juli/Aug. tägl. 11.00 – 19.00 Uhr.

Mougau Vian ▶ Das Langgrab am Ortseingang, eine 14 m lange Allée couverte, schmücken an der Innenseite auf 2000 v. Chr. datierte Gravuren.

✴

Sizun Hauptsehenswürdigkeit dieses Pfarrbezirks ist das 1588 – 1590 geschaffene **Triumphtor**, auf dem die drei Golgathakreuze anstelle eines Kalvarienberges stehen. Das gleichzeitig erbaute Beinhaus schließt innen an das Triumphtor an. Die Kirche St-Sullian aus dem 17. / 18. Jh. birgt ein Flachrelief der hl. Genoveva aus dem 15. Jh., das sich ursprünglich in der Kirche von Loc-Ildut befand.

✴

Maison de la Rivière, de l'Eau et de la Pêche ▶ Die Ausstellung in dern alten Mühle von **Vergraon** widmet sich den bretonischen Flüssen und ihre Lebenswelt von der Libelle bis zum Lachs. Öffnungszeiten: Juli, Aug. tägl. 10.00 – 18.30, sonst Mo. – Fr. 10.00 – 12.00, 14.00 – 17.30; www. maison-de-la-riviere.fr.

Die **Maison du Lac** an der Staumauer von Drennec informiert über Gewässerschutz und Forellenzucht.

✴ ✴ Mont Saint-Michel

C 22 / 23

Région: Basse-Normandie
Einwohnerzahl: 115

Département: Manche
Internet: www.monuments-nationaux.fr

Seit mehr als 1000 Jahren strömen die Menschen zur »Pyramide im Meer« (Victor Hugo). Das Kloster, das der Erzengel Michael höchstpersönlich in Auftrag gegeben haben soll, ist UNESCO-Weltkulturerbe, französisches Nationaldenkmal und eines der meistbesuchten Ziele Frankreichs.

Klosterberg Verwaltungmäßig gehört die 3 ha große, 78 m hohe und kreisrunde Insel im Wattenmeer heute nicht mehr zur Bretagne, sondern zur Normandie. Ein knapp 2 km langer Straßendamm verbindet sie seit 1879 mit dem Festland. Allerdings mit fatalen Folgen: Er hält die Ablagerungen des Flusses Couesnon und den von den Gezeiten angeschwemmten Sand in der Bucht, und fiel der Klosterberg allmählich trocken. Seit 2006 läuft ein Renaturierungsprojekt: Während Bagger Millionen Tonnen Sand abtragen, entsteht an der Couesnon-Mündung ein Sperrwerk. Bei Flut – die Bucht hat die höchsten Gezeitenunterschiede Europas – und geöffnetem Staudamm werden Sand und ander Sedimente aus der Bucht hinausgespült. Eine Brücke auf Stelzen wird den Betondamm ersetzen, Pendelzüge übernehmen den Transport von Personen und Material. Die Arbeiten sollen 2014/2015 abgeschlossen sein; der Wasserstand in der Bucht sich um ca. 70 cm erhöhen und der Berg wieder eine richtige Insel werden (Informationen unter www.projetmontsaintmichel.fr).

● MONT SAINT-MICHEL ERLEBEN

AUSKUNFT

Office de Tourisme
BP 4, 50170 Mont-St-Michel
Tel. 02 33 60 14 30
www.ot-montsaintmichel.com
www.monuments-nationaux.fr
www.baie-mont-saint-michel.fr
www.lemontsaintmichel.info
Auskunftsbüro in der Raststätte
»Le Mont St-Michel« an der A 84
bei St-Aubin-de-Terregatte.

TIPPS

Im Jahr kommen etwa 3,5 Mio. Besucher, von Mai bis Anf. Sept. ist der
Andrang heftig. Ruhe kehrt außerhalb
der Öffnungszeiten der Abtei und in
der Nebensaison ein. Am besten lernt
man die einzigartige Atmospäre kennen, wenn man hier nächtigt. Gran-
dioser Sonnenuntergang, zu erleben
auf dem Vorplatz der Abteikirche.

FESTE & VERANSTALTUNGEN

Messen und Gottesdienste in der
Abteikirche mehrmals täglich. Juni,
So. nach Fronleichnam: Prozession.
Um den 20. Juli: Pélerinage des
Grêves (Wallfahrt von Genêts durch
das Watt zum Klosterberg); Festival
»Entre Ciel et Mer«. Höhepunkt ist
die Fête de St-Michel ab So. vor dem
29. September. Konzerte an diversen
Orten, v. a. in der Abteikirche.

ESSEN & ÜBERNACHTEN
► Luxus
La Mère Poulard
Grande Rue
Tel. 02 33 89 68 68, Fax 02 33 89 68 69
www.mere-poulard.com
Seit 1888 wohnten und speisten bei
Mutter Poulard Könige, Staatsmänner
und berühmte Schauspieler. Das zei-
gen die Gästebücher des Drei-Sterne-
Hotels mit seinen z. T. sehr luxuriös

ausgestatteten, aber äußerst kleinen
Zimmern. Das berühmte Omelett
nach dem Geheimrezept von Annette
Poulard gilt (fast) als Muss. Oder
probieren Sie die Meeresfrüchte.

St-Pierre
Grande Rue BP 16
Tel. 02 33 60 14 04, Fax 02 33 48 59 82
www.auberge-saint-pierre.fr
Mittelalterliches Fachwerkhaus mit
schönen Zimmern. Die rustikale
Brasserie Chapeau Blanc im Haus
bietet regionale Küche.

► Günstig / Komfortabel
Relais du Roy
Am Beginn des Damms (Festland)
Tel. 02 33 60 14 25, Fax 02 33 60 37 69
www.le-relais-du-roy.com

Moderne Zimmer mit grandiosem
Blick auf den Mont St-Michel.
Gute traditionelle Küche.

► Preiswert
La Digue
B.P. 18, 50170 Le Mont-St-Michel
Tel. 02 33 60 14 02, Fax 02 33 60 37 59
www.ladigue.eu, ganzjährig geöffnet
Ebenfalls auf dem Festland mit demselben Blick gelegenes, atmosphäre-
reiches Hotel von 1922. Man serviert
modernisierte Gerichte der bretonischen Tradition.

KLOSTER MONT SAINT-MICHEL

✴ ✴ **Auch wenn das mittelalterliche Kloster im Wattenmeer nicht mehr auf bretonischem Boden, sondern in der Normandie steht, ein Besuch dieses einmaligen Orts voller Spiritualität und Schönheit gehört nach wie vor zu den Höhepunkten einer Bretagne-Reise.**

🕐 Öffnungszeiten:
Mai – Aug. tägl. 9.00 – 19.00,
Juli, Aug. bis 23.30,
Sept. – April tägl. 9.30 – 18.00 Uhr

*Lichtdurch-
flutet: der
spätgotische
Chorraum
der Abtei*

① La Merveille
Das »Wunder«, der dreigeschossige Klosterbau an der Nordseite der Abtei, ist ein Meisterwerk der Gotik.

② Abteikirche
Eingefasst von Strebewerk, Balustraden und Türmchen erhebt sich die Vierung der Abtei auf dem höchsten Punkt des Mont Saint-Michel. Die Statue des hl. Michael auf dem Turm erreicht 156 m Höhe.

③ Krypta Saint-Martin
Sie trägt den Südarm des Querschiffs, ihre zehn dicken Pfeiler wurden zwischen 1446 und 1450 als Stütze des neuen Chors erbaut.

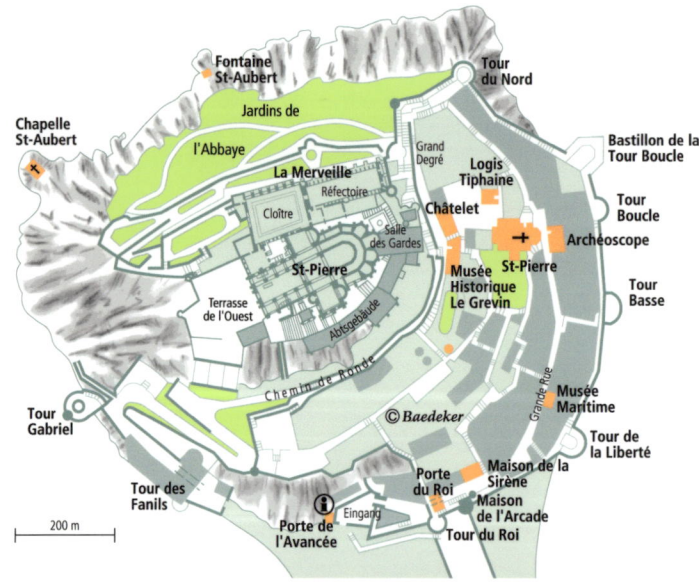

Fontaine St-Aubert
Tour du Nord
Chapelle St-Aubert
Jardins de l'Abbaye
Bastillon de la Tour Boucle
Grand Degré
Logis Tiphaine
La Merveille
Réfectoire
Châtelet
Tour Boucle
Cloître
Salle des Gardes
Archéoscope
St-Pierre
Musée Historique Le Grevin
St-Pierre
Tour Basse
Terrasse de l'Ouest
Abtsgebäude
Chemin de Ronde
© Baedeker
Grande Rue
Musée Maritime
Tour Gabriel
Tour de la Liberté
Maison de la Sirène
Tour des Fanils
Porte du Roi
Maison de l'Arcade
200 m
Porte de l'Avancée
ℹ Eingang
Tour du Roi

Andenkenmeile: Die gepflasterte Grande Rue

Einziger Zugang zum Heiligen Berg ist die **Porte de L'Avancée**. Hinter der **Maison de l'Arcade**, einst Unterkunft für Soldaten des Abtes, beginnt die **Grande Rue**, gesäumt von mittelalterlichen Fachwerkhäusern mit Restaurants, Hotels und jeder Menge Andenkenläden. Im **Musée de la Mer et de l'Ecologie** werden die Gezeiten und die Versandung des Klosterbergs dargestellt. Öffnungszeiten: Febr.–Dez. tägl. 9.00–18.00 Uhr. Auf halber Höhe der Grande Rue steht auf der linken Seite die aus dem 11. Jh. stammende, später stark veränderte Pfarrkirche **St-Pierre**. Ihre rechte Seitenkapelle birgt eine versilberte St.-Michael-Statue. Gegenüber im **Archéoscope** wird der Besucher mit Hilfe audiovisueller Technik auf eine Reise in die Vergangenheit der Abtei geschickt. Öffnungszeiten: Febr.–11. Nov. tägl. 9.00 bis 17.30, Juli/Aug. bis 18.30 Uhr. Täglich von 9.00 bis 18.00 Uhr haben das **Musée Historique** und das **Logis Tiphaine** geöffnet, in dem 1365–1374 Tiphaine Raguenel, die Gattin von Bertrand du Guesclin lebte; die Möbel des kleinen Museums stammen teilweise noch aus dem 14. Jahrhundert.

Aufstieg zur Abteikirche

✳ ✳ Kloster Mont Saint-Michel

Östlicher Eingang der Abtei ist das Burgtor **Châtelet** vom Ende des 14. Jh.s, das von zwei Zinnentürmen flankiert wird. Im ersten Hof öffnet sich ein Portal aus dem 13. Jh. zum Saal der Wachen, **Salle des Gardes**, mit Spitzbogengewölbe und großem Kamin. Zwischen den Abtsgebäuden und der Kirche führen 90 Stufen hinauf zur **Westterrasse**. Hier schweift der Blick über die Bucht mit der kleinen Insel

La Tombelaine, bei guter Sicht bis nach Cancale. Die Plattform entstand 1776 nach dem Abbruch der letzten drei Westjoche des Kirchenschiffs. Hier beginnen die Führungen.

Abteikirche Im Inneren stellen das mächtige romanische Kirchenschiff aus dem 11. und 12. Jh. und der elegante hohe gotische Chor aus dem 15. und 16. Jh. einen eindrucksvollen Gegensatz dar. Der Bau ruht auf drei Krypten, die man bei der Führung besichtigt. Aus dem 10. Jh. stammt die zweischiffige karolingische Kirche **Notre-Dame-sous-Terre**. Ihr Tonnengewölbe erhielt sie im 13. Jh.; ihre Querschiffe ruhen auf den beiden im 11. Jh. entstandenen Kapellen oder Krypten: St-Martin unter dem südlichen und Notre-Dame der Dreißig Kerzen unter dem nördlichen Querschiff. Die Pfeiler in der **Krypta der Dicken Pfeiler** aus dem 15. Jh. tragen den spätgotischen Chor.

★★ Die gotischen Abteigebäude im Norden der Kirche, das »Wunder«
La Merveille genannt, sind in ihrer Gesamtheit einer der Höhepunkte mittelalterlicher Klosterbaukunst. Der in einen West- und einen Ostflügel unterteilte Gebäudeabschnitt hat jeweils drei Stockwerke. Im östlichen, älteren Teil aus der Zeit von 1211 bis 1218 liegen von unten nach oben Almosen-, Gäste- und Speisesaal. Im Westflügel von 1218 bis 1228 waren, ebenfalls von unten nach oben, Keller, Rittersaal – zugleich Arbeitsraum der Mönche – und Kreuzgang.

! Baedeker TIPP

Nachts im Kreuzgang
Ein unvergessliches Erlebnis ist der Besuch der Klosterwelt nach Einbruch der Dunkelheit bei den »Parcours Nocturne en Musique«, wenn man zu Sphärenklängen durch die erleuchteten Gemäuer wandeln kann. Juli, Aug. Mo.–Sa. 18.00–23.30 Uhr, letzter Einlass 22.30 Uhr. Tel. 02 33 89 80 00.

★★ Der einzigartige **Kreuzgang** scheint zwischen Himmel und Erde zu
Cloître schweben. Schlanke Säulen in gegeneinander versetzter Doppelreihe tragen die Spitzbogenarkaden, die in der normannischen Tradition des 13. Jh.s mit Blatt- und Tierornamenten verziert sind. Rechts des Eingangs erinnert ein Brunnenhaus an die Zeremonie der Fußwaschung, die die Mönche jeden Donnerstag vollzogen. Im Garten des Kreuzgangs symbolisiert als modernes Kunstwerk ein aufgeschlagenes Buch den Beinamen des Klosters »Cité des Livres«.

★ Den einschiffigen **Speisesaal** ziert ein getäfeltes Tonnengewölbe;
Réfectoire durch schmale hohe Fensterschlitze strömt mildes Licht herein. In

dem gotisch überwölbten, 35 m langen **Salle des Hôtes** vom Anfang des 13. Jh.s empfing das Kloster seine vornehmen Gäste. An den beiden großen Kaminen wurden die Mahlzeiten zubereitet.

Der 26 × 18 m große, geräumige vierschiffige **Rittersaal** beeindruckt durch drei Reihen wuchtiger Säulen mit verzierten Kapitellen. Hier soll Ludwig XI. den Ritterorden des hl. Michael gegründet haben. Der Raum diente v. a. als Scriptorium, der Schreibraum der Mönche, die hier als Kopisten und Buchmaler arbeiteten.

★★
Salle des Chevaliers

Zwei Pfeilerreihen stützen das Kreuzrippengew ölbe des Vorratsraums oder **Kellers**. Hier sind Modelle der Klosterinsel zu sehen.
Der lang gestreckte Saal, der z. T. noch aus dem 12. Jh. stammt, wird durch runde Säulen in zwei Schiffe geteilt. Früher wurden in diesem Raum, der **Aumônerie**, die armen Pilger empfangen, die hier auch übernachteten. Heute dient er als Buchhandlung.

Cellier

◄ Librairie

Die Gärten der Abtei befinden sich auf der schrofferen Nordseite des Felsens. Von diesem Punkt hat man einen weiten Blick auf die Bucht und auf die schwindelerregende West- und Nordseite der Merveille, laut Victor Hugo die »schönste Mauer der Welt«.

Jardins

Rund 3 km nördlich des Mont St-Michel liegt der 56 m hohe und 950 m breite Granitkegel La Tombelaine, ein Vogelreservat, das nur in Begleitung eines ortskundigen Führers besichtigt werden sollte.

La Tombelaine

★ Morlaix

C 9

Département: Finstère   **Einwohnerzahl:** 16 000

Der zweistöckige Eisenbahnviadukt, der das enge Tal des Dossen überspannt, ist das Wahrzeichen von Morlaix. Unter den 14 Bögen überrascht die Altstadt mit ungewöhnlicher Architektur, den »Laternenhäuschen«.

Die spanisch beeinflusste Bauweise war über den Flusshafen in die bretonische Hafen- und Handelsstadt gekommen, die bereits im Mittelalter das größte Handelszentrum der Bretagne war. Später reichten die Verbindungen der Reeder und Kaufleute bis nach Übersee. 1522 drangen 60 englische Kriegsschiffe unbemerkt in die Flussmündung ein. Die Engländer eroberten die Stadt im Handstreich und plünderten sie einschließlich der Weinkeller. Als sie ihren Siegesrausch ausschliefen, gelang es den Einwohnern, die Feinde zu überrumpeln und zu vertreiben. Ihr Motto wird gern mit dem Stadtnamen in Verbindung gebracht: »S'ils te mordent, mords-les!« – »Wenn sie dich beißen, beiß zurück!«. Um weitere Angriffe abzuwehren, wurde von

▶ MORLAIX ERLEBEN

AUSKUNFT

Office de Tourisme
Place des Otages
29600 Morlaix
Tel. 02 98 62 14 94, Fax 02 98 63 84 87
www.morlaixtourisme.fr

FESTIVALS

Im Sommer präsentiert das »Festival des Arts de la Rue« Kunst in den Gassen, im Winter das Festival »Panorama« moderne Musik.

ESSEN

▶ Erschwinglich

Brasserie de l'Europe
Place Emile Souvestre
Tel. 02 98 88 81 15
www.brasseriedeleurope.com
So. geschl.
Charmante Brasserie mit leckeren Gerichten für den großen und kleinen Hunger. Große Weinkarte. Ganz zentral gelegen, sehr freundlicher Service.

▶ Preiswert

La Marée Bleue
3 Rampe Ste-Mélaine
Tel. 02 98 63 24 21
So.abend, Mo. geschl.
Einfache Karte, aber hohe Qualität. Unterhalb des Viadukts wird vor allem frischer Fisch serviert.

Brocéliande
5 Rue des Bouchers
Tel. 02 98 88 73 78, Di.mittag geschl.
Sympathisches Lokal mit guter regionaler Küche.

ÜBERNACHTEN

Baedeker-Empfehlung

▶ Günstig / Komfortabel

De l'Europe
1 Rue d'Aiguillon
Tel. 02 98 62 11 99, Fax 02 98 88 83 38
www.hotel-europe-com.fr
Mit viel Liebe hat Arlette Paroux das traditionsreiche Hotel im Herzen der Stadt gestaltet. Changierende Seide und warme Rottöne: Das Zimmer, in dem 1945 General de Gaulle logierte, ist das schönste.

▶ Günstig

Du Port
3 Quai du Léon
Tel. 02 98 88 07 54, Fax 02 98 88 43 80
www.lhotelduport.com
Schlichtes nettes Haus, akkurat geführt, zentral mit Blick auf den Hafen gelegen.

1543 bis 1552 die Festung Château du Taureau in der Mündung der »Rivière de Morlaix« erbaut und dann als Staatsgefängnis genutzt. Auch die Korsaren schätzten die strategisch günstige Lage des Hafens am Eingang des Ärmelkanals. Im 18. Jh. trug die Ausbeute der größten Piratenflotte Frankreichs wesentlich zum Wohlstand der Stadt bei. Heute vertäuen Freizeitschiffer ihre Jachten und Hausboote im Flusshafen am Dossen.

Sehenswertes in Morlaix

Typisch für das »alte« Morlaix sind seine Laternenhäuser. Sie wurden vom 15. bis 17. Jh. um einen überdachten Innenhof gebaut, der durch einen großen Kamin geheizt wurde und durch ein Dachfenster natürliches Licht bekam. Eine mit kunstvoll geschnitzten Eckbalken versehene Außentreppe führte in die diversen Stockwerke. Zur Straßenseite befanden sich im Erdgeschoss häufig Läden. Ein kleiner, halbhoher Vorbau diente als Ladentisch. Heiligenstatuen und groteske Figuren zieren die Fachwerkfassade der **Maison dite de la Duchesse Anne** (33 Rue de Mur). In dem dreistöckigen Laternenhaus (16. Jh.) soll Anne de Bretagne übernachtet haben. Schmuckstück des Innenhofs ist eine reich verzierte Wendeltreppe, deren Säule mit Heiligenfiguren aus einem einzigen Steinblock gemeißelt wurde. Öffnungszeiten: Mai – Sept. Mo. bis Sa. 11.00 – 18.00; www. mda-morlaix.com.

Maisons à Lanterne

Skulpturengeschmückte Fachwerk- und Granithäuser aus dem 16./17. Jh. säumen auch die **Grand'Rue** (Fußgängerzone). Haus Nr. 32 zeigt eine seltene Darstellung der Geburt Marias.

Das Laternenhaus der Königin Anne

58 m hoch und 285 m lang überspannt seit 1863 der zweistöckige Eisenbahnviadukt der Strecke Paris – Brest das Tal des Dossen (Abb. S. 290). Mit vielen Treppen führen die Venelle de la Roche und die Rue Courte hinauf zum Bahnhof. Der Aufstieg lohnt – das **Panorama** mit der Stadt und der Rivière de Morlaix ist einmalig.

★
Viaduc

Die idyllische Straße hinter der Kirche St-Melaine haben Kunsthandwerker und Galeristen für sich entdeckt. In alten Häusern aus Fachwerk oder Granit mit vorspringenden Stockwerken, erbaut im 15. / 16. Jh., bieten sie Kunst aus der Region an.

★
Rue Ange-de-Guernisac

! Baedeker TIPP

Vorhang auf!

Das im Jahr 1888 eingeweihte »Théâtre du Pays de Morlaix« in der Rue de Brest erstrahlt nach der Restaurierung wieder in alter Pracht und gilt zu Recht als eines der schönsten Theater im italienischen Stil. Auskunft und Reservierung Tel. 02 98 15 22 77.

Das im 12. Jh. gegründete Dominikanerkloster (Kirche 1230) wurde im 15. Jh. von Jakobinern übernommen. Im Westflügel präsentiert das **Musée de Morlaix** Kulturgüter der Stadt, u. a. Gemälde von Monet. Öffnungszeiten: Mitte Nov. – März Di. – Sa. 10.00 – 12.00, 14.00 – 17.00, April bis Juni, Sept., Okt. Di. – So. 10.00 bis 12.00, 14.00 – 18.00, Juli, Aug. tägl. 10.00 – 12.30, 14.00 – 18.30 Uhr.

St-Mathieu Das Altarbild in der 1824 erbauten Kirche, das vermutlich im 14. Jh. in einer Kölner Werkstatt entstand, zeigt eine Jungfrau in Verwandlung: Im geschlossenen Zustand ist die stillende Jungfrau Maria, im geöffneten Zustand die Heilige Dreifaltigkeit zu sehen.

✱
Bretonisches Bier Seit 1985 produziert die **Brasserie des Deux Rivières** an der Place de la Madeleine obergäriges Bier. Gerstensaft ohne Kohlensäure? Testen Sie ein »Bière Coreff«! Besichtigung nach Anmeldung unter Tel. 02 98 93 00 70; www.coreff.com.

Sehr stimmungsvoll: Morlaix' Eisenbahnviadukt am Hafen.

Umgebung von Morlaix

Die als **Vogelschutzgebiet** ausgewiesene Bucht von Morlaix ist besonders artenreich. In Dourduff-en-Mer hilft das **Observatoire Ornithologique** mit Erklärungstafeln bei der Bestimmung der Vögel, im Café du Port am Hafen kann man gut und günstig Muscheln essen.

Dourduff-en-Mer

Kein Durchgangsverkehr stört im kleinen Seebad an der Rade von Morlaix die Feriensstimmung. Statt Sightseeing locken Spaziergänge z. B. zum Felsen Chaise du Cure mit Fernsicht auf Morlaix.

Carantec

An Land bedecken Ferienhäuser, zu Wasser säumt ein Kranz von Inseln die Landzunge Penn-al-Lan. Größtes Eiland ist die **Ile Louët** mit Leuchtturm und Wärterhaus. Bei Ebbe geht es durchs Watt weiter zur **Ile Callot** mit Artischockenfeldern und einer Wallfahrtskapelle aus dem 16. Jh., die am 15. August Ziel eines Pardon ist. Die dahinter liegende **Ile Noire** soll Hergé zu seinem Band »Tim und Struppi auf der Schwarzen Insel« inspiriert haben.

Pointe du Penn-al-Lann

Der **Pfarrbezirk** in dem kleinen Ort am Nordostrand der Monts d'Arrée gehört zu den ältesten der Bretagne. Die mehr als 100 Figuren des 4 m hohen, 1554 vollendeten Kalvarienbergs tragen Trachten des 16./17. Jh.s. Beinhaus und Kirche, bei einem Brand in großen Teilen zerstört, entstanden 1523.

✷
Plougonven

Feinsandige Strände und Klippen an der Küste, Wald und Hügel im Hinterland: Dank der natürlichen Vorzüge entwickelte sich der Fischereihafen 25 km nordöstlich von Morlaix Anfang des 20. Jh.s zum beliebten Seebad. Bauten aus jener Zeit prägen das Stadtbild. Alte Grabplatten pflastern den Kirchplatz. Den Turm der Kirche aus dem 17. Jh. schuf der Architekt Philippe de Beaumanoir aus ► Lannion. Innen zeigt ein holzgeschnitztes Retabel aus dem 16. Jh. Szenen der Passionsgeschichte. Malereien aus dem 18. Jh. schmücken die Decken von Chor und Querschiff. Westlich der **Pointe de Locquirec** erstrecken sich die feinsandigen Plages des Sables Blanc und du Moulin de la Rive, östlich die Plage du Fond de la Baie.

Locquirec

✷
◄ Feinsandige Strände

Felsenmeere und Sandstrände, Landzungen und kleine Häfen, Kapellen und Klippen: Auf 60 km Länge präsentiert die kurvenreiche D 64 die Schönheiten der Küste zwischen St-Michel-en-Grève und Morlaix. Immer wieder verführen Felsen mit Fernsicht zum Halt: der 80 m hohe Grand Rocher von St-Michel-en-Grève, der Felsvorsprung Marc'h Sammet und die zerklüftete Pointe de Primel.

✷
Corniche de l'Armorique

Der 5 km breite Sandstrand Lieue de Grève ist im April Austragungsort der **Meisterschaft der Drachenlenker**. Hunderte farbige Lenkdrachen bevölkern dann den hohen Himmel des kleinen Badeorts in der breiten Bucht.

St-Michel-en-Grève

Eines der ältesten Steinzeitmonumente der Welt: das Hügelgrab von Barnenez

St-Efflam, Plestin-les-Grèves

Um 460 soll der irische Mönch Efflam in St-Efflam gelandet sein und später in Plestin-les-Grèves ein Kloster gegründet haben. In St-Efflam wurde ihm daher eine kleine Kapelle geweiht; in Plestin bewahrt die Kirche in einem Grabmal aus dem 16. Jh. seine Gebeine.

Lanmeur

Die dreischiffe Krypta der 1904 in Lanmeur erbauten Kirche **St-Mélar** stammt noch aus vorromanischer Zeit. In ihr soll einst der Sarkophag des hl. Mélar gestanden haben. Heute erinnert einzig eine Statue in der Kirche an das Schicksal des jungen Mannes, der Opfer seines machthungrigen Onkels wurde.

✳ **Wallfahrtsort St-Jean-du-Doigt**

Der erste Knöchel des Zeigefingers von Johannes dem Täufer, mitgebracht von einem Kreuzzug: Die Reliquie, die Augenleiden heilen soll, wird seit dem 15. Jh. in der Kirche verehrt, Anne de Bretagne betete hier 1505 mit Erfolg für die Genesung ihres Mannes. Am letzten Junisonntag begeht der Wallfahrtsort einen Pardon. Ein Triumphtor aus dem 16. Jh. gewährt Einlass in den **Pfarrbezirk**. Er besteht aus einer spätgotischen Kirche, deren Turm vom Blitz stark beschädigt wurde, zwei kleinen Beinhäusern aus der Gotik und Renaissance, einer Betkapelle von 1577 und einem Renaissancebrunnen von 1691 mit drei übereinanderliegenden Becken, über denen Gottvater thront und die Taufe seines Sohnes segnet.

✳ **Pointe de Primel**

Rötlich schimmert das Felsenmeer an der wilden Pointe de Primel. Vor der 48 m hohen Landspitze nördlich des Seebades **Primel-Trégastel** reicht der Blick gen Westen weit über die Bucht von Morlaix, gen Osten bis nach Trébeuden an der Côte de Granit Rose.

Der Cairn auf dem höchsten Punkt der **Halbinsel Kernéhélen** ist eines der ältesten Steinzeitmonumente der Welt. Bis 1955 diente das 7000 Jahre alte, 90 m lange, 25–40 m breite und bis zu 9 m hohe Hügelgrab aus der Jungsteinzeit als Steinbruch. Tatsächlich handelt es sich um zwei aufeinander folgende Cairns, die zwischen 5000 und 3500 v. Chr. entstanden sind. Der ältere Cairn besteht aus örtlichem dunklem Dolerit, der jüngere aus hellem Granit von der Insel Stérec. Man fand elf Gänge, die zu rechteckigen oder polygonalen Grabkammern führen, fünf im älteren, sechs im jüngeren Cairn. Knochenfunde gab es kaum, dagegen zahlreiche Tonscherben, die beweisen, dass der Grabhügel über eine lange Zeit benutzt wurde. Zwei Gänge – C und D – sind für Besucher geöffnet. Das versperrte Kuppelgrab A wurde als unechtes Gewölbe aus Schichten von kleinen, überkragenden Steinen errichtet – und damit in einer Technik, die bis dahin nur von kleineren irischen Bauwerken aus dem 6. Jh. n. Chr. bekannt war.

★ ★
Cairn de Barnenez
🕐
Öffnungszeiten:
Mai, Juni tägl.
10.00 – 18.00
Juli, Aug. tägl.
10.00 – 18.30
Sept. – April
Di. – So.
10.00 – 12.30,
14.00 – 17.30

★ ★ Nantes

L 22

Région: Pays de la Loire   **Département:** Loire-Atlantique
Einwohnerzahl: 278 000

Nantes, 60 km vom Atlantik entfernt an der Loire gelegen, war einst die Hauptstadt der Bretagne. Mit ihren Baudenkmälern wie Schloss und der Kathedrale, einem hervorragenden Kunstmuseum und seiner Atmosphäre lohnt die Stadt unbedingt einen Besuch.

Für jeden echten Bretonen ist Nantes bis heute die eigentliche Hauptstadt der Bretagne, auch wenn die Stadt 1981 durch einen Verwaltungsakt zur Hauptstadt des Départements Loire-Atlantique erhoben wurde. Mit ihren Industrien – vor allem Eisen, Glas, Textilien und Lebensmittel – und Dienstleistungsbranchen zählt die sechstgrößte Stadt des Landes zu den bedeutendsten Wirtschaftszentren; die Börse von Nantes ist nach Paris die größte Frankreichs.

Ehemalige Hauptstadt der Bretagne

Die für ihren hohen Lebensstandard bekannte Metropole zeigt ein **vielfältiges Gesicht**: Der Stadtkern vereint eine mittelalterliche Altstadt, eine »Neustadt« aus dem späten 18. Jh., Hightech-Türme, Kanäle und Grünanlagen. Man entdeckt elegante Cafés und schicke Restaurants, vor allem an der Place Royale und der Place du Commerce im Kern der Stadt. Nicht zu übersehen ist das »junge« Flair, zu dem die Universität mit 50 000 Studenten beiträgt. Die Kulturszene zählt zu den kreativsten im Land. Spitzenleistungen erbringt Nantes außerdem im Sport: Der FC Nantes ist achtfacher französischer Fußballmeister. Bestens bekannt ist Nantes auch beim Nachwuchs: Jedes Kind in Frankreich weiß, dass die beliebten Butterkekse Petit Beurre und Choco aus Nantes stammen.

● NANTES ERLEBEN

AUSKUNFT

Office de Tourisme
3 Cours Olivier de Clisson und
2 Place Saint-Pierre
BP 64 106, 44041 Nantes Cedex
Tel. 08 92 46 40 44, Fax 02 40 89 11 99
www.nantes-tourisme.com

VERKEHR

Flughafen Nantes-Atlantique 12 km
südwestlich, TAN-Air-Bus ins Zen-
trum. TGV-Verbindung mit Paris.
Stadtverkehr der TAN (Info: Espace
Transport, Gare Centrale Commerce).
TGV-Verbindung mit Paris (2 Std.).
Schiffsausflüge auf der Loire und dem
Erdre; besonders beeindruckend sind
die abendlichen Fahrten auf dem
Erdre (www.bateaux-nantais.fr).

PASS NANTES

Der Pass Nantes (1 – 3 Tage) umfasst
die Benützung aller öffentlichen
Verkehrsmittel (auch TAN Air und
Navibus), Eintritt für die wichtigen
Sehenswürdigkeiten und Rabatte
in weiteren Attraktionen.

FESTE & EVENTS

Das hochkarätig besetzte Musikfesti-
val »Folle Journée« Ende Januar widmet sich dem Werk eines Komponisten (www.follejournee.fr). Ende Aug.
»Rendez-vous de l'Erdre« (Jazz an den
Erdre-Kais). Okt., im ganzen Département: Celtomania (Veranstaltungen
rund um die bretonische Kultur).
Ende April/Mitte Mai alle fünf Jahre
(wieder 2014) Internationale Blu-
menmesse »Floralies Internationales«.

EINKAUFEN

Eine beliebte Flaniermeile ist die
Rue Crébillon mit Bistros, Boutiquen
und feinen Chocolatiers wie Gau-
thier-Debotte. Auf der Höhe der Rue
Santeuil geht es in die Passage Pommeraye, eine wunderbar nostalgische
Einkaufspassage.

ESSEN

▶ Erschwinglich

① *Lou Pescadou*
8 Allée Baco, Tel. 02 40 35 29 50
Ein Dorado für Liebhaber von Fisch
und Meeresfrüchten, vom Hummer
bis zum Loup de Mer in Salzkruste.
Gegenüber dem Schloss. So. geschl.

② *La Cigale*
4 Place Graslin, Tel. 02 51 84 94 94
Tägl. 7.30 – 0.30 Uhr geöffnet
Nantes besitzt – ohne Übertreibung –
eine der schönsten Brasserien der
Welt. In der »Grille« von 1895
entfaltet sich die ganze Pracht der
Belle Époque. Gute Küche.

③ *Auberge du Château*
5 Place de la Duchesse Anne
Tel. 02 40 74 31 85
Sa.mittag, So. geschl.
Das vornehme Restaurant mit nur
30 Plätzen liegt gegenüber dem
Schloss. Traditionelle Küche.

▶ Preiswert

④ *Les Délices Bretons*
45 Rue du Maréchal Joffre
Tel. 02 28 24 00 25
Ausgezeichnete Galettes und Crêpes
genießt man in diesem schlichten
Lokal. So./Mo. geschl.

ÜBERNACHTEN

▶ Luxus

① *Hôtel de France*
24 Rue Crébillon
Tel. 02 40 73 57 91, Fax 02 40 69 75 75
www.hotelfrancenantes.com
An einer schönen Einkaufsstraße gelegenes Hotel in einem Gebäude aus
dem 18. Jahrhundert. Die elegante
Einrichtung passt zum ausgezeich-

neten Restaurant, das feine regionale Küche serviert.

► **Komfortabel / Luxus**

② *L'Hôtel*
6 Rue Henri IV
Tel. 02 40 29 30 31, Fax 02 40 29 00 95
www.nanteshotel.com
Eine schöne Adresse, zurückhaltend moderne Zimmer, die zum Schloss oder zum Garten liegen. Kein Restaurant, dafür hervorragendes Frühstück. Eigener Parkplatz.

► **Günstig / Komfortabel**

③ *Graslin*
1 Rue Piron
Tel. 02 40 69 72 91, Fax 02 40 69 04 44
www.hotel-graslin.com
Angenehmes Haus in der Nähe der Place Graslin, moderne Zimmer.

► **Günstig**

④ *Cholet*
10 Rue Gresset, Tel. 02 40 73 31 04
www.hotelcholet-nantes.com
Gut gelegenes Mittelklassehaus.

Geschichte

Für keine andere Stadt im Loire-Tal spielte der Fluss eine so große Rolle wie für Nantes. In vorchristlicher Zeit lebten hier die keltischen **Namneten**. Die Römer tauften den Ort nach der Eroberung im Jahr 50 v. Chr. in Portus Namnetum (»Hafen der Namneten«) um, wovon sich Nantes ableitet. Ende des 4. Jh.s eroberten die Bretonen die Stadt, vom 13. Jh. an war sie Sitz der Herzöge der Bretagne. 1532 fiel das Herzogtum an die französische Krone. 1598 unterzeichnete Heinrich IV. hier das berühmte **Edikt von Nantes** (»Toleranzedikt«), das den Protestanten eine bedingte Glaubensfreiheit einräumte. Dank des Seehafens setzte im 16. Jh. ein wirtschaftlicher Aufschwung ein. Eine Blütezeit erlebte Nantes im 18. Jh. als europäisches **Zentrum des Sklavenhandels**. Zwischen 1715 und 1775 verzeichnete man 787 Schiffe, die von hier nach Afrika und von dort, mit Sklaven beladen, zu den Antillen aufbrachen und mit Zuckerrohr, Kaffee, Tabak und Indigo zurückkehrten. Die fetten Jahre endeten mit dem Terreur der Revolution: 1793 ließ der vom Nationalkonvent entsandte J.-B. Carrier über 10 000 Adlige, Priester und andere »Pfeffersäcke«, zu zweien aneinandergebunden, in der Loire ertränken, was als **»mariage républicain«** in die Geschichte einging.

Im 19. Jh. ging die Bedeutung des Hafens zwar stark zurück, da die immer größer werdenden Seeschiffe den Unterlauf der Loire nicht mehr befahren konnten, doch sorgten der 1856 in St-Nazaire am Atlantik angelegte Hafen und die Ansiedlung weiterer Industrien für einen erneuten Aufschwung. 1920 – 1930 wurden zwei Loire-Seitenarme zugeschüttet, die Inseln Feydeau und Gloriette an das rechte Loire-Ufer angeschlossen und der Nebenfluss Erdre in einen Tunnel geleitet, über den heute der Stadtverkehr braust.

1940 besetzten deutsche Truppen die Stadt an der Loire. Als 1941 der deutsche Stadtkommandant Hotz von der Résistance getötet wurde, erschossen die Besatzer als Vergeltung 50 Geiseln. Daran erinnert der **»Cours des 50 Otages«** (Straße der 50 Geiseln). Im September 1943 zerstörten Bombenangriffe der Alliierten das Stadtzentrum und den

Highlights Nantes

Château des Ducs de Bretagne
Mächtige Festung mitten in der Stadt
und Museum zur Geschichte von Nantes
und der Bretagne
▶ **Seite 296**

**Cathédrale
Saint-Pierre-et-Saint-Paul**
Kathedrale mit berühmtem Grabmal
▶ **Seite 297**

Musée des Beaux-Arts
Das Kunstmuseum zeigt Gemälde
aus acht Jahrhunderten von Malern
aus europäischen Ländern.
▶ **Seite 298**

Passage Pommeraye
Eine der schönsten Konsumtempel
des 19. Jahrhunderts
▶ **Seite 300**

Hafen. Beim Wiederaufbau entstanden im Süden zahlreiche neue
Viertel, darunter die Cité Radieuse nach Plänen von Le Corbusier
(1953 – 1955).
In Nantes wurden u. a. Anne de Bretagne (1477 – 1514), der Schrift-
steller Jules Verne (1828 – 1905) und 1940 die Karikaturistin Claire
Brétécher geboren.

Sehenswertes in Nantes

Stadtanlage   Nantes erstreckt sich zu beiden Seiten der Loire. Das Stadtzentrum
liegt nördlich des Flusses, im Süden liegen zahlreiche neue Viertel,
darunter die Cité Radieuse. Nördlich der Loire gibt es zwei Zentren:
Im Osten liegt die kleine mittelalterliche Stadt mit Herzogsschloss
und Kathedrale, im Westen die vor allem im 18. Jh. entstandenen
Viertel um die Plätze Royale, Graslin und du Commerce. Beide Gebiete lassen sich gut zu Fuß entdecken.

Le Lieu Unique   Der ungewöhnliche Turm beim Bahnhof vom Anfang des 20. Jh.s gehörte ursprünglich zur Keksfabrik LU (Lefèvre-Utile). Heute ist sie
ein lebendiges Kulturzentrum mit Restaurant, Bar, Café und Buchla-
den. Das vielfältige Veranstaltungsprogramm des »Lieu Unique« umfasst Theater, Tanz Literatur, bildende Kunst, Musik und Festivals
(www.lelieuunique.com). Vom Turm genießt man einen herrlichen
Blick über Nantes.

★
Château des
Ducs de Bretagne   »Donnerwetter! Unsere lieben Herzöge der Bretagne waren aber keine mickrigen Gesellen!« soll Heinrich IV. 1598 beim Anblick des von
mächtigen Wehrmauern und einem Wassergraben umgebenen
Schlosses ausgerufen haben. Das Schloss erhebt sich an der Stelle römischer Wälle und den Resten einer Burg aus dem 12./13. Jahrhundert. Es entstand 1466 unter **Franz II.**, Herzog der Bretagne; seine
hier geborene Tochter Anne ließ es vergrößern. In der Schlosskapelle

heiratete die 22-jährige Anne 1499 König Ludwig XII.; 1532 wurde im Schloss die Vereinigung der Bretagne mit dem Königreich Frankreich verkündet, 1598 von Heinrich IV. das Edikt von Nantes unterzeichnet. 1800 explodierten in der Tour des Espagnols Pulvervorräte, wobei Teile des Schlosses, u. a. die Kapelle, zerstört wurden.

Nach 15-jähriger Renovierung strahlt das Schloss in neuem Glanz. Es beherbergt das **Musée de l'Histoire de Nantes**, in dem mit moderner Medientechnik die Stadtgeschichte anschaulich dargestellt wird. Öffnungszeiten für Schloss und Museum: Juli/Aug. tägl. 10.00 – 19.00 Uhr, sonst Di. – So. 10.00 – 18.00 Uhr.

◀ Museum zur Stadtgeschichte von Nantes
🕐

Von der Place Marc-Elder führt eine im 18. Jh. angelegte Brücke zur ehemaligen Zugbrücke, die links von der Tour du Pied-de-Biche und rechts von der Tour de la Boulangerie (Bäckereiturm) flankiert wird. Durch den Saal der drei Kamine (Salle des trois cheminées) kommt man in den Innenhof, in dem früher Turniere veranstaltet wurden. Über eine elegante Doppelfreitreppe aus dem 17. Jh. erreicht man den Eingang des 1684 nach einem Brand wieder aufgebauten **Grand Gouvernement**. Im Untergeschoss befanden sich zu Zeiten der Herzöge die Gefängnisse, darüber die Räume der Wachen und die Küchen. Im ersten und zweiten Stock folgten die fürstlichen Wohnräume und im Dachgeschoss die der Bediensteten. Südlich schließt sich der zierliche **Treppenturm** (Tour de la Couronne d'Or) an; vor ihm steht der unter Franz II. entstandene Brunnen mit einem schmiedeeisernen Baldachin, der die bretonische Herzogskrone darstellt.

Im eindrucksvollen **Grand Logis** (Großer Wohnbau) mit fünf reich verzierten Lukarnen (Erkern) auf dem Dach wohnte die letzte bretonische Thronerbin Anne. Der **Petit Gouvernement** (Kleiner Gouverneursbau) wurde im Renaissancestil erbaut; der kleine Pavillon de la Rivière (Flusspavillon) folgte im 18. Jh., das **Zeughaus** (Harnachement) für Pferdegeschirr und Rüstungen 1784. Davor erhebt sich der alte Bergfried (Donjon) aus dem 14. Jahrhundert. Von der begehbaren Ringmauer blickt man auf die ehemalige Insel Feydeau mit prunkvollen Reederhäusern. Wo heute der Verkehr auf dem Cours J. F. Kennedy tost, floss einst ein Seitenarm der Loire.

Über die Brücke in den Innenhof

Die Kathedrale von Nantes nördlich des Schlosses bietet trotz der langen Bauzeit von 1434 bis 1891 ein einheitliches Bild. An der zwei 63 m hohen Türmen flankierten Westfassade ist über dem Hauptportal ein schönes spätgotisches Fenster zu bewundern. Die Reliefs am nördlichen Seitenportal erzählen die Leidensgeschichten der Märtyrer Rogatianus und Donatianus (304). Der Kalkstein lässt das Innere hell und nüchtern wirken, er ermöglichte auch die große Höhe (37,7 m) des 102 m langen Hauptschiffs. Im rechten Querschiff steht das berühmte Grabmal des letzten bretonischen Herzogs Franz II. († 1488) und seiner Gemahlin Margarethe de Foix, ein Renaissance-Meisterwerk von Jean Perréal, ausgeführt von Michel Colombe von 1507 – laut Châteaubriand »**das Meisterwerk der katholi-**

★
Cathédrale St-Pierre-et-St-Paul

schen Kunst in Frankreich«. Vier große Statuen an den Ecken stellen die Kardinaltugenden dar, die ein Herrscher besitzen sollte: Gerechtigkeit (mit Schwert), Kraft (mit Helm und Harnisch), Vorsicht (die doppelgesichtige Figur schaut nach vorn und hinten) und Mäßigung (mit Zügel). Unter den Liegefiguren stehen in den Nischen Statuen der Trauernden, u. a. Franz von Assisi und die hl. Margarete als Schutzpatrone des Paars, die Apostel sowie weinende Frauen.

Am Anfang des Chorumgangs führt eine Treppe in zwei Krypten aus dem 11. Jh.; in der vorderen ist der Kathedralschatz ausgestellt, in der hinteren befindet sich die Bischofsgruft. Eine dritte Krypta präsentiert eine Dauerausstellung über die Geschichte der Kathedrale. Südlich der Kathedrale blieb der spätgotische Anbau der **Psalette** (Kapitelhaus; 1502) erhalten.

Musée des Beaux-Arts

Das **Kunstmuseum** in einem stattlichen Gebäude aus dem späten 19. Jh. nordöstlich der Kathedrale ist eines der wichtigsten Stadtmuseen Frankreichs (Öffnungszeiten: Mi. – Mo. 10.00 – 18.00, Do. bis 20.00 Uhr). Es besitzt Gemälde vom 13. bis zum 20. Jh., darunter Meisterwerke aus Italien, Flandern, Holland und Frankreich von Courbet,

Nantes Orientierung

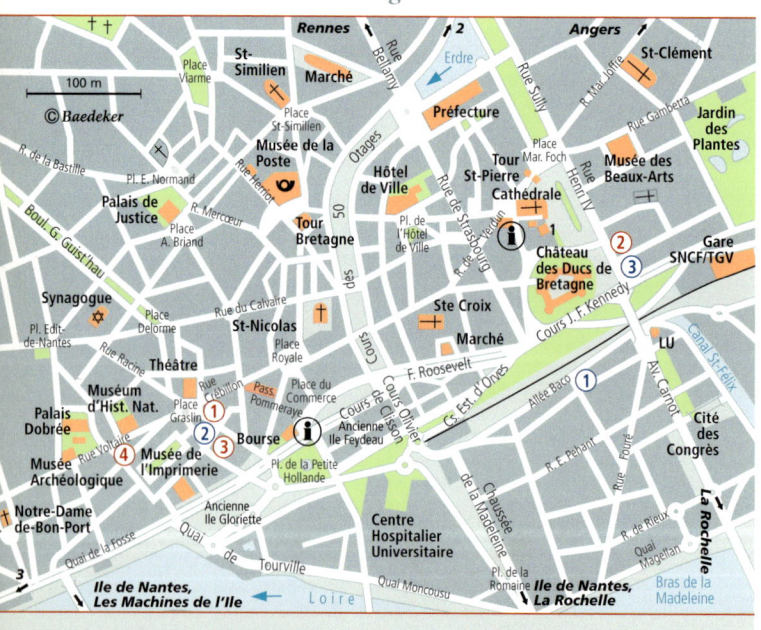

1 La Psalette
2 Quai de la Motte-Rouge
3 Musée Jules Verne

Essen
① Lou Pescadou
② La Cigale
③ Auberge du Château

Übernachten
① Hôtel de France
② L' Hôtel
③ Graslin
④ Cholet

Signac, Dufy, Delaunay, Chagall, Picasso, Dubuffet, Tinguely. Besonders sehenswert sind Werke der Schule von Pont-Aven und zwölf Bilder von Kandinsky aus seiner Zeit am Bauhaus.

Der schöne Botanische Garten ging aus einem 1688 gegründeten Apothekergarten hervor, der aus Platzgründen 1805 in das Gelände eines Ursulinenkonvents verlegt wurde. In den 1850er-Jahren entstand hier ein **Landschaftspark im englischen Stil** mit alten Bäumen, Wasserläufen und einem See.

Jardin des Plantes

Die einstige Flussinsel war das Wohnviertel der reichen Reeder. Im Volksmund hieß sie auch Quartier des Négriers, in Anspielung auf die durch den Sklavenhandel reich gewordenen Kaufleute. Ihre schönen Palais entstanden 1740–1780: Über den Läden im Erdgeschoss lagen die herrschaftliche Wohnung und darüber Mietwohnungen. 1926–1938 wurde die Ile Feydeau an die Stadt angeschlossen, die Nebenarme der Loire und ihres Zuflusses Erdre wurden zugeschüttet und zu breiten Straßenzügen umfunktioniert.

Ile Feydeau

Trotz über 400jähriger Bauzeit bietet St-Pierre-et-St-Paul ein einheitliches Bild.

Zwischen dem Cours Olivier de Clisson und der Place de la Petite Hollande stehen prächtige Häuser im klassizistischen Stil – die Rue Kervégan gehört zu den schönsten Straßen in Nantes – mit schmiedeeisernen Gittern und Balkonen. Am Cours Olivier de Clisson steht das Geburtshaus von Jules Verne (Hausnummer 4).

Viertel um Ste-Croix

Ein Gewirr aus engen Gassen und hohen Fachwerkhäusern prägt das Viertel um die Place Ste-Croix. Die gleichnamige Kirche (17. Jh.) wird vom Stadtglockenturm (1848) überragt. Auf der malerischen **Place du Bouffay**, dem ältesten Platz, findet seit dem 15. Jh. vormittags (außer Mo.) ein bunter Gemüsemarkt statt.

Place Royale

Westlich des Cours des 50 Otages ragt die 1975 gebaute 24-stöckige **Tour de Bretagne** auf. Südlich davon die 1790 angelegte Place Royale, einer der zentralen Plätze der Stadt. In der Mitte steht ein großer Brunnen aus bläulichem Granit (1865). Seine Marmorfigur auf der Spitze symbolisiert die Stadt Nantes, die vier Eckfiguren stellen die Nebenflüsse der Loire dar: Cher, Erdre, Loiret und Sèvre.

Passage Pommeraye ★

Die Einkaufsstraße Rue Crébillon mit ihren Geschäften internationaler Modedesigner verbindet die Place Royale mit der Place Graslin. Auf Höhe der Rue Santeuil hat man Zugang zur Passage Pommeraye von 1843. Mit dem Gemisch aus Stuckwerk, Büsten, Säulen und schmiedeeisernen Gittern gehört sie zu den schönsten Konsumtempel des 19. Jh.s (Architekten: J.-B. Buron, H. Durand-Gasselin).

Place Graslin

Die halbkreisförmige, dem Pariser Odéon nachempfundene Place Graslin trägt den Namen des reichen Finanzmanns Jean-Joseph-Louis Graslin, oberster Steuereinnehmer für die königlichen Landgüter. Er hatte von der Stadt den Grund erworben und Mathurin Crucy mit der Bebauung des Platzes und dem Bau des Grand-Théâtre (1783 – 1788) an der Nordseite beauftragt.

Museen

Im **Musée d'Histoire Naturelle** (Naturkundemuseum) in der Münzanstalt von 1875 sind Muscheln und Mineralien aus aller Welt, Fossilien und Zeugnisse der Vorgeschichte sowie ein Vivarium mit Reptilien und Amphibien zu sehen (Öffnungszeiten: Mi. – Mo. 10.00 – 18.00 Uhr). Im Palais Dobrée sind das **Musée Dobrée** und das **Musée Archéologique** (Archäologisches Museum) untergebracht. Thomas Dobrée (1810 – 1895) war ein wohlhabender Nantaiser Reeder, der leidenschaftlich Kunstgegenstände sammelte. Um ihnen einen würdigen Rahmen zu verschaffen, baute er ein Museum, das im Todesjahr des Bauherrn und Sammlers eingeweiht wurde. Die Sammlung umfasst Exponate aus vielen Jahrhunderten und Erdteilen, darunter Gemälde, Möbel, Wandteppiche, Kunsthandwerk, Manuskripte und wertvolle Bücher. Das Archäologische Museum zeigt einen altsteinzeitlichen Feuerstein, griechische und etruskische Keramik sowie eine ägyptische Sammlung. Eine herzförmiger Reliquienschrein von 1514 enthielt einst das Herz der Anna von Bretagne. Beide Museen sind wegen Umbaus voraussichtlich bis 2015 geschlossen. Südlich dieser Museen liegt am Quai de la Fosse das **Musée de l'Imprimerie** (Buchdruckmuseum), das über die traditionellen Berufe rund um Drucktechnik und Grafikkunst informiert. Besucher können die Maschinen selbst bedienen und die alten Werkzeuge benutzen, die fünf Jahrhunderte lang zur Verbreitung von Schrift und Bild beigetragen haben. Öffnungszeiten: Mai–Sept. Mo.–Sa. 10.00 bis 12.00, 14.00–17.30 (Juli/Aug. nur Mo.–Fr.), Okt.–April So. 14.00–17.30).

Ebenfalls am Quai de la Fosse liegt im Nordarm der Loire ein 133 m langes, 1956/1957 erbautes Geleitboot der Kriegsmarine (Musée Naval Maillé Brézé; zugänglich im Sommer tägl. 14.00–18.00 Uhr, sonst eingeschränkt).

Das weiter flussabwärts oberhalb des Hafens gelegene **Musée Jules Verne** in einem großbürgerlichen Haus des 19. Jh.s (3 Rue de l'Hermitage) ist dem Science-Fiction-Schriftsteller Jules Verne gewidmet, der 1828 auf der Insel Feydeau geboren wurde. Auf zwei Stockwerken sind Briefe, Fotos, Manuskripte, Modelle und andere Andenken ausgestellt. Öffnungszeiten: Mi.–Mo. 10.00–12.00, 14.00–18.00 Uhr, So.vormittag geschlossen.

Ile de Nantes

Auf der 5 km langen Loire-Insel wurden noch bis 1988 Schiffe gebaut. Nach Jahren des Niedergangs wird die Insel nun wieder »zum Leben erweckt«: Erster Prestigebau war der schwarze Monumentalquader des Nouvel Palais de Justice des Stararchitekten Jean Nouvel im Jahr 2000. In einer ehemaligen Schiffswerfthalle hat der berühmte Straßenzirkus Royal de Luxe mit seinen Elefanten, Riesenpuppen und anderen technischen Spielzeugen eine feste Adresse gefunden (Blvd. Léon-Bureau). Am Westrand der Insel entstand in einer ehemaligen Bananenlagerhalle der Freizeikomplex Hangar à Bananes mit Restaurants, Diskothek und Ausstellungen (Quai des Antilles).

> **!** *Baedeker* TIPP
>
> **An Bord des Großen Elefanten**
> Zu einem ungewöhnlichen Spaziergang lädt der »Große Elefant« ein: An Bord der 12 m hohen Dickhäuter-Maschine können bis zu 45 Personen ein ungewöhnliches Spektatkel erleben (Info unter www.lesmachines-nantes.fr).

Umgebung von Nantes

Südlich und östlich von Nantes, entlang der Loire, erstreckt sich das Anbaugebiet des Muscadet, bekannt ist v. a. der Muscadet de Sèvre-et-Maine, der aus der Sorte Melon de Bourgogne gemacht wird.

Weinanbau im Pays Nantais

Das 1480–1485 aus Schiefer und Tuff in den Weinbergen erbaute Schloss (8 km östlich des Zentrums von Nantes) erinnert an die Loire-Schlösser. So zieren auch hier polygonale Türmchen und Pavil-

Château de Goulaine

lons das Wohngebäude (Corps de Logis). Innen die reich dekorierten Wohnräume von Gabriel de Goulaine (17. Jh.). Eine Dauerausstellung illustriert die LU-Keksfabrikation von 1800 bis heute. Attraktion im Garten ist eine begehbare Volière mit **seltenen Schmetterlingen**. Höhepunkte im Veranstaltungskalender sind Open-Air-Opern (Juli, Aug.) und ganzjährig Weinverkostungen. Geöffnet 14.00 – 18.00 Uhr, Juli/Aug. tägl., 27. März – Juni und Sept. – 6. Nov. nur Mi., Sa., So.

Champtoceaux

Der schöne Ausflugsort Champtoceaux liegt ca. 30 km östlich von Nantes auf einem bewaldeten Hügel über dem südlichen Loire-Ufer. Von der **Promenade du Champalud** hat man eine herrliche Aussicht über das Tal der Loire. Von der alten Festung, die 1420 geschleift wurde, sind noch Reste erhalten.

Ancenis

Rund 40 km östlich von Nantes liegt der Weinort Ancenis am Nordufer der Loire. Einst war er eine Festung an der Südgrenze der Bretagne. Von der 980 errichteten Burg sind nur noch Mauerteile, die Eingangstürme (15. Jh.) und das Wohngebäude aus der Renaissance (1535) erhalten. Im Ortskern stehen viele schiefergedeckte Häuser aus dem 16./17. Jh.; beachtenswert ist auch die Kirche St-Pierre-et-St-Paul (15./16. Jh.) mit einem Fresko aus dem 15. Jahrhundert.

Clisson

Auf einer Anhöhe über dem Zusammenfluss von Sèvre Nantaise und Moine beherrscht die Ruine einer Burg aus dem 13.Jh. mit wuchtigen Bastionen und drei Meter dicken Mauern die Kleinstadt Clisson (6000 Einw., 24 km südöstlich von Nantes). Für König Franz II. war die Festung eine seiner Lieblingsresidenzen, wohl auch, weil der letzte Herzog der Bretagne hier 1471 Marguerite de Foix heiratete, die Mutter von Anne de Bretagne. 1793 wurden Stadt und Burg während der Vendéekriege völlig zerstört. Beim Wiederaufbau verwirklichten die Gebrüder Pierre und François Cacault und François-Frédéric Lemot ihr Ideal einer **italienischen Renaissancestadt**, was der Stadt den Beinamen »l'Italienne« einbrachte. Die schmale Rue des Halles führt zu einer **Markthalle** (17. Jh.) mit beeindruckendem Holz-Dachstuhl. Auf ihrer Rückseite steht die italienisch anmutende Kirche Notre-Dame. Vor den Zerstörungen der Revolutionswirren verschont blieben die westlich der Place St-Jacques gelegene Kapelle St-Jacques (12. Jh.) und die Kirche La Trinité (16./17. Jh.). Die Templerkirche (12. Jh.) ist eine Ruine. Auch seinen Landsitz vor den Toren der Stadt, in einer Schleife der Sèvre, gestaltete Lemot 1820 – 1827 nach italienischem Vorbild – ein Landhaus inmitten einer Parklandschaft mit neoklassizistischen Kunstwerken.

Blain

Château de la Groulais ▶

Blain, 34 km nördlich von Nantes zwischen Redon, St-Nazaire, Nantes und Châteaubriant gelegen (7 900 Einw.), war zur Römerzeit ein wichtiger Verkehrsknoten. Die Stadt wird von dem 1824 – 1840 angelegten **Nantes-Brest-Kanal** durchquert. Eine erste Burg entstand um 1104 im Auftrag des Herzogs der Bretagne; die späteren Besitzerfamilien Clisson und Rohan erweiterten die Anlage. Vom **Schloss** erhalten sind der Turm der Zugbrücke (Tour du Pont-Levis; 14. Jh.), der Wohntrakt des Königs (Logis du Roi; 15. Jh.) sowie der davor gelegene schmucklose Turm des Konnetabel (Tour du Connétable, 1386).

Das sehenswerte Heimatmuseum (Musée de Blain; Öffnungszeiten: Di. – Fr. 10.00 – 12.00, 14.00 – 18.00, Sa. 14.00 – 17.30 Uhr) besitzt eine Sammlung von Krippen aus aller Welt.

Zu vergnüglichen Ausritten, Radtouren und Wanderungen auf breiten, schnurgeraden Alleen und gewundenen Pfaden lädt der wildreiche Staatsforst von Gâvre im Norden von Blain ein. Am Wegesrand sind das Musée du Gâvre in einem Herrenhaus aus dem 17. Jh. und die Kapelle La Magdeleine (12. Jh.) einen Besuch wert.

◀ Forêt de Gâvre

Paimpol

B 13

Département: Côtes d'Armor　　　　**Einwohnerzahl:** 7900

»Die alten Dächer erzählen vom jahrhundertelangen Kampf gegen den Westwind«, schrieb Pierre Loti 1886 in seinem Roman »Die Islandfischer«. Damit machte er die kleine Hafenstadt und das harte Leben der Hochseefischer berühmt, die von Paimpol aus vor Island nach Dorsch fischten, berühmt. Fisch und Meeresfrüchte sind noch immer eine der Haupteinnahmequelle der Stadt.

 ## PAIMPOL ERLEBEN

AUSKUNFT

Office Intercommunal
de Tourisme Paimpol-Goëlo
Place de la République, B.P. 234
22500 Paimpol
Tel. 02 96 20 83 16, Fax 02 96 55 11 12
www.paimpol-goelo.com

FESTE & EVENTS

In ungeraden Jahren feiert man im August rund um den Hafen die Fête du Chant de Marin, das Fest der Seemannslieder mit Besuchern aus der ganzen Bretagne. Ende Oktober widmet sich das Festival Transaquatique mit Ausstellungen, Konzerten, Lesungen und maritimem Antiquitätenmarkt dem Thema Wasser.

Baedeker-Empfehlung

Volldampf voraus!
Zwischen Juni und Sept. dampft eine 110 t schwere Lok mit 1300 PS von 1932 und 100 Jahre alten Waggons am Trieux entlang von Paimpol nach Pontrieux und zurück. Unterwegs bietet sich ein einzigartiger Blick auf das Château de Roche-Jagu (15. Jh.). Info: La Vapeur du Trieux, Tel. 08 92 39 14 27, www.vapeurdutrieux.com.

ESSEN

▶ Erschwinglich

Du Port
Quai Morand
Tel. 02 96 20 82 76
www.paimpol-restaurant-du-port.com
Mit Ausblick auf den Hafen genießt man hier fangfrische Meeresfrüchte.

ÜBERNACHTEN

▶ Komfortabel

K' Loys
21 Quai Morand
Tel. 02 96 20 40 01
Fax 02 96 20 72 68
www.k-loys.com
Guy Conan hat das Reederhaus aus dem 19. Jh. in eine elegante Herberge mit 15 Zimmern verwandelt. Direkt am Port de Plaisance gelegen.

La Vieille Auberge
Le Bourg, 22870 Ile-de-Bréhat
Tel. 02 96 20 00 24, Fax 0296 20 05 12
www.brehat-vieilleauberge.com
Von der Pointe de l'Arcouest fahren Boote zur Insel Bréhat. Es war ein Korsar, der 1711 das nostalgische Steinhaus erbaute, in dem man heute stilvoll wohnen und ausgezeichnet Fisch und Meeresfrüchte essen kann.

Inspiriert von Loti, komponierte Théodore Botrel (1868 – 1925) die »Paimpolaise«. Diese Hommage an einen bretonischen Fischer wurde zur inoffiziellen Nationalhymne der Bretagne. 1852 hatte der einheimische Reeder Louis Morand mit seiner »Occasion« das erste Fangschiff für die Jagd nach Dorschen – franz. »morue« – auf die Islandroute gebracht. 1895 fuhren mehr als 80 Zweimaster aus, darunter 400-t-Schoner mit 20 Mann Besatzung. Sechs Monate lang wurde gefischt, geschlachtet, eingesalzen. Das Überangebot an Fisch und die Dampfschifffahrt beendeten das einträgliche Geschäft. 1935 verließen die letzten beiden Schiffe den Hafen. Längst sind die Fischer auf den Fang von Krustentieren und die Muschelzucht umgestiegen.

Sehenswertes in Paimpol

✶
Altstadt
In den verwinkelten Gassen und Fachwerkhäusern rund um die **Place du Martray** ist noch die Atmosphäre von einst zu spüren. In der Rue de l'Eglise 5 seitlich der Place Martray wohnte **Pierre Loti** während seiner Aufenthalte in Paimpol, und hier »lebte« auch seine Romanheldin Gaud Mével.

Musée du Costume Breton
🕑
Festtrachten, Arbeitskleidung und Spitzenhauben des Pays Trégor-Goëlo von 1820 bis 1930 zeigt das Museum in der Rue Raymond Pellier. Öffnungszeiten: Anf. Juli – Anf. Sept. tägl. 15.00 – 19.00 Uhr.

Musée de la Mer
🕑
In der Rue de Labenne, wo um 1880 Dorsche getrocknet und konserviert wurden, erzählt ein Meeresmuseum von der harten Arbeit der Hochseefischer. Öffnungszeiten: Mitte April – Mitte Juni, Sept. tägl. 14.00 – 18.00, Mitte Juni – Aug. tägl. 10.30 – 12.30, 14.30 – 18.30 Uhr; www.museemerpaimpol.com.

Paimpol, einst wichtiger Fischereihafen, heute ein freundlicher, lebhafter Ferienort

Am Rond Point du Goëlo beginnt der markierte **Wanderweg** »PR du **Pointe Guilben** Pays du Islandais« zur Spitze der schmalen Landzunge Guilben mit Blick auf die kleine Ile Blanche.

Umgebung von Paimpol

Von der **Pointe de l'Arcouest** sind westlich von Bréhat die Insel Modez und der Sillon de Talbert zu erkennen. Zwei rosafarbene Granitblöcke erinnern an die Kernphysiker Irène und Frédéric Joliot-Curie, die hier öfter ihre Ferien verbrachten. Vom Anleger setzen Boote in 15 Min. zur Insel Bréhat über oder schippern den Trieux hinauf zum Schloss Roche-Jagu.

! *Baedeker* TIPP

Mémoire d'Islande

Mit Fotos, Seekarten und Bordzeitungen gedenkt das Museum an der Place de Marie in Ploubazlanec der Islandfischer, die nicht mehr von ihrer Fahrt zurückkehren – »perdu en mer«. Ein Saal ist Pierre Loti gewidmet. Öffnungszeiten: Juli – Mitte Sept. Di. – So. 10.00 – 12.00, 14.30 – 18.30 Uhr.

Wehrhaft: Schloss Roche-Jagu

Der Golfstrom macht aus der autofreien **Ile de Bréhat** – es gibt nur einige Traktoren und zwei Krankenwagen – eine subtropische Blumeninsel: Palmen, Mimosen, Feigen und Eukalyptus wachsen auf der 3,5 km langen und 1,5 km breiten »Ile des Fleurs«. Die Fährschiffe legen in **Port-Clos** an. Es ist auch Ausgangspunkt 50-minütiger Schiffsrundfahrten entlang der stark gegliederten Küste: Auf rosafarbene Felsklippen folgen einladende Strände. Die Insel lässt sich gut zu Fuß, per Leihrad oder mit dem »Inseltaxi« erkunden, einem von einem Traktor gezogenen Anhänger. Hauptort ist **Le Bourg**. Seine im 12. Jh. begonnene Ortskirche ziert ein Glockenturm im Stil von ►Lannion. Nordwestlich steht die Kapelle St-Michel von 1852; 39 Stufen führen zu einer kleinen Anhöhe mit Ausblick. Das 1788 aufgestellte »Croix des Maudez« erinnert an Maudez, der 570 auf der Nachbarinsel ein Kloster gründete. Die Brücke Pont ar Prat erschließt den kargeren Norden der Insel mit zwei Leuchttürmen. In der Mitte ragt der Phare du Rosédo von 1862 auf, an der äußersten Spitze der Phare du Paon, der 1949 erneuert wurde.

✷
Abbaye de
Beauport

Die malerische Ruine 2 km südöstlich von Paimpol ist ein Resozialisierungsprojekt für Strafgefangene: Sie restaurieren das Prämonstratenserkloster Notre-Dame de Beauport. Es wurde 1202 von Alain du Goëlo gegründet, 1790 von Revolutionstruppen zerstört und in eine Pulverfabrik verwandelt. Von der Abtei aus dem 13./14. Jh. blieben die Außenmauern, das dachlose Langhaus, das nördliche Seitenschiff und der linke Teil des Querschiffs erhalten sowie Reste von Refektorium, Fürstensaal und Weinkeller. Schon jetzt wird die einstige Abtei für Konzerte und andere Veranstaltungen genutzt.

Ste-Barbe ►

Die Kapelle Ste-Barbe, im 18. Jh. auf einer nahen Klippe errichtet, war einst Pilgerort für die Islandfischer.

✷
Château de
la Roche-Jagu
⏱

Das Anfang des 15. Jh.s am linken Ufer des Trieux erbaute Schloss mit 30 ha großem Garten zeigt interessante Wechselausstellungen. Der überdachte Wehrgang eröffnet weite Ausblicke auf die Flussschleife. Öffnungszeiten: Juni und Sept. – Mitte Okt. 10.00 bis 12.00, 14.00–18.00, Juli/Aug. 10.00 – 13.00, 14.00 – 19.00 Uhr.

Wahrzeichen der Kleinstadt mit einigen alten Häusern und der Kirche St-Jean Baptiste ist eine eiserne Schrägseilbrücke, die seit 1925 den langen Mündungstrichter des Trieux überspannt.

Lézardrieux

✱ Pont-Aven

G 9

Département: Finistère   **Einwohnerzahl:** 3200

Der Geist der Großen ist noch spürbar: Bis heute ist das schmucke Städtchen ganz dem Erbe der Künstlerkolonie um Paul Gauguin verpflichtet, der hier Ende des 19. Jh.s mit seinen Malerkollegen die »Schule von Pont-Aven« ins Leben rief.

Heute leben zwei Dutzend **Galerien** von der Magie des Orts und zeigen Arbeiten junger Künstler aus Pont-Aven und der Region. Teilweise werden auch Malkurse in den Ateliers abgehalten, etwa bei Jean-Loup Cariou, 6 r Abbés Tanguy, Tel. 02 98 06 02 28.

Sehenswertes in Pont-Aven

Reizvoll ist ein Spaziergang entlang des Flusses auf der **Promenade Xavier Grall** (1930 – 1981) mit historischen Mühlen, benannt nach dem Dichter und Journalisten, der mehrere Jahre hier lebte.

»Stadt der 14 Mühlen«

Das Museum an der Place de l'Hôtel de Ville zeigt Gemälde von Paul Gauguin, Émile Bernard, Paul Sérusier und Maurice Denis. Fotos, Zeitungsausschnitte und eine Diashow informieren über die »Schule von Pont-Aven«. Öffnungszeiten: Febr. – Dez. tägl. 10.00 – 12.30, 14.00 – 18.00 Uhr, Juli, Aug. tägl. 10.00 – 19.00.

✱

Musée de Pont-Aven

🕐

Eine Gedenktafel an der Maison de la Presse erinnert an die Pension der **Marie-Jeanne Gloanec**, in der die meisten Maler wohnten. Madame Gloanec hatte ein Herz für die jungen Talente, auch wenn nur die wenigsten von ihnen pünktlich ihre Miete zahlen konnten. Ihre Motive fanden Gauguin und seine Malerkollegen vorzugsweise im **Liebeswäldchen** oberhalb des Aven-Tals.

Bois d'Amour

Umgebung von Pont-Aven

Auf einer Anhöhe 1 km nördlich lohnt die gotische Trémalo-Kapelle den Besuch. Ihr bunt bemaltes Kruzifix aus dem 17. Jh. inspirierte Gauguin 1889 zu seinem »**Gelben Christus**«.

✱

Chapelle de Trémalo

Der Kalvarienberg der Pfarrkirche von Nizon, 3 km westlich, stand Gauguin 1889 Modell für seinen »**Grünen Christus**«. Die schönen Glasfenster schuf Job Guével 1953.

Nizon

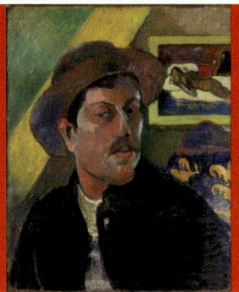

*Paul Gauguin:
Selbstporträt
von 1893*

AUFBRUCH IN DIE MODERNE

Auf der Suche nach ursprünglichem Leben treibt es in der zweiten Hälfte des 19. Jh.s etliche zivilisationsmüde Künstler aus den Großstädten in die Provinz. Das geruhsame bretonische Dorf Pont-Aven ist bereits eine internationale Künstlerkolonie, als der Autodidakt Paul Gauguin aus Paris 1886 dort eintrifft und der Malerei wegweisende Impulse gibt.

Sein Pariser Künstlerkollege und Freund Schuffenecker hatte **Paul Gauguin** nicht zuviel versprochen, als er wiederholt von der rauen Schönheit der Bretagne schwärmt. Von Juni bis November 1886 dauert Gauguins erster Aufenthalt in Pont-Aven, wo er für nur 65 Francs im Monat in der Pension von Madame Gloannec wohnt und dort die Maler Charles Laval und Emile Bernard kennenlernt. Von Anfang an fasziniert Gauguin die Landschaft, die Pflege der Traditionen und die einfache Lebensführung. Bis 1883 hatte der Börsenmakler Gauguin die Malerei nur als Hobby betrieben, war aber durch die frühe Freundschaft mit Camille Pissarro in den Kreis der Impressionisten aufgenommen worden und stellte 1880–1886 gemeinsam mit ihnen aus. Als sich ihre Wege auf dem Höhepunkt des Erfolgs trennen, kündigt Gauguin seinen Job. Seine dänische Frau verlässt ihn und nimmt alle fünf Kinder mit. Mittellos, aber unbeschwert kann Gauguin sich nun ganz der Malkunst widmen.

Die Schule von Pont-Aven

In Pont-Aven ist das Leben spottbillig und zwanglos. Hier findet Gauguin Gleichgesinnte und die Modelle für seine eigenwilligen Bilder. Mit einer neuen Formel aus bewusst abgegrenzten Flächen und expressiven bunten Farben, mit viel Suggestivkraft und Symbolgehalt finden Gauguin und seine Mitstreiter schließlich ihren persönlichen Stil, der als **Synthetismus** in die Kunstgeschichte einging. Unter Vermeidung aller illusionistischen Effekte, einschließlich des Verzichts auf Schattenwirkung, werden Linien und Formen vereinfacht. Die Pont-Aven-Schüler setzen auf den Eigenwert der Farben, die nur mittels schwarzer Konturen voneinander getrennt werden. Auch machen sie sich frei davon, dass die Farbe der Gegenstände und Figuren immer der Wirklichkeit entsprechen muss. Nach seinem Besuch der Kirche von Tremalo und des Kalvarienbergs von Nizon malt Gauguin zwischen 1888 und 1889 den berühmten **Gelben Christus** und den **Grünen Christus** in einfachs-

Expressionistische Konturen, intensive Farbgebung: »Bretonische Tangsammler« (1889) von Paul Gauguin

ten Formen. Die subjektiven gefühls-betonten Farben verleihen dem geistigen Gehalt mehr Bedeutung als die Abbildungstreue. Das Gesehene soll bildhaft transformiert werden, wie es Gauguin dem jungen Maler Sérusier im Bois d'Amour erklärt: »Wie siehst du diesen Baum, ist er wirklich grün? Dann trage etwas Grün auf … und dieser Schatten – ziemlich blau? Dann fürchte dich nicht, ihn so blau wie möglich zu malen.« Auf diese Weise

Chamaillard, Emile Jourdan und Maxime Maufra. Aus den Niederlanden stammen Jacob Meyer de Haan und Jan Verkade, aus Dänemark Jens Ferdinand Willumsen, Gad Frederick Clement und Mogens Ballin. Neben den Engländern Robert Bevan und Eric Forbes-Robertson gehören auch der Ire Roderic O'Conor, der Schweizer Cuno Amiet und der Pole Wladyslaw Slewinski zu den Malern von Pont-Aven, die zwischen 1886 und

»Kopieren Sie die Natur nicht zu sehr. Kunst ist Abstraktion, denken Sie mehr an die Schöpfung als an das Resultat.«

entsteht im spielerischen Umgang mit Konturen und Flächen eine Malerei, die Gauguins Schüler Emile Bernard als »Synthetismus« deklariert.

Gauguins Erbe

Die Experimente von Pont-Aven sind Vorbilder für die folgenden Stilrichtungen der Nabis, Fauves und Expressionisten. Lange nachdem Gauguin in die Südsee aufgebrochen war, erscheint 1893 in Paris ein Artikel mit der Überschrift »Gauguin et l'Ecole de Pont-Aven« und macht die inzwischen interessierte Öffentlichkeit mit den Neuerungen bekannt. Von den insgesamt 21 Künstlern der Malschule von Pont-Aven sind elf Franzosen, aber nur drei Bretonen: Ernest de

1894 einen neuen Kunststil initiieren. Gauguin, das älteste Mitglied der Gruppe, besucht Pont-Aven 1894 ein letztes Mal. Im November kehrt er nach Paris zurück, versteigert seine Arbeiten und verlässt Europa im Juli 1895 für immer.

Sein Erbe treten die Jungen an. Paul Sérusier gründet mit Maurice Denis, Bonnard und Ranson die Gruppe der **Nabis**. O'Connor malt fortan farbform-dynamisch, Ballin jugendstilhaft verspielt, während Slewinski eine düstere Palette wählt. Aber alle denken dann und wann an Paul Gauguin im fernen Tahiti, der ihnen als Vermächtnis die Worte gab: »Der geahnte Traum ist etwas Machtvolleres als Materie.«

▶ PONT-AVEN ERLEBEN

AUSKUNFT

Office de Tourisme
5 Place de l'Hôtel de Ville
29930 Pont-Aven
Tel. 02 98 06 04 70
Fax 02 98 06 17 25
www.pontaven.com

BOOTSAUSFLÜGE

Auf dem gezeitenabhängigen Aven
fahren von April bis September Ausflugsschiffe, z. B. von Pont-Aven in
1.30 Std. zum Meer und zurück.
Rund 2 Std. dauert die Bootstour vom
5 km entfernten Port-de-Bélon zu den
Austernbänken des Flusses Bélon,
weiter nach Pont-Aven und wieder
zurück. Les Vedettes Aven-Bélon,
www.vedettes-aven-belon.com,
Tel. 02 98 71 14 59.

FEST

Der Liedermacher Théodore Botrel
rief 1905 die »Fête des Ajoncs d'Or«
ins Leben, das Fest der goldenen
Stechginsterblüte, das am ersten
Augustsonntag gefeiert wird.

EINKAUFEN

Seit 1890 stellt die Bäckerfamilie von
Isidore Penven feinste Butterkekse
nach Traditionsrezepten her. In ihrem
hübschen Laden (Quai Théodore
Botrel 1) bekommt man die süßen
Galettes in schönen Dosen mit
Gauguinmotiven.

ESSEN & ÜBERNACHTEN

▶ Günstig / Komfortabel

La Chaumière Roz Aven
11 Quai Théodore Botrel
Tel. 02 98 06 13 06
Fax 02 98 06 03 89
www.hotelpontaven.online.fr
Reetgedecktes Haus aus dem 16. Jh.
mit modernem Anbau, unnmittelbar
am Ufer des Aven.

Des Ajoncs d'Or
1 Place de l'Hôtel de Ville
Tel. 02 98 06 02 06, Fax 02 98 06 18 91
www.ajoncsdor-pontaven.com
Mitten im Zentrum mit gutem traditionellem Restaurant.

Baedeker-Empfehlung

▶ Fein & teuer

Moulin de Rosmadec
Venelle de Rosmadec
Tel. 02 98 06 00 22, Fax 02 98 06 18 00
www.moulinderosmadec.com
In der liebevoll restaurierten Windmühle aus dem 15. Jahrhundert wird
der Gast mit exquisiter Küche verwöhnt –
probieren Sie gegrillten Hummer und
das Soufflé Grand Marnier. Wer nicht
mehr fahren möchte: Es gibt auch fünf
hübsche Zimmer. Do., Sept. – Juni auch
So.mittag geschlossen (reservieren).
Preisgünstiger isst man im Bistro-Ableger
»Sur le Pont« (11 Place Paul Gauguin).

*Leckeres Mitbringsel aus Pont-Aven:
bretonische Galettes*

Im Museum am Rathausplatz von Pont-Aven kann man Gemälde von Paul Gauguin, Émile Bernard und Paul Sérusier bewundern.

Névez

Nahe dem kleinen Ort 8 km südwestlich gibt es feine Sandstrände und im Weiler Hénan eine gut erhaltene **Gezeitenmühle** aus dem 15. Jahrhundert. Bei den »Soirées Contes« im Jardin de Rospico bei Nevez werden die Mythen und Legenden der Bretagne zum Leben erweckt (Juli/Aug. Do. ab 21.00 Uhr.

Quimperlé

Bei der beschaulichen Kleinstadt 15 km östlich vereinigen sich die Flüsse Ellé und Isole zur fischreichen Laëta. Steile Treppenwege führen hinauf zur Oberstadt um die spätgotische Kirche **Notre-Dame-de-l'Assomption.** Fachwerk und lauschige Plätzchen findet man in der Unterstadt auf einer Landzunge zwischen den beiden Flüssen. Hier steht auch eine der schönsten romanischen Kirchen der Bretagne. Sie wurde im 12. Jh. auf kreisförmigem Grundriss nach dem Vorbild der Jerusalemer Grabeskirche errichtet. Damit ist sie neben dem sog. Tempel von Lanleff (S. 208) die einzige Rundkirche in der Bretagne. 1862 stürzte der Glockenturm ein und zerstörte einen Teil der Kirche, die bis 1868 restauriert wurde. Weitgehend unbeschädigt blieben die romanische Chorpartie mit drei Apsiden und die stimmungsvolle dreischiffige Krypta, in der zwei Sarkophage mit Liegefiguren aus dem 15. Jh. stehen. Repräsentative Fachwerkhäuser aus dem 17. und 18. Jh. säumen die **Rue de Brémond d'Arz**.

✹ ✹
◄ Ste-Croix

In der malerischen Rue Dom-Maurice 5 steht das im 16. Jh. ohne einen einzigen Metallnagel erbaute **Haus der Bogenschützen**. Heute erinnert hier das Heimatmuseum an den Schriftsteller Théodore-Hersart de La Villemarqué (1815–1895). Öffnungszeiten: Mitte Juni bis

✹
◄ Maison des Archers
🕑

🕐 Sept. Mi.–Mo. 10.00–12.00, 14.30–19.00 Uhr. Rund 12 km nordwestlich hat die Ellé die **Roches du Diable** geschaffen, ein kurioses Felsenchaos, das einer Legende nach dem Teufel gehört.

Le Pouldu Auch der kleine Badeort ungefähr 20 km südöstlich von Pont-Aven gehörte zu den Entdeckungen **Gauguins**. Er wohnte in der Fischerherberge Maison Marie Henry am Strand von Grands Sables, wo heute ein Museum an die Malerschule erinnert. Öffnungszeiten: Juli, Aug. tägl. 10.30–12.30, 15.15–19.00, Juni, Sept. Mi.–Mo. 15.00 bis 19.00 Uhr.

Rosporden Kulinarisches Wahrzeichen der Gemeinde 14 km nördlich von Pont-Aven ist der angeblich schon von den Galliern hergestellte **Chouchen**, auch Hydromel Breton genannt, ein Likör bzw. Aperitif auf der Basis von vergorenem Honigwasser. Ein vergoldeter Schnitzaltar aus dem 17. Jh. schmückt die gotische Kirche **Notre-Dame** am Seeufer.

Pontivy

F 14

Département: Morbihan   **Einwohnerzahl:** 15 000

Pontivy hat zwei Gesichter: Im Norden beherrscht das Schloss die mittelalterliche Altstadt; im Süden prägen großzügige Straßen, moderne Verwaltungsgebäude und schmucklose Häuserzeilen das Stadtviertel Napoléon-Ville aus dem frühen 19. Jahrhundert.

Entstanden ist Pontivy jedoch bereits im 7. Jh., als der keltische Missionar St-Ivy hier ein Kloster gründete. Im Jahr 1485 ließ Jean II. von Rohan eine Burg errichten und machte die durch den Handel mit Weizen, Leder und Stoffen reich gewordene Stadt zur Hauptstadt des mächtigen Geschlechts. Napoleon erhob Pontivy zur Garnisonsstadt und ließ den neuen Stadtteil Napoléonville anlegen. Der zeitgleich erbaute Canal de Nantes-Brest, in den hier der Blavet mündet, wird heute nur noch von Freizeitskippern befahren.

! Baedeker TIPP

Es klappert die Mühle

Wind-, Wasser- und Gezeitenmühlen bilden auf der kleinen Flussinsel Ilôt des Récollets ein sehenswertes Mühlenmuseum. Öffnungszeiten: Juli, Aug. Di., Do., Fr. 14.00–18.00 Uhr.

Sehenswertes in Pontivy

★ **Château des Rohan** Trutzig dominiert die zwischen 1479 und 1485 von Jean II. von Rohan errichtete Burg mit ihren beiden wehrhaften Türmen, den 20 m hohen und 3 m dicken Mauern und den tiefen Wallgräben die Altstadt. Die Festung ist eines der besten Beispiele für die Militärarchi-

▶ PONTIVY ERLEBEN

AUSKUNFT
Maison de Tourisme
1 Rue Henri Dunant, B.P. 20146
56300 Pontivy Cedex
Tel. 02 97 27 86 66, Fax 02 97 27 86 15
www.pays-pontivy.com

ROUTE DES MOULINS
Diese Route führt zu historischen
Wasser-, Wind- und Gezeitenmühlen
des Morbihan.

ESSEN
▶ Erschwinglich
L'Aiglon
42 Rue Général de Gaulle
Tel. 02 97 27 98 08
www.laiglon-pontivy.com
Mo.abend geschl.
Leckere regionale Gerichte, Spezia-
litäten: Gänseleber und Räucherlachs.

ÜBERNACHTEN
▶ Komfortabel
Le Rohan
90 Rue Nationale
Tel. 02 97 25 02 01, Fax 02 97 25 02 85
www.hotelpontivy.com
Charmantes, zentral gelegenes Hotel.
Im Sommer kann man im Garten
frühstücken.

De L'Europe
12 Rue François Mitterrand
Tel. 02 97 25 11 14
Fax 02 97 25 48 04
www.hotellerieurope.com
Das elegante Gebäude aus der Zeit
Napoleons III. bietet 20 stilvolle,
schallisolierte Zimmer und eine gute
traditionelle Küche. Auf der Rückseite
des Hotels kann man sich im Garten
entspannen.

tektur des 15. Jh.s (siehe Foto S. 314). Zu besichtigen sind die
Schlosskapelle, Wach- und Wohnräume. Öffnungszeiten: Juli, Aug. ⏰
tägl. 10.30 – 19.00 Uhr, sonst Mi. – So. 10.00 bis 12.00, 14.00 bis
18.00 Uhr.

Die spätgotische Kirche aus dem 16. Jh. wurde 1696 der Jungfrau **Notre-Dame-**
von der Freude geweiht, der Schutzpatronin der Stadt. Am Eingangs- **de-la-Joie**
portal sind die Rohan-Wappen zu erkennen.

Die Altstadt in den engen gewundenen Gassen und an der **Place du** ✱
Martray, auf der jeden Montag Wochenmarkt ist, hat ihren mittel- **Altstadt**
alterlichen Charme bewahrt. Besonders schöne Häuser aus dem 16.
und 17. Jh. sind in der Rue du Fil, der Rue du Pont und der Rue du
Docteur-Guépin erhalten. Im pilastergeschmückten **Hôtel de Ros-**
coët von 1578 an der Ecke Rue Loroir / Rue Général de Gaulle trafen
sich einst die Rohans nach der Jagd.

Südlich der Altstadt entstand auf Initiative Napoleons 1802 – 1830 **Napoléon-Ville**
das neue, schachbrettartige »Militär«-Stadtviertel. Die bereits unter
Napoleon Bonaparte geplante neogotische Kirche St-Joseph wurde
erst 1876 fertiggestellt.

Die wehhafte Burg von Pontivy, Sitz der Familie Rohan, wird von einem mächtigen Turm bewacht.

Umgebung von Pontivy

Notre-Dame-de-la-Houssaye
Jean II. von Rohan schenkte der Kapelle aus dem 15. Jh. den farbig bemalten und vergoldeten Passionsretabel. Der Kalvarienberg entstand 1664, der Pardon wird am 26./27. August gefeiert.

★ Vallée du Blavet
Die ca. 40 km lange Fahrt durch das reizvolle Blavet-Tal führt zunächst zur 1537 im Flamboyantstil erbauten Kapelle **St-Nicodème**, deren 46 m hoher, schlanker Turm als Wegweiser dient. Über den kleinen Weiler **St-Nicolas-des-Eaux** mit einigen strohgedeckten Häusern gelangt man zum Aussichtspunkt Castennec mit Panoramablick über die Flussschleife und nach Gueltas.

Melrand ▶
Bei der Ortseinfahrt von Melrand überrascht ein ungewöhnlicher Kalvarienberg: Neben Jesus, Gottvater, Heiligem Geist, Jungfrau und Johannes schmücken auch Apostelköpfe die Säule. Ein zweiter Kalvarienberg erhebt sich vor der Kirche von 1661. Die Ruinen des 1902 freigelegten Dorfes **Lann Gouh** aus dem Mittelalter sind als archäologischer Bauernhof mit traditionellem Arbeitsalltag wieder zu Leben erwacht. Öffnungszeiten: tägl., Febr.–Juni, Sept.–Nov. Mo.–Fr. 11.00–17.00, Sa., So. 11.00–18.00, Juli, Aug. 10.00–19.00 Uhr.

★ Village de L'An Mil ▶
⏱

Mit ihrem Pardon am 15. August macht die Wallfahrtskirche von Quelven sogar Ste-Anne-en-Auray Konkurrenz. Dann offenbart die **Marienstatue** ihr Innenleben: zwölf Medaillons mit Szenen aus dem Leben Christi. Die Doppeltreppe Scala Sancta entstand 1738.

◄ Quelven

Der 12 km lange Stausee zwischen Mur de Bretage und Guarec ist nicht nur ein ideales **Revier für Wassersportler**, sondern versorgt auch weite Teile der Bretagne mit Strom und Wasser. Im Süden der seichten Bucht Anse de Sordan erstreckt sich der Wald von Quénécan, in dem bis ins 19. Jh. Eisenerz abgebaut wurde. Das Zisterzienserkloster Bon-Repos hinter der Blavet-Schleuse wurde während der Revolution zerstört. Die heutigen Gebäude stammen aus dem 14. und 18. Jahrhundert. Nördlich der N 164 hat sich der Daoulas ein tiefes Tal in den Schieferstein gegraben. In Laniscat wird in der Kirche **St-Gildas** aus dem späten 17. Jh. eine Armreliquie des hl. Gildas sowie ein Glockenrad mit 19 Glocken aufbewahrt. Weitere »Roues à carillon« befinden sich in Confort-en-Meilars, in St-Nicolas-du-Pélem, in Locarn und in Kérien.

★
Um den Lac de Guerlédan

★
◄ Gorges du Daoulas Laniscat

Mit einer authentischen Farm von 1850, auf der noch richtig gebacken und gebuttert wird, vermittelt das **Museumsdorf Poul-Fétan** rund 20 km südwestlich von Pontivy einen Eindruck vom Landleben in der Bretagne. Öffnungszeiten: tägl., April, Mai 14.00–18.30, Juni–Sept. 11.00–18.30, Juli, Aug. 10.45–19.00 Uhr; Führungen und Veranstaltungen Juni–Aug.; Cidre-Festival Anf. Sept.; www.poul-fetan.com.

Poul-Fétan: Landleben um 1850

★★ # Presqu'Ile de Crozon

E 4 – 6

Département: Finistère

Wie ein riesiges Kreuz ragt die 25 km lange Crozon-Halbinsel zwischen der Reede von ►Brest und der Bucht von ►Douarnenez weit in den Atlantik. Der westlichste Teil des Regionalen Naturschutzparks von Amorika lag lange abseits der Reiserouten. Vielleicht gehört er deshalb heute zu den ursprünglichsten Regionen der Bretagne.

Im Westen ragen sechs Landzungen – Pointe und Cap genannt – mit grandiosen Felslandschaften und wildromantischen Sandbuchten ins Meer; im Nordosten schneidet sich die Mündungsschleife der Aulne wie ein Fjord ins Land ein; im Südosten überragt der Menez-Hom die kleinen Dörfer, Viehweiden und Laubwälder des Binnenlandes. Aufgrund ihrer Lage – die Pointe des Espagnols riegelt die Reede von Brest bis auf einen schmalen Durchlass ab, das Cap de la Chèvre bietet Douarnenez Schutz – spielte die Halbinsel im Laufe der Geschichte eine wichtige strategische Rolle. Ihr Beiname war »Custos orae aremoricae«, »Wächterin der Küste von Armorika«. Wer sie militärisch kontrollierte, hatte die Macht über die Reede von Brest, den größten Naturhafen Frankreichs. Reste von Verteidigungsanlagen aus dem 17.–20. Jh. säumen daher den ganzen Nordosten der Halbinsel. Noch heute sind Teile der Nordküste militärisches Sperrgebiet: Auf der Ile Longue sind die Atom-U-Boote der französischen Kriegsmarine stationiert.

PRESQU'ILE DE CROZON ERLEBEN

AUSKUNFT

Office de Tourisme
Boulevard de Pralognan
29160 Crozon
Tel. 02 98 27 07 92
Fax 02 98 27 24 89
www.crozon.com

ESSEN & ÜBERNACHTEN
▶ Komfortabel
Hôtel Thalassa
Quai du Styvel
29570 Camaret-sur-Mer
Tel. 02 98 27 86 44
Fax 02 98 27 88 14
www.hotel-thalassa.com
Das modernes Ferienhotel ist auch für Familien ideal. Mit beheiztem Meerwasserpool.

▶ Günstig
Le Styvel
2 Quai du Styvel
29570 Camaret-sur-Mer
Tel. 02 98 27 92 74
Fax 02 98 27 88 37
Hübsche Zimmer in zarten Pastelltönen, fast alle mit Blick auf den Hafen. Fisch dominiert die Speisekarte im Restaurant mit Panoramaterrasse.

Crêperie Les Embruns
3 Rue des Langoustiers
25970 Camaret-sur-Mer
Tel 02 98 27 90 39
Leckere Crêpes in allen Variationen. Dazu wird ein guter Cidre serviert.

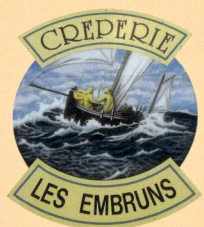

Baedeker-Empfehlung

▶ Günstig
Hôtel de la Presqu'Ile
Place de l'Eglise, 29160 Crozon
Tel. 02 98 27 29 29, Fax 02 98 26 11 97
www.logishotels.com
Äußerlich bescheidenes Hotel, jedoch mit schönen, geschmackvollen Zimmern; zum Frühstück gibt es Crêpes mit Heidehonig. Im »Mutin Gourmand« pflegt Joël Euzen eine bretonische Spitzenküche.

Badefreuden mit perfektem Panorama: der Strand an der Pointe de Pen-Hir

Sehenswertes auf der Crozon-Halbinsel

Der Hauptort und Namensgeber der Halbinsel zählt im Sommer zusammen mit dem benachbarten Morgat ein Vielfaches seiner 8000 Einwohner. 1887 kam Louis Jouvet († 1951) hier zur Welt, der sich als Schauspieler, Regisseur und Theaterdirektor einen Namen gemacht hat. In der Kirche **St-Pierre** aus dem 19. Jh. erzählt ein Schnitzaltar von 1602 in 29 Bildern mit 400 Figuren das Martyrium der Thebäischen Legion; 10 000 römische Soldaten waren im 2. Jh. auf dem Berg Ararat wegen ihres Glaubens gekreuzigt worden.

Crozon

Bizarre Felsformationen umrahmen die feinen Strände in der halbmondförmigen Bucht von Morgat. Der alte Fischereihafen, einst auf Sardinen und Thunfisch spezialisiert, wurde ab 1883 von Arman Peugeot planmäßig zum Ferienort ausgebaut. Tief hat das Meer Grotten und Höhlen in die Steilküste gewaschen. Die Höhlen am Nordrand des großen Strandes sind bei Ebbe zu Fuß, die größeren Höhlen südlich des Hafens nur per Boot erreichbar. Am eindrucksvollsten ist die 90 m tiefe Grotte de l'Autel, in deren Mitte sich eine kleine Insel mit eienem Pult wie ein Altar erhebt.

Morgat

◄ Grotte
de l'Autel

! *Baedeker* TIPP

Magische Steine

Die größte Sammlung fluoreszierender Gesteine, Fossilien und Kristalle des Finistère zeigt die Maison des Minéraux an der Route du Cap de la Chèvre in St-Hernot. Leute, die sich gerne an Ort und stelle überzeugen, bekommen bei Halbtageswanderungen von Geologen Fauna, Flora und Gesteinswelt der Küste von Amorika erklärt. Öffnungszeiten: Sept. – Juni Mo. – Fr. 10.00 – 12.00, 14.00 – 17.00, So. 14.00 – 17.00, Juli, Aug. tägl. 10.00 – 19.00 Uhr.

C'hawr heißt auf Deutsch zwar »Ziege«, Namengeber für die kahle, 100 m hohe Felsnase **Cap de la Chèvre** 8 km südlich von Morgat war jedoch der gefürchtete Riese C'hawr, der an dieser Küste sein Unwesen trieb, bis er von den Korrigans, den guten Zwergen, unschädlich gemacht wurde.

Wasser und Wind haben an der 65 m hohen **Pointe de Dinan** bizarre Formen in den Fels gemeißelt. Der eindrucksvolle hohe Bogen des »Château« erinnert an mittelalterliche Festungen.

✳ **Camaret-sur-Mer** Die Kleinstadt an der Westspitze war einst der wichtigste Langustenhafen Europas. Schon früh zog der malerische Ort zahlreiche Besucher an, unter ihnen der Maler Eugène Boudin (1824 – 1898) und der Dichter **St-Pol-Roux** (1861 – 1940), von dessen Wohnsitz »Coecilian«, einst ein beliebter Künstlertreff, nur noch eine Ruine zeugt.

Camaret-sur-Mer, einst ein beliebter Künstlertreff, zieht auch heute viele Besucher an.

Die 1610 – 1683 errichtete Kapelle war die erste Etappe für Pilger auf dem Schiffsweg nach Santiago de Compostela in Galicien. Das Innere schmücken Votivgaben von Seeleuten. Der Pardon wird am ersten Septembersonntag begangen.

Notre-Dame-de-Rocamadour

An der Nordspitze des »Sillon«, der Camaret vor den Fluten des Atlantiks schützt, entstand ab 1689 der nach seinem Erbauer benannte Vauban-Turm, der heute für Ausstellungen genutzt wird.

Tour Vauban

»Hühnerauge« heißen die Steinalleen von Lagat-Yar. Von den einst mehr als 700 Menhiren aus weißem Quarzit, die vor 3000 Jahren zwischen Camaret und der Pointe Pen-Hir aufgestellt wurden, konnten 143 im Jahr 1928 wieder aufgerichtet werden.

Alignements de Lagat-Yar

Die meistbesuchte und vielleicht eindrucksvollste Landzunge auf der Halbinsel Crozon ist die 70 m hohe Pointe de Pen-Hir (Abb. S. 317). Im Meer setzen drei gewaltige Klippen, die einst mit dem Festland verbunden waren, den langen Kopf des Kaps fort: die **Tas de Pois**, Erbsenhaufen. Bei klarer Sicht sieht man im Nordwesten die 14 km entfernte Pointe St-Mathieu, im Südwesten die rund 26 km entfernte Pointe du Raz.

★ ★
Pointe de Pen-Hir

1594 errichteten die Spanier auf der Landzunge eine Festung. Während der Religionskriege stellten sich hier 400 katholische Spanier der Übermacht von 10 000 Protestanten unter Heinrich IV. entgegen – es ging allerdings nicht um den Glauben, sondern um Kommerz: die Kontrolle über die Reede von ►Brest.

★
Pointe des Espagnols

Wo die Halbinsel von Crozon sich verbreitert und in den Landrücken der Bretagne übergeht, erhebt sich der zweithöchste Berg der Bretagne (330 m, ►S. 320). Da er aus flachem Land aufsteigt, wirkt er viel höher. Im Sommer ist es auf der Kuppe fast immer kühl und windig, die Winter sind in der Regel hart. Entsprechend karg ist die Vegetation. An den Hängen des Aussichtshügels mit **Panoramablick** über die Halbinsel und die Hügelketten der ►Monts d'Arrée wurde eine Reihe römischer Funde gemacht. Der dabei entdeckte zierliche Bronzekopf einer Kriegsgöttin ist heute im Museum in ►Rennes zu sehen. In Plomodiern wird Mitte August ein Folklorefest gefeiert.
Der kleine Weiler am Fuß des Menez-Hom hat einen umfriedeten **Pfarrbezirk**. Hinter dem Triumphtor von 1739 stehen ein Kalvarienberg von 1544 und eine Kapelle des 16. Jh.s. Die Kirche besitzt überreiches Schnitzwerk, Skulpturen und große Altäre.

★ ★
Menez-Hom

◄ Ste-Marie-du-Menez-Hom

Der legendäre König von Ys, Gradlon, schmückt das Triumphtor des Enclos Paroissal von Argol; sein Kalvarienberg von 1593 ist recht schlicht. Die **Ferme de Kermarzin**, 2 km nördlich an der D791, verrät im **Musée du Cidre**, wie das bretonische Nationalgetränk genau entsteht – Verkostung und Verkauf inklusive. Öffnungszeiten: April bis

Argol

🕐

Paragliding am Menez Hom, dem zweithöchsten Berg der Bretagne

Juni, Sept. tägl. 10.00 – 12.00, 14.00 – 19.00 Uhr, Juli, August tägl. 10.00 – 13.00, 14.00 – 19.00 Uhr; www.musee-cidre-bretagne.com.

Trégarvan
Musée de
l'Ecole Rurale ▶
🕐

Mit Schriftstücken, Mobiliar und Inszenierungen wird eine **Land-schule** aus dem frühen 20. Jh. in Trégarvan zu neuem Leben erweckt. Öffnungszeiten: Dez. – Febr. Mo. – Fr. 14.00 – 17.00 Uhr, März bis Juni, Sept. So. – Fr. 14.00 – 18.00, Juli, Aug. tägl. 10.30 – 19.00, Okt., Nov. Mo. – Fr. 14.00 – 17.00 Uhr; www.musee-ecole.fr.

Landévennec
Abbaye
St-Guénolé ▶

Die restaurierte Ruine eines karolingischen Klosters machte den Weiler oberhalb der Aulne-Mündung in die Rade de Brest berühmt. Sie wurde um 480 von dem aus Britannien stammenden **hl. Guénolé** gegründet und gehört damit zu den ältesten Klöstern Frankreichs. Guénolé war Freund und Berater von König Gradlon, in dessen Schutz die Abtei aufblühte. Während der Französischen Revolution wurde das Kloster aufgelöst und als Steinbruch genutzt. In dem 1950 entstandenen neuen Kloster leben heute 40 Benediktinermönche. Ihre aromatische Früchtepastete nach einem Rezept aus dem 15. Jh. ist eine begehrte Delikatesse. Die 1031 begonnene Abtei enthält Reste des Grabes von **König Gradlon** († um 520); im südlichen Querschiff befand sich einst das Grabmal des hl. Guénolé. Das **Musée de l'An-cienne Abbaye** illustriert die Klostergeschichte. Öffnungszeiten: April, Mai So. – Fr. 10.00 – 18.00, Juni – Sept. tägl. 10.00 – 18.30 Uhr, sonst zu Schulferien (wechselnde Zeiten).

✳
**Corniche
de Térénez**

Südlich von Landévennec überspannt die 272 m lange Hängebrücke von Térénez – 1927 erbaut, 1944 zerstört, 1952 Wiederaufbau – die Aulne. Auf der rechten Uferseite beginnt die reizvolle D 791 »Corniche de Térénez« nach Le Faou (▶S. 276).

Presqu'Ile de Quiberon

I / K 13

Département: Morbihan

»Doch was die Augen zu erblicken nicht müde werden, ist dieses starke und kräftige Azurblau, das sich mit einer ganz deutlichen Grenze und starkem Kontrast vom Mattgrün der Heide und dem Weißgrau der Küste abhebt.« So beschrieb Hippolyte Taine die 15 km lange schmale Halbinsel Quiberon, eine Hochburg des Tourismus an der Südküste der Bretagne, die sich zwischen ▶Lorient und dem ▶Golfe du Morbihan wie ein Keil in den Atlantik schiebt.

PRESQU'ILE DE QUIBERON ERLEBEN

AUSKUNFT

Office de Tourisme
14 Rue de Verdun
56174 Quiberon Cedex
Tel. 0825 13 56 00
Fax 02 97 30 58 22
www.quiberon.com

LA MAISON D'ARMORINE

Die Pralinen des Hauses heißen »Niniches«, »Salidou«, »Palourdes« und »Brazadou«, sind aus sahnigem Karamel, feinstem Blätterteig und gesalzener Butter – und gelten als die besten Bonbons in Frankreich. Eine Ausstellung mit Film und Kostprobe gibt es von Febr. bis Nov. im Espace Découverte, ZA Plein Ouest, 1 Rue des Confiseurs in Quiberon.
www.maison-armorine.com.

ESSEN

▶ **Erschwinglich**
Amzer Zo
10 Place Port Haliguen
Quiberon, Tel. 02 97 50 11 59
www.restaurant-amzerzo.fr
www.hotel-navirotel.com
Moderne Fischküche im gemütlich-trendigen Ambiente direkt am Hafen. Gut sortierte Weinkarte.

Bateau Ivre / Passerelle
Portivy, Tel. 02 97 30 91 61
Mi. abend geschlossen.
Am Hafen von Portivy, unten Brasserie mit Terrasse, oben gediegeneres Restaurant (Mo. geschl.): bretonische (Fisch-)Küche mit Niveau.

▶ **Preiswert**
Jules Verne
1 Boulevard d'Hoëic, Port Maria
Quiberon, Tel. 02 97 30 55 55
Di., Mi. geschl. Direkt am Hafen genießt man frische Meerestiere; Spezialität: Jakobsmuscheln.

Crêperie La Closerie de St-Clement
36 Rue de St-Clement, Quiberon
Tel. 02 97 50 40 00
Leckere Crêpesvariationen – im Sommer im Garten, im Winter am Kamin zu genießen.

ÜBERNACHTEN

▶ Komfortabel

Des Druides
6 Rue de Port Maria, Quiberon
Tel. 02 97 50 14 74, Fax 02 97 50 35 72
www.hotel-des-druides.com
Nur 150 m vom Fährhafen und 50 m vom Strand. Die schönsten Zimmer im oberen Stock haben einen Balkon zur Grand Plage.

▶ Günstig

L'Océan
7 Quai de l'Océan, Port Maria, Quiberon
Tel./Fax 02 97 50 07 58
www.hotel-de-locean.com
Seit 1897 kann man in dem familiären Hotel am Port Maria logieren.

Au Bon Acceuil
6 Quai de Houat, Quiberon
Tel./Fax 02 97 50 07 92
Nette Pension mit gemütlichen Räumen direkt am Hafen. Probieren Sie im Restaurant die Fischsuppe und die Desserts.

WELLNESS

Baedeker-Empfehlung

▶ Luxus

Sejour Thalassa Quiberon
Pointe de Goulvars, Quiberon
Reservierung Tel. 0825 825 528
Tel. 02 97 50 20 00, Fax 02 97 30 46 32
www.thalassa.com
Das erste Thalassotherapie-Zentrum Frankreichs wurde 1964 von Louison Bobet gegründet. Der dreimalige Gewinner der Tour de France war nach einem schweren Sturz durch eine Meerwasserkur geheilt worden. Zeitlos elegante Wellnessoase über der Plage de Goviro mit Blick zur Belle-Ile. Feinschmeckerrestaurant mit

Früher war diese Landspitze eine Insel, die im Lauf der Zeit durch angeschwemmten Sand an das Festland gebunden wurde. An ihrer schmalsten Stelle – 22 m – haben gerade noch die Straße und die Bahngleise Platz. Die windgeschützte Ostküste säumen 14 lange, feine Sandstrände, die sich ideal zum Baden, Surfen und Strandsegeln eignen. Die dem offenen Atlantik zugewandte, unbewohnte Westküste heißt Côte Sauvage. Von vielen Aussichtspunkten ist zu erleben, wie heftig das vom Westwind aufgewühlte Meer gegen die Steilküste prallt, aus der es im Lauf der Zeit scharfe Klippen, Felsspalten, Bögen und Grotten herausgewaschen hat. Starke Brandung und tückische Grundseen machen das Baden sehr gefährlich.

Geschichte Zahlreiche Megalithdenkmäler belegen die Besiedlung seit dem Neolithikum. Später kamen die Römer, dann christianisierte Kelten. Im Mittelalter jagten die bretonischen Herzöge in den dichten Wäldern, die ab dem 13. Jh. abgeholzt wurden. 1795 schrieb die Halbinsel Geschichte: Am 20. Juli scheiterte der Versuch königstreuer Emigranten, gemeinsam mit den Chouans gegen das französische Revolutionsheer vorzugehen. Die Folge: 952 Hinrichtungen. 1883 wurde die Halbinsel an das französische Eisenbahnnetz angeschlossen; 1924 die Stadt Quiberon an der Südspitze als Fremdenverkehrs- und Luftkur-

Naturschauspiel: An der wilden Westküste der Halbinsel Quiberon tobt der Atlantik.

ort staatlich ausgezeichnet. Heute ist der Tourismus wichtigster Wirtschaftsfaktor. Sein Kapital: 2000 Sonnenstunden und weniger als 650 mm Niederschlag pro Jahr.

Sehenswertes auf der Quiberon-Halbinsel

Der 7 km lange Dünenstreifen **Tombolo** verbindet die Halbinsel mit dem Festland. Rechts der Zufahrtsstraße D 768 wird in einem alten Bunker über den Aufstand der Chouans berichtet. Öffnungszeiten: April – Sept. tägl. 14.00 – 18.00, Mitte Juni – Sept. auch 10.00 – 12.00 Uhr; www.musee-vendee-chouannerie.com. Gegenüber birgt der Nachbau einer spanischen Galeone ein **Muschelmuseum**. Öffnungszeiten: Ostern – Sept. tägl. 10.00 – 12.00, 14.00 – 18.00 Uhr.

Musée de la Chouannerie ⏱

⏱

Die Festung Penthièvre, im 19. Jh. auf einem Felsvorsprung auf den Fundamenten eines Schlosses aus dem 17. Jh. erbaut, beherbergt heute das dritte Grenadierbataillon der Marine. Penthièvre besitzt ausgedehnte Naturstrände mit Dünen, ein Treffpunkt der Surfer.

Fort de Penthièvre

✱
Côte Sauvage

Bei **Portivy** beginnt die »Wilde Küste« mit gischtumbrandeten Felsen, Strömungen und Strudeln, die sich auf herrlichen Wanderwegen
zwischen den aussichtsreichen Landzungen **Pointe du Percho** und
Pointe Beg er Lan mit dem 1910 erbauten Schloss Turbault entdecken lässt. Westlich von Portivy erhebt sich dicht am Meer der
Dolmen Beg-Port-Blanc. Die Funde aus dem Ganggrab mit Kuppel-
gewölbe sind im Museum von ►Carnac zu besichtigen.

Quiberon-Stadt

Die Südspitze der Halbinsel nimmt die Kur- und Badestadt Quiberon
ein, deren alter Hafen **Port Maria** einst der bedeutendste Sardinenhafen Frankreichs war. Heute entladen hier mehr als 200 Schiffe ihren Fang zur Versteigerung, hier laufen die Fähren zu den Inseln ►
Belle Ile, Hoëdic und Houat aus (Info: www.compagnie-oceane.fr,
www.smn-navigation.fr). Hinter dem quirligen Hafen erstreckt sich
die **Place Hoche** mit der 1905 aufgestellten Bronzestatue des jungen

Von Quiberon bringen Fähren zur Belle-Ile, nach Hoëdic und Houat.

Generals Hoche, der 1795 erfolgreich die königstreuen Chouans abwehrte. Von der Urgeschichte bis zur Blütezeit der Fischerei und den Anfängen des Bädertourismus vermittelt das **Musée de Quiberon** Einblicke in die Kultur der Halbinsel. Öffnungszeiten: Juli, August Mi.–Mo. 14.00–18.00 Uhr.

Mehr als 1000 Segelboote kann **Port Haliguen** an der Ostküste aufnehmen. Seine Bronzeskulpturen »Der Fischer« und »Die Nixe« sind ein Geschenk des Berliner Bildhauers Karsten Klingbeil. Hauptstrand des Seebades ist der zentrale **Grand Plage**.

! Baedeker TIPP

Wie kommt die Sardine ...

in die Büchse? Von Hand! Einblick in die Produktion und Geschichte der 1893 in Quiberon gegründeten Fischkonservenfabrik gibt die Conserverie La Belle-Iloise in der ZA Plein Quest (Mo.–Fr. 11.00, 15.00 Uhr). Dort gibt es auch einen Direktverkauf. Ein weiteres Geschäft in der Rue de Kervozès 10. Info: www.labelleiloise.fr.

In der Kleinstadt im Norden der Halbinsel erhebt sich zwischen den Gärten einer Wohnsiedlung der aus 27 Menhiren bestehende Cromlech de Kerbourgnec. **St-Pierre-Quiberon**

✴ Inseln Houat und Hoëdic

In 40 Minuten bringen Fähren von Quiberon und Port-Navalo zu den Inseln Houat und Hoëdic, die im Mesolithikum, vor ca. 10 000 Jahren, noch mit dem Festland verbunden waren. **Fährverbindung**

Nahezu autofrei, ruhig und etwa 5 km lang: Die »Große Ente« Houat (gesprochen Uatt) lockt mit einer nahezu unverbauten Landschaft, die zum Großteil unter Naturschutz steht, kleinen Felsbuchten und zwei kilometerlangen hellen Sandstränden, die nie überlaufen sind; allerdings bleibt das Wasser bis August recht kalt. Die 400 Einwohner des malerischen Hafens **St-Gildas** und des Hauptorts **Centre Bourg** leben vorwiegend vom Fischfang, von der Muschelzucht und der Hummerzuchtstation, die 1972 eingerichtet wurde. Der Tourismus wurde bewusst eingeschränkt, die Gästezahl ist auf 1000 Personen begrenzt. Mitten auf der Insel stehen Reste eines Forts von Vauban mit schönem Blick auf das umliegende Meer. **Ile d'Houat**

Noch spärlicher ist die Vegetation auf der 2 km langen Nachbarinsel Hoëdic, der »Kleinen Ente«. Auch hier gibt es mehrere feinsandige Buchten – mit kaltem Wasser. Die 120 Insulaner leben fast ausschließlich vom Fremdenverkehr. Die beiden Häfen von Hoëdic sind bei Seglern sehr geschätzt. Haupthafen ist der an der Nordostküste gelegene **Port Algol**; La Croix an der Südostküste ist nur bei Ebbe anzufahren. Im **Vieux Fort**, einer Festung aus dem 19. Jh., werden Segelkurse angeboten. Neun Gräber aus der Mittelsteinzeit bei der Pointe du Vieux Château und ein neolithischer Menhir beim Fort zeugen von der Zugehörigkeit zur Megalithkultur. **Ile Hoëdic**

★★ Quimper

F / G 7

Département: Finistère   **Einwohnerzahl:** 64 500

**Dekorative Fayencen und bunte Blumen an liebevoll herausgeputz-
tem Fachwerk, der »hübscheste Fluss Frankreichs« und eine
ehrwürdige Kathedrale – Quimper gehört zu den Topreisezielen
der Bretagne.**

Die Hauptstadt des Département Finistère und der ► Cornouaille
liegt am Zusammenfluss – bretonisch Kemper – von Steir und Odet,
die 15 km südlich bei Bénodet in den Atlantik münden. Der Gezei-
tenwandel wirkt sich bis in den Hafen der Stadt aus.

 ## QUIMPER ERLEBEN

AUSKUNFT

Office de Tourisme
Place de la Résistance
29000 Quimper
Tel. 02 98 53 04 05
Fax 02 98 53 31 33
www.quimper-tourisme.com

Le Petit Train

VERKEHR

Flughafen Quimper Pluguffan 8 km
südwestlich, Bus 25 ins Zentrum.
TGV-Verbindung mit Paris. Ausflugsfahrten auf dem Odet nach
Bénodet Mitte April – Sept., Mai bis
Mitte Sept. tägl. (Vedettes de l'Odet,
Tel. 02 98 57 00 58, www.vedettes-
odet.com). Vor der Kathedrale startet
das Touristenbähnchen zu Stadt-
rundfahrten.

FESTE & EVENTS

Ende April präsentiert das Jazzfestival
die aktuelle französische Szene
(www.quimperjazzfestival.com).
Trachtenumzüge, Musik und Tanz
gehören Ende Juli zum spektakulären Festival de Cornouaille. Für ihr

anspruchsvolles Programm bekannt
sind die Kinotage im März und die
Semaines Musicales im August (klassische Musik).

EINKAUFEN

Zwischen dem Kathedralplatz und
dem Quai du Steir säumen Anti-
quitäten-, Mode- und Keramik-
geschäfte die Rue Kéréon. Mittwoch
und Samstag ist Markt am Quai du
Steir und in den Halles St-François.

ESSEN

► **Fein & teuer**
① *L'Ambroisie*
49 Rue E.-Fréron, Tel. 02 98 95 00 02
www.ambroisie-quimper.com

← *Sechs Tage dauert das Festival de Cornouaille mit seinem bunten Programm.*

So.abend, im Winter auch Mo. geschl.
Gute bretonische Küche ohne Firle-
fanz, serviert in modernem Rahmen.

▶ Erschwinglich

③ *Café du Finistère*
34 Pl. St-Corentin, Tel. 02 98 95 01 48
Auf der großen Terrasse der traditionsreichen Brasserie speist man
mit Blick auf die Kathedrale.

▶ Preiswert

② *Crêperie St-Marc*
2 bis Rue St-Marc, Tel. 02 98 55 53 28
Die winzige, charmante Crêperie be-
hauptet von sich, die älteste in Quimper zu sein. Hier könnte man gut die
ganze Speisekarte durchprobieren.

ÜBERNACHTEN

▶ Komfortabel

① *Gradlon*
30 Rue de Brest
Tel. 02 98 95 04 39, Fax 02 98 95 61 25
www.hotel-gradlon.fr
Elegantes, mit klassischem Schick
gestaltetes Hotel mit hübschem Garten, in dem sommers das Frühstück
serviert wird. Ohne Restaurant.

▶ Günstig / Komfortabel

② *Le Dupleix*
34 Boulevard Dupleix
Tel. 02 98 90 53 35, Fax 02 98 52 05 31
http://hotel-centre-ville-gare-hotels.
hotel-dupleix.com
Modernes Hotel am Odet, sehr einfache, ordentliche Zimmer.

③ *Le Logis du Stang*
Allée de Stang-Youen
(2 km südöstlich des Zentrums)
Tel. 02 98 52 00 55
www.logis-du-stang.com
Hübsches Bürgerhaus aus dem 19. Jh.
mit zauberhaftem Garten. Drei
geschmackvoll eingerichtete Gästezimmer, teils im ehemaligen Stall-
gebäude. Bretonisches Frühstück.

Geschichte Schon zu Zeiten der Römer war Aquilonia ein wichtiger Straßenkno-
tenpunkt. Im 6. Jh. gründete der zwischen Legende und Geschichte
angesiedelte König Gradlon den Flusshafen, machte ihn zur Hauptstadt seines Königreichs Cor-
nouaille und setzte seinen Freund
und Mönch Corentin zum ersten
Bischof ein. Ab 1066 regierten in
Quimper die Herzöge der Cornouaille. Das Töpferhandwerk
brachte im 18. Jh. einen nachhalti-
gen Aufschwung. Geblieben sind
bis heute zwei Fayencenmanufak-
turen – und die Tonvorkommen
am Odet sind noch lange nicht erschöpft.

❗ *Baedeker* TIPP

Museumspass

Mit dem Passport Culturel des Office de Tourisme
kann man sich vier Besichtigungen zusammen-
stellen. Zur Auswahl stehen: Altstadtführung,
Musée des Beaux-Arts, Musée Départemental
Breton, Musée de la Faïence, Ateliers de Faïence
und Le Quartier / Centre d'Art Contemporain.

Sehenswertes in Quimper

Im Zentrum des mittelalterlichen Stadtviertels erhebt sich die Kathedrale St-Corentin, eines der vollkommensten Bauwerke der französischen Hoch- und Spätgotik. 1239 wurde der Beschluss zum Neubau einer Kirche gefasst, doch erst zu Beginn des 15. Jh.s schritt man zur Tat mit dem Chor, dem ältesten Bauteil. 1424 – 1460 folgte das Langhaus, 1485 das Querschiff, 1485 und 1493 die Einwölbung. Die 76 m hohen neogotischen Fassadentürme wurden 1854 – 1856 errichtet; zwischen den beiden Türmen thront majestätisch die Reiterstatue König Gradlons.

★★
Cathédrale
St-Corentin

Das hochgotische Innere mit Bündelpfeilern und Kreuzrippengewölben überrascht durch seine harmonischen Formen. In den oberen Galerien des Langhauses und des Querschiffs erscheinen in den herrlichen Glasmalereien aus dem 15. Jh. Domherren und Adlige mit ihren Schutzpatronen. Weitere Fenster wie auch der Hauptaltar, ein Meisterwerk der Goldschmiedekunst, stammen aus dem 19. Jahrhundert. Ins barocke 17. Jh. gehören die Kanzel mit Reliefszenen aus dem Leben des hl. Bischofs Corentin, die Holzstatuen der hl. Anna,

◄ Hochgotik in Vollendung

◄ weiter auf S. 331

Quimper Orientierung

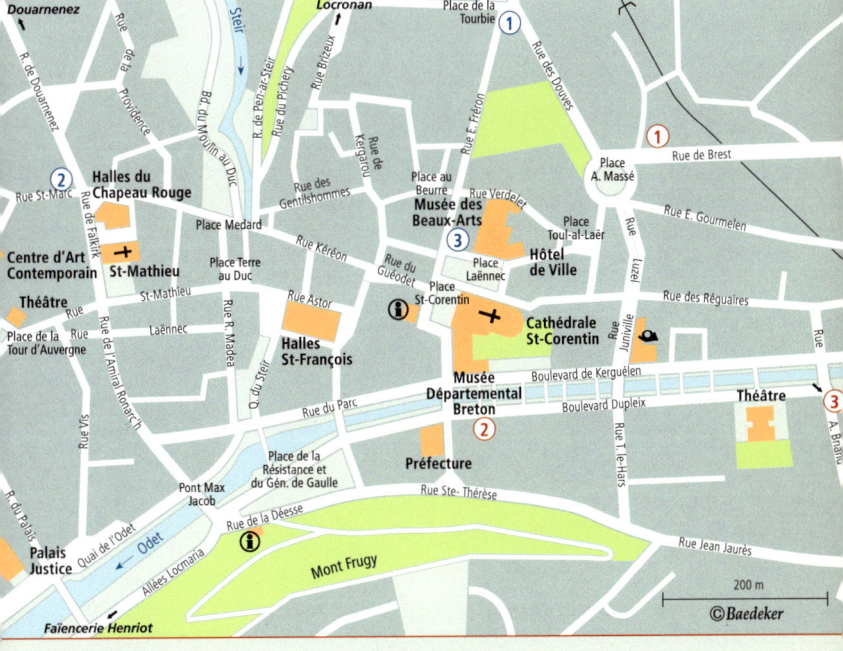

Übernachten
① Gradlon   ③ Logis ...ang
① Dupleix

Essen
① L'Ambroisie   ③ Café du Finistère
② Crêperie St-Marc

Farbenfroh:
Fayencen
aus Quimper

GEBRANNTE KUNST

Bereits in gallo-römischer Zeit wurde in Locmaria, dem ältesten Stadtviertel von Quimper, Steingut angefertigt. Hier gab es alle notwendigen Rohstoffe: Wasser aus dem Odet, Ton von seinem Ufer und Holz für die Brennöfen aus den umliegenden Wäldern. Das erkannte auch Jean-Baptiste Bousquet, der 1690 am Odet das erste Steingutwerk gründete. 1772 und 1791 entstanden die Fayencemanufakturen Eloury-Porquier-Beau (PB) und Henriot (HB). Quimper wurde zu einem Mittelpunkt dieses Kunsthandwerks.

Ende des 19. Jh.s kam ein neuer Stil und eine besondere Technik auf: Das Dekor wurde ausschließlich von Hand hergestellt, mit Pinselstrichen »à la touche« und »gestreckten« Farbtropfen, die dann zu Blumen oder Blattwerk wurden. Manchmal wurde auch mit dem Schwamm gemalt. Hauptfarben waren Kobaltblau, Oxidrot, Manganviolett, Kupfergrün und Antimongelb. Diese Farben, eine Mischung aus Metalloxiden, Wasser und Fettstoffen, geben der Keramik ihre typische Verzierung.

Das **Steingut** wird aus Ton, Sand und Wasser hergestellt, runde Teile werden auf einer halbautomatischen Drehscheibe kalibriert, einfache Formen in Gipsnegative gepresst. Bei hohlen und komplexen Teilen, vor allem Figuren, wird flüssiger Ton als Gießschlicker in Negativformen gegossen. Neun Stunden wird bei 800 bis 900 °C gebrannt, dann glasiert und erneut für sieben Stunden bei 1050 °C gebrannt.

Erst nach dem Abkühlen, das genauso lange dauert wie der Brennvorgang, erhalten die Fayencen ihre endgültige Farbenpracht.

Die Handschrift der Künstler

Jede Fayence ist das Werk eines Künstlers und trägt seine Signatur sowie den Manufakturnamen. Die Motive der Gebrauchs- und Dekorationsobjekte reichen von bretonischen und keltischen Genreszenen bis zu holländischen, orientalischen oder spanisch-maurisch angehauchten Imitationen.

Kurz nach dem Ersten Weltkrieg sorgten zahlreiche Maler und Bildhauer für neue Impulse bei diesem Kunsthandwerk. Sie schufen teils Unikate, teils Werke in größeren oder kleineren Auflagen.

Einblicke in die heutige Fayenceproduktion geben die Besichtigungen beim Marktführer **HB-Henriot** und seinem Konkurrenten Keraluc.

Die Ausstellungen im Musée des Beaux-Arts locken viele Besucher an.

die ihrer Tochter Maria das Lesen beibringt, und der schwarze Heilige (bretonisch »Santik-du«), der Pestkranken zu helfen suchte und 1349 selbst Opfer der Seuche wurde.

Nördlich an der Place St-Corentin zeigt das Kunstmuseum Gemälde vom 16. Jh. bis zur Moderne, darunter Arbeiten des Manieristen Nicolò dell'Abate und der Barockmeister Peter Paul Rubens und Guido Reni. Im »Bretonischen Saal« vertreten u. a. Emile Bernard und Paul Sérusier die Malerschule von ►Pont-Aven; dem Expressionisten **Max Jacob**, der 1876 in Quimper geboren wurde, ist ein eigener Raum gewidmet. Öffnungszeiten: Mi. – Mo. 10.00 – 12.00, 14.00 – 18.00, Juli, Aug. tgl. 10.00 – 19.00 Uhr.

✷
Musée des Beaux-Arts

🕐

An die Kathedrale schließt der 1645 nach einem Brand neu erbaute Rosmadec-Flügel des **Bischofspalastes** an. Spannend erzählt sein Museum von regionalen Ausgrabungen, von Römerzeit und Mittelalter, von der Cornouaille und dem Leben in den 1930er-Jahren. Höhepunkt sind die Trachten und **Fayencen**. Öffnungszeiten: Juni – Sept. tägl. 9.00 – 18.00, Okt. bis Mai Di. – Sa. 9.00 – 12.00, 14.00 – 17.00, So. 14.00 – 17.00 Uhr. Den angrenzenden **Rohan-Bau** von 1507 schmückt ein reich verzierter Turm mit Wendeltreppe. Von der hier beginnenden Stadtmauer hat man einen schönen Blick auf den Bischofsgarten und das Strebewerk der Kathedrale.

Musée Départemental Breton

🕐

Malerisches Fachwerk in der Rue Kéréon, der »Schusterstraße«

★ ★
Mittelalterliche Gassen

Schmucke Fachwerk- und Steinhäuser säumen die **Rue Elie Fréron** nördlich der Kathedrale. Aber auch die **Place-Terre-au-Duc** am Steir, wo früher das herzogliche Gericht stand, die **Rue du Sallé** und die für ihre Crêperien bekannte **Place au Beurre** waren mit romantischen Häuschen aus dem Mittelalter auf. Eine der malerischsten Straßen ist die **Rue Kéréon**, die Schusterstraße, mit ihren vorkragenden Fachwerkhäusern. In der abzweigenden Rue des Boucheries (Hausnr. 14) wird die lokale Spezialität der **Torchettes**, nussige Krokantplätzchen, verkauft. In der Rue Guéodet steht die **Maison des Cariatides** aus dem 16. Jh., etwas südlich die moderne Markthalle.

Centre d'Art Contemporain
⏱

In einer Kaserne aus dem 19. Jh. an der Place de la Tour d'Auvergne präsentiert »Le Quartier« beachtliche Ausstellungen zeitgenössischer Kunst statt. Öffnungszeiten: Di – Sa. 10.00 – 12.00, 13.00 – 18.00 Uhr, So. 14.00 – 18.00 Uhr; www.lequartier.net.

Locmaria

Fayencen-manufakturen ▶

⏱

Im Stadtteil Locmaria zeugt am Ufer des Odet die romanische Kirche **Notre-Dame-de-Locmaria** von einem um 1030 gegründeten Benediktinerkloster. In jedem Fall sollte man einen Besuch der 1690 gegründeten ältesten Fayencerie Frankreichs, **HB-Henriot**, oder der Manufaktur **Keraluc** einplanen. Führungen geben von Mo. bis Fr. zwischen 9.00 und 16.00 Uhr Einblick in die Produktion. In den Ausstellungsräumen sind kostbare Einzelstücke zu bewundern – wer will, kann natürlich auch dekorative Keramiken kaufen.

✳ **Redon**

I 19

Département: Morbihan   **Einwohnerzahl:** 9400

Verkehrsreiche Straßen, Schienen und Wasserläufe prägen die Stadt, die für den Fortschritt so manche Bausünde beging: Radikal durchschneidet eine tiefliegende Eisenbahnbrücke den einst zusammenhängenden Platz zwischen Rathaus und Kirche St-Sauveur. In der blumengeschmückten Altstadt hingegen haben sich Häuser des 15. – 18. Jh.s erhalten, idyllische Ecken und Gassen mit Flair.

Das Markt- und Messezentrum ist ein wichtiger Verkehrsknotenpunkt. Hier fließen die beiden größten Flüsse der Bretagne – Vilaine und Oust als Teil des Nantes-Brest-Kanals – zusammen, kreuzen sich die Bahnlinien und Straßen im Dreieck zwischen ►Vannes, ►Rennes und ►Nantes. 832 hatte hier der später heilig gesprochene Conwoïon eine Abtei gegründet, um die sich eine Stadt entwickelte. 845 besiegte Herzog Nominoë in der Nähe von Redon das Heer Karls des Kahlen und beendete damit die fränkische Herrschaft.

 REDON ERLEBEN

AUSKUNFT

Tourisme du Pays de Redon
Place de la République, 35600 Redon
Tel. 02 99 71 06 04, Fax 02 99 71 01 59
www.redon.fr
www.tourisme-pays-redon.com

ESSEN

► **Fein & teuer**
Chandouineau
1 Rue Thiers, Tel. 02 99 71 02 04
Tägl. mittags und abends geöffnet
Jean-Marc Chandouineau zaubert
köstliche Gerichte der Region. Mit
preiswerten gemütlichen Zimmern.

ÜBERNACHTEN

► **Günstig**
Asther
14 bis Rue des Douves
Tel. 02 99 71 10 91, Fax 02 99 72 11 92
www.asther-hotel.com
Zentral gelegen, schlichte, funktional
gestaltetete Zimmer. Mit Brasserie.

Le France
30 Rue Du Guesclin
Tel. 02 99 71 06 11, Fax 02 99 72 17 92
http://hotellefrance.com
Modernes, gutbürgerliches Haus am
Nantes-Brest-Kanal. Vier Zimmer
haben Blick auf den Jachthafen.

Baedeker-Empfehlung

► **Luxus**
Château de Talhouët
56220 Rochefort-en-Terre
Tel. 02 97 43 34 72, Fax 02 97 43 35 04
www.chateaudetalhouet.com
25 km westlich von Redon
Ein zauberhaftes Schlösschen aus dem
16. Jh.: Fürstlich wohnt man in behaglichen,
antik ausgestatteten Gästezimmern. Im
großen Salon prasselt abends das Kaminfeuer. Ebenso stilvoll diniert man abends
im eleganten Speisesaal mit Blick in den
20 ha großen Schlosspark.

Sehenswertes in Redon

St-Sauveur

Einsam ragt der 67 m hohe gotische Glockenturm der einstigen Abtei aus dem 11. Jh. in den Himmel, seit 1780 ein Brand das Gotteshaus zerstörte. Der mächtige **Vierungsturm**, im 12. Jh. aus rotem Sandstein und grauem Granit erbaut, gilt als schönster romanischer Turm der Bretagne. Das Langhaus wurde um fünf Pfeilerreihen verkürzt wieder aufgebaut. Ein heller gotischer Chor ergänzt – dank hoher Fenster – das eher düstere romanische Langhaus. Sehenswert sind der Altaraufsatz, den Kardinal Richelieu als Titularabt von Redon 1636 stiftete, und der Kreuzgang aus dem 17. Jahrhundert.

Quartier du Port

Das stimmungsvolle Hafenviertel, die Altstadt von Redon, erstreckt sich auf einer Landzunge zwischen Vilaine und dem Becken des Binnenhafens. Feudale Reederhäuser aus dem 18. Jh. mit Balkongittern säumen den **Quai Duguay-Trouin**; blumengeschmückte Brücken überspannen vier hintereinanderliegende Schleusen.

Umgebung von Redon

St-Just

Der kleine Weiler 18 km nordöstlich im Tal der Vilaine ist für seine Megalithdenkmäler bekannt. Der Circuit des Mégalithes verbindet als Rundweg zahlreiche Menhire und Dolmen.

La Gacilly

In die Geheimnisse seiner Kosmetikherstellung weiht **Yves Rocher** 15 km nördlich von Redon ein. Zur Fabrik gehört das Museum »Le Végetarium«, das Pflanzen aus aller Welt interaktiv präsentiert. Öffnungszeiten: April – Mitte Juni, Sept. Di.– So. 14.00 – 18.30, Mitte Juni – Aug. tägl. 10.30 – 13.00, 14.00 – 19.00 Uhr; www.yvesrocher.fr. Welche Pflanzen für Parfüms und Kosmetik genutzt werden, zeigt der Jardin Botanique (www.jardinyr.com)

La Roche-Bernard

Ca. 25 km südwestlich von Redon bewacht das nach einem Wikingerfürsten benannte Städtchen an der Vilaine die Ausfahrt zum Meer. 1634 lief hier in der von Richelieu gegründeten Schiffswerft die mit »Couronne« vom Stapel, das erste französische Kriegsschiff mit drei Brücken. An der **Promenade du Ruicard** oberhalb des Hafens erinnern zwei Kanonen an das Kriegsschiff »Le Juste«, das 1759 in der Seeschlacht zwischen England und Frankreich sank. In den engen Gässchen um das Rathaus sind Häuser aus dem 16./17. Jh. erhalten, im fünfstöckigen **Château des Basses-Fosses**, das ein betuchter Salzhändler im 17. Jh. erbauen ließ, erzählt das **Musée de la Vilaine Maritime** von Schiffbau, Muschelzucht und Flussschifffahrt. Öffnungszeiten: Mitte Juni – Sept. tägl. 10.30 bis 12.30, 14.30 – 18.30 Uhr. Roche-Bernard ist das Tor zur Grande Brière (▶S. 249).

Zoo de Branféré

Ein Muss für Kinder: 13 km nordwestlich, bei Guerno, kann man Kängurus, Zebras und Antilopen, Lemuren, Flamingos und Ibisse in freier Wildbahn beobachten. Öffnungszeiten: 12. Febr. – 8. April 13.00 – 17.30, 9. April – 25. Sept. 10.00 – 18.30, 26. Sept. – 2. Nov. 13.00 – 17.30 Uhr; www.branfere.com. Zum 50 ha großen Park gehört das im 17. Jh. von Paul et Hélène Jourde erbaute elegante **Schloss** (Führungen nur für Gruppen).

Das bezaubernde Städtchen 25 km westlich von Redon auf einem Felsgrat über den Tälern Arz und Gueuzon hat dem amerikanischen Maler Alfred Klots viel zu verdanken: Er kaufte 1908 die während der Französischen Revolution zerstörte **Burg**, verwandelte die intakten Nebengebäude in ein romantisches Herrenhaus, überzeugte die Einwohner, ihre alten Granit- und Schieferhäuser mit Blumen zu schmücken, und initiierte 1911 den Wettbewerb **Village Fleuri** – Rochefort-en-Terre ist damit das älteste »Blumendorf« Frankreichs. Das autofreie Zentrum lädt ein zum Schlendern und Schauen. Bilder, Möbel und andere Kunstgegenstände der Familie Klots bewahrt ein kleines Regionalmuseum im Schloss. Öffnungszeiten: Juli – Oktober tägl. 10.00 – 12.00, 14.00 – 18.00 Uhr. Der Fund einer Statue der Jungfrau Maria in einem Baumstumpf veranlasste im 12. Jh. den Bau der Wallfahrtskirche **Notre-Dame-de-la-Tronchaye**. Aus jener Zeit ist nur der viereckige Turm erhalten. Der größte Teil der Kirche entstand im 16. Jh., ebenso der eindrucksvolle Kalvarienberg. Jahrhundertelang wuschen die Frauen in Rochefort-en-Terre ihre Wäsche am Bach, die Knie mit hölzernen »carosses« geschützt. Reizvoll ist der Besuch des **alten Waschhauses** an Sommerabenden, wenn dezentes Licht auf dem alten Gemäuer an einem Abfluss des Etang du Moulin Neuf liegt.

★ ★
Rochefort-en-Terre

Idyllisches Rochefort-en-Terre

Gepanzerter Tyrannosaurus rex, Archäopteryx und Brachiosaurier – in den ehemaligen Schieferbrüchen 2 km südlich bei **Malansac** wird die Vielfalt der Vorzeit in 30 Szenen wieder lebendig. Im Schatten einiger bis zu 40 m hoher Felsen kochen Bretonen wie vor 4000 Jahren auf dem Feuer ihr Essen. Öffnungszeiten: April – Mitte Okt. tägl. 10.00 – 19.00 Uhr, Mitte Okt. – Anf. Nov. So. 13.00 – 18.30 Uhr; www.prehistoire-bretagne.com.

★
Parc de Préhistoire

✷ ✷ Rennes

Département: Ille-et-Vilaine   **Einwohnerzahl:** 210 000

Rennes ist die Hauptstadt der Bretagne und ihr kultureller und wirtschaftlicher Mittelpunkt. Die Stadt liegt weit von den Küsten entfernt und macht auch keinen sehr »bretonischen« Eindruck, da sie nach einem Großbrand im Jahr 1720 neu angelegt wurde.

Die vom Brand verschont gebliebenen Gassen um die Kathedrale St-Pierre besitzen mit malerischem buntem Fachwerk noch eine mittel-alterliche Atmosphäre (dazu viele kleine Straßencafés); in herbem Gegensatz dazu stehen die kühl-repräsentativen Plätze und Boulevards der klassizistisch-barocken Neustadt. Vielleicht weniger als zu

Stadt der Forschung

RENNES ERLEBEN

AUSKUNFT

Office de Tourisme
11 Rue St-Yves, 35064 Rennes
Tel. 02 99 67 11 11, Fax 02 99 67 11 10
www.tourisme-rennes.com

VERKEHR

Flughafen Rennes St-Jacques 7 km südwestlich, Bus 57 ins Zentrum. TGV-Verbindung mit Paris (2 Std.), der Bahnhof liegt im Süden der Stadt. Metro und Busse der STAR, Infobüro: 12 Rue du Pré Botté (nahe Haupt-post). Parkplätze findet man gut im Zentrum an der Vilaine.

CITY PASS

2 Tage gültiges Couponheft für Ver-günstigungen bei Sehenswürdigkei-ten, Bus & Metro, Aktivitäten etc.

FESTE & EVENTS

Im Sommer löst ein Festival das an-dere ab. Mai/Juni: Festival Gourmand, mit Fest Mitte Juni in den Martenot-

Markthallen. 1. Juli-Hälfte: Tombées de la Nuit (Musik und Theater in der Altstadt). Okt.: »Yaouank«, ein breto-nisches Festival, von Samstagabend bis zum Sonntagmorgen. Mitte Dez.: Transmusicales (Rock, Pop etc.).

EINKAUFEN

Antiquitäten findet man in der Rue du Chapître, kulinarische Geschenke bei Comtes du Barry in der Rue de Chateaurenault 2. Großer Markt am Samstagvormittag auf der Place des Lices. Die Halles am Bd. de la Liberté werden am Do. zum Flohmarkt.

ESSEN

▶ **Fein & teuer**
① *Le Four à Ban*
4 Rue St-Mélaine, Tel. 02 99 38 72 85
Sa., So., 1. – 22. Aug. geschl.
Stilvoll in Rot- und Grüntönen gestaltetes Feinschmeckerlokal in einem Haus aus dem 17. Jh.; rechtzeitig reservieren.

← *Beliebter Treffpunkt in Rennes:*
  die Place St-Anne mit ihren pittoresken Fachwerkhäusern

▶ **Erschwinglich**

② *La Réserve*

Rennes, 38 Rue de la Visitation
Tel. 02 99 84 02 02, So./Mo. geschl.
Feine französische und bretonische
Gerichte zu fairen Preisen in einem
hübsch modernisierten Bistro.

▶ **Preiswert**

③ *Le Mediterranée*

22 Rue du Chapitre
Tel. 02 99 31 57 30
Der joviale Patron lädt zur kulina-
rischen Reise rund ums Mittelmeer,
mit Mezze, Tabouleh und anderen
orientalischen Köstlichkeiten.

ÜBERNACHTEN

▶ **Komfortabel / Luxus**

① *Anne de Bretagne*

12 Rue de Tronjolly
Tel. 02 99 31 49 49, Fax 02 99 30 53 48
www.hotel-rennes.com
Großzügige, gut ausgestattete moderne Zimmer, 100 m südlich des
lebhaften Boulevard de la Liberté.

▶ **Komfortabel**

② *Nemours*

5 Rue de Nemours
Tel. 02 99 78 26 26, Fax 02 99 78 25 40
www.hotelnemours.com
Zentral nahe der Metro gelegenes
älteres Haus, geschmackvoll modernisiert (mit Schallschutzfenstern).
Bester Service, gutes Frühstück.

▶ **Preiswert**

③ *Des Lices*

7 Place des Lices
Tel. 02 99 79 14 81, Fax 02 99 79 35 44
www.hotel-des-lices.com
Komfortable moderne Zimmer, z. T.
mit Balkon. Von den oberen Stockwerken herrlicher Ausblick.

erwarten prägen die ca. 50 000 Studenten der beiden Universitäten
und der über zwei Dutzend Hochschulen das Stadtbild. Wissenschaft
und Forschung werden in Rennes großgeschrieben; 1982 wurde das
»Triangle d'Or« begründet, eine enge Kooperation von Lehre, Forschung und Praxis, sodass in den Forschungseinrichtungen – von
der Elektronik und Biotechnik bis zur Medizin – über 4000 Menschen arbeiten. Außerdem spielen Autos (Citroën), Druck- und Ver-
lagswesen (Ouest-France, die auflagenstärkste Tageszeitung Frankreichs) sowie Lebensmittelindustrie eine große Rolle.

Ein wenig Geschichte Condate war der Hauptort der keltischen **Redoner**, denen Rennes
seinen Namen verdankt. Schon in der römischen Kaiserzeit um-
mauert, war es im frühen Mittelalter eine der wichtigsten Grenzfestungen der Franken gegen die Bretonen. Nach dem Sieg Nominoës
über Karl den Kahlen bei Redon hatten die bretonischen Herzöge
hier ihre Machtbasis, bis mit dem Tod von **Anne de Bretagne** 1532
die Bretagne an die Krone fiel; ab 1561 war Rennes Sitz des bretoni-

schen »Parlement« (Gerichtshof). Am 22. Dezember 1720 zerstörte ein Feuer die Innenstadt mit über 900 Häusern; 1722 bis 1756 legte sie der Hofarchitekt Ange-Jacques Gabriel schachbrettförmig neu an. 1899 fand im Lycée Emile Zola der zweite Prozess gegen den jüdischen Hauptmann **Alfred Dreyfus** statt, der fälschlicherweise des Hochverrats bezichtigt wurde; er führte zu seiner Begnadigung und Freilassung, 1906 wurde Dreyfus rehabilitiert.

Sehenswertes in Rennes

Auf der **Place des Lices** fanden im Mittelalter die Turniere statt, darunter auch das, in dem Du Guesclin 1337 siegte. Heute ist in und um die zwei Markthallen aus dem 19. Jh. am Samstagvormittag **Markt**. Gesäumt wird die Place des Lices von prächtigen Patrizierhäusern in mehrstöckigem Fachwerk auf Steinsockeln; die sog. Hôtels wurden ab dem 17. Jh. für Parlamentsmitglieder errichtet. Im Westen ra-

Schauprozess gegen Alfred Dreyfus

gen die beiden Wolkenkratzer **Tours des Horizons** von 1960 von Georges Maillol in den Himmel. Durch die nahe **Porte Mordelaise**, Rest der Stadtbefestigung aus dem 15. Jh., zogen die bretonischen Herzöge in die Stadt zu ihrer Inthronisierung in der Kathedrale.

Trotz ihrer prachtvollen Ausmalung und der Verwendung von viel Stuck und Vergoldung wirkt die 1787–1844 nach Plänen des Nantaiser Mathurin Crucys erbaute Kathedrale eher düster. In der Kapelle vor dem rechten Querschiff zeigt ein vergoldeter flämischer Schnitzaltar von 1520 Szenen aus dem Marienleben.

Cathédrale St-Pierre

Highlights in *Rennes*

Kathedralenviertel
mit mittelalterlichem Fachwerk
▶ Seite 340

Tombées de la Nuit
Fantastisches Sommerfestival
▶ Seite 337

Rue du Chapître
Schöne Antiquitäten und Maritimes
▶ Seite 337

Le Four à Ban
Topadresse für Feinschmecker
▶ Seite 337

Musée de Bretagne
Spannende Kulturgeschichte
▶ Seite 343

Musée des Beaux-Arts
Gauguin und Fayencen
▶ Seite 343

Altstadt ✶ Rund um die Kathedrale sind einige mittelalterliche Häuser mit vorkragenden Geschossen und geschnitzten Balkenköpfen erhalten, wie in der **Rue des Dames**, die dem Verlauf der ersten Stadtmauer folgt. Im Winkel der Rue St-Yves und der Rue Le Bouteiller steht die 1494 erbaute **Kapelle St-Yves** für den hl. Ivo, Schutzpatron der Juristen. Das 1728 erbaute **Hôtel de Blossac** in der Rue du Chapitre 6 gilt als schönes Beispiel für die unter Gabriel durchgeführte Neugestaltung der Stadt. Hier residierte einst der Gouverneur der Bretagne, heute beherbergt es den Denkmalschutz der Bretagne, das Centre de Documentation sur le Patrimoine. Weitere sehenswerte Häuer stehen in der um den Chor der Kathedrale führenden **Rue de la Psallette**; Nr. 1 stammt von 1609, Nr. 8 war einst Schule des Kathedralchors.

Rennes *Orientierung*

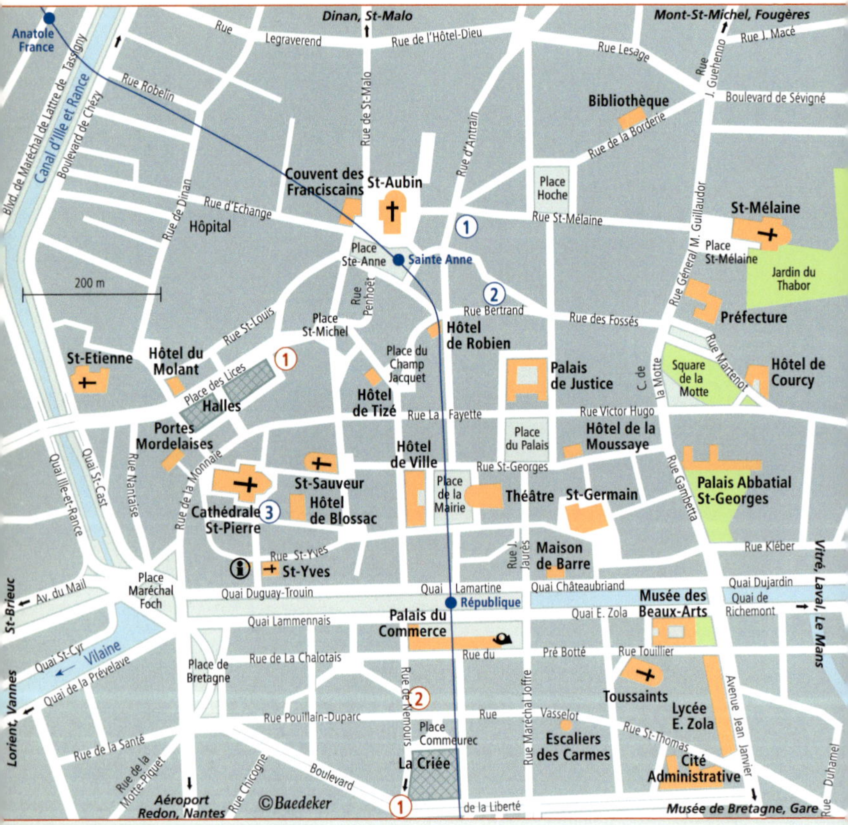

Rue, Dinan, St-Malo, Mont-St-Michel, Fougères, Rue J. Macé, Anatole France, Legraverend, Rue de l'Hôtel-Dieu, Rue Lesage, Rue Guéhenno, Boulevard de Sévigné, Blvd. Maréchal de Lattre de Tassigny, Rue Robelin, Boulevard de Chézy, Canal d'Ille et Rance, Rue de St-Malo, Rue d'Antrain, **Bibliothèque**, Rue de la Bordière, Rue Général M. Guillaudot, Rue de Dinan, Rue d'Echange, **Couvent des Franciscains**, **St-Aubin**, Place Hoche, Rue St-Mélaine, **St-Mélaine**, Place St-Mélaine, Jardin du Thabor, Hôpital, Place Ste-Anne, **Sainte Anne**, Rue Penhoët, Rue Bertrand, Rue des Fossés, **Préfecture**, 200 m, Rue St-Louis, Place St-Michel, **Hôtel de Robien**, C. de la Motte, Rue Martenot, **St-Etienne**, **Hôtel du Molant**, Place des Lices, **Halles**, Place du Champ Jacquet, **Hôtel de Tizé**, Rue La Fayette, **Palais de Justice**, Rue Victor Hugo, Square de la Motte, **Hôtel de Courcy**, **Portes Mordelaises**, Quai St-Cast, Rue Nantaise, Rue de la Monnaie, **Hôtel de Ville**, Place du Palais, **Hôtel de la Moussaye**, **Cathédrale St-Pierre**, **St-Sauveur**, **Hôtel de Blossac**, Place de la Mairie, Rue St-Georges, **Théâtre**, **St-Germain**, **Palais Abbatial St-Georges**, Rue Gambetta, Rue Kléber, Quai Ille-et-Rance, St-Brieuc, Rue St-Yves, Place Maréchal Foch, **St-Yves**, Rue St-Yves, Quai Duguay-Trouin, Av. du Mail, Quai Lammennais, Rue Jaurès, **Maison de Barre**, Quai Lamartine, **République**, Quai Châteaubriand, Quai Dujardin, Quai de Richemont, Vitré, Laval, Le Mans, Quai St-Cyr, Vilaine, **Palais du Commerce**, Quai E. Zola, **Musée des Beaux-Arts**, Rue de la Chalotais, Place de Bretagne, Rue du, Pré Botté, Rue Touiller, Quai de la Prévalaie, Rue de Nemours, Rue Maréchal Joffre, **Toussaints**, **Lycée E. Zola**, Avenue Jean Janvier, Rue St-Thomas, Rue Duhamel, Lorient, Vannes, Rue Pouillain-Duparc, Place Commeurec, Rue, Vasselot, **Escaliers des Carmes**, **Cité Administrative**, Rue de la Santé, Rue de la Motte-Picquet, Rue Chicogné, Boulevard, **La Criée**, de la Liberté, **Musée de Bretagne, Gare**, Aéroport Redon, Nantes, ©Baedeker

---

Übernachten
① Anne de Bretagne ③ Des Lices
② Nemours

Essen
① Le Four à Ban ③ Le Mediterranée
② La Réserve

━●━ Métro

Der flämische Schnitzaltar in der Kathedrale St-Pierre erzählt aus dem Leben Marias.

Das fotogenste Fachwerk in der Altstadt gehört dem reich skulptierten Ty Koz (»Altes Haus«, 16. Jh., Rue St-Guillaume 3), heute mit der Bar »El Teatro«.

✳
Ti Koz

Die vom Stadtbrand verschont gebliebene Kirche entstand zwischen 1703 und 1728. Beachtung verdienen die schmiedeeiserne und vergoldete Kanzel von 1781, ein vergoldeter Baldachin von 1768 und die wundertätige Statue der Notre-Dame des Miracles.

St-Sauveur

Die Nordseite des Platzes, wo ein Denkmal an den Bürgermeister Jean Leperdit erinnert, wird von hohen Fachwerkhäusern aus dem 17. Jh. eingerahmt, in denen sich kleine Restaurants eingerichtet haben. Besonders gelungen die Fassade des Hôtel de Tizé in der Südwestecke von 1660. Historische Häuser findet man auch in der Rue **St-Michel**, der charmanten Einkaufsstraße **Pont-aux-Foulons** und an der **Place Ste-Anne**. Umfangreiche Literatur zum Thema Bretagne hat die Buchhandlung Breiz in der Rue de Penhoët.

✳
**Place du
Champ-Jacquet**

◀ Librairie Breiz

An der schönen **Place du Palais** mit eleganten Häusern aus dem 17. und 18. Jh. erhebt sich der Justizpalast, der als Sitz des bretonischen Parlaments zwischen 1618 und 1655 errichtet wurde, finanziert über eine Getränkesteuer. Die Pläne des Gebäudes im Stil der toskanischem Renaissance stammen von Salomon de Brosse, dem Architekten des Pariser Palais du Luxembourg. Beim Wiederaufbau von Rennes gestaltete Ange-Jacques Gabriel 1726 die Fassade neu. Das Parlement mit 100 bis 120 Mitgliedern – die meisten gehörten zum bretonischen Adel – war oberster Gerichtshof und gesetzgebendes Organ, das die Aufsicht über 2300 bretonische Gerichte führte. Bei Unruhen zwischen aufgebrachten bretonischen Fischern und Ord-

**Palais du
Justice**

Rathaus und Theater begrenzen die Place de la Mairie.

nungskräften geriet das Gebäude 1994 in Brand, heute erstrahlt es aber wieder in alter Pracht. Im Saal der Dicken Pfeiler, der Salle des Gros Piliers, hatten noch bis 1840 zahlreiche Händler ihre Verkaufsstände, in den Prunkräumen fanden die Gerichtsverhandlungen und Ständeversammlungen statt. Öffnungszeiten (Führungen) variieren, Auskunft im Office de Tourisme.

★
Place de la Mairie

Am Rathausplatz im Zentrum des barocken Stadtviertels stehen sich das **Hôtel de Ville** und das Theater gegenüber. Das Rathaus, 1734 bis 1743 von Jacques Gabriel im Stil der französischen Klassik erbaut, krönt ein Uhrturm in der Mittelachse. Im rechten Flügel sind eine Monumentaltreppe und der Festsaal zu besichtigen, im linken das Ehrenmal für die Gefallenen des Ersten Weltkriegs. Das 1831 von Charles Millardet im klassizistischen Stil entworfene **Theater** passt sich mit seinem Säulenumgang harmonisch an den geschwungenen Teil des Rathauses an. Den Zuschauerraum malte Jean-Julien Lemordant mit bretonischen Tanzszenen aus.

Rue St-Georges

Am Ende der von mittelalterlichen Fachwerkhäusern gesäumten **Rue St-Georges** stößt man auf das vierstöckige **Palais St-Georges** oberhalb eines idyllischen Gartens. Die heutige Behörde wurde 1670 von Pierre Corbineau für die Äbtissin Madeleine de La Fayette als Nachfolgebau der alten Benediktinerabtei errichtet. Etwas oberhalb folgt auf der gleichen Straßenseite das 1926 von Emmanuel Le Ray erbaute **Piscine**, ein Schwimmbad mit Kacheldekorationen im Artdéco-Stil – Le Ray entwarf auch die Fischhalle an der Ecke Rue de Nemours und Boulevard de la Liberté.

Die heutige Pfarrkirche war im 17. Jh. Abtei des Benediktinerklosters St-Mélaine. Noch aus dem 11. Jh. stammen die Vierung mit ihren Hufeisenbogen und einige romanische Pfeiler des Kirchenschiffs, der Kreuzgang entstand um 1663. Durch ein schmiedeeisernes Tor betritt man den 1866 zum öffentlichen Park umgestalteten Klostergarten mit Fontänen, Musikpavillon, einer Volière, Teichen und einer Grotte. Im angeschlossenen Botanischen Garten gibt es seltene Pflanzen und einen bezaubernden Rosengarten.

St-Mélaine

✳
Jardin du Thabor

Wer eine Pause braucht, findet westlich an der Place Ste-Anne kleine Restaurants und Crêperien in schmucken Fachwerkhäusern aus dem 16. Jahrhundert. Die neogotische Kirche **St-Aubin** schuf J.-B. Martinot. Gegenüber im **Ancien Couvent des Franciscains** fanden 1491 die Vermählungsfeierlichkeiten von Herzogin Anne de Bretagne mit dem französischen König Karl VIII. statt.

✳
Place Ste-Anne

1840 wurde die **Vilaine** unter die Erde verlegt, heute die Ost-West-Achse von Rennes. Die 1866 am Südufer erbaute Handelskammer mit Arkaden, vorspringenden Eckpavillons und Uhrturm im Stil Ludwigs XIV. dient als Hauptpost.

Palais de Commerce

Das einstige Universitätsgebäude (1849) östlich des Palais du Commerce beherbergt das **bedeutendste Kunstmuseum der Bretagne**. Es bietet einen ausgezeichneten Überblick über die Malerei des 14. bis 20. Jh.s, mit Werken u. a. von Rubens (»Tigerjagd«, gemalt um 1616 für das Schloss Schleißheim bei München), Veronese, Georges de La Tour (»Das Neugeborene«) und der Schule von Pont-Aven, corot, Sisley, Urtillo und Picasso. Dazu kommen Grafik (u. a. Leonardo Da Vinci, Dürer, Botticelli) und archäologische Exponate aus Ägypten, Griechenland und Italien (Öffnungszeiten: Di. 10.00 – 18.00, Mi. bis So. 10.00 – 12.00, 14.00 – 18.00 Uhr).

✳ ✳
Musée des Beaux-Arts

🕒

Im Süden der Stadt ist nahe dem Bahnhof das Kulturzentrum Les Champs Libres zu finden (10 Cours des Alliés), bis 2006 erbaut von dem international renommierten Bretonen Christian de Portzamparc. Hier sind die Stadtbücherei – in ihrem Besitz das erste lateinisch-bretonisch-französische Wörterbuch aus dem Jahr 1499 –, ein Planetarium und das überaus reich ausgestattete Bretagne-Museum beheimatet, das sich der Geschichte der Region widmet

Les Champs Libres

✳ ✳
◄ Musée de Bretagne

🕐 (Öffnungszeiten: Di. 12.00 – 21.00, Mi. – Fr. 12.00 – 19.00, Sa./So. 14.00 – 19.00 Uhr). Sehr interessant dort auch die 10 000 Stücke umfassende Dokumentation zur Affäre Dreyfus.

Umgebung von Rennes

Am südlichen Stadtrand führt die Route de Châtillon-sur-Seiche zum **Ecomusée du Pays de Rennes** (Freilichtmuseum des Bintinais).

> **! Baedeker TIPP**
>
> **Ferrari, Williams oder McLaren?**
>
> Fast zwei Dutzend Rennwagen der Formel 1, ein traumhafter Bugatti von 1927, schnittige Jaguars und Maseratis aus den 1950er-Jahren oder lieber ein Ferrari Coupé F40? Im Manoir de l'Automobile in Lohéac, 25 km südwestlich von Rennes an der Route de Lieuron, dreht sich alles um den fahrbaren Untersatz. Mehr als 400 Wagen können hier Di. – So. 10.00 – 13.00, 14.00 bis 19.00 Uhr bewundert werden. Tel. 02 99 34 02 32, www.manoir-automobile.fr.

Auf dem Landgut erfährt man viel Interessantes über 500 Jahre Landwirtschaft in der Region; Vorführungen je nach Jahreszeit. Öffnungszeiten: April – Sept. Di. bis Fr. 9.00 – 18.00, Sa. 14.00 – 18.00, So. 14.00 – 19.00, Okt. – März mit Mittagspause.

Etwa 12 km südlich von Rennes werden im **Parc Ornithologique de Bretagne** am Boulevard Pasteur 53 bei Bruz über 1000 Vögel verschiedener Arten gehalten. Öffnungszeiten: März – Nov. tägl. 10.00 – 12.00, 14.00 – 19.00 Uhr.

Davon, dass **Châteaugiron**, eine Kleinstadt 16 km südöstlich von Rennes, lange Zeit Zentrum der Segeltuchherstellung war, zeugen einige Fachwerkhäuser aus dem 16. bis 19. Jh. zu Füßen der Burg. Ihre ältesten Teile sind der 38 m hohe Donjon aus dem 13. Jh. und die im 12. Jh. begonnene Kapelle.

St-Aubin-du-Cormier Nahe dem Ort 28 km nordöstlich von Rennes verloren die Bretonen 1488 ihre Unabhängigkeit: in der Schlacht zwischen den Truppen ihres Herzogs Franz II. und dem Heer des französischen Königs. Hinter der Burgruine führt ein Weg zu den **Rochers Bécherel**, einem eindrucksvollen Felsenmeer im Wald.

★ Roscoff

B 8

Département: Finistère   **Einwohnerzahl:** 3700

Eng drängen sich die grauen Granithäuser auf der Landspitze gegenüber der Ile de Batz, überragt vom markanten Turm der Kirche Notre Dame de Kroaz Braz, lang ragt die Hafenmole in den Atlantik: Die alte Händler- und Korsarenstadt Roscoff lebt heute wie einst vom Meer.

Sorgten einst die Korsaren und der Kolonialhandel für Wohlstand, tun dies heute die Fähren nach England und Irland, der Umschlag von Frühgemüse aus dem Hinterland, die Zucht von Meerestieren sowie der Tourismus.

Am 13. August 1548 betrat die fünfjährige Maria Stuart, die spätere Rivalin Elisabeths von England, in Roscoff französischen Boden, um den französischen Kronprinzen Franz II. zu heiraten. Berühmt wurden auch die **Johnnies** von Roscoff. Zu Fuß und per Fahrrad verkauften die Gemüsebauern im 19. Jh. in England die roten Zwiebeln aus dem Léon. Noch 1930 sollen rund 1300 dieser Johnnies in England von Tür zu Tür gezogen sein. Das **Musée des Johnnies** (Rue Brizeux 17, Öffnungszeiten: Mitte Juni – Mitte Sept. Mo. – Fr. 11.00 – 17.00, sonst Mo., Di., Do. Fr. zu einer Führung um 15.00 Uhr; Jan. geschl.) und das Zwiebelfest im August erinnern an die legendären Zwiebelverkäufer. Mitte des 19. Jh.s entwickelte sich der Tourismus. Als 1899 Frankreichs erstes Zentrum für Thalassotherapie eröffnete und Roscoff zur Wiege für »Wellness aus dem Meer« wurde, begann der bis heute anhaltende Aufschwung.

ROSCOFF ERLEBEN

Zwischen Roscoff und Morlaix werden zwei Drittel der französischen Artischocken geerntet.

Von der Besuchergalerie im ersten Stock kann man zwischen 9.00 und 18.00 Uhr zusehen (www. finistere touring.com). Am dritten Julimontag wird ein großer Pardon zu Ehren der Ste-Barbe abgehalten. Bei der »Fête de l'Oignon Rose« um den 20. Aug. kann man die roten Zwiebeln von Roscoff in allen Zubereitungsarten genießen.

AUSKUNFT

Office de Tourisme
Quai d'Auxerre, 29680 Roscoff
Tel. 02 98 61 12 13
Fax 02 98 69 75 75
www.roscoff-tourisme.com

CRIEE UND PARDON

Fischkutter und Trawler liefern täglich ihren Fang bei Roscoffs moderner Auktionshalle am Hafen Bloscon ab. Einstündige Führungen und eine Videoschau informieren von April bis Okt. über das Geschäft mit dem Fisch.

ESSEN

► **Erschwinglich / Fein& teuer**
L'Ecume des Jours
Quai d'Auxerre
Tel. 02 98 61 22 83, Di., Mi. geschl.
Das im 16. Jh. erbaute Steinhaus am alten Hafen (mit Terrasse) steht für eine raffinierte Küche. Testen Sie gegrillten Hummer oder Lamm.

► **Preiswert / Erschwinglich**
Le Surcouf
14 Rue Amiral Réveillère
Tel. 02 98 69 71 89, www.jalima.fr
Bekannte Brasserie im Herzen der

Stadt, 5 Min. vom Fähranleger. Ein Gedicht: die Fischsuppe mit Rouille.

ÜBERNACHTEN

▶ Luxus
Château-Hôtel Le Brittany
Boulevard Ste-Barbe
Tel. 02 98 69 70 78, Fax 02 98 61 13 29
www.hotel-brittany.com
Wellnessoase beim alten Hafen in einem stilvollen, modernisierten Granitgebäude aus dem 17. Jh. – Thalassotherapie etc. inklusive. Im »Yachtman« serviert Loïc Le Bail Meeresfrüchte vom Feinsten.

▶ Komfortabel / Luxus
Le Temps de Vivre
19 Place Lacaze Duthiers
Tel. 02 98 19 33 19, Fax 02 98 19 33 00
www.letempsdevivre.net

Edles Hotel mit freundlichem Service in einem bretonischen Landhaus am Meer, mit Innenhof. Die Gästezimmer überzeugen mit ihrer zurückhaltenden modernen Gestaltung ebenso wie das Restaurant. Jean-Yves Crenns kreative Küche schmeckt ausgezeichnet – und ist bezahlbar.

Baedeker-Empfehlung

▶ Günstig
Les Chardons Bleus
4 Rue Amiral Réveillère
Tel. 02 98 69 72 03, Fax 02 98 61 27 86
http://chardons.bleus.free.fr
In ihrem zentral gelegenen Hotel bieten Marie und Bernard Kerdilès hübsche Zimmer (2 mit Meerblick) und eine ausgezeichnete Küche.

Sehenswertes in Roscoff

Vieux Port ✶ Am alten Hafen zeigt die Stadt ihre typische Silhouette, legen Boote zur Ile de Batz ab und lässt sich der 25 m hohe Leuchtturm nach Anmeldung ersteigen (Auskunft beim Office de Tourisme).

Altstadt ✶ Rund um die Kirche – vor allem in der Rue Albert-de-Mun, der Rue Armand-Rousseau, der Rue de l'Amiral-Réveillère und an der Place Lacaze-Duthiers – stehen die prächtigen grauen Granithäuser der reichen Roscoffiter Reeder und Korsaren.

Notre-Dame-de-Kroaz-Baz ▶ Karavellen und Kanonen: Der Fassadenschmuck der im spätgotischen Flamboyantstil erbauten Kirche und der Beinhäuser im umfriedeten Pfarrbezirk spiegelt die maritime Vergangenheit wider. Außergewöhnlich ist der verspielte Renaissanceturm mit durchbrochener Kuppel. In der Kirche erzählen sieben Flachreliefs aus Alabaster, im 15. Jh. in England gefertigt, das Leben Christi.

Aquarium ✶ Die **Centre d'Études d'Océanographie et de Biologie Marine** (Station Biologique de Roscoff) zählt neben Plymouth, Neapel und Bergen zu den größten und modernsten Zentren für Ozeanographie und Meeresbiologie in Europa. Eine gute Einführung in die Fauna und Flora des Nordatlantiks gibt das angeschlossene Aquarium mit Museum an der Place Georges Teissier. Derzeit ist es geschlossen. Info unter www.sb-roscoff.fr.

Kein bretonisches Fest ohne Musik und Tanz. Gäste von jenseits des Kanals bei der »Fête de l'Oignon Rose«.

Rund 3000 Pflanzenarten der südlichen Erdhalbkugel, Agaven und Kakteen gedeihen an der Küste südlich des Fährhafens im **Jardin Exotique** mit 18 m hohem Fels (Aussicht auf die Bucht von ▶ Morlaix). Öffnungszeiten: April – Juni, Sept. und Okt. tägl. 10.00 – 12.30, 14.00 – 18.00, Juli, Aug. tägl. 10.00 – 19.00, Nov. bis März tägl. 14.00 – 17.00 Uhr.

Der Stadtpark Jardin Louis Kerdilès an der Route de Laber besitzt neben reichem Blumenschmuck ein Tiergehege mit Gänsen, Enten, Ponys, Schafen – und, sehr bretonisch, Kängurus.

> ! **Baedeker** TIPP
>
> ### Lippenrot aus grüner Alge
> Welche Kosmetika und Lebensmittel aus Algen sind, verrät eine Betriebsbesichtigung bei Algoplus. Port du Bloscon, April – Sept. tägl. 14.00 – 17.00 Uhr, www.algoplus-roscoff.fr; Laden: 2 Quai Charles de Gaulle).

Umgebung von Roscoff

Nur 20 Minuten braucht die Personenfähre von Roscoff zur 3,5 km langen und halb so breiten »Gemüseinsel«. Die meisten der 750 Bewohner leben an der Südküste in Porz Kernoc'h, Créac'h Bolloc'h und am Hafen. Feine, nie überlaufene Sandstrände säumen die Nordküste. Auf einer vorgelagerten Landzunge im Südosten der Insel lockt der hundertjährige **Jardin Georges Delaselle** mit einer Samm-

★

Ile de Batz

Vom Leuchtturm hat man den schönsten Blick über die Ile de Batz.

lung seltener Palmen. Der Pariser Georges Delaselle, dem seine Ärzte wegen einer angeblich unheilbaren Krankheit den baldigen Tod angekündigt hatten, legte 1906 den Garten an und erreichte, wohl wegen des milden Klimas und der jodhaltigen Luft, das stattliche Alter von 80 Jahren. Öffnungszeiten: April – Okt. Mi. – Mo. 14.00 – 18.00 Uhr, Juli, Aug. tägl. 13.00 – 18.30 Uhr. Nicht weit entfernt markiert die romanische Kapelle **Ste-Anne** die Stelle, wo der walisische Mönch Pol-Aurélien im 6. Jh. ein Kloster gründete. Am »Toul ar Zarpant« (Schlangenloch) soll er den auf der Insel lebenden Drachen in den Tod geschickt haben. Seine Waffe, eine Stola, wird in der Ortskirche aufbewahrt. Den schönsten Blick über die Insel bietet der 41 m hohe Leuchtturm von 1852; Besichtigung nach Anmeldung beim örtlichen Office de Tourisme.

Im »Goldenen Gürtel« des Léon, dem Bauernland zwischen Roscoff und ► Morlaix, werden zwei Drittel der französischen **Artischocken** geerntet und fast alle Arten von Frühgemüse angebaut. Dank des milden Klimas können zwei Ernten eingefahren werden, im Frühjahr und im Herbst.

Ceinture Dorée

Wichtigster Handelsplatz für Fenchel, Blumenkohl und Artischocken ist St-Pol-de-Léon, dessen Wahrzeichen schon von weitem grüßen: der 77 m hohe Turm der Chapelle du Kreisker und die Kathedrale. Ihren Namen erhielt die Kleinstadt 6 km südlich von Roscoff vom **hl. Pol-Aurélien**, einem der sieben heiligen Gründerväter der Bretagne. Vom Wohlstand der Stadt im 16. und 17. Jh. zeugen prächtige Bürgerhäuser in der Rue du Général-Leclerc, der Rue Rosière und der Rue du Petit-Collège. Den schönsten Blick über die Bucht hat man von der ehemaligen Insel Rocher Ste-Anne.

St-Pol-de-Léon

Vauban bezeichnete ihn als Wunder an Kühnheit und Harmonie: Der **Vierungsturm** der Chapelle du Kreisker, im 15. Jh. nach dem Modell der normannischen Kirche St-Pierre von Caen gebaut, wurde zum Vorbild vieler bretonischer Glockentürme. Den Aufstieg belohnt ein Panoramablick bis nach Roscoff und zur Insel Batz.

★
◄ Chapelle du Kreisker

Der normannische Sandstein verleiht der gotischen Kathedrale aus dem 13.–16. Jh. ein ungewöhnliches Aussehen: Das Westwerk mit den Türmen, die Vorhalle und der Vierungsturm bestehen aus düsterem Granit, das Hauptschiff hingegen aus hellgelbem Kalkstein. Eine Kapelle links des Chors birgt den Reliquienschrein des hl. Pol-Aurélien; in der Sakristei ruhen die »Etagères de la Nuit«, 35 Reliquiare mit Schädeln von Honoratioren der Stadt.

◄ Cathédrale

Die Strände im Norden und Westen lockten schon in der Antike Urlauber hierher: 1 km nördlich des kleinen Seebades wurde eine Badeanlage aus gallo-römischer Zeit entdeckt. Attraktion im Ort ist die **Cohue**, eine Markthalle aus dem 16. Jh. mit eindrucksvollem hölzernem Dachstuhl. In der Umgebung erinnern einige **Megalithdenkmäler** an die Vorgeschichte, so der 22 m lange Dolmen An tyroch an der Kernic-Mündung und die Menhire von Cam-Louis, Kergouara und Lannérien.

Plouescat

In der Renaissance ließen reiche bretonische Adlige glanzvolle Anwesen bauen; Louis Barbier, der Neffen des Abts von St. Mathieu, schuf 1553–1590 ein Meisterstück. Die letzte Besitzerin des befestigten Schlosses 15 km südlich von Plouescat starb 1794 unter der Guillotine. Im Hauptgebäude, von zwei vorspringenden Flügeln mit Erkern, Türmchen und Kolonnaden flankiert, präsentiert ein Museum **traditionelle Möbel des Léon** aus dem 17. und 18. Jh. sowie wechselnde Ausstellungen, die auch den Fortgang der Restaurierung von Schloss und Park dokumentieren. Öffnungszeiten: April–Juni, Sept., Okt. Mi.–Mo. 13.30–18.00, Juli, Aug. tägl. 10.00–19.00, Nov., Dez. und März So. 14.00–17.00 Uhr.

★
Château de Kerjean

★ St-Brieuc

Département: Côtes d'Armor   **Einwohnerzahl:** 48 000

Die »Stadt der Brücken«, Hauptstadt des Départements Côtes d'Armor, trägt ihren Namen zu Recht: Zwei mächtige Viadukte überspannen weithin sichtbar die tief eingeschnittenen Flusstäler von Gouët und Gouëdic. Dazwischen drängt sich auf einem Granitplateau die moderne Geschäfts- und Industriestadt, die rund um die Kathedrale ihr altes Herz bewahrt hat.

 ## ST-BRIEUC ERLEBEN

AUSKUNFT

Office de Tourisme
7 Rue Saint-Gouéno
22000 St-Brieuc
Tel. 0825 00 22 22, Fax 02 96 61 42 16
www.baiedesaintbrieuc.com

FESTE & EVENTS

Fast das ganze Jahr über zieht St-Brieuc Musikfreunde an. Mitte Juni: Festival »Art Rock«. Anf. Nov. »Jazz dans les Feuilles«.

EINKAUFEN

Wichtigste Shoppingmeilen sind die Fußgängerzonen Rue St-Guillaume, Rue St-Gouéno und Rue Charbonnerie. Samstags ist Markt vor der Kathedrale; der bunte Michaelsmarkt (Foire de la St-Michel) Ende September dauert drei Tage.

ESSEN

▶ Erschwinglich / Fein & teuer
① *Aux Pesked*
59 Rue du Légué, Tel. 02 96 33 34 65
www.auxpesked.com
Sa.mittag, So.abend, Mo. geschl.
»Pesked« heißt »Fisch«, er spielt in dem michelinbesternten Lokal beim Hafen Légué die Hauptrolle. Mit Terrasse und fünf Zimmern.

▶ Erschwinglich
① *La Pierre à Feu*
7 Rue des 3 Frères Le Goff
Tel. 02 96 68 56 02, Mo. geschl.
Fisch und Fleisch vom Holzofengrill – oder auf einem heißem Stein selbst gebraten.

ÜBERNACHTEN

▶ Komfortabel
① *De Clisson*
36–38 Rue du Gouët
Tel. 02 96 62 19 29, Fax 02 96 61 06 95
www.hoteldeclisson.com
Bürgerlich-nobles Drei-Sterne-Hotel in der Altstadt, mit Garten.

③ *Le Duguesclin*
2 Place Duguesclin
Tel. 02 96 33 11 58, Fax 02 96 52 01 18
www.hotel-duguesclin.com
Gepflegtes Best-Western-Haus, zentralst in Fußgängerzone gelegen. Spezialität der Brasserie (mit Terrasse): Jakobsmuscheln der Côtes d'Armor.

▶ Günstig
② *Ker-Izel*
36–20 Rue du Gouët
Tel. 02 96 33 46 29, Fax 02 96 61 86 12
ww.hotel-kerizel.com
Zentral gelegen, nett und preiswert.

Die Stadt geht auf ein Kloster zurück, das der keltische Mönch St-Brieuc Ende des 6. Jh.s gründete. Der zu den sieben heiligen Gründervätern der Bretagne zählende Heilige stammte ursprünglich aus Wales und war an der nahen Küste mit mehreren Schülern an Land gegangen. Heute ist die Stadt Station der »Tro Breiz«, der Pilgerfahrt auf den Spuren der sieben heiligen Gründungsväter der Bretagne. Besonders stolz ist die Stadt auf ihr künstlerisches Erbe: Die Schriftsteller Villiers de l'Isle-Adam (1838 – 1889) und Louis Guilloux (1899 – 1980) wurden hier geboren, Tristan Corbière, Alfred Jarry und Anatole Le Braz gingen hier aufs Gymnasium; George Palant und Per-Jakez Hélias unterrichteten an der Schule. St-Brieuc ist zudem seit Jahrhunderten für die besten Bürsten und Malerpinsel des Landes berühmt.

Geschichte

Sehenswertes in St-Brieuc

Zwei massive Türme mit Schießscharten – der 28 m hohe Brieuc-Turm von 1353 und der 33 m hohe Midi-Turm aus dem 15. Jh. – flankieren die Westfassade der **Kathedrale St-Etienne** mit ihrem schmucklosen Hauptportal. Sie entstand zwischen 1170 und 1248 an der Stelle des einstigen Klosters von St-Brieuc und wurde in den folgenden Jahren mehrfach verstärkt. Als »Cathedrale-fortresse« (Wehrkirche) an der Place Général de Gaulle hat sie den Briochins so manches Mal Schutz geboten. Während der Französischen Revolution diente sie als Kanonenlager und Stall. Beachtenswert ist die **Chapelle de l'Annonciation** aus dem 15. Jh. mit südlichen Seitenschiff mit einem vergoldeten barocken Holzretabel von Yves Corlay (1745) sowie die große Cavaillé-Coll-Orgel mit Renaissance-Paneelen. In der rechten Chorkapelle

Barockes Holzretabel von Yves Corlay

werden die die Reliquien des hl. Brieuc aufbewahrt. Der umlaufende Kreuzweg mit 16 Stationen entstand 1958 in der Werkstatt M. Saupiques an der Ecole des Beaux-Arts in ►Rennes.

Alte Stadthäuser aus dem Mittelalter und der Renaissance haben sich nördlich der Kathedrale erhalten. An der Place du Martray beein-

Altstadt

St-Brieuc Orientierung

Übernachten
1 De Clisson
2 Ker-Izel
3 Duguesclin

Essen
1 La Pierre à Feu
2 Aux Pesked

druckt das Hôtel de Bellescize aus dem 18. Jh, in der Rue Fardel 15 das Hôtel des Ducs de Bretagne von 1572, in der Rue de Gouët 16 die Maison de la Barriere aus dem 16. Jh.; Muscheln schmücken die mittelalterliche **Maison du Ribeault** an der Place du Lin.

Eine über 2000 Jahre alte, vermutlich von den keltischen Osismern überlieferte Statue einer Gottheit mit Harfe gehört zu den beeindruckendsten Objekten des **Musée d'Art et d'Histoire** in der Rue des Lycéens-Martyrs. Ausstellungen berichten auf drei Etagen über die Côtes d'Armor vom 19. Jh. bis heute (bis 1990 hieß das Département noch Côte du Nord); im Erdgeschoss sind Gemälde und im 1. Stock eine Sammlung alter Webstühle zu sehen. Öffnungszeiten: Di. bis Sa. 10.00 – 12.00, 13.30 – 18.00, So. 14.00 – 18.00 Uhr.

! *Baedeker* TIPP

Glaskunst

Ob Kapellen, Kirchen, Kathedralen: Für viele Kirchen der Westbretagne hat Christine Cocar in ihrem Atelier de Vitrail seit 1980 die Fenster restauriert oder kreiert. Heute ist ihre Werkstatt in der Rue Maréchal Foch 63 auch Forum für Kulturveranstaltungen. Tel. 02 96 60 45 72, http://www.vitrail-syndicat.com.

Spaß und Entspannung verspricht ein Besuch im Aquabaie, der größten Badelandschaft der Bretagne, mit Riesenrutsche, Wellenbad usw. (Espace Brézillet, Tel. 02 96 75 67 56).

Aquabaie

Umgebung von St-Brieuc

St-Brieuc ist durch den Hafen Légué an der Gouët-Mündung mit dem Meer verbunden. Hier erinnern Reederhäuser an die große Zeit des Kabeljaufangs im 19. Jahrhundert. Ein Fußweg führt zur 73 m hohen **Pointe du Roselier** mit Blick über die Baie de St-Brieuc.

✶
Port Légué

Einst wurde es sogar nach Amerika exportiert: Das Quintin-Tuch machte das malerische Städtchen 18 km südwestlich berühmt. Von der Blütezeit der einheimischen Tuchindustrie im 17. und 18. Jh. zeugen alte Häuser mit vorkragenden Obergeschossen und Stadtpalais. Sie stehen vor allem in der Grand'Rue, an der angrenzenden Place 1830, in der Rue au Lait und der Rue St-Thuriau. An der Place du Martray sind die Wechselstube »Maison du Changeur« von 1728 sowie das Hôtel de Ville von 1740 erhalten. Höhepunkt im Festkalender ist der Jahrmarkt »Foire St-Martin« Anfang November, der zusammen mit dem »Festival des Chanteurs de Rue«, dem Fest der Straßensänger, gefeiert wird.

✶
Quintin

An der **Place 1830** steht das unvollendete Schloss, dessen ältester Teil 1640 an der Stelle eines Vorgängerbaus aus dem 13. Jh. errichtet wurde. Ende des 18. Jh.s folgten die Gebäude nördlich des Hofs. Im Erdgeschoss erzählt ein Museum die wechselvolle Stadtgeschichte, dazu sind hübsches Porzellan, feine Miniaturen und kostbares Silber des 18. Jh.s zu sehen. Öffnungszeiten: Jan., April, Mai, Okt.–Dez. So. 14.00 – 17.00, Juni, Sept. tägl. 14.00 – 17.30, Juli, Aug. tägl. 10.30 – 12.00, 14.00 – 18.00 Uhr.

◄ Château

◷

Die 1883 im neogotischen Stil erbaute Basilika ist am zweiten Mai-Sonntag Ziel eines Pardons. Verehrt wird die Statue **Notre-Dame-de-la-Délivrance** (»Unsere Liebe Frau der Erlösung«), die ein Stück Stoff vom Gürtel der Jungfrau Maria birgt, das angeblich um 1250 von Geoffroy Botherel von einem Kreuzzug mitgebracht wurde. Die vier Weihwasserbecken aus Java-Muscheln wurden im 14. Jh. gefertigt.

◄ Notre-Dame

✶ ✶ St-Malo

C 19 / 20

Département: Ille-et-Vilaine   **Einwohnerzahl:** 52 900

»Eine Steinkrone auf den Wellen« nannte François-René Chateaubriand die allseits von Wasser umgebene Ville Close der alte Korsarenstadt an der Rance-Mündung. Die von Festungsmauern gesäumte Altstadt gehört zu den Höhepunkten einer Bretagnereise.

▶ ST-MALO ERLEBEN

AUSKUNFT

Office de Tourisme
Esplanade St-Vincent, 35400 St-Malo
Tel. 08 25 13 52 00, Fax 02 99 56 67 00
www.saint-malo-tourisme.com

VERKEHR

Die Schiffe nach Dinard, Dinan, St-Servan und anderen Ausflugszielen, z. B. zum Cap Fréhel, fahren vom Südkai der Ville Close ab, die Fähren nach England und zu den britischen Kanalinseln Jersey und Guernsey vom Hafen südlich der Ville Close.
Zur halbstündigen Stadterkundung startet an der Porte St-Vincent ein Touristenbähnchen.

FESTE & EVENTS

Pfingsten: Festival Etonnants Voyageurs (Festival des Abenteuerromans). Mitte Juli – Mitte Aug.: Festival für sakrale Musik (Konzerte in der Kathedrale und anderen Orten). Juli: Folklore du Monde (Musik und Tanz aus aller Welt). Juli/Aug.: »Son et Lumière« lässt die Geschichte von St-Malo lebendig werden. Mitte Aug.: Route du Rock (Rockfestival). Okt.: Quai des Bulles (Comic-Festival).

EINKAUFEN

Maritimes Outfit gibt es in den Boutiquen der Rue Broussais, Grande Rue und Rue St-Vincent. Buddelschiffe und hübsche Accessoires findet man in der Rue St-Thomas, der Halle au Blé und der Rue Broussais. Di. und Fr. ist Markt in der Ville Close (Halle aux Blés, Place de la Poissonnerie).

ESSEN

▶ Fein & teuer

① *L'Atre*
7 Esplanade du Cdt. Yves Menguy

Tel. 02 99 81 68 39
Raffinierte zeitgenössische Fischküche an der Tour Solidor.

② *À la Duchesse Anne*
5 Place Guy La Chambre
Tel. 02 99 40 85 33
Mo.mittag, Mi. geschl., außerhalb der Saison auch So.abend
Traditionsreiches Restaurant innerhalb der Stadtmauer. Französische Küche nach echt bürgerlicher Art, vornehmlich exzellenter Fisch.

▶ Erschwinglich

③ *Café de St-Malo*
7 Place Guy-La-Chambre
Tel. 02 99 56 46 75
www.lecafedesaintmalo.com
Elegantes Lokal mit beheizter Terrasse. Spezialitäten: frische Austern und gegrillter Hummer.

▶ Preiswert

④ *La Dent Creuse*
4 Place de la Poissonnerie
Tel. 02 99 40 19 92
Im »Hohlen Zahn« am ehemaligen
Fischmarkt serviert man fangfrische
Meeresfrüchte.

ÜBERNACHTEN

▶ Komfortabel

① *France et Châteaubriand*
Place Châteaubriand
Tel. 02 99 56 66 52, Fax 02 99 40 10 04
www.hotel-fr-chateaubriand.com
Traditionsreiches Haus in der Ville
Close mit 80 Z. und hübschem
Wintergarten. Kristalllüster schmü-
cken das Feinschmeckerrestaurant
mit Meerblick und Terrasse.

② *Hotel Central*
6 Grand Rue
Tel. 02 99 40 87 70
www.hotel-central-stmalo.com
Gepflegtes Haus in der Ville Close mit
netten modernen Zimmern. Maritimes Restaurant »La Pêcherie«.

▶ Günstig

③ *La Gardelle*
Paramé, 2 Rue de la Gardelle
Tel. 02 99 56 00 69
Sechs schlichte Zimmer. Gute Haus-
mannskost wird im einfachen,
gemütlichen Restaurant serviert.

④ *De la Plage*
Port-Mer, 35260 Cancale
Tel. 02 99 89 81 59, Fax 02 99 89 79 03
http://hotel-restaurant.hoteldelaplage-
cancale.com. Nettes kleines Hotel mit
Seeblick im 13 km entfernten Aus-
ternzentrum Cancale. Im Restaurant
sollten Sie die Muscheln und die
Fischsuppe probieren.

WELLNESS

Wellness aus dem Meer: Gesundheit,
Fitness und Schönheit sind die Ziele
des Thalassotherapiezentrums Les
Thermes Marins mit dem luxuriösen
Grand Hotel des Thermes aus der
Gründerzeit am Grand Plage du
Sillon. Tel. 02 99 40 75 75, Fax 02 99
40 76 00, www.thalassotherapie.com.

Elegante Gründerzeitvillen in der Umgebung lassen erkennen, dass **Perle an der**
die ▶Côte d'Emeraude schon Ende des 19. Jh.s ein beliebtes Reiseziel **Côte d'Emeraude**
war. Wichtige Einnahmequelle in St-Malo ist immer noch der Hafen,
wo Handelsschiffe, Fischfangflotten und Jachten vor Anker gehen.

Im 6. Jh. ließ sich der aus Lancarvan in Wales stammende Einsiedler- **Geschichte**
mönch Maclow auf der Landzunge von Alet nieder, das heutige St-
Servan. Aus Maclow wurde französisch Maclou und bretonisch Malo. Normannische Überfälle im 9. Jh. zwangen die Bewohner von
Alet, auf die leichter zu verteidigende Insel überzusiedeln. Der neu
gegründete Ort erhielt 1152 den Namen St-Malo-de-l'Isle. Im Lauf
der Jahrhunderte wurden die mächtigen Wehrmauern um die Stadt
herum gebaut, die letzten Verstärkungen 1693–1695 nach Plänen
von Simon Garangeau, einem Schüler des königlichen Festungsbau-
meisters Vauban. Ruhm und Wohlstand verdankte St-Malo schon
sehr früh der Seefahrt. Bei zwei Fahrten 1534 und 1535 entdeckte
der Malouiner Jacques Cartier (1491–1557) Kanada. Seinen Aufstieg
zur Hauptstadt der Korsaren erlebte St-Malo dann Ende des 17. und

Im Hafen von St-Malo

Anfang des 18. Jh.s, als Malouiner Korsaren die Weltmeere unsicher machten (▶Baedeker Special S. 358). Als es mit der Seeräuberei zu Ende ging, verlegten sich die seefesten Malouiner auf die Hochseefischerei vor Neufundland und Labrador, auf den Tuchhandel und das »Geschäft mit dem Ebenholz«, wie der Sklavenhandel im Volksmund genannt wurde. Seine schwärzeste Stunde erlebte St-Malo im August 1944, als alliierte Luftangriffe 80 % der Innenstadt in Schutt und Asche legten. Der historisierende Wiederaufbau hat davon kaum Spuren hinterlassen.

✶ ✶ Ville Close

Tour des Remparts Vom wehrhaften Mauerring aus der ersten Hälfte des 18. Jh.s bietet sich eine spektakuläre Aussicht auf die Stadt und das Meer mit den vorgelagerten Inseln. Der Hauptaufgang befindet sich am südlichen Schlossturm neben dem Eingang zur Ville Close mit der 1709 erbauten **Porte St-Vincent**. Der 1582 errichtete alte Haupteingang zur Stadt ist die von zwei wuchtigen Türmen flankierte **Grande Porte**. Stadteinwärts erhebt sich die Kathedrale. Parallel zur Stadtmauer ließen wohlhabende Reeder 1714–1721 ihre noblen Residenzen erbauen. Von der zinnenbekrönten **Bastion St-Louis**, die 1716–1721 entstand, schweift der Blick über den Handelshafen. Die Bronzestatue erinnert an den legendären Korsaren **René Duguay-Trouin**. Den südlichen Wehrgang unterbricht nur die **Porte de Dinan**. Von der 1714 an der Südwestspitze errichteten **Bastion St-Philippe** sieht man die 520 m lange Môle Noire, die den Hafen St-Malos vor den Launen der See schützt; bei guter Sicht reicht der Blick bis zum Cap Fréhel. Auf der 1674 erbauten **Bastion de la Hollande** stehen drei Kanonen aus dem 18. Jh. und eine Bronzefigur des Kanada-Entdeckers Jacques ◄ weiter auf S. 360

St-Malo Orientierung

Übernachten
① France et Chateaubriand
② Hotel Central
③ La Gardelle
④ De la Plage (Cancale)

Essen
① L'Atre
② À La Duchesse Anne
③ Café de St-Malo
④ La Dent Creuse

1 Musée de la Ville
2 Geburtshaus von Châteaubriand
3 Musée de la Poupée

Erfolgreiche Kaperfahrt: Einnahme der »Kent« durch Surcouf, der 1800 auf der »Confiance« im Golf von Bengalen unterwegs war.

FREIBEUTER DER MEERE

Eigentlich sollte René Duguay-Trouin (1673 – 1736) aus St-Malo Priester werden, doch dann entschied er sich für eine andere Laufbahn: Er wurde Korsar. Zwischen 1689 und 1709 kaperte er im königlichen Auftrag 300 englische Handelsschiffe und 20 feindliche Kriegsschiffe. 1711 nahm er sogar Rio de Janeiro ein, das er seinen Bewohnern nach der Zahlung eines sagenhaft hohen Lösegelds zurückgab.

Kaperfahrten für den König

Vom 16. bis 18. Jh. bedienten sich viele Monarchen seefahrender Nationen solcher Freibeuter, die nicht wie Piraten – die gefürchteten »Filibous-tier« – unter der Totenkopfflagge, sondern unter dem Banner des Königs segelten. Ausgestattet mit dem hoheitlichen Kaperbrief, der **Lettre de Course**, konnte der Kapitän Jagd auf alles machen, was Beute versprach. Er durfte feindliche Schiffe in seine Ge-

Alle Mann an Deck, klar machen zum Entern!

walt bringen und für Gefangene Löse-geld fordern. Es war ihm sogar erlaubt, neutrale Frachtsegler nach Schmugglern und Konterbande zu durchsuchen. Dafür musste er die Krone an der Beute beteiligen. Korsaren, die besonders erfolgreich waren, erhielten mitunter von ihrem König auch einen Adelstitel und Landbesitz.

Von allen Handelsschiffen als »Plage der Meere« gefürchtet waren die Männer aus St-Malo.

Hauptstadt der Korsaren

Sobald der französische König zum Angriff auf den Feind zur See blies und **St-Malo** die Kaperbriefe ausstell-te, rüsteten sich viele Seeleute, die in Friedenszeiten in den Fischfang- und Handelsflotten arbeiteten, für die Fahrt à la Course, die alles andere als unehrenhaft galt. Die schnellen Segler, die Ausrüstung und die Waffen wurden von Kaufleuten und den »Armateurs«, den Reedern, gestellt. Spätestens 24 Stunden nach dem Trommelsignal lief das Korsarenschiff aus, das **Banner der Malouins** – bretonischer Hermelin auf scharlach-rotem Grund, oben rechts ein weißes Kreuz auf blauem Grund – neben der königlichen Flagge gehisst. Die Ziele: Kap São Vicente an der Südwestspitze Portugals, die Insel Ouessant im Westen der Bretagne oder die Küsten

Irlands; hier war immer mit feindlichen Schiffen zu rechnen. Mit zwei oder drei Seglern griffen die Korsaren die bis zu zehn Mal größeren Flottenverbände an und enterten ein Schiff nach dem anderen. Mit mehreren Schiffen im Schlepptau kehrten die Malouins in den Heimathafen zurück. Sobald Beamte der Admiralität nach eingehender Inspektion das Schiff zur »guten Prise« erklärt hatten, wurde die reiche Fracht entladen und verkauft: Seide, Tücher, Gewürze, Weine und Waffen. Edelmetalle, Gold- und Silberbarren aber beanspruchte die Krone für sich.

Schrecken der Engländer

Neben besagtem René Duguay-Trouin brachte St-Malo weitere berühmter Korsaren hervor. **Robert Surcouf** (1773–1827), der »Schrecken der Engländer«, begann seine Karriere, als er mit 18 Gefährten die mit 150 Mann besetzte »HMS Triton« kaperte. Der Sklavenhandel mit Westindien und die Kaperfahrten machten ihn so reich, dass er sich mit 36 Jahren aus der Freibeuterei zurückziehen konnte. 1827 starb Surcouf als einer der wohlhabendsten Reeder Frankreichs und Baron des französischen Kaiserreichs. Ein grausames Ende fand dagegen der Malouiner Korsar **Porcon de la Bardinais** (1639–1665), der Handelsschiffen aus St-Malo Geleit-

schutz gab und dabei vor der nordafrikanischen Küste in algrische Gefangenschaft geriet. Der Dey von Algier schickte ihn zu Friedensverhandlungen an den Hof Ludwigs XIV., die jedoch scheiterten. Bardinais stand zu seinem Ehrenwort. Nachdem er seine Angelegenheiten in St-Malo geregelt hatte, kehrte er nach Algerien zurück. Doch die noble Geste wurde nicht belohnt: Porcon de la Bardinais wurde auf einen Mörser gefesselt und von einer Kanonenkugel zerfetzt.

Restaurants und Hotels säumen die lebhafte Place Chateaubriand.

Cartier. Über Treppen in der Porte St-Pierre von 1871 kann man zur Plage de Bon-Secours hinuntersteigen. Vorgelagert sind die bei Ebbe zu Fuß erreichbaren Inseln Grand und Petit Bé. Am unteren Treppenende befindet sich der ehemalige Zwinger der Wachhunde, die **Loge des Chiens de Guet**. Vom 12. Jh. bis 1770 bewachten Doggen als »Wache auf vier Pfoten« die Stadt während der Sperrstunden. Die Petits Murs, der älteste Teil der Stadtmauer aus dem 12. bis 14. Jh., führen zum Cavalier des Champs-Vauverts, wo die Statue des kühnen Korsaren **Robert Surcouf** nach England zeigt. Die Nordwestecke der Festung bewacht der mittelalterliche Pulverturm **Tour Bidouane**, das Nordende die weit vorspringende Bastion des im 19. Jh. restaurierten **Fort à la Reine**. Der Rundgang endet neben dem Schloss an der **Porte St-Thomas**.

Das fünfeckige Schloss ließen im 15./16. Jh. die bretonischen Herzöge errichten, um das nach Unabhängigkeit strebende St-Malo besser kontrollieren zu können. Älter sind der **Petit Donjon** (14. Jh.) in der Stadtmauer und südlich von ihm der **Grand Donjon** (1424), der mit seinem pechnasenbewehrten Giebel die Wehrmauern deutlich überragt. 1475 wurde er um die massive **Tour la Générale** ergänzt. In beiden Türmen dokumentiert das **Musée d'Histoire de la Ville** die Geschichte der Korsarenstadt, die Seereisen Cartiers, Kaperfahrten, Sklavenhandel und der Blütezeit der Hochseefischerei. Öffnungszeiten: April – Sept. tägl. 10.00 – 12.30, 14.00 – 18.00 Uhr, Okt. – März Mo. geschlossen. Die **Tour Qui qu'en groigne** entstand 1498. Der Name zitiert Anne de Bretagne: »Qui qu'en groigne, ainsi sera, car tel est mon plaisir« (»Mag man auch murren, so soll es sein, denn so macht es mir Spaß«). Die **Tour des Dames** und **Tour des Moulins** entstanden Anfang des 16. Jh.s; in den ehemaligen Kasernen im Burghof ist heute das Rathaus untergebracht.

★
Château

☉

Am belebtesten Platz der Ville Close mit kleinen Boutiquen, eleganten Restaurants und Hotels lebte die Familie des Dichters François René de Châteaubriand (► Berühmte Persönlichkeiten) fünf Jahre lang im Haus Nr. 2. Sein Geburtshaus liegt in der Rue Chateaubriand Nr. 3, seine Kindheit verbrachte auf Schloss Combourg (►S. 222).

★
Place Chateaubriand

Über dem angeblichen Grab des hl. Malo begann unter Bischof Jean de Châtillon im 12. Jh. der Bau der Kathedrale; bis ins 18. Jh. wurde sie mehrfach umgebaut und 1944 schwer beschädigt. Bei der Restaurierung entdeckte man Reste eines karolingischen Vorgängerbaus. Mittelschiff, Vierung und Teile des Querschiffs datieren ins 12. Jh., Kapitelsaal und Chor ins 13. Jh., Chorgestühl und Kanzel stammen aus der Zeit Ludwigs XIV. Die schönen Glasfenster von Max Ingrand und Jean Le Moal (1950er-Jahre) stellen Szenen aus der Geschichte von St-Malo dar. Die ungewöhnliche Bronze-Ausstattung des Chors (Altar, Taufbecken, Priestersitz) stammt von Arcabas Vater und Sohn (1993), am Altar die vier Evangelisten. Ein Bodenmosaik im Mittelgang erinnert an den Kanada-Entdecker Jacques Cartier, der im Nordflügel begraben ist, und den Korsaren René Duguay-Trouin, dessen Reste 1973 in Paris entdeckt und hierher überführt wurden.

Cathédrale St-Vincent

! **Baedeker** TIPP

Gauthier Marines

Nicht nur für Segler lohnt sich ein Blick in den charmanten Laden in der Rue Porcon de la Barbinais 2. Hier finden Liebhaber alter Kompasse, Ferngläser, Schiffsmodelle und maritimen Outfits ausgesucht schöne Stücke.

✳
Musée de la Poupée
🕐

Der Familientipp: Kinder können in der Rue de Toulouse 13 eine bezaubernde Sammlung von über 300 alten Puppen und altem Spielzeug bewundern. Öffnungszeiten: April – Sept. tägl. 10.00 – 12.30, 14.00 – 18.00, sonst Di. – So. 10.00 – 12.00, 14.00 – 18.00 Uhr.

✳
St-Servan-sur-Mer

Tour Solidor ▶

🕐

Im südlichen Vorort St-Servan befand sich im 1. Jh. v. Chr. die Hauptstadt der keltischen Coriosoliten. Gute 200 Jahre später wurde der Hafen zum Schutz vor Piraten mit einer Mauer umgeben. Sowohl von dieser Befestigung als auch von der im 6. Jh. erbauten Kathedrale von Alet fanden sich Überreste. Der windgeschützte Jachthafen Port des Sablons ist mit 1200 Anlegeplätzen einer der wichtigsten Sporthäfen der Bretagne. Weithin sichtbares Wahrzeichen ist der 1369 – 1382 auf ovalem Grundriss erbaute 28 m hohe Turm Solidor, der eigentlich aus drei aneinandergebauten Türmen besteht. Heute erzählt hier das **Musée du Cours Cap-Hornier** mit Modellen, Ausrüstungen und Navigationsgerät von den Segelschiffen, die zwischen dem 16. und 20. Jh. das berüchtigte Kap Horn rundeten. Öffnungszeiten: April – Sept. tägl. 10.00 – 12.30, 14.00 – 18.00 Uhr, Okt. – März Mo. geschlossen. Von der Turmspitze blickt man weit über das Rance-Tal. Schöne Aussichten verspricht auch die **Promenade de la Corniche**, ein Spaziergang vom Hafen an der zerklüfteten Steilküste entlang zum **Fort de la Cité**; in dem Bunker der deutschen Wehrmacht dokumentiert eine Ausstellung die »Schlacht um St-Malo 1944«.

✳ ✳
Grand Aquarium

🕐

Spektakulär und ein beliebtes Familienausflugsziel ist das Große Aquarium (Avenue du Général Patton, D 137). In den illuminierten Bassins kann man exotische Fische, heimische Krabben und graziöse Seepferdchen beobachten. Höhepunkte sind das versunkene Piratenschiff und ein Schwarm Haie, die den Besucher in einem Ringaquarium umkreisen. Öffnungszeiten: Juli, Aug. tägl. 9.30 – 20.00 (Mitte Juli – Mitte Aug. bis 22.00), Febr., März, Okt. – Dez. tägl. 10.00 bis 18.00, April – Juni, Sept. tägl. 10.00 – 19.00 Uhr, 3. – 21. Jan. geschlossen; www.aquarium-st-malo.com.

✳
Paramé

Das eingemeindete See- und Kurbad nordöstlich des Stadtzentrums hat die schönsten Badestrände von St-Malo: die 2 km lange Plage du Casino und Plage de Rochebonne. Außerdem besitzt Paramé ein Thalassotherapiezentrum an der Uferpromenade, die von klassischen Gründerzeitvillen, den eleganten »Malouinières«, gesäumt wird.

Umgebung von St-Malo

Grand-Bé

Etwa eine halbe Stunde braucht man, um bei Ebbe von der Porte des Bés zur **Grabstätte Chateaubriands** (▶ Berühmte Persönlichkeiten) hinüberzugehen. Das zehnte Kind eines Malouiner Reeders hatte sich die vorgelagerte kleine Insel als letzte Ruhestätte ausgesucht, eine inschriftlose Grabplatte mit kleinem Steinkreuz, wo der Dichter nach seinem Tod den »Dialog mit dem Ozean« fortsetzen wollte.

Skurrile Fabelwesen, die Abbé Fouré in fast 25 Jahren schuf, bevölkern die Klippen bei Rothéneuf.

Fort National

Zur Sicherung St-Malos wurde auf dem Felsen von Islet 1689 nach Plänen von Garangeau das gut erhaltene Fort erbaut, das allerdings nur bei Ebbe erreichbar ist. Juni – Sept. sind die Wälle und Zisternen zu besichtigen (www.fortnational.com).

★

Rothéneuf

In dem östlich an Paramé anschließenden beschaulichen Hafenstädtchen wohnte am südlichen Ortsrand (Rue David Macdonald Stewart) der Mann, der 1534 Kanada entdeckte: **Jacques Cartier**. Sein Haus aus dem 16. Jh. war ein Bauernhaus. Er nannte es **Limoëlou**, »kahler Hügel«. Im 19. Jh. wurde das Gebäude erweitert, heute beherbergt es ein kleines Museum, das über sein Leben und seine weiten Reisen unterrichtet. Öffnungszeiten: Juli, Aug. tägl. 10.00 – 11.30, 14.30 – 18.00, Juni, Sept. Mo. – Sa. 10.00 – 11.30, 14.30 – 18.00 Uhr; www.musee-jacques-cartier.com.

Die Rue Abbé Fouré führt zu einem kleinen Anwesen am Meer mit den **Rochers Sculptés**, den fast 300 skurrilen Felsskulpturen des Abbé Fouré (1839 – 1910). Mit 30 Jahren erlitt der Gemeindepfarrer einen Schlaganfall, er blieb halbseitig gelähmt und stumm. Er zog sich als Einsiedler an dieses schöne Fleckchen zurück und bearbeitete bis zu seinem Tod über 25 Jahre lang die Granitklippen, aus denen er Piraten, Seeungeheuer, Jungfrauen und dämonische Fabelwesen meißelte. Öffnungszeiten: im Sommer tägl. 10.00 – 19.00 Uhr, Okt. tägl. 9.00 – 12.00, 14.00 – 19.00 Uhr.

✱
Cancale

Der Name steht für eine geschätzte Delikatesse: Schon Ludwig XIV. und Napoleon genossen die Austern von Cancale. Auch heute werden in dem sympathischen Hafenstädtchen 15 km östlich von St-Malo auf über 380 ha die begehrten Meeresfrüchte gezüchtet (▶Baedeker Special S. 20). Alles über Austernzucht erfährt man im **Musée Aurore** der Ferme Marine (www.ferme-marine.com; deutschsprachige Führungen Juli – Mitte Sept. tägl. 16.00 Uhr). Verkauft werden die Austern auf dem **Marché des Huitres** am Nordende des Hafens – wer mag, erhält die Austern geöffnet zum sofortigen Genuss.

✱
Pointe du Grouin

Tausende von Dreizehenmöwen, Kormorane und Brandenten nisten nördlich auf den **Iles des Landes** vor der 40 m hohen, umtosten Pointe du Grouin, seit 1961 ein Naturschutzgebiet.

St-Thégonnec

C 8

Département: Finistère   **Einwohnerzahl:** 2300

Der Wettstreit mit Guimiliau bescherte dem stillen Landort 13 km südwestlich von ▶ Morlaix den wohl berühmtesten umfriedeten Pfarrhof der Bretagne.

 ST-THÉGONNEC ERLEBEN

AUSKUNFT
Office de Tourisme du Pays
de Landivisiau, des Enclos et
des Monts d'Arrée
14 Avenue Foch
29400 Landivisiau
Tel. 02 98 68 33 33
Fax 02 98 68 41 98
www.ot-paysdelandivisiau.com

ESSEN UND ÜBERNACHTEN
▶ **Komfortabel**
Auberge St-Thégonnec
6 Place de la Mairie
29410 St-Thégonnec
Tel. 02 98 79 61 18
Fax 02 98 62 71 10 (▶Abb. rechts)
www.aubergesaintthegonnec.com
Gepflegtes, sympathisches 3-Sterne-
Hotel. Kreative Küche und aus-
gesuchte Weine.

▶ **Günstig**
Hostellerie des Enclos
Route de St-Jacques
29400 Lampaul-Guimiliau
Tel. 02 98 68 77 08
Sympathisches Haus mit Garten,
Parkplatz und gutem Restaurant.
Probieren Sie die Fischgerichte.

Die **Enclos Paroissiaux** wurden im Lauf der Zeit zu Statussymbolen, und jede Gemeinde versuchte, den Nachbarort mit noch prächtigeren Calvaires, Kirchen und Pforten zu übertrumpfen. St-Thégonnec war eine der reichsten Kirchengemeinden im Léon, dessen Wohlstand auf Flachsanbau, Leinenweberei, Tuchhandel und Pferdezucht beruhte. In den 80er-Jahren des 16. Jh.s wagte jedoch der kleinere Nachbarort Guimiliau, einen höheren Calvaire zu bauen. Das jahrzehntelange Wettbauen endete erst, als die Kirchenkassen fast leer waren. Zumal Guimiliau auch noch mit der Nachbargemeinde Lampaul-Guimilau konkurrierte.

✱ ✱ Pfarrhof von St-Thégonnec

Das wuchtige Rundbogenportal des Triumphtors aus der Renaissance mit Laternenkuppeln, durch das die Gläubigen den Kirchhof betraten, schuf der Baumeister des Château de Kerjean 1587. Erst 1610 entstand der **Kalvarienberg**, dessen

✱ ✱
Calvaire

40 Figuren Passion und Auferstehung darstellen. Die Guten sind glücklich oder leiden, die Bösen ziehen Grimassen. Der Folterknecht mit gezwirbeltem Bart soll Heinrich IV. ähneln; der katholisch geborene König war zum Calvinismus übergetreten und als Führer der Hugenotten dem Massaker nur entgangen, weil er wieder zum Katholizismus heimkehrte. Eine Nische im niedrigen Sockel erzählt die Geschichte des **hl. Thégonnec**. Als der Teufel sah, dass der Ortsheilige Steine zum Bau seiner Kirche auf einem Karren heranschaffte, verwandelte er sich in einen Wolf und verschlang das Zugpferd des Heiligen. St-Thégonnec jedoch gelang es, den Wolf zu zähmen und vor seinen Karren zu spannen – so musste der Teufel beim Bau der Kirche helfen. Das zentrale Kreuz trägt zwei Querbalken. Auf dem oberen bewachen zwei Reiter den Gekreuzigten, Engel fangen das Blut aus seinen Wunden auf; darunter trauern Maria, Petrus und Johannes. An ihrer Rückseite lehnen die hl. Jungfrau und der bretonische hl. Yves, die eine

Der Kalvarienberg in St-Thégonnec, einer der berühmtesten in der Bretagne

Im Wettstreit mit St-Thégonnec baute Guimiliau
den höheren Kalvarienberg.

Kreuzabnahme einrahmen. Auf gleicher Höhe enden rechts und links die Kreuze der Schächer.

Beinhaus Jean le Bescond schuf 1676 – 1682 das zweistöckige **Ossuaire**, das heute einen Devotionalienhandel beherbergt. Der Fries zwischen beiden Stockwerken mahnt in französischer und lateinischer Sprache: »Oh Sünder, tut Buße, solange ihr noch lebt, denn wir Toten haben dazu keine Gelegenheit mehr. Betet für uns Abgeschiedene, denn eines Tages werdet auch ihr gestorben sein. Dann ruhet in Frieden. Es ist ein guter und frommer Gedanke, für die verstorbenen Gläubigen zu beten. Requiescant in pace. Amen.« Die farbige Grablegungsszene in der Krypta schnitzte der Bretone Jacques Lespaignol 1699 – 1702 lebensgroß aus Eiche.

Notre-Dame Ältestes Element im Enclos ist die mehrfach umgestaltete Kirche Notre-Dame. Der Renaissanceturm mit laternenbekrönter Kuppel entstand 1599 – 1610 im Wettstreit mit Pleyben. Kunsttischler der Marine waren bei der verspielten barocken Ausstattung am Werk. Die geschnitzte Kanzel mit den vier Kardinaltugenden an den Ecken und den Evangelisten auf den Tafeln dazu und Kirchenlehrern an der Treppe entstand 1683; den Schalldeckel von 1722 schufen Vater und Sohn François und Guillaume Lerrel aus Landivisiau. 1697–1724 fertigte Jacques Lespaignol den Rosenkranzaltar.

✳ ✳ Rundfahrt zu den Pfarrhöfen

Die umfriedeten Pfarrhöfe zwischen ▶ Morlaix und Landerneau gehören zu den künstlerischen Höhepunkten der Bretagne. Eine 90 km lange Rundfahrt verbindet die schönsten Enclos Paroissiaux.

Le Circuit des Enclos Paroissiaux

Im Nachbarort Guimiliau, dessen Name auf den ermordeten Cornouaille-König Gwik Meliaw zurückgeht, fällt das Triumphtor schlicht, der **Kalvarienberg** umso opulenter aus. 17 Passionsszenen berichten im Turm von der Verkündigung bis zur Auferstehung; 15 Szenen illustrieren im Fries das Leben Jesu. Berühmt ist die Höllenfahrt der Katharina oder der **Katel Gollet**, wie sie auf Bretonisch heißt: splitternackt wird die Frau als Strafe für ihren lockeren Lebenswandel von Teufeln in die Hölle gestoßen. Auf dem Querbalken der einzigen Säule lehnen Petrus und Maria, Johannes und St-Yves paarweise mit dem Rücken aneinander. Alle 200 Figuren tragen zeitgenössische Trachten oder Uniformen.

Guimiliau ✳ ✳ ◀ Calvaire

Im Wettkampf mit St-Thégonnec wurde die **Kirche St-Miliau** aus dem 16. Jh. ab 1675 prunkvoll ausgeschmückt. Das Taufbecken erhielt einen holzgeschnitzten Baldachin, die Kirche eine neue Kanzel, deren geschnitzte Medaillons die Kardinaltugenden Gerechtigkeit, Weisheit, Mäßigung und Mut zeigen, eine Orgeltribüne und aufwendig geschnitzte Beichtstühle. Putten, Blumen und Früchte verzieren die beiden Altäre. Einer ist dem hl. Joseph, ein anderer dem hl. Miliau gewidmet. Älter sind die Archivoltenbänder in der südlichen Vorhalle, die 1606–1617 aus Kersanton-Stein gehauen wurden. Teilweise verstümmelt, zeigen die Bogenläufe Szenen der Genesis: die Versuchung Evas, die Vertreibung aus dem Paradies, Kain und Abel,

»Rosenkranzbild« am Barockaltar von Guimiliau

Noahs Arche, Noah mit den Weinstöcken, Noah betrunken. Das kleine **Beinhaus** im Renaissancestil wurde 1648 erbaut. 1683 folgte die Sakristei auf rundem Grundriss. Auf ihrem Kegeldach trägt sie eine kleine Statue des hl. Miliau.

Lampaul-Guimiliau

Auch im nahen Lampaul-Gimiliau, das aus einer Einsiedelei des hl. Paul hervor ging, ist der hl. Miliau Schutzpatron des vollständig erhaltenen **Pfarrhofs**. Während die Triumphpforte von 1669 und der Kalvarienberg aus dem frühen 16. Jh., ebenfalls mit drei Kreuzen bekrönt, eher schlicht ausfallen, bildet die Kirche mit ihrer reichen Ausstattung den Höhepunkt.

★ ★
Kirche ▶

Ein farbenprächtiger Triumphbalken aus dem 16. Jh. überspannt das mittlere der drei Kirchenschiffe. Auf der Vorderseite sind Szenen aus dem Leben Christi ins Holz geschnitzt; auf der Rückseite verkünden Sibyllen die Geburt Christi und seinen Leidensweg; auf dem Balken trauern Maria und Johannes um den Gekreuzigten. Zwei der sechs **Altäre** – der vermutlich aus Flandern eingeführte Passionsaltar und der Altar von Johannes dem Täufer, beide aus dem 17. Jh. – gehören zu den kunstvollsten der Bretagne. Die Kreuzabnahme im linken Seitenschiff wurde 1530 aus einem Eichenblock geschnitzt, die Grablegung Christi 1676 von Anthoine Chavagnac gefertigt. Das Taufbecken von 1650 bekrönt ein kunstvoller Baldachin. Der Glockenturm entstand 1573 nach dem Vorbild des Kreisker in St-Pol-de-Léon. 1809 kürzte ein Blitz seine Spitze um 7 m.

Maison du Patrimoine ▶

An der Place de l'Eglise 6 werden bretonische Möbel, Trachten und Gemälde gezeigt. Öffnungszeiten: Juni Mo. – Fr. 14.30 – 18.00, Juli/Aug. Mo. – Sa. 10.30 – 13.00, 14.30 – 18.00, So. 10.00 – 12.30 Uhr.

Landivisiau

Im Landstädtchen Landivisiau sind nur Reste des Enclos erhalten: der Brunnen St-Thiviseau mit acht Reliefs aus Kersanton und das einstige Beinhaus, das 1850 auf den Friedhof versetzt und zur Kapelle umgewandelt wurde. Einzig die Stützfigur des Todes erinnert als »Ankou« an die ursprüngliche Aufgabe der Chapelle **Ste-Anne**. Turm und Vorhalle der alten Kirche von 1554 wurden 1863 in den Bau der neogotischen Kirche St-Thuriau integriert.

Die Kirche 4 km nördlich in **Bodilis** ist ein typisches Beispiel für die bretonische Renaissance im Finistère; sie entstand 1564 nach Plänen von Philippe Beaumanoir. Innen beeindrucken die Statuen der **zwölf Apostel aus Kersanton**: Jeder Jünger, detailliert mit Bärten und Falten gefertigt, trägt auf einer Banderole einen Satz des Glaubensbekenntnisses. Die Schnitzbalken in der

! Baedeker TIPP

Oldtimer

Rund 30 Automobile von 1899 – 1953, fast 30 Motorräder von 1914 – 1978, ein Dutzend alte Fahrräder, Tretfahrzeuge und Kinderräder präsentiert das Musée des Véhicules Anciens et Moto du Finistère in Landivisiau (Avenue Foch 67, Öffnungszeiten: Juni – Sept. tägl. 10.00 – 12.00, 14.00 – 18.30 Uhr, sonst Mi., Sa., So. 14.00 – 18.00 Uhr.

Kirche zeigen Szenen aus dem ländlichen Leben; der Hauptaltar stammt von 1695.

La Roche-Maurice

Eine Burgruine aus dem 12. Jh. beherrscht den kleinen Ort La Roche-Maurice. Einlass zum Pfarrhof gewährt ein Triumphtor, dem Ende des 16. Jh.s ein kleiner Kalvarienberg aufgesetzt wurde. Die im 16. Jh. erbaute dreischiffige Kirche **St-Yves** ist dem Juristen und Bischof Yves Hélary aus ►Tréguier geweiht. Der zweistufige Glockenturm – rechteckig mit Balustrade – ist typisch für das Léon und baugleich mit dem von Pencran (►unten). Innen schließt ein aus Holz geschnitzter Renaissancelettner von 1550 den Chor vom Langhaus. Unter dem Gekreuzigten stehen zu beiden Seiten Maria und Johannes; auf dem Fries sind neun Apostel und drei Päpste, auf der Chorseite Heiligenfiguren zu sehen. Das Chorfenster von 1529 schildert die Leidensgeschichte Jesu. Am Beinhaus von 1640 mit beeindruckender Renaissancefassade hockt der Tod – bretonisch »ankou« – über dem Weihwasserbecken.

►Brest, Umgebung

Landerneau

Pencran

Eine Mauer mit sieben Eingängen umgibt den **Pfarrhof** von Pencran. Die monumentale Triumphpforte bekrönen drei Laternen. Der Kalvarienberg von 1521 ist bescheiden: Er besteht nicht aus einer Figurengruppe, sondern nur aus drei Kreuzen mit Jesus und den beiden Schächern, zu denen Maria Magdalena kniend hinaufblickt. Das Renaissance-Beinhaus von 1594 war im lauf der Zeit Rathaus, Schule und Tabakladen, ehe es als Gruft der Familie Rosmorduc wieder zu seiner Bestimmung zurückkehrte. Die 1365 begonnene Kirche Notre-Dame hat eine spätgotische Vorhalle von 1553, die der Vorhalle von Guimiliau als Vorbild diente. In der Kirche ist die geschnitzte Kreuzabnahme (1517) sehenswert.

»Der Tod, das Jüngste Gericht, die kalte Hölle – wenn der Mensch daran denkt, wird er zittern. Ein Narr ist jener, der solches nicht überlegt, da er doch weiß, dass er sterben muss«, mahnt ein Engel über dem Eingang des Beinhauses von **La Martyre** mit einem Spruchband. Wie der Tod aussieht, zeigt ein Relief über dem Weihwasserbecken: ein bärtiges Wesen aus Schädel und Knochen. Furchtein-

La Martyre – der Tod kommt zu jedem.

flößend erinnert der **älteste Pfarrhof des Léon** an die Endlichkeit alles Irdischen. Er ist dem um 875 ermordeten dritten König der Bretagne geweiht, dem hl. Salomon – der König, nicht von der Kirche, sondern vom Volk zum Heiligen erhoben, hatte zuvor selbst seinen Vorgänger umgebracht. Der Enclos spiegelt den damaligen Wohlstand des Weilers wider, der zwischen dem 14. und 18. Jh. ein bedeutender Messeort war. Das Triumphtor aus dem 16. Jh. ist mit dem Kalvarienberg verschmolzen; er erhebt sich über einer dreifachen Arkade auf einer begehbaren Balustrade und zeigt Christus am Kreuz, als Richter und bei der Auferstehung.

Das Beinhaus von 1619 stützt eine seltsame Figur. Der Oberkörper der Frau ist entblößt, der Unterleib wie eine Mumie gewickelt, beide Hände sind auf dem Rücken verschränkt. Die Pfarrkirche mit reich verzierten Schnitzereien entstand im 14. und 17. Jahrhundert. Ihre Vorhalle von 1455 ist eine der ältesten und originellsten im Léon. Unzählige Figuren schmücken das Tympanon und sämtliche Seiten. Im Mittelpunkt liegt Maria mit entblößten Brüsten im Wochenbett, Josef steht am Fußende. Das Kind, das einst in ihren Armen lag, ist verschwunden.

Sizun, Commana ▶Monts d'Arrée

★ Tréguier

Département: Côtes d'Armor   **Einwohnerzahl:** 2700

Die ehemalige Bischofsstadt mit ihren schmalen Gassen aus verwaschenem Granit und Fachwerk ist für ihre Kathedrale berühmt, die zu den schönsten der Bretagne zählt.

Jede Viertelstunde läutet das Glockenspiel der Kathedrale ein Loblied auf den **hl. Yves** (▶ Berühmte Persönlichkeiten), der 1253 als Edelmann Yves Hélori geboren und 1347 von Papst Clemens IV. heiliggesprochen wurde. Am dritten Maisonntag gedenken Juristen aus ganz Europa des berühmten Anwalts der Armen mit einer Wallfahrt. Die Entstehung der Stadt geht jedoch auf den **hl. Tugdual** zurück, der am Zusammenfluss von Guindy und Jaudy im 6. Jh. das Kloster Landreger gründete. Im 9. Jh. wurde Tréguier zum Bistum erhoben; später entwickelte es sich zu einem Zentrum der Buchdruckerkunst. 1485 erschien hier das Buch »Les Costumes de Bretagne«, 1499 »Le Catholicon«, ein bretonisch-französisch-lateinisches Wörterbuch. Kriege und die Wut der Revolutionäre auf die fromme Stadt verursachten in den folgenden Jahrhunderten große Schäden. Im 19. Jh. brachten ortsansässige Leinenmanufakturen und der Hafen einigen Wohlstand. Für den 1823 hier geborenen Schriftsteller Ernest Renan blieb Tréguier jedoch »ein großes Kloster«.

▶ TRÉGUIER ERLEBEN

AUSKUNFT

Office de Tourisme
Port de plaisance, 22220 Tréguier
Tel. 02 96 92 22 33, Fax 02 96 92 95 11
www.tregor-cotedajoncs-tourisme.com

ESSEN & ÜBERNACHTEN

▶ Komfortabel

Château de Kermezen
22450 Pommerit-Jaudy
Tel./Fax 02 96 91 35 75
www.bienvenue-au-chateau.com
Ca. 8 km südlich; D 8 bis La Roche
Derrien, vom Kreisel Pommerit-Jaudy
beschildert.
In einem stillen grünen Tal liegt das
typisch bretonische Schlösschen aus
dem 17. Jh., bis heute Stammsitz der
Comtes de Kermel. Den Gast erwarten fünf stilvolle Zimmer, Crêperie
und ein Gourmetrestaurant, ein Rei-
terhof und ein Golfplatz in der Nähe.

▶ Komfortabel

Aigue Marine
Le Port de Plaisance
Tel. 02 96 92 97 00, Fax 02 96 92 44 48
www.aiguemarine-hotel.com
Gepflegtes Haus am Jachthafen.
Artischockenböden, Taschenkrebse
oder Gänseleber – im Gourmetrestaurant »Les Trois Rivières« wird
ausgezeichnet gekocht.

▶ Günstig

L'Estuaire
5 Place du Général de Gaulle
Tel. 02 96 92 30 25, Fax 02 96 92 94 80
Nette, zentrale gelegene Unterkunft
mit regionaler Küche.

*Am dritten Sonntag im Mai gedenken Anwälte und Richter aus aller Welt
bei einer Wallfahrt des St-Yves, des Anwalts der Armen.*

Sehenswertes in Tréguier

St-Tugdual

Das Gotteshaus aus Caen-Stein wurde in drei Stilepochen mit drei Türmen erbaut: der viergeschossige Hasting-Turm ist einziges Zeugnis des romanischen Vorgängerbaus aus dem 12. / 13. Jh.; Mittelschiff und Chor entstanden 1339 – 1400 im gotischen Stil. In der Spätgotik wurde die Kathedrale durch die Kapelle des Herzogs und den Kreuzgang erweitert. Auch das Fenster über dem Glockenportal im südlichen Querschiffarm stammt aus jener Zeit. Unvollendet blieb der Tour du Sanctuaire über der Vierung aus dem späten 14. Jahrhundert. Erst 1785 folgte der 63 m hohe Glockenturm. Das Innere des 75 m langen und 40 m hohen Langhauses wirkt sehr hell und ausgeglichen. Obgleich die Kathedrale St-Tugdual gewidmet wurde, einem Gefährten von St-Pol de Léon, ist der hl. Yves omnipräsent. Eine geschnitzte Figurengruppe aus dem 15. Jh. zeigt an der Innenwand des Südportals den hl. Yves von Tréguier zwischen Arm und Reich. Sein Schädel ruht in einem Reliquiar in der Sakristei, wo der Kirchenschatz ausstellt ist; seine liegende Grabfigur – eine Kopie von 1890 – findet man im Kreuzgang, umgeben von Grabdenkmälern des 13. – 15. Jh.s. Sehenswert ist auch das reich geschnitzte Chorgestühl von 1509.

Kunstvolles Fachwerk in Tréguier

Im Geburtshaus von **Ernest Renan** (1823 – 1892), einem Fachwerkbau aus dem 16. Jh. (Rue Ernest Renan 20), wird über den großen
Sohn der Stadt informiert. Öffnungszeiten: April – Juni Sept. Mi. bis
So. 10.00 – 12.00, 14.00 – 18.00 Uhr, Juli, Aug. tägl. 10.00 – 12.00,
14.00 – 18.00 Uhr.

**Maison
de Renan**

Der »Dichterwald« am Flüsschen Guindy lädt zu beschaulichen Spaziergängen rund um das Grab des bretonischen Schriftstellers **Anatole Le Braz** (1895 – 1921) ein.

Bois du Poète

Umgebung von Tréguier

Yves Hélori-Kemartin kam am 17. Oktober 1253 rund 2 km südlich
in Minihy-Tréguier zur Welt. Vom Landsitz der Familie Hélori ist
nichts erhalten geblieben. In der Kirche des Orts (15. Jh.) zeigt ein
Gemälde das lateinisch abgefasste Testament des Heiligen. Der kleine
Doppelbogen auf dem Friedhof aus dem 13. Jh. wird im Volksmund
»Tombeau de St-Yves«, Grab des hl. Yves, genannt.

Minihy-Tréguier

Austernzucht und Algensammeln prägen die »Wilde Halbinsel« zwischen den beiden Trichtermündungen des Jaudy und des Trieux.
Pleubian ist Sitz des Centre d'Etude et de Valorisation des Algues,
das sich mit der Erforschung und Verarbeitung der Algen beschäftigt.
Weiter nördlich verengt sich die Halbinsel zum **Sillon de Talbert**, einer 3 km langen und nur 30 m breiten sandigen Landzunge.

**★
Presqu'Ile
Sauvage**

★ ★ Vannes

I 15

Département: Morbihan   **Einwohnerzahl:** 56 300

**Liebevoll restauriertes Fachwerk hinter mächtigen Stadtmauern,
spannende Museen, schöne Parks und Promenaden – Kultur steht
in Vannes an erster Stelle.**

Die dynamische Hauptstadt des Départements Morbihan ist aber
nicht nur für ihre bezaubernde Altstadt mit Boutiquen und Fein-
schmeckerrestaurants bekannt. Vannes besitzt auch einen netten
Jachthafen und ist Standort von Michelin, das hier mit 600 Beschäftigten Stahlgürtel für Lkw-Reifen produziert.

Nachdem die gallischen Veneter 56 v. Chr. durch römische Truppen
vertrieben worden waren, gründeten die Römer Civitas Venetis als
Verwaltungs- und Wirtschaftsmittelpunkt, der im 3. Jh. n. Chr. befestigt und im 5. Jh. Bischofssitz wurde. Der Heerführer König Ludwigs des Frommen Herzog Nominoë und sein Sohn Erispoë, der 851
den Streubesitz zum kurzlebigen Königreich Bretagne vereinte,

Geschichte

▶ VANNES ERLEBEN

AUSKUNFT

Office de Tourisme
1 Rue Thiers, 56000 Vannes
Tel. 08 25 13 56 10
Fax 02 97 47 29 49
www.tourisme-vannes.com

*Fassadenschmuck:
Vannes und seine Frau*

VERKEHR

TGV-Verbindung mit Paris und Brest.
Von der Gare Maritime am Parc du
Golfe fahren Schiffe zu den Inseln des
▶Golfe du Morbihan und zur ▶Belle-
Ile (u. a. Compagnie du Golfe, Tel. 02
53 46 56 56; Navix, Tel. 0825 132 100,
www.navix.fr).Von April bis Oktober
kann man die Stadt im Petit Train,
einem Touristenbähnchen, erkunden.

FESTE & EVENTS

April/Mai: Festival de la Photo de
Mer. Mitte Juli: Fêtes Historiques.
Ende Juli: Festival du Jazz mit Jam-
sessions in Clubs und Open-Air-
Konzertem. Aug.: Musicales du Golfe
(klassische Musik).

EINKAUFEN

Maritimes zum Anziehen, Kunsthandwerk und Dekoratives findet
man in der Rue Noé, der Rue St-
Salomon und der Rue St-Vincent.
Auf dem Markt Mi. und Sa. gibt
es regionale Spezialitäten.

ESSEN

▶ Fein & teuer

① *De Roscanvec*
17 Rue des Halles, Tel. 02 97 47 15 96
www.roscanvec.com, So./Mo. geschl.
Modernes, gemütliches Ambiente in
schönem altem Gemäuer, dazu eine
umwerfende, originelle Küche.

② *Régis Mahé*
24 Avenue Favrel et Lincy
Tel. 02 97 42 61 41, So., Mo. geschl.
Seebarbe, Hummer oder Languste –
Gaumenfreuden in edler Atmosphäre.

▶ Erschwinglich

③ *Le Carré Blanc*
28 Rue du Port, Tel. 02 97 47 48 34
www.lecarreblanc-vannes.com
So., Mo. geschl. Minimalistisches
Ambiente und kreative Küche.

▶ Preiswert

④ *Au Pont Vert*
40 Av. Maréchal de Lattre de Tassigny
Tel. 02 97 40 80 13
Sehr einfaches Lokal am Kanal mit
ausgezeichneter, z. T. ungewöhnlicher
Küche, etwa Chaudfroid von Kabeljau
und Barsch mit Olivenölsorbet.

ÜBERNACHTEN
▶ Günstig
② *Le Richemont*
26 Place de la Gare
Tel. 02 97 47 17 24, Fax 02 97 54 27 37
www.hotel-richemont-vannes.com
Gegenüber dem Bahnhof bietet Pierre
Coeurdray 26 großzügige, farbenfrohe
Zimmer. Der Frühstücksraum im
mittelalterlichen Stil erzählt von

Arthur de Richemond, der 1393
auf Schloss Suscinio geboren wurde.
Eigener Parkplatz.

③ *Le Bretagne*
36 Rue du Mené
Tel. 02 97 47 20 21, Fax 02 97 47 90 78
www.hotel-lebretagne-vannes.com
Zwölf nette, kleine Zimmer unweit
nördlich der Kathedrale.

Baedeker-Empfehlung

▶ Komfortabel
① *Villa Kerasy*
20 Avenue Favrel et Lincy
Tel. 02 97 68 36 83
Fax 02 97 68 36 84
www.villakerasy.com
Seinen exquisiten, fernöstlich inspirierten
Zimmern hat Jean-Jacques Violo die Namen
der Häfen verliehen, die im 17. Jh. an den
Seewegen der Ostindischen Handelsgesellschaft lagen. Den Gast erwarten ein leckeres
Frühstück, berster Service und ein bezau-
bernder japanischer Garten.

machten Vannes zu ihrer Hauptstadt. Rund 700 Jahre später verlor
die Bretagne ihre Unabhängigkeit wieder: Am 13. August 1532 unter-
zeichneten in Vannes die bretonischen Landstände die Vereinigung
des Herzogtums Bretagne mit dem Königreich Frankreich. In den
folgenden Jahrhunderten entwickelte sich die Stadt zu einem wichtigen Handelszentrum.

✹ ✹ Altstadt

Von der halbkreisförmig von klassizistischen Häusern umgebenen   **Place Gambetta**
Place Gambetta am Ende des schmalen Jachthafens betritt man die
Altstadt durch die **Porte St-Vincent**. Das 1704 erbaute Tor zieren das
Stadtwappen und eine Statue des hl. Vinzenz. Wo im Mittelalter Rit-
terturniere stattfanden, säumen heute Bürgerhäuser die **Place des
Lices**. Fachwerk mit vorkragenden Obergeschossen findet man auch
in den umliegenden Gassen. Nördlich in der Rue Rogue grüßen an
der Giebelseite der Maison de Vannes die fotogenen Holzskulpturen
»Vannes et sa femme« (»Vannes und seine Frau«).

Musée des Beaux-Arts

Die langgestreckten Markthallen **La Cohue** – die »Lärmende Versammlung« – aus dem 13.–17. Jh. dienten zeitweise als Gericht, 1792 tagte in den Hallen das Revolutionstribunal. Heute sind hier namhafte Künstler aus dem 14. bis 19. Jh. ausgestellt, darunter Goya, Corot und Delacroix. Eine Extraausstellung dokumentiert die Geschichte des ►Golfe du Morbihan. Jährlich wechselnde Ausstellungen widmen sich archäologischen Themen und moderner Kunst. Öffnungszeiten: Mitte Juni–Mitte Sept. tägl. 10.00–18.00 Uhr, sonst Mo.–Sa. 13.30–18.00 Uhr.

! *Baedeker* TIPP

Kombipass

Wer Lust und Zeit hat, sich beide Museen anzusehen, kann mit dem Kombiticket für das Archäologische Museum und das Kunstmuseum La Cohue Geld sparen.

An der gotischen Bischofskirche St-Pierre wurde vom 13. bis 19. Jh. gebaut. Ältester Teil ist der von einer neuen Spitze gekrönte Nordturm. Der Südturm ist ebenso neogotisch wie die 1857 errichtete Fassade. Ein seltenes Beispiel für die Renaissance in der Bretagne ist die 1537 am linken Seitenschiff angebaute runde Chapelle du St-Sacrement für die sterblichen Reste des **hl. Vinzenz Ferrer**. Der spanische Dominikaner war ein begnadeter Bußprediger, den Herzog Johann V. in die Bretagne holte. 1417 soll er in Vannes 24 Tage lang fast unentwegt gepredigt haben, zwei Jahre später verstarb er in Vannes. Im Kapitelsaal ist der **Kirchenschatz** mit liturgischem Gerät und einer

Vannes Orientierung

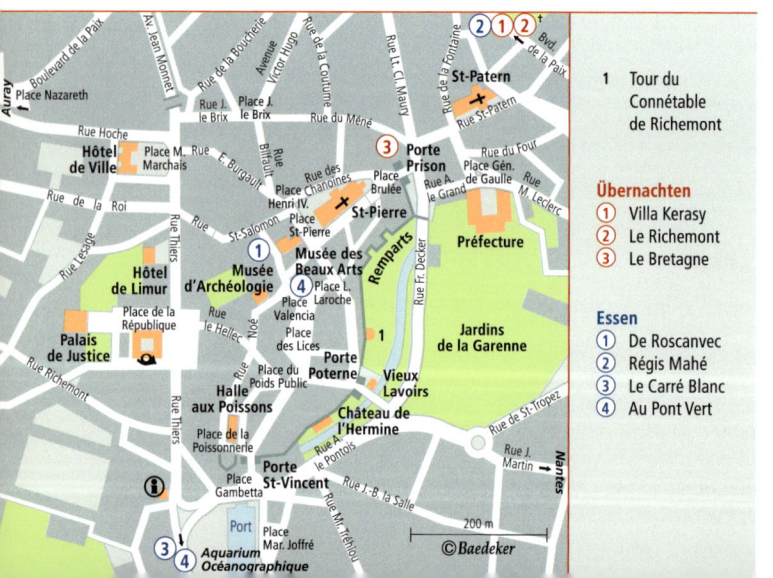

1 Tour du Connétable de Richemont

Übernachten
1 Villa Kerasy
2 Le Richemont
3 Le Bretagne

Essen
1 De Roscanvec
2 Régis Mahé
3 Le Carré Blanc
4 Au Pont Vert

© Baedeker

Unter himmlischem Schutz: die Uhrzeit in der Kathedrale St-Pierre

Hochzeitstruhe aus dem 12. Jh. ausgestellt. Öffnungszeiten: Mo.–Sa. ⏲
8.00–19.00, So. 9.00–19.00 Uhr.

Jenseits der Stadtmauer besticht das älteste Stadtviertel von Vannes ✳
durch seine vielen mittelalterlichen Fachwerkhäuschen. Die Kirche **Quartier**
St-Patern wurde 1727 geweiht. **St-Patern**

Malerisches Fachwerk aus dem 16. Jh. zeigen auch die Giebelhäuser **Place**
an der **Place Henri IV.** und in der **Rue E. Burgault**. Letztere führt zur **M. Marchais**
Place M. Marchais mit dem 1866 in Neorenaissance erbauten **Hôtel
de Ville**. Büsten von Mirabeau, Thiers, Descartes und dem Schriftsteller Alain René Lesage schmücken die Rathausfassade.

Von der **Porte Prison** bis zur Porte St-Vincent verläuft die zwischen ✳ ✳
dem 13. und 17. Jh. erbaute Stadtmauer. Im Château Gaillard zeigt **Remparts**
das Musée Historique de Vannes Ausstellungen zur Stadtgeschichte
(Öffnungszeiten: Mitte Mai–Mitte Juni tägl. 13.30–18.00, Mitte Ju- ⏲
ni bis Ende Sept. tägl. 10.00–18.00 Uhr). Zwischen der **Rue Decker**
und den 400 m langen Stadtwällen lockt im alten Graben der
barocke **Jardin des Remparts** mit geometrischem Blumendekor. Vor

Farbenfrohes Fachwerk in Vannes

der efeuumrankten Fachwerksilhouette der Altstadt schlängelt sich das Flüsschen Marle zu den **Vieux Lavoires** aus der ersten Hälfte des 19. Jh.s., die allerdings nicht zugänglich sind. Das leicht geschwungene Schieferdach über den Waschbänken des Fachwerkhauses bot den Wäscherinnen Schutz bei schlechtem Wetter. Gegenüber erhebt sich das **Château de l'Hermine**. Die Bastion entstand im 18. Jh. an der Stelle eines von Jean IV. im 14. Jh. erbauten Schlosses.

Parc du Golfe Ein schöner Spaziergang führt vom Jachthafen auf der **Promenade de la Rabine** in Richtung Conleau. Maritime Fauna von der Auster bis zum Hai präsentieren mehr als 50 Bassins im **Aquarium**. Öffnungszeiten: April – Juni und Sept. tägl. 10.00 – 12.00, 14.00 – 18.00, Juli, Aug. 9.00 – 19.30, Okt. – März 14.00 – 18.00, www.aquarium-du-golfe.com. Schmetterlinge aus aller Welt kann man im **Jardin aux Papillons** bestaunen. Öffnungszeiten: April – Juni, Sept. tägl. 10.00 bis 12.00, 14.00 – 18.00 Uhr, Juli, Aug. tägl. 10.00 – 19.00 Uhr; www.jardinauxpapillons.com.

Umgebung von Vannes

Wie man in einem mittelalterlichen Schloss lebte, vermittelt der befestigte Herrensitz des 15. Jh.s rund 15 km südöstlich von Vannes. Führungen Juli – Aug. tägl. 14.00 – 18.30 Uhr.

Château du Plessis-Josso

Die lebhafte Kleinstadt 12 km weiter nordöstlich besitzt eine 1552 erbaute und damit die älteste **Markthalle** der Bretagne, der Dachstuhl ist eindrucksvoll konstruiert. Die Kapelle St-Michel und der Kalvarienberg stammen aus dem 16. Jahrhundert.

Questembert

Diese Festung 15 km nordöstlich von Vannes wurde 1488 großteils zerstört. Aber die Reste mit dem mächtigen, höchsten **Donjon** Frankreichs (**Tour d'Elven**, 44 m) lohnen einen Besuch. Öffnungszeiten: 15. März – Mai Sa., So. 14.00 – 18.30, Juni, Sept. Mi. – Mo. 10.30 bis 12.00, 14.30 – 18.30, Juli, Aug. tägl. 10.30 – 12.00, 14.30 – 18.30

✱
Forteresse de Largoët
🕐

✱ ✱ Vitré

F 24

Département: Ille-et-Vilaine   **Einwohnerzahl:** 14 500

»Wäre ich nicht König von Frankreich, würde ich Bürger von Vitré werden«, soll Heinrich IV. gesagt haben, als er 1593 Vitré einen Besuch abstattete. Die Stadt 35 km östlich von ►Rennes, die 2008 ihr tausendjähriges Bestehen feierte, gehört zu den besterhaltenen Festungsstädten entlang der einstigen Ostgrenze der Bretagne.

▶ VITRÉ ERLEBEN

AUSKUNFT

Office de Tourisme du Pays de Vitré
Place du Général de Gaulle
35500 Vitré
Tel. 02 99 75 04 46, Fax 02 99 74 02 01
www.ot-vitre.fr

ESSEN

► Fein & teuer

Auberge St-Louis
31 Rue Notre Dame
Tel. 02 99 75 28 28
Elegantes Ambiente mit Louis-XV-Möbeln und Holztäfelung des 18. Jh.s.
Ausgezeichnete Regionalküche.

► Preiswert / Erschwinglich

L'Auberge du Château
34 Rue d'En Bas, Tel. 02 99 75 01 83
Sehr sympathisches Lokal in einem der ältesten Häuser der Stadt, ein der besten Creperien der Bretagne. Gute Weinkarte.

ÜBERNACHTEN

► Günstig

Le Petit Billot
5 Place du Général Leclerc
Tel. 02 99 75 02 10, Fax 02 99 74 72 96
www.petit-billot.com
Zentral und preiswert. Eigene Garage.

Du Château
5 Rue Rallon
Tel. 02 99 74 58 59, Fax 02 99 75 35 47
Nettes Logis de France in ruhiger
Seitenstraße unterhalb des Schlosses.

Oase für Feinschmecker: Hotel Pen' Roc

▶ **Komfortabel**
Pen'Roc
La Peinière, St.-Didier
35221 Chateaubourg Cédex
Tel. 02 99 00 33 02, Fax 02 99 62 30 89
www.penroc.fr
Ca. 18 km westlich von Vitré beim
Weiler St-Didier
Mireille und Joseph Froc haben aus
einem Bauernhof ein bezauberndes
Domizil gemacht, mit 28 hübschen
Zimmern, Sauna, Schwimmbad und
einem Feinschmeckerrestaurant. Ob
bretonischer Hummer, Jakobsmuscheln
oder Kalbsmedaillons in Cidresauce –
Eric Bouchy kocht exquisit.

Im 10. Jh. begannen die bretonischen Herzöge verstärkt mit dem
Bau von Burgen zwischen ▶ Mont St-Michel im Norden und der
Loire im Süden – darunter ▶Fougères, St-Aubin-du-Cormier und ▶
Châteaubriant –, um ihr Reich vor den Einfällen plündernder
Normannen zu schützen. In Vitré wurde die erste Burg um das Jahr
1000 errichtet. Im 15. Jh. hatte sich die Grenzfestung zu einer rei-
chen Handels- und Handwerkerstadt entwickelt, die ihre berühmten
Tuchwaren bis nach Amerika und Indien verkaufte. Da Vitré nie zerstört wurde, präsentiert sich (besonders vom Aussichtspunkt Tertres
Noirs; der Weg ist beschildert) ein Mittelalteridyll wie aus dem Bil-
derbuch: Hohe Mauern und unzählige Türmchen mit spitzen,
grauen Kegeldächern überragen ein Gewirr alter Häuser und verwin-
kelter Gässchen. Anmutig windet sich das Flüsschen Vilaine, das zu
Unrecht den Namen »die Hässliche« trägt, durch die sanften Hügel
und grünen Weiden ringsum.

Sehenswertes in Vitré

Château

Die Burg erhebt sich auf einer Felsnase über dem Tal der Vilaine, die
zur Stadt hin langsam ansteigt. Wie Reste einer Kapelle im Burghof
belegen, wurde das Bollwerk im 11. Jh. begonnen, im 14./15. Jh. erweitert und im 19./20. Jh. restauriert. Zugang zum dreieckigen Innenhof mit Wehrumgang gewährt eine Zugbrücke mit mächtigem
Torbau, den zwei Türme mit Pechnasen flankieren. Im nördlichen
Trakt führt eine Freitreppe zum Rathaus von Vitré. Drei der sieben

Die erste Burg des prachtvollen Festungsstädtchens Vitré wurde schon um das Jahr 1000 von den bretonischen Herzögen errichtet.

Burgtürme bieten als Museum Einblick in die Schlossgeschichte und immer wieder neue Ausblicke auf die Altstadt. Im **Donjon St-Laurent** sind u. a. Gobelins aus Flandern und Aubusson aus dem 16. / 17. Jh., ein reich verzierter Kamin von 1583, Truhen und Skulpturen zu besichtigen. Die **Tour L'Argenterie** enthält das städtische Kuriositätenkabinett; zu seinen originellsten Exponaten gehören ausgestopfte Frösche, die in zeitgenössischen Kostümen den Alltag des bretonischen Adels darstellen. In der Renaissancekapelle der **Tour L'Oratoire** zeigt ein Triptychon von 1544 auf 32 Emailletafeln aus Limoges Szenen aus dem Neuen Testament. Öffnungszeiten: April – Sept. 10.30 bis 12.30, 14.00 – 18.30 Uhr, Okt. – März Mi. – Mo. 10.30 – 12.15, 14.00 – 17.30 Uhr, So. nur nachmittags.

Die Place St-Yves mit den Resten des 1846 eingestürzten Stadttors Porte d'Embas ist idealer Ausgangspunkt für einen Bummel. Maler und Fotografen finden ihr Lieblingsmotiv in der schräg dahinter ansteigenden Rue d'Embas 10: das Hôtel du Bol d'Or aus dem 15. / 16. Jahrhundert. Die wohl schönste Straße der Stadt ist die nächste Querstraße links: die **Rue Baudrairie**. In der einstigen Gasse der Gerber sind bis auf eine Ausnahme alle alten Fachwerkhäuser, oft mit vorkragenden Obergeschossen, erhalten geblieben. Sehenswerte Häuser stehen auch in der Rue de la Poterie und der Rue de Sévigné mit

★ ★
Altstadt

dem **Stadthaus der Madame de Sévigné**. An der Place du Château, dem früheren Burghof, lagen einst die Wirtschaftsgebäude und Pferdeställe.

Notre-Dame Am höchsten Punkt der Stadt wurde im 14./15. Jh. die Kirche Notre-Dame im spätgotische Flamboyant erbaut. Ihre Südfassade zeigt sieben reich verzierte Dreiecksgiebel; von der Außenkanzel sollen die katholischen Geistlichen gegen die Protestanten gewettert haben.

✳
Musée St-Nicolas In der Kapelle eines Hospitals aus dem 15. Jh. präsentiert das Museum Silberarbeiten der Orfèvrerie Religieuse Française aus dem 19. und 20. Jh. und andere sakrale Werke (Rue Pasteur; Öffnungszeiten: April – Sept. 10.30 – 12.30, 14.00 – 18.30 Uhr, Okt. – März Mi. – Mo. 10.30 – 12.15, 14.00 – 17.30 Uhr, So. nur nachmittags).

Umgebung von Vitré

✳
Château des Rochers-Sévigné Sohn und Ehemann hatten ihr Vermögen deutlich geschmälert, und auch das Pariser Leben wurde ihr zur Last. So zog sich Marie de Rabutin-Chantal, bekannt als **Madame de Sévigné** (▶ Berühmte Persönlichkeiten), zwischen 1654 und 1690 immer wieder in ihre Residenz 7 km südlich von Vitré zurück. Im Museum sind Porträts und Exponate der Schlossherrin ausgestellt, die 267 berühmte Briefe an ihre Tochter, die Comtesse de Grignan, verfasste. Der französische Garten ist den Plänen von Le Nôtre nachempfunden; dahinter laden die Alleen des Parc des Rochers zu Spaziergängen auf den Spuren der Madame de Sévigné ein. Öffnungszeiten: April – Sept. 10.30 – 12.30, 14.00 – 18.30 Uhr, Okt. – März Mi. – Mo. 10.30 – 12.15, 14.00 – 17.30 Uhr, So. nur nachmittags.

Champeaux Die Kirche **Ste-Marie-Madeleine**, 9 km nordwestlich von Vitré, wurde von der Familie d'Espinay im 15. Jh. gestiftet. In ihr befindet sich das Familiengrab; aber auch das Chorgestühl und die Holztäfelung sind einen Abstecher wert. Der nahe Stammsitz der d'Espinay aus der Renaissance ist nicht zugänglich.

! *Baedeker* TIPP

Pitchen beim Schloss

Schöner kann man dem grünen Sport kaum frönen: Uralte Bäume und der Fluss Valière begleiten auf dem Golfplatz Rochers-Sévigné das Spiel, bis sich am 18. Loch der herrliche Ausblick auf das Schloss öffnet. Das idyllische Clubhaus residiert in einem Nebengebäude des Schlosses. Tel. 02 99 96 52 52, www.vitre-golf.com.

Magische Megalithen nahe Guerche-de-Bretagne: der »Feenfelsen«

Guerche-de-Bretagne gehörte einst zu der Kette von Burgen und Schlössern, die die Ostgrenze der Bretagne sicherten. Zwar wurde die Festung 1739 zerstört, erhalten blieb jedoch die historische Altstadt mit Fachwerkhäusern aus dem 16. – 18. Jh. sowie die Kirche **Notre-Dame** aus dem 15. / 16. Jahrhundert. Am Dienstag findet der bunte Wochenmarkt statt.

★
La Guerche-de-Bretagne

Der »**Feenfelsen**« rund 15 km westlich von La Guerche-de-Bretagne, eines der bemerkenswertesten Megalithbauwerke der Bretagne, ist ein besonders magischer Ort. Feen haben, so die Legende, die bis zu 43 t schweren Steine hierher durch die Luft transportiert. Tatsächlich stammen sie aus einem 5 km entfernten Steinbruch im Wald von Theil, doch wie die rötlichen Schieferblöcke hierher kamen, ist bis heute ein Rätsel. Der **Dolmen** aus dem 3. Jahrtausend v. Chr. – knapp 20 m lang, 6 m breit und 4 m hoch – birgt eine vierfach unterteilte Grabkammer. 33 Tragsteine bilden die Seitenwände, darüber ruhen acht mächtige Decksteine. Der Eingang aus zwei quaderförmigen Trägern und einem ebenmäßig gearbeiteten Türsturz ist ein Meisterwerk der Konstruktion. Die Bestimmung des Dolmens liegt im Dunkel. War er eine Begräbnisstätte, ein Kultort? Unsere Zeitgenossen fanden ihre ganz eigene Antwort: Sie nutzten ihn als »Eheorakel«: Um herauszufinden, ob eine geplante Ehe glücklich werde, umrundeten Junge und Mädchen bei Vollmond den Feenfelsen. Beide zählten die Steine und tauschten das Ergebnis später aus – bis zu einer Differenz von zwei Steinen standen die Vorzeichen für die Ehe günstig.

★ ★
La Roche-aux-Fées

REGISTER

a

Abbaye de Daoulas 151
Abélard, Pierre 45
Aber-Benoît 190
Aber-Ildut 188
Aber-Wrac'h 190
Abers 18
Alain Barbe-Torte 36
Algen 20, 190, 347
Alignements 53, 161, 162, 319
Amoco Cadiz 189
Ancenis
Angeln 100, 106
Ankou 58
Anne de Bretagne 38, 45
Anreise 68
Apotheken 78
Ar Balp, Sébastian 39
Argol 319
Armorika 33
Armorikanisches Massiv 17
Artus, König 232, 234, 236
Arzon 244
Ärzte 78
Asterix 46, 201
Audierne 176
Auray 37, 132
Austern 20, 269, 364
Autonomie-Bewegung 43
Autovermieter 109
Avalon 234

b

Badestrände 72
Badeurlaub 72
Bahnverkehr 110, 152, 157, 254
Baie des Trépassés 180
Balzac, Honoré de 81
Bangor 141
Bardinais, Porcon de la 359
Barenton, Fontaine de 236
Barnenez, Cairn de 293
Barock 61
Batz-sur-Mer 248
Beauport 306
Bécherel 224
Bed & Breakfast 95
Beg-Meil 172

Behindertenreisen 73
Beinhaus 58
Belle-Ile-en-Mer 137
Bénodet 172
Bernard, Emile 194, 309
Bevölkerung 25
Bigouden, Pays 180
Binic 206
Blain 302
Blavet 314
Bodilis 368
Bonnets Rouges 39
Botrel, Théodore 304, 307
Boule 100, 255
Bourbansais 223
Branféré, Zoo de 334
Brasparts 277
Breiz Libre 43
Brélès 188
Brennilis 279
Brest 141
Bretonisch 26
Briefkästen 84
Briefmarken 84
Brière 249
Brignogan-Plage 191
Brocéliande, Tour de 233
Bruz 344
Busverkehr 109

c

Cadoudal, Georges 134
Cairn 53, 293
Callac 156
Cathédrale des Dunes 185
Calvaire 58
Camaret-sur-Mer 318
Camp Artus 278
Camping 94
Cancale 364
Cap Coz 172
Cap de la Chèvre 318
Cap Fréhel 196
Cap Sizun 175
Carhaix-Plouguer 152
Carantec 291
Carnac 156
Cartier, Jacques 351, 363
Castelli, Pointe du 249
Ceinture Dorée 348
Centre Bourg 325
Champ-Dolent, Menhir du 221
Champeaux 383

Champtoceaux 302
Charles de Blois 37
Chartreuse d'Auray 137
Château Bien-Assis 197
Château Comper 236
Château Costaérès 202
Château d'Eau 192
Château de Brelidy 255
Château de Caradeuc 224
Château de Crévy 260
Château de Goulaine 301
Château de Kérazan 182
Château de Kergrist 266
Château de Keriolet 171
Château de Kerjean 349
Château de Kerlévenan 243
Château de Kermezen 370
Château de la Bourbansais 223
Château de la Groulais 303
Château de la Hunaudaye 262
Château de la Roche-Jagu 306
Château de Locguénolé 271
Château de Montmuran 224
Château de Ranrouët 251
Château de Rosanbo 266
Château de Suscinio 243
Château de Talhouët 333
Château de Tonquédec 265
Château de Trémazan 189
Château de Tronjoly 154
Château des Rochers-Sévigné 382
Château du Montmarin 214
Château du Plessis-Josso 379
Château Trévarez 155
Chateaubriand, François René 46, 222, 361, 362
Châteaubriant 163
Châteaugiron 344
Châteaulin 166
Châteauneuf-du-Faou 155
Châtelaudren 256
Chemin des Peintres 194
Chouans 134, 263, 323
Chouchen 88, 312
Chrétien de Troyes 235, 236
Cidre 76, 173, 319
Cléden-Poher 154
Clisson 302
Code Paysan 39
Combourg 222
Commana 279
Comper 236
Concarneau 168

Corniche Bretonne 203
Corniche de l'Armorique 291
Corniche de Térénez 321
Cornouaille 35, 174
Corong, Gorges du 156
Corseul 214
Crêpes 75, 274
Cromlech 53
Crozon 316, 317
Crucuno, Dolmen de 162
Côte d'Armor 197
Côte d'Émeraude 192
Côte de Granit Rose 197
Côte des Abers 186
Côte des Bruyères 266
Côte du Goëlo 205
Côte Sauvage 140, 248, 324

Daoulas 315
Davin, François 236
Delaselle, Georges 347
Denis, Maurice 204
Départements 25, 27, 42
Dinan 209
Dinard 214
Distillerie Warenghem 266
Dol-de-Bretagne 220
Dolmen 53
Domaine Menez-Meur 276
Douarnenez 225
Dourduff-en-Mer 291
Drennec 280
Dreyfus, Alfred 339
Druiden 34
Duguay-Trouin, René 358, 361

Ecomusée du Pays
  de Rennes 344
Ecomusée Industriel
  d'Inzinzac-Lochrist 275
Ecomusée St-Degan 137
Einkaufen 86
Elektrizität 73
Enclos Paroissiaux 58, 365,
  367
Er-Grah, Tumulus 243
Er Lannic 243
Er-Vinglé 269
Erquy 196
Essen 73, 162

Estienne, Charles 65
Etables-sur-Mer 207
Etel 163
Events 77

Faouët, Le 230
Fauna 23
Fayencen 330, 332
Feiertage 77
Ferienhäuser 95
Ferme d'Antan 263
Ferme de Kermarzin 319
Fermes-auberges 94
Fernsehen 82
Feste 77
Fischerei 31
FKK 72
Flamboyantstil 56
Flora 22
Flugverkehr 110
Forêt de Bertheaume 150
Fôret de Cranou 276
Fôret de Duault 156
Forêt de Huelgoat 278
Forêt de Névet 229
Forêt de Paimpont 232
Forêt-Fouesnant 173
Fort de Penthièvre 323
Fort La Latte 195
Fort National 363
Forteresse de Largoët 379
Fouesnant 172
Fougères 237
Fouré, Abbé 363
Franz II. 296
Fresnaye, Baie de la 196

Galettes 75
Gauguin, Paul 12, 63, 64, 175,
  308, 310, 312
Gavrinis, Ile de 242
Gavrninis, Tumulus de 242
Géant du Manio 162
Geld 78
Geschichte 32
Gesundheit 78
Gezeiten 19
Gezeitenkraftwerk
  in der Rance 218

Golf 101, 106, 382
Golfe du Morbihan 241
Gorges du Corong 156
Gotik 55
Gouffre 205
Gouren 100
Gourin 154
Gradlon, König 35, 327
Grand-Bé 362
Grand-Fougeray 166
Grande Brière 249
Grand Menhir Brisé 268
Grotte de Diable 278
Grotte de l'Autel 317
Grotte des Korrigans 252
Grouanec 191
Guéhenno 259
Guérande 245
Guérande, Presqu'Ile de 246
Guerno 334
Guesclin, Bertrand du 47, 224
Guilvinec 182
Guimiliau 367
Guingamp 254
Gwan ha Du 27, 30

Handy 84
Haras National 262, 275
Hausboote 98, 105
Hennebont 274
Hortensia, Circuit des 260
Hotié de Viviane 236
Huelgoat 278

Ile aux Moines 204, 243
Ile Callot 291
Ile d'Arz 243
Ile d'Aval 199
Ile d'Houat 325
Ile d'Ouessant 146
Ile de Batz 347
Ile de Bréhat 305
Ile de Fédrun 251
Ile de Gavrinis 242
Ile de Groix 252
Ile de Sein 177
Ile Grande 199
Ile Hoëdic 325
Ile les Ebihens 194
Ile Louët 291

Ile Molène **147**
Ile Noire **291**
Ile Tristan **227**
Ile Vierge **191**
Iles Glénan **173**
Iles des Landes **364**
Industrie **31**
Internet **72**
Inzinzac-Lochrist, Ecomusée Industriel d' **275**

j

Jacob, Max **331**
Jakobsmuscheln **196**
Jardin aux Moines **236**
Jardin Botanique des Montagnes Noires **154**
Jardin de Rospico **182**
Jardin Georges Delaselle **347**
Josselin **257**
Jugendherbergen **96**
Jugon-les-Lacs **263**

k

Kalvarienberge **58**
Kelten **26, 33, 270**
Kerasy, Villa **375**
Kercado, Tumulus de **26**
Kerdréan, Manoir de **132**
Kerfons, Chapelle de **265**
Kerguéhennec **259**
Kerguénolé, Manoir de **230**
Kerguet, Manoir de **244**
Kerguntuil **202**
Kerhinet **251**
Kerlescan, Alignements de **162**
Kerloas, Menhir de **188**
Kerluesse **162**
Kermaria **208**
Kermario, Alignements de **162**
Kermarzin, Ferme de **309**
Kernascléden **232**
Kernéhélen **293**
Kerscaven, Menhir von **183**
Kervazégan, Ferme de **182**
Kervilahouen **141**
Kerzerho **161, 162**
Kitesurfing **102**
Klassizismus **61**
Knigge **80**

Kormorane **23**
Korsare **358**
Krankenversicherung **70**
Kreisker, Chapelle-du **349**
Kroaz-ar-Maen **203**

La Baule **251**
La Bintinais **344**
La Clarté **204**
La Gacilly **334**
La Guerche-de-Bretagne **383**
La Martyre **369**
La Récré des Trois Curés **150**
La Richardais **220**
La Roche-aux-Fées **383**
La Roche-Bernard **334**
La Roche-Maurice **369**
La Trinité-sur-Mer **163**
La Turballe **249**
Lac de Guerlédan **315**
Lac du Duc **260**
Lagat-Yar, Alignements de **319**
Lamballe **261**
Lampaul **147**
Lampaul-Guimiliau **368**
Lancieux **194**
Landerneau **151**
Landévennec **320**
Landivisiau **368**
Landwirtschaft **30**
Lanildut **188**
Laniscat **315**
Lanleff **208**
Lanmeur **292**
Lann Gouh **314**
Lannédern **277**
Lannion **264**
Largoët, Forteresse de **379**
Larmor-Plage **274**
Laternenhäuser **289**
Le Bono **163**
Le Bourg **178, 306**
Le Braz, Anatole **373**
Le Conquet **188**
Le Croisic **247**
Le Faou **276**
Le Faouët **230**
Le Folgoët **152**
Le Gouffre **205, 275**
Le Guildo **195**
Le Marquisat **178**
Le Moulin d'Estaing **137**

Le Palais **140**
Le Pouliguen **252**
Le Pouldu **312**
Le Yaudet **266**
Léguer **265**
Léhon **214**
Les Cinq Croix, Calvaire **265**
Les Iffs **224**
Les Sept Iles **204**
Lesage, Alain René **243**
Lesneven **152**
Leuchttürme **148**
Lézardrieux **307**
Literaturempfehlungen **81**
Loc-Envel **256**
Locmaria **141, 273**
Locmariaquer **267**
Locquémeau **267**
Locquirec **291**
Locronan **227**
Loctudy **182**
Lohéac **344**
Loqueffret **278**
Lorient **270**
Loti, Pierre **303, 305**
Lutte Bretonne **100**

m

Maison de la Mytiliculture **251**
Maison des Artisans **277**
Maison du Lac **280**
Malansac **335**
Malestroit **260**
Mané-er-Hroëc'h **269**
Mané-Keriod **162**
Mané-Lud **269**
Mané-Réthual **269**
Manoir de l'Automobile **344**
Marais, Chapelle des **250**
Marais de Dol **222**
Marais Salants **246, 248**
Maudez **306**
Mayun **251**
Medien **82**
Megalithkultur **33, 53**
Méheut, Mathurin **65**
Melrand **314**
Menec, Alignements du **161**
Menez-Bré **256**
Menez-Hom **319**
Menhire **53, 54, 183, 188, 221, 269**

Menez-Meur **276**
Menz-Ham **191**
Merlin **233, 234, 236**
Mietwagen **109**
Milizac **150**
Min Ru **203**
Minihic-sur-Rance **363**
Minihy-Tréguier **373**
Mobilfunk **84**
Moëllien, Manoir de **225**
Moisdon-la-Rivière **166**
Moncontour **263**
Mont Dol **221**
Mont Saint-Michel **280**
Montagne Arrée **18**
Montagne St-Michel **277, 278**
Montagnes Noires **18, 154**
Monteneuf **53**
Montfort, Jean de **37**
Monts d'Arrée **275**
Morbihan, Golfe du **241**
Morgana **236**
Morgat **317**
Morlaix **287**
Mougau Vian **280**
Moulin à Marée **201**
Mousterlin **173**
Moustoir, Tumulus du **162**
Musée de la Chouannerie **323**
Musée des Trésors du
  Mariage Ancien **221**

n

Nantes **293**
Naturparks **99**
Naturraum **18**
Németon **229**
Névez **311**
Nipptide **19**
Nizon **307**
Nominoë, König **36, 214**
Normannen **36**
Notre-Dame-de-Kerdro **270**
Notre-Dame-de-la-Clarté **203**
Notre-Dame-de-la-Houssaye
  314
Notre-Dame-de-la-Joie **184**
Notre-Dame-de-l'Espérance
  221
Notre-Dame-de-Rocamadour
  319
Notre-Dame-de-Tronoën **185**
Notre-Dame-des-Cieux **278**

Notre-Dame-du-Crann **154**
Notre-Dame-du-Folgoët **152**
Notrufe **83**

o

Obelix **46**
Ossuaire **88**
Ostindische Kompanie **270,
  273, 274**

p

Paimpol **303**
Paimpont **233**
Paludiers **247**
Paragliding **106**
Paramé **362**
Parc de Préhistoire **335**
Parc Naturel Régional
  d'Armorique **22**
Parc Naturel Régional
  de la Brière **249**
Parc Ornithologique de
  Bretagne **344**
Parc Zoologique du Moulin
  de Richard **207**
Pardons **26, 77**
Parken **108**
Pays Bigouden **180**
Pays de la Mée **165**
Pazenn **58**
Pen-ar-Hoat **276**
Pencran **369**
Penhors **186**
Penmarc'h **183**
Penthièvre **261, 324**
Perros-Guirec **204**
Petit Mont **244**
Pfarrbezirke, umfriedete **58**
Pferdewagen **99, 105**
Phare d'Ar'men **178**
Phare d'Eckmühl **184, 148**
Phare de Creac'h **147**
Phare de la Jument **147**
Phare du Four **189**
Phare du Kéréon **147**
Phare du Paon **306**
Phare du Rosédo **306**
Phare du Stiff **147**
Phare Saint-Corentin **188**
Phare Saint-Mathieu **188**
Phare Trézien **188**

Pierres Plates **269**
Piriac-sur-Mer **249**
Pléneuf-Val-André **197**
Plestin-les-Grèves **292**
Pleubian **373**
Pleumeur-Bodou **199**
Pleyben **167**
Ploërdut **232**
Ploërmel **259**
Plogoff **179**
Ploubazlanec **305**
Plouescat **349**
Plougastel-Daoulas **151**
Plougonven **291**
Plougrescant **204**
Plouguerneau **190**
Plouha **208**
Ploumanac'h **202**
Plozévet **186**
Pointe de Castel **199**
Pointe de Corsen **188**
Pointe de Dinan **318**
Pointe de Kerdonis **141**
Pointe de Kerpenhir **270**
Pointe de Landunvez **189**
Pointe de Locquirec **291**
Pointe de Pen-Hir **319**
Pointe de Primel **292**
Pointe de St-Mathieu **187**
Pointe de Trévignon **171**
Pointe de l'Arcouest **295**
Pointe de la Jument **171**
Pointe de la Torche **185**
Pointe des Espagnols **319**
Pointe des Poulains **140**
Pointe du Cabellou **171**
Pointe du Castelli **249**
Pointe du Château
  112, 113, 205
Pointe du Decollé **193**
Pointe du Grouin **364**
Pointe du Penn-al-Lann
  291
Pointe du Percho **324**
Pointe du Pontusval **191**
Pointe du Raz **179**
Pointe du Roselier **353**
Pointe du Séhar **267**
Pointe du Van **180**
Pointe Guilben **305**
Polizei **83**
Pont-Aven **307**
Pont-Croix **178**
Pont-l'Abbé **181**

Pontivy **312**
Pordic **206**
Pornichet **253**
Pors-Carn **184**
Pors Kamor **203**
Porspoder **189**
Port Algol **325**
Port-Blanc **204**
Port-Clos **306**
Port-Coton **141**
Port Donnant **141**
Port Haliguen **325**
Portivy **324**
Port Légué **353**
Port-Louis **274**
Port Maria **324**
Port Navalo **244**
Portsall **189**
Port-Tudy **273**
Post **83**
Poul-Fétan **315**
Pouldreuzic **185**
Pouldu, La **312**
Pouliguen, Le **252**
Pradel **247**
Preise **74, 85**
Presqu'île de Crozon **315**
Presqu'île de Kernéhélen **293**
Presqu'île de Plougastel **150**
Presqu'île de Quiberon **311**
Presqu'île de Rhuys **243**
Presqu'île Ste-Marguerite **190**
Presqu'île Sauvage **373**
Primel-Trégastel **292**

Queen Mary 2 **34, 253**
Quelven **315**
Questembert **379**
Quiberon (Halbinsel) **323**
Quiberon (Ort) **322, 324**
Quimper **327**
Quimperlé **311**
Quinipily, Venus von **55**
Quintin **353**

r

Radio **82**
Radfahren **101, 106**
Raís, Gilles de **48**
Rance **214, 218**

Randonnée des Mégalithes **269**
Rauchen **81**
Redon **333**
Redoner **338**
Reisedokumente **69**
Reisewetter **86**
Reisezeit **86**
Reiten **102, 106**
Religion **26**
Renaissance **60**
Rennes **337**
Réserve du Cap Sizun **180**
Rhuys, Presqu'île **243**
Ria d'Etel **163**
Rias **18**
Roc de Toullaëron **155**
Roc'h Trévézel **278**
Roche-Bernard, La **334**
Rochefort-en-Terre **335**
Rocher, Yves **334**
Rochers Sculptés **363**
Rochers-Sévigné **382**
Roches du Diable **312**
Roc'h Trévézel **278**
Rohan **257, 258**
Romanik **55**
Ronan, hl. **228**
Roscoff **344**
Roscoffiter Johnnies **345**
Rosé **250**
Rospico, Jardin de **182**
Rosporden **312**
Rostrenen **155**
Rothéneuf **363**
Rouaud, Jean **82**
Route de Chateaubriand **175**
Route des Ducs de Bretagne **257**
Route des Peintres **175**
Route du Cidre **174**
Rumengol **276**
Rundkirchen **55**

s

Sables-d'Or-les-Pins **196**
Saillé **249**
Saint-Aubin-du Cormier **38, 344**
Saint-Briac-sur-Mer **194**
Saint-Brieuc **350**
Saint-Cado **163**
Saint-Cast-Le-Guildo **194**
Saint-Efflam **292**

Saint-Esprit-des-Bois **262**
Saint-Fiacre **231**
Saint-Germain de Auxerre **168**
Saint-Gildas **315**
Saint-Gildas-de-Rhuys **245**
Saint-Graal, Eglise **236**
Saint-Guénolé **184**
Saint-Guirec **202**
Saint-Herbot **278**
Saint-Hernin **154**
Saint-Hernot **318**
Saint-Jean-du-Doigt **292**
Saint-Joachim **251**
Saint-Just **334**
Saint-Lunaire **193**
Saint-Lyphard **251**
Saint-Malo **353**
Saint-Marcel **260**
Saint-Michel-en-Grève **291**
Saint-Nazaire **253**
Saint-Nicodème **314**
Saint-Nicolas **174**
Saint-Nicolas-des-Eaux **314**
Saint-Nicolas-du-Pélem **156**
Saint-Pierre-Quiberon **325**
Saint-Pol-de-Léon **349**
Saint-Quay-Portrieux **207**
Saint-Renan **191**
Saint-Rivoal **277**
Saint-Thégonnec **364**
Saint-Tugen **176**
Saint-Yves **49, 267, 369, 371, 363**
Sainte-Anne-d'Auray **136**
Sainte-Anne-la-Palud **230**
Sainte-Barbe **232, 306**
Sainte-Marie-du-Menez-Hom **319**
Sainte-Marine **172**
Sarzeau **243**
Sauzon **139**
Schiffsverkehr **110**
Segeln **102, 106**
Sentiers des Douaniers **103, 196, 201, 203, 207**
Sept Iles, Réserve Naturelle des **122, 204**
Sept-Saints, Chapelle des **266**
Sévigné, Marie de **50**
Shopping **86**
Sillon de Talbert **373**
Sizun **280**
Souvenirs **86**
Sport **99**

Spézet **154**
Sprache **26, 88**
Springtide **19**
Squash **103**
Stempelpapier-Revolte **38**
Stivell, Alan **51**
Strandsegeln **103, 324**
Surcouf, Robert **359, 360**
Surfen **102, 106**

Table des Marchands **268**
Tankstellen **108**
Tas de Pois **319**
Tati, Jacques **254**
Tauchen **103, 106**
Telefon **84**
Thalassotherapie **104, 322,**
  355
Tinténiac **224**
Tolente **190**
Tombeau des Géants **237**
Tombelaine, La **287**
Tombolo **323**
Tour Vauban **319**
Touren **112**
Tourismus **31**
Traouïéro, Vallée des **202**
Trébeurden **199**
Tréboul **227**
Trédrez **267**
Trégarvan **320**

Trégastel **201**
Trégon **194**
Tréguier **24, 370**
Tréhiguier **251**
Tréhorenteuc **236**
Trémalo, Chapelle de **307**
Trestraou **203**
Trez-Hir **150**
Trinitaine, La **162**
Trinken **76**
Trinkgeld **81**
Triskell **27, 30**
Tristan und Isolde **227**
Tro Breizh **26**
Trou de l'Enfer **273**
Tudy **172**
Tumiac, Tumulus de **244**
Turballe, La **249**

Übernachten **94**
Union Régionaliste Bretonne **43**
Usine Marémotrice de
  la Rance **218**

Val sans Retour **236**
Vallée des Traouïéro **202**
Vallée du Blavet **314**
Vannes **373**
Veneter **34**

Vergraon **280**
Vergünstigungen **85**
Verkehr **107**
Verne, Jules **300, 301**
Villa Kerasy **375**
Village de L'An Mil **314**
Village Gaulois (Pleumeur-
  Bodou) **201**
Viviane, Hotié de **236**
Vitré **379**

Wandern **103, 106**
Warenghem, Distillerie
  266
Wellness **104, 107, 345**
Wirtschaft **30**

Yeun Elez **275, 279**
Yves Rocher **334**

Zeit **111**
Zeitungen **82**
Zollbestimmungen **70**
Zöllnerpfade **103, 196, 201,**
  203, 207
Zoo de Branféré **334**

VERZEICHNIS DER KARTEN
& GRAFISCHEN DARSTELLUNGEN

Top-Reiseziele **2**
Naturraum **17**
Lage der Bretagne in Europa **27**
Bretonische Départements **27**
Megalithdenkmäler und Pfarrbezirke **53**
Klimatabelle von Brest **86**
Touren durch die Bretagne **114**
Tour 1 **118**
Tour 2 **122**
Tour 3 **124**
Tour 4 **127**
Brest **142**

Carnac, Lageplan **160**
Dinan **211**
Schloss Fougères, Lageplan **238**
Schloss Josselin, Lageplan **259**
Mont Saint Michel, Lageplan **282**
Nantes **298**
Quimper **329**
Rennes **340**
St-Brieuc **352**
St-Malo, Ville Close **357**
Vannes **376**
Überblickskarte **Umschlagklappe hinten**

BILDNACHWEIS

akg-images/picture alliance: S. 37, 42, 348
F. J. Alcoceba/Bilderberg: S. 114 links
unten, 171
Baedeker Archiv: S. 4 Mitte, 96, 350
CMA: S. 85
Werner Dietrich: S. 66/67, 360
DuMont Bildarchiv/Jürgen Wiese: S. 77
M. Engler/Bilderberg: S. 199
H.-J. Ellerbrock/Bilderberg: S. 186, 283 rechts
oben
K.D. Francke/Bilderberg: S. 190
Franz M. Frei/Look: S. 133, 155, 198, 212, 226,
305
dpa: S. 44, 47, 134
Peter Ginter/Bilderberg: S. 107
Jörg Gläscher/Bilderberg: S. 75
G. Glücklich/Bilderberg: S. 23
E. Grames/Bilderberg: S. 6 oben, 21, 62, 174,
197, 207, 219 oben Mitte, 306, 345, 356, 362
Gunter Hartmann: S. 16, 32, 112/113, 123
rechts, 187, 284 links, 335
Christian Heeb: S. 13 oben und Mitte, 14 Mitte
und unten, 54, 74, 79, 87, 89, 91, 105, 115
unten, 124 links, 129, 150, 161, 163, 165, 167,
173, 193, 208, 223, 224, 241, 244, 246, 261,
263, 275, 279, 299, 314, 321, 332, 335, 336,
378, Umschlagklappe hinten rechts
Christian Heeb/Look: S. 140
M. Horacek/Bilderberg: S. 143
Hotel le d'Avaugour: S. 7 unten, 13 unten, 98,
210
Hotel Pen Roc: S. 380
Huber/Belenos: S. 76, 148
Huber/Fautuz: S. 9 oben, 118 unten links, 159,
317, 318
Huber/Giovanni: S. 69, 127 rechts unten, 139,
146, 177, 195, 258
Huber/R. Schmid: S. 382
interfoto: S. 4 unten, 40, 50, 51, 120, 216, 235,
277, 309, 339

Kerasy, Villa: S. 375
Markus Kirchgessner: S. 315, 324 unten
Markus Kirchgessner/Bilderberg: S. 255
H. Lewandowski/RMN: 64, 118 rechts unten
Linke/Laif: S. 2 unten, 3, 5 Mitte, 8 oben, 9
unten, 119 (2 x), 172, 200, 203, 239, 268, 292,
324 oben, 338, 347, 359, 381
Modrow/Laif: S. 12, 122, 286, 348
Camille Moirenc: S. 220 links
Dr. Madeleine Reincke: S. 7 oben, 8 unten, 14
oben, 52, 59, 61, 67, 87, 88, 101, 113, 114 links
oben, 118 oben, 131, 157, 158, 169, 209 (2 x),
227, 229, 237, 271, 281 (2 x), 283 links oben,
links unten und rechts unten, 284 rechts, 285,
288, 289, 316, 307, 327, 328, 331, 354, 361,
364, 365, 366, 367
Schiesswohl/Bilderberg: S. 72, vordere
Umschlagklappe innen
Schliebitz, Schleicher: S. 1, 330
R. Schultheiß/Bilderberg: S. 185
Hubert Stadler: S. 10/11, 11, 100, 126, 176, 179,
180, 205, 213, 248, 250, 252, 342
RMN (Réunion des Musées Nationaux): S. 114
rechts unten, 308
Usine Marémotrice de la Rance: S. 219 oben
links, unten links
Vintage/Burkhard Jüttner: S. 6 unten, 15, 24, 29,
49, 57, 97, 117, 130/131, 136, 149, 153, 183,
189, 218, 221, 231, 234, 256, 265, 273, 311,
341, 351, 369, 371, 374, 377, 383
Warenghem, Distillerie: S. 266
Florian Werner/Look: S. 2 oben, 5 oben, 18, 20,
114 rechts oben, 115 oben, 124 rechts, 127
links, 138, 181, 202, 228, 233, 247, 290, 320,
323, 326, hintere Umschlagklappe links
WMF: S. 96
Heinz Wohner/Look: S. 282, 363

Titelbild: Franz Marc Frei/LOOK-foto

IMPRESSUM

Ausstattung: 270 Abbildungen, 24 Karten und grafische Darstellungen, eine große Reisekarte
Text: Hilke Maunder, Dr. Madeleine Reincke und Anja Schliebitz
mit Beiträgen von Dr. Eva-Maria Blattner, Carolin Bohlmann, Achim Bourmer, Dr. Reinhard Paesler, Almut Röhrl und Reinhard Strüber
Bearbeitung: Baedeker Redaktion Anja Schliebitz, Bernhard Abend)
Kartografie: Christoph Gallus, Hohberg; MAIRDUMONT/Falk Verlag, Ostfildern (Reisekarte)
3D-Illustrationen: jangled nerves, Stuttgart
Gestalterisches Konzept: independent Medien-Design, München (Kathrin Schemel)

Sprachführer in Zusammenarbeit mit Ernst Klett Sprachen GmbH, Stuttgart, Redaktion PONS Wörterbücher

Chefredaktion: Rainer Eisenschmid, Baedeker Ostfildern

9. Auflage 2012

Urheberschaft: Karl Baedeker Verlag, Ostfildern
Nutzungsrecht:
MAIRDUMONT GmbH & Co KG; Ostfildern
Der Name Baedeker ist als Warenzeichen geschützt. Alle Rechte im In- und Ausland sind vorbehalten. Jegliche – auch auszugsweise – Verwertung, Wiedergabe, Vervielfältigung, Übersetzung, Adaption, Mikroverfilmung, Einspeicherung oder Verarbeitung in EDV-Systemen ausnahmslos aller Teile des Werkes bedarf der ausdrücklichen Genehmigung durch den Verlag Karl Baedeker.

Anzeigenvermarktung:
MAIRDUMONT MEDIA
Tel. 0049 711 4502 333
Fax 0049 711 4502 1012
media@mairdumont.com
http://media.mairdumont.com

Printed in China
Gedruckt auf 100 % chlorfrei gebleichtem Papier

 atmosfair

Reisen bereichert und verbindet Menschen und Kulturen. Jedoch wer reist, erzeugt auch CO_2. Dabei trägt der Flugverkehr mit bis zu 10% zur globalen Erwärmung bei. Wer das Klima schützen will, sollte sich somit nach Möglichkeit für die schonendere Reiseform entscheiden (wie z. B. die Bahn). Wenn keine Alternative zum Fliegen besteht, kann man mit atmosfair handeln und klimafördernde Projekte unterstützen.
atmosfair ist eine gemeinnützige Klimaschutzorganisation unter der Schirmherrschaft von Klaus Töpfer. Die Idee: Flugpassagiere spenden einen kilometerabhängigen Beitrag für die von ihnen verursachten

nachdenken · klimabewusst reisen
atmosfair

Emissionen und finanzieren damit Projekte in Entwicklungsländern, die dort den Ausstoß von Klimagasen verringern helfen. Dazu berechnet man mit dem Emissions-rechner auf **www.atmosfair.de** wieviel CO_2 der Flug produziert und was es kostet, eine vergleichbare Menge Klimagase einzusparen (z.B. Berlin – London – Berlin 13 Euro). atmosfair garantiert die sorgfältige Verwendung Ihres Beitrags. Auch Karl Baedeker Verlag fliegt mit *atmosfair*. Unterstützen auch Sie unser Klima. Alle Informationen dazu auf www.atmosfair.de.

BAEDEKER VERLAGSPROGRAMM

- Ägypten
- Algarve
- Allgäu
- Amsterdam
- Andalusien
- Argentinien
- Athen
- Australien
- Australien • Osten
- Bali
- Baltikum
- Barcelona
- Bayerischer Wald
- Belgien
- Berlin • Potsdam

- Bodensee
- Brasilien
- Bretagne
- Brüssel
- Budapest
- Bulgarien
- Burgund
- Chicago • Große Seen
- China
- Costa Blanca
- Costa Brava
- Dänemark
- Deutsche
  Nordseeküste
- Deutschland

- Deutschland • Osten
- Djerba • Südtunesien
- Dominik. Republik
- Dresden
- Dubai • VAE
- Elba
- Elsass • Vogesen
- Finnland
- Florenz
- Florida
- Franken
- Frankfurt am Main
- Frankreich
- Frankreich • Norden
- Fuerteventura
- Gardasee
- Golf von Neapel
- Gomera
- Gran Canaria
- Griechenland
- Griechische Inseln
- Großbritannien
- Hamburg
- Harz
- Hongkong • Macao
- Indien
- Irland
- Island
- Israel
- Istanbul
- Istrien •
  Kvarner Bucht
- Italien
- Italien • Norden
- Italien • Süden
- Italienische Adria
- Italienische Riviera
- Japan
- Jordanien

- Kalifornien
- Kanada • Osten
- Kanada • Westen
- Kanalinseln
- Kapstadt •
  Garden Route
- Kenia
- Köln
- Kopenhagen
- Korfu •
  Ionische Inseln
- Korsika
- Kos
- Kreta
- Kroatische Adriaküste
  • Dalmatien
- Kuba
- La Palma
- Lanzarote
- Leipzig • Halle
- Lissabon
- Loire
- London
- Madeira
- Madrid
- Malediven
- Mallorca
- Malta • Gozo •
  Comino
- Marokko
- Mecklenburg-
  Vorpommern
- Menorca
- Mexiko
- Moskau
- München
- Namibia
- Neuseeland
- New York

- Niederlande
- Norwegen
- Oberbayern
- Oberital. Seen • Lombardei • Mailand
- Österreich
- Paris
- Peking
- Piemont
- Polen
- Polnische Ostseeküste • Danzig • Masuren
- Portugal
- Prag
- Provence • Côte d'Azur
- Rhodos
- Rom
- Rügen • Hiddensee
- Ruhrgebiet
- Rumänien
- Russland (Europäischer Teil)
- Sachsen
- Salzburger Land
- St. Petersburg
- Sardinien
- Schottland
- Schwäbische Alb
- Schwarzwald
- Schweden
- Schweiz
- Sizilien
- Skandinavien
- Slowenien
- Spanien
- Spanien • Norden • Jakobsweg
- Sri Lanka
- Stuttgart
- Südafrika

- Südengland
- Südschweden • Stockholm
- Südtirol
- Sylt
- Teneriffa
- Tessin
- Thailand
- Thüringen
- Toskana
- Tschechien
- Tunesien
- Türkei
- Türkische Mittelmeerküste
- Umbrien
- Ungarn
- USA
- USA • Nordosten
- USA • Nordwesten
- USA • Südwesten
- Usedom
- Venedig
- Vietnam
- Weimar
- Wien
- Zürich
- Zypern

BAEDEKER ENGLISH

- Andalusia
- Australia
- Austria
- Bali
- Barcelona
- Berlin
- Brazil
- Budapest
- Cape Town • Garden Route

- China
- Dresden
- Dubai
- Egypt
- Florence
- Florida
- France
- Gran Canaria
- Greece
- Greek Islands
- Iceland
- India
- Ireland
- Italian Lakes
- Italy
- Japan
- London
- Madeira
- Mexico
- Morocco
- Naples, Capri & Amalfi Coast
- New York
- New Zealand
- Norway
- Paris
- Portugal
- Prague
- Rome
- South Africa
- Spain
- Sri Lanka
- Thailand
- Turkish Coast
- Tuscany
- Venice
- Vienna
- Vietnam

Baedeker Greece

LIEBE LESERINNEN, LIEBE LESER,

ein herzliches Dankeschön, dass Sie sich für einen Baedeker Allianz Reiseführer entschieden haben. Er wird Sie zuverlässig auf Ihrer Reise begleiten und Sie nicht im Stich lassen.
Natürlich beschreibt er die wichtigen Sehenswürdigkeiten, aber er empfiehlt auch die schönsten Strände, Hotels für den großen und kleinen Geldbeutel, gibt Tipps für Restaurants, Shopping und für vieles mehr, was eine Reise zum Erlebnis macht. Dafür haben die Autoren Sorge getragen. Sie sind für Sie regelmäßig in die Bretagne gereist und haben all ihre Erkenntnisse in diesen Reiseführer gepackt.

Trotzdem: Die Erfahrung zeigt, dass Fehler und Änderungen nach Drucklegung, für die der Verlag keine Haftung übernehmen kann, nicht ausgeschlossen werden können. Für Kritik, Berichtigungen und Verbesserungsvorschläge sind wir Ihnen außerordentlich dankbar. Schreiben Sie uns, mailen Sie uns oder rufen Sie an:

▶ **Verlag Karl Baedeker GmbH**
Redaktion
Postfach 3162
D-73751 Ostfildern
Tel. (0711) 4502-262, Fax -343
E-Mail: info@baedeker.com

Besuchen Sie uns auch im Internet unter www. baedeker.com. Hier finden Sie jeden Monat den aktuellen Reisetipp der Redaktion und das gesamte Verlagsprogramm. Hier können Sie auch lesen, wer Karl Baedeker war und wie er seinen ersten Reiseführer geschrieben hat. Mit seinen über 180 Jahren ist der Karl Baedeker Verlag der älteste Reiseführer-Verlag der Welt.

www.baedeker.com

▶ ZU GEWINNEN: **STADTREISE NACH LONDON**

Unter allen Einsendungen verlost der Verlag am Jahresende – unter Ausschluss des Rechtswegs – eine Städtekurzreise für zwei Personen nach London.
Freuen Sie sich auf ein spannendes Wochenende in London. Natürlich ist ein Baedeker Allianz Reiseführer London auch dabei!